U0946759

# 禅林象器笺

中国佛学经典宝藏

31

杜晓勤 释译

星云大师总监修

人民东方出版传媒
東方出版社

# 《中国佛学经典宝藏》
# 大陆简体字版编审委员会

# 总序

星云

自读首楞严，从此不尝人间糟糠味；

认识华严经，方知已是佛法富贵人。

诚然，佛教三藏十二部经有如暗夜之灯炬、苦海之宝筏，为人生带来光明与幸福，古德这首诗偈可说一语道尽行者阅藏慕道、顶戴感恩的心情！可惜佛教经典因为卷帙浩瀚、古文艰涩，常使忙碌的现代人有义理远隔、望而生畏之憾，因此多少年来，我一直想编纂一套白话佛典，以使法雨均沾，普利十方。

一九九一年，这个心愿总算有了眉目。是年，佛光山在中国大陆广州市召开“白话佛经编纂会议”，将该套丛书定名为《中国佛教经典宝藏》①。后来几经集思广

① 编者注：《中国佛教经典宝藏》丛书，大陆出版时改为《中国佛学经典宝藏》丛书。

益，大家决定其所呈现的风格应该具备下列四项要点：

**一、启发思想**：全套《中国佛教经典宝藏》共计百余册，依大乘、小乘、禅、净、密等性质编号排序，所选经典均具三点特色：

1. 历史意义的深远性
2. 中国文化的影响性
3. 人间佛教的理念性

**二、通顺易懂**：每册书均设有原典、注释、译文等单元，其中文句铺排力求流畅通顺，遣词用字力求深入浅出，期使读者能一目了然，契入妙谛。

**三、文简意赅**：以专章解析每部经的全貌，并且搜罗重要的章句，介绍该经的精神所在，俾使读者对每部经义都能透彻了解，并且免于以偏概全之谬误。

**四、雅俗共赏**：《中国佛教经典宝藏》虽是白话佛典，但亦兼具通俗文艺与学术价值，以达到雅俗共赏、三根普被的效果，所以每册书均以题解、源流、解说等章节，阐述经文的时代背景、影响价值及在佛教历史和思想演变上的地位角色。

兹值佛光山开山三十周年，诸方贤圣齐来庆祝，历经五载、集二百余人心血结晶的百余册《中国佛教经典宝藏》也于此时隆重推出，可谓意义非凡，论其成就，则有四点可与大家共同分享：

**一、佛教史上的开创之举**：民国以来的白话佛经翻译虽然很多，但都是法师或居士个人的开示讲稿或零星的研究心得，由于缺乏整体性的计划，读者也不易窥探佛法之堂奥。有鉴于此，《中国佛教经典宝藏》丛书突破窠臼，将古来经律论中之重要著作，做有系统的整理，为佛典翻译史写下新页！

**二、杰出学者的集体创作**：《中国佛教经典宝藏》丛书结合中国大陆北京、南京各地名校的百位教授、学者通力撰稿，其中博士学位者占百分之八十，其他均拥有硕士学位，在当今出版界各种读物中难得一见。

**三、两岸佛学的交流互动**：《中国佛教经典宝藏》撰述大部分由大陆饱学能文之教授负责，并搜录台湾教界大德和居士们的论著，借此衔接两岸佛学，使有互动的因缘。编审部分则由台湾和大陆学有专精之学者从事，不仅对中国大陆研究佛学风气具有带动启发之作用，对于台海两岸佛学交流更是帮助良多。

**四、白话佛典的精华集萃**：《中国佛教经典宝藏》将佛典里具有思想性、启发性、教育性、人间性的章节做重点式的集萃整理，有别于坊间一般“照本翻译”的白话佛典，使读者能充分享受“深入经藏，智慧如海”的法喜。

今《中国佛教经典宝藏》付梓在即，吾欣然为之作序，并借此感谢慈惠、依空等人百忙之中，指导编修；吉广舆等人奔走两岸，穿针引线；以及王志远、赖永海等大陆教授的辛勤撰述；刘国香、陈慧剑等台湾学者的周详审核；满济、永应等“宝藏小组”人员的汇编印行。他们的同心协力，使得这项伟大的事业得以不负众望，功竟圆成！

《中国佛教经典宝藏》虽说是大家精心擘划、全力以赴的巨作，但经义深邈，实难尽备；法海浩瀚，亦恐有遗珠之憾；加以时代之动乱，文化之激荡，学者教授于契合佛心，或有差距之处。凡此失漏必然甚多，星云谨以愚诚，祈求诸方大德不吝指正，是所至祷。

一九九六年五月十六日于佛光山

# 原版序

## 敲门处处有人应

慈惠

《中国佛教经典宝藏》是佛光山继《佛光大藏经》之后，推展人间佛教的百册丛书，以将传统《大藏经》精华化、白话化、现代化为宗旨，力求佛经宝藏再现今世，以通俗亲切的面貌，温渥现代人的心灵。

佛光山开山三十年以来，家师星云上人致力推展人间佛教，不遗余力，各种文化、教育事业蓬勃创办，全世界弘法度化之道场应机兴建，蔚为中国现代佛教之新气象。这一套白话精华大藏经，亦是大师弘教传法的深心悲愿之一。从开始构想、擘划到广州会议落实，无不出自大师高瞻远瞩之眼光，从逐年组稿到编辑出版，幸赖大师无限关注支持，乃有这一套现代白话之大藏经问世。

这是一套多层次、多角度、全方位反映传统佛教文化的丛书，取其精华，舍其艰涩，希望既能将《大藏经》

深睿的奥义妙法再现今世，也能为现代人提供学佛求法的方便舟筏。我们祈望《中国佛教经典宝藏》具有四种功用：

**一、是传统佛典的精华书**

中国佛教典籍汗牛充栋，一套《大藏经》就有九千余卷，穷年皓首都研读不完，无从赈济现代人的枯槁心灵。《宝藏》希望是一滴浓缩的法水，既不失《大藏经》的法味，又能有稍浸即润的方便，所以选择了取精用弘的摘引方式，以舍弃庞杂的枝节。由于执笔学者各有不同的取舍角度，其间难免有所缺失，谨请十方仁者鉴谅。

**二、是深入浅出的工具书**

现代人离古愈远，愈缺乏解读古籍的能力，往往视《大藏经》为艰涩难懂之天书，明知其中有汪洋浩瀚之生命智慧，亦只能望洋兴叹，欲渡无舟。《宝藏》希望是一艘现代化的舟筏，以通俗浅显的白话文字，提供读者遨游佛法义海的工具。应邀执笔的学者虽然多具佛学素养，但大陆对白话写作之领会角度不同，表达方式与台湾有相当差距，造成编写过程中对深厚佛学素养与流畅白话语言不易兼顾的困扰，两全为难。

**三、是学佛入门的指引书**

佛教经典有八万四千法门，门门可以深入，门门是无限宽广的证悟途径，可惜缺乏大众化的入门导览，不易寻觅捷径。《宝藏》希望是一支指引方向的路标，协助十方大众深入经藏，从先贤的智慧中汲取养分，成就无上的人生福泽。

**四、是解深入密的参考书**

佛陀遗教不仅是亚洲人民的精神归依，也是世界众生的心灵宝藏。可惜经文古奥，缺乏现代化传播，一旦庞大经藏沦为学术研究之训诂工具，佛教如何能扎根于民间？如何普济僧俗两众？我们希望《宝藏》是百粒芥子，稍稍显现一些须弥山的法相，使读者由浅入深，略窥三昧法要。各书对经藏之解读诠释角度或有不足，我们开拓白话经藏的心意却是虔诚的，若能引领读者进一步深研三藏教理，则是我们的衷心微愿。

# 大陆版序一

楼宇烈

《中国佛教经典宝藏》是一套对主要佛教经典进行精选、注译、经义阐释、源流梳理、学术价值分析，并把它们翻译成现代白话文的大型佛学丛书，成书于二十世纪九十年代，由台湾佛光文化事业有限公司出版，星云大师担任总监修，由大陆的杜继文、方立天以及台湾的星云大师、圣严法师等两岸百余位知名学者、法师共同编撰完成。十几年来，这套丛书在两岸的学术界和佛教界产生了巨大的影响，对研究、弘扬作为中国传统文化重要组成部分的佛教文化，推动两岸的文化学术交流发挥了十分重要的作用。

《中国佛学经典宝藏》则是《中国佛教经典宝藏》的简体字修订版。之所以要出版这套丛书，主要基于以下的考虑：

首先，佛教有三藏十二部经、八万四千法门，典籍浩瀚，博大精深，即便是专业研究者，穷其一生之精力，恐也难阅尽所有经典，因此之故，有“精选”之举。

其次，佛教源于印度，汉传佛教的经论多译自梵语；加之，代有译人，版本众多，或随音，或意译，同一经文，往往表述各异。究竟哪一种版本更契合读者根机？哪一个注疏对读者理解经论大意更有助益？编撰者除了标明所依据版本外，对各部经论之版本和注疏源流也进行了系统的梳理。

再次，佛典名相繁复，义理艰深，即便识得其文其字，文字背后的义理，诚非一望便知。为此，注译者特地对诸多冷僻文字和艰涩名相，进行了力所能及的注解和阐析，并把所选经文全部翻译成现代汉语。希望这些注译，能成为修习者得月之手指、渡河之舟楫。

最后，研习经论，旨在借教悟宗、识义得意。为了将其思想义理和现当代价值揭示出来，编撰者对各部经论的篇章品目、思想脉络、义理蕴涵、学术价值等所做的发掘和剖析，真可谓殚精竭虑、苦心孤诣！当然，佛理幽深，欲入其堂奥、得其真义，诚非易事！我们不敢奢求对于各部经论的解读都能鞭辟入里，字字珠玑，但希望能对读者的理解经义有所启迪！

习近平主席最近指出：“佛教产生于古代印度，但传入中国后，经过长期演化，佛教同中国儒家文化和道家文化融合发展，最终形成了具有中国特色的佛教文化，给中国人的宗教信仰、哲学观念、文学艺术、礼仪习俗等留下了深刻影响。”如何去研究、传承和弘扬优秀佛教文化，是摆在我们面前的一个重要课题，人民东方出版传媒有限公司拟对繁体字版的《中国佛教经典宝藏》进行修订，并出版简体字版的《中国佛学经典宝藏》，随喜赞叹，寥寄数语，以叙因缘，是为序。

二〇一六年春于南京大学

# 大陆版序二

依空

身材高大、肤色白皙、擅长军事的亚利安人，在公元前四千五百多年从中亚攻入西北印度，把当地土著征服之后，为了彻底统治这里的人民，建立了牢不可破的种姓制度，创造了无数的神祇，主要有创造神梵天、破坏神湿婆、保护神毗婆奴。人们的祸福由梵天决定，为了取悦梵天大神，需要透过婆罗门来沟通，因为他们是从梵天的口舌之中生出，懂得梵天的语言——繁复深奥的梵文，婆罗门阶级是宗教祭祀师，负责教育，更掌控了神与人之间往来的话语权。四种姓中最重要的是刹帝利，举凡国家的政治、经济、军事、文化等等都由他们实际操作，属贵族阶级，由梵天的胸部生出。吠舍则是士农工商的平民百姓，由梵天的膝盖以上生出。首陀罗则是被踩在梵天脚下的土著。前三者可以轮回，纵然几世轮转都无法脱离原来种姓，称为再生族；首陀罗则连轮回的因缘都没有，为不生族，生生世世为首陀罗，子孙也倒霉跟着宿命，无法改变身份。相对于此，贱民比首陀罗更为卑微、低贱，连四种姓都无法跻身其中，只能从事挑粪、焚化尸体等最卑贱、龌龊的工作。

出身于高贵种姓释迦族的悉达多太子，为了打破种姓制度的桎梏，舍弃既有的优越族姓，主张一切众生皆平等，成正等觉，创立了佛教僧团。为了贯彻佛教的平等思想，佛陀不仅先度首陀罗身份的优婆离出家，后度释迦族的七王子，先入山门为师兄，树立僧团伦理制度。佛陀更严禁弟子们用贵族的语言——梵文宣讲佛法，而以人民容易理解的地方口语来演说法义，这就是巴利文经典的滥觞。佛陀认为真理不应该是属于少数贵族、知识分子的专利或装饰，而应该更贴近普罗大众，属于平民百姓共有共知。原来佛陀早就在推动佛法的普遍化、大众化、白话化的伟大工作。

佛教从西汉哀帝末年传入中国，历经东汉、魏晋南北朝、隋唐的漫长艰巨的译经过程，加上历代各宗派祖师的著作，积累了庞博浩瀚的汉传佛教典籍。这些经论义理深奥隐晦，加以书写的语言文字为千年以前的古汉文，增加现代人阅读的困难，只能望着汗牛充栋的三藏十二部扼腕慨叹，裹足不前。

如何让大众轻松深入佛法大海，直探佛陀本怀？佛光山开山宗长星云大师乃发起编纂《中国佛教经典宝藏》。一九九一年，先在大陆广州召开“白话佛经编纂会议”，订定一百本的经论种类、编写体例、字数等事项，礼聘中国社科院的王志远教授、南京大学的赖永海教授分别为中国大陆北方与南方的总联络人，邀请大陆各大学的佛教学者撰文，后来增加台湾部分的三十二本，是为一百三十二册的《中国佛教经典宝藏精选白话版》，于一九九七年，作为佛光山开山三十周年的献礼，隆重出版。

六七年间我个人参与最初的筹划，多次奔波往来于大陆与台湾，小心谨慎带回作者原稿，印刷出版、营销推广。看到它成为佛教徒家中的传家宝藏，有心了解佛学的莘莘学子的入门指南书，为星云大师监修此部宝藏的愿心深感赞叹，既上契佛陀“佛法不舍一众”的慈悲本怀，更下启人间佛教“普世益人”的平等精神。尤其可喜者，欣闻现大陆出版方东方出版社潘少平总裁、彭明哲副总编亲自担纲筹划，组织资深编辑精校精勘；更有旅美企业家鲁彼德先生事业有成之际，秉“十方来，十方去，共成十方事”之襟怀，促成简体字版《中国佛学经典宝藏》的刊行。今付梓在即，是为序，以表随喜祝贺之忱！

二〇一六年元月

# 目　录

题
解

《禅林象器笺》，又称《禅宗辞典禅林象器笺》，是日本临济宗僧人无著道忠用中文编写的大型禅宗辞典。内容主要是对自唐代禅僧百丈怀海制定的《百丈清规》以下各种禅林清规用语的解释，涉及禅宗丛林生活的各个方面，因而，也有人认为它是“禅院制度的百科全书”（《大藏经补编》第十九册，《〈禅林象器笺〉编辑说明》，台北华宇出版社一九八五年版）。

## 作者生平

无著道忠禅师，讳道忠，道号无著，别号照冰堂，又号葆雨堂。距今三百四十年前，即日本后光明天皇御宇承应二年（公元一六五三年，相当于中国清世祖顺治十年）癸巳七月二十五日午辰，禅师生于但马国（今兵库县），养父郡竹野村人。其生父是熊田氏赤松氏的后裔，名叫正利，曾任小出大隅守。母亲为大野氏，名叫法。大野氏十三岁时，就曾暗自对自己说：我是个女儿身，不便学道问法，我希望将来能生一个心向佛道的男孩。为了实现她这个夙愿，从那以后，她就向绸布小门上的文殊菩萨祈祷。后来她嫁到熊田氏家，生下禅师。但到了第二年，便离开了熊田氏，带着禅师和禅师的姐姐改嫁给北村氏。禅师是其母亲向文殊菩萨祈祷而生，也就是世人所谓的“申子”，所以他和禅门可谓生来有缘。

禅师五岁的时候，他母亲有一天对他说：“我想带你到京城去求学，可学的有儒、医、佛，你想学什么？”禅师说：“我想学佛。”母亲说：“佛门又有许多门径，你想学哪一种呢？”禅师回答说：“我希望学习禅宗。”大概是其母原来就信奉禅宗，禅师从小受了影响的缘故。这样，禅师出家不仅是禅师幼时的愿望，也是他母亲的夙愿。到他八岁时，母亲就带他来到京都。经但马如来寺的介绍，母亲将禅师托付到了京极的光明寺。这时，山科有一位僧人听说了禅师的才艺，愿意抚养他。同时，智积院的运敞僧正也表达了这个愿望。光明寺的主僧属意智积院。禅师说：“我要学禅宗，不知智积院是什么宗？”光明寺的主僧谕示道：“智积院是真言宗。你作为孩子，智积院不也能成为你喜欢的地方吗？”但禅师还是没有答应。这时，以博闻强识驰名当代的丹后智恩寺伊昙首座，恰巧在妙心寺龙华院侨居。禅师听说他也在寻求弟子，便通过别人表达了自己的愿望，不料，伊昙首座因为前日已经收了一个童子，便回绝了禅师的请求。但龙华院的竺印和尚闻知这一情况后，便收养了禅师。印和尚以《普门品》教授他，他一天就能通篇诵读。像《金刚经》都无须师父的传授。禅师聪明若此，也往往遭到侪辈的忌恨，而印和尚更加爱惜禅师。九岁时还没有剃发，印和尚就授予他法名“道忠”。禅师十二岁那年的四月八日，举行了剃度仪式。

禅师为人聪明寡言，谦恭勤勉，一心为法，无丝毫名利之念。他八岁出家，十八岁就外出行脚，二十五岁住院。禅师在行脚期间，或到纪州，或到越州，问法访师常常是席不暇暖。住院之后，禅师以龙华院作为长州侯的香华所，与江户以及防长二国的香华所往来不绝。如此频繁的旅行，是常人很难做到的，而禅师却不以为然，并利用这些时间，励精刻苦，广泛涉猎内外典籍，最终成为一代硕德。其弟子记载禅师十八岁时的勤勉之状：“寒夜灯下，阅读《禅关策进》；情思凝注，忘记身傍之人。”又说禅师“在佛前坐禅，退下时却忘记收起坐具”。

又，禅师四十六岁时，从别人那里借阅《开福道宁禅师语录》，因为不能长时间放在他这里，他想尽快抄写下来。禅师于十月十三日夜写了十丈；十四日虽然参加了会评，也抄写了三纸；十五日家里有客，但白天抄写了十丈，晚上又抄了十丈；十六日，是东福寺开山忌日，禅师去贺喜，也抄了十丈；十七日，又抄了三丈。没出六天，禅师就全部抄完毕了，其勤勉程度着实令人惊叹之至。因此，禅师后来撰写出以《禅林象器笺》为代表的那么多的著作，也就很自然了。

禅师的性行除了勤勉、刻苦外，还很周到、绵密。他的一事一行，一丝不苟。禅师曾经担任藏经的抄写工作，他抄写的二百多卷经论，竟然没有一字脱误，这使当时担任校雠的诸位耆宿大为赞叹。又，据看到过禅师遗著原本的人说，他用的纸不知黏接了多少，都是他用不愿意丢弃布施时包东西的纸，把它们一张张剪裁下来续合而成的。而且他遗著的引文，也没有一处不附有出处的。禅师的性情就是这样。因此当他从别人那里接受馈赠时，近处必前去感谢，远处也必定写信酬答。如禅师受灵云的嘱托校雠《见桃录》，前后共费时六年方才完工。灵云的三司带着绯色繻珍的七条袈裟一领，前来表示谢意，禅师说：“我一定前去贵庵答谢。”三司说：

"决不敢烦劳您老（当时禅师已八十七岁）前去。"禅师不肯，亲至本庵，向庵主面陈了谢意，把接受的袈裟供在本光国师的像前，烧香三拜。然后对庵主说："《见桃录》的编撰是众人所讲、世代法裔共同编订的，序中也叙述了这个意思。然而我现在接受了袈裟，就大违事体。如今，我把它献在国师的像前，希望他收回本庵的东西。"众人再三劝说让他收下，禅师最后还是没有答应。又，享保六年（公元一七二一年）二月于丹波龙潭寺开《敕修清规》的讲席，禅师便约法四章，贴在寺门，其言曰：

科约

一、不纳贽礼

二、不受檀施

三、不接客访

四、不许方来相看

只要略世情，养怡静，保摄衰躯，成办胜会，幸乞。

众悉　　道忠白

这不正可见禅师生平性情之一斑吗？

禅师的文学才华是很惊人的。他自幼极其慧敏，五岁时执笔于纸上抹画，自成字形。六岁时，播州的一位医生名叫立庵，听说了禅师的秀慧，就教授他古诗，以试其才，禅师能立刻诵读，毫无凝滞。十岁时，禅师作元旦诗云：

暖风吹起祝良辰，再过龙华会上春。

回首朝来空十载，何时学道得光新？

这首诗虽然后来增删了几个字，但可以看出他少儿时的诗才。禅师的诗现存于他的遗著《葆雨堂虚凝集》中。该集共十卷，前五卷是诗集，后五卷文集。当时看过禅师诗集全本的一位和尚这样写道：

……则曩未得闻者，闻而未见者。大篇短章，诸体杂笔，琐如寸锦，全如幅帛，徽徽然，洒洒然，而一荟于目前。详览之，雅言奥辞，渊源于典诰也；玄旨逸论，凌跨于方等也。奇文谲字之搜罗禹汲，典辩旁说之捭阖九流，昭昭如日月，垒垒如贯珠。其荒远冥昧，如海纳百川，望归墟而不知所底也。盛矣乎！予徒视其辞达而理举，字顺而守职，橐籥罔穷，毫芒无类也，可谓文之至者矣。

通过这些评述，我们便可见禅师文藻的精美富赡。

禅师二十二岁时随奥州松岛人亮首座学习和歌，亮首座认为孺子可教。禅师却自忖道：如果学习这些小智钝根的杂艺，正经的学问恐怕就难以成就了。于是，自誓不再写作和歌。后来，禅师也以此来告诫其他学者。盖当时的学僧以博览洽闻相互崇尚，学经论祖录甚少。以禅师的英才，势必也受到这种时尚的影响，但禅师慧眼独具，看破时弊，又能成其所学，因此现在我们所能看到的禅师的遗著大多是有关经论祖录的撰述。据妙卓和尚的《无著和尚自撰书目》，禅师一生著述共有一百八十种，六百六十一卷。其中又以对禅门经典、祖录、清规法式的整理注释为主，共九十七种，四百七十一卷。除此以外，在禅师五十五岁住持妙心寺时，复以妙心寺为中心进行史传考证，撰有史传类著作十二种，二十一卷。

禅师于延享元年（公元一七四四年，中国清朝乾隆九年）十二月二十三日，于龙华院示寂。当时请上方香隐和尚主持法事，根据《凡百丛规》在天授山火化，按照遗嘱，建塔于泉州日根郡箱作村宝仙寺，号“灵耀”。大概这里是其母专贞尼坟墓所在地。禅师享年九十二岁，法腊八十一，住院五十年。嗣法弟子有净因道清、枝月宗寿、西河宗轼、岐同希杨四人。

## 著述因缘及其内容

《禅林象器笺》系无著道忠禅师最具代表性的著作，

撰成于日本中御门天皇正德五年（公元一七一五年，是年禅师六十三岁）十二月。其写作的成功，除了有前文所述的禅师性行中固有的聪慧、勤勉，以及日本当时的禅僧皆以博学洽闻相尚等诸多因素外，其一生行迹中尚有如下几件事对《禅林象器笺》的撰述有所助益。现据《无著道忠禅师年谱》，列举如下：

1. 禅师十六岁时，被选定去抄写大藏经。到十八岁时，已抄写大藏经二百余卷。其中《涅槃经》一卷，主事人则请禅师一人抄写。此为禅师日后撰写《禅林象器笺》准备了大量的内典材料。

2. 禅师二十四岁时，开始阅读佛语祖录，并从中发现了古人错误、罅漏。此为禅师对禅林著作质疑、订误之始。

3. 禅师三十二岁时，撰成《小丛林清规》三卷。这是禅师为日本当时的临济宗僧所作的丛林成规。在撰述此清规的过程中，禅师参酌了中、日各种清规，为日后禅师进行《禅林象器笺》准备了大量清规方面的材料。

4. 在三十五岁之前，禅师曾转任过副司寮一职。这是个事务烦冗，且事事讲求典故出处的工作，所以禅林每次更代此职时，人们都感到为难。禅师于此年离职时撰写了《副司寮须知》，大家都感到方便多了。此举无疑是禅师几年来钻研禅林仪轨制度的结果，同时也在某种程度上促使禅师进行《禅林象器笺》的撰述。

5. 禅师三十六岁时，住大坂天寿寺，就泰然法师处，听讲《四教仪集解》；三十七岁时，就为人讲《禅仪外文》。说明禅师多年来一直着力于钻研禅林戒规、仪轨等书籍。

6. 自四十八岁那年十月直到四十九岁那年正月，禅师花了两个月，撰写了一千四百张纸的《左觿》。此即禅师日后撰成的《敕修清规注解》（二十卷）的初稿。这既是禅师前一阶段研习禅林清规、仪轨的一个初步总结，又直接为其几年后撰写《禅林象器笺》开了端倪，因为《禅林象器笺》即以《敕修清规》为主加以诠释、笺注的。

在以上诸多条件具备之后，禅师大约在五十岁左右（也即其写出《敕修清规注解》初稿时）正式开始撰述《禅林象器笺》一书。禅师在自序中说："大凡佛教儒典，诸子历史，诗文小说，目之所及，意之所诣，远搜近罗，或对斜阳，或挑残灯，多累岁月，稍觉无遗漏焉，且辍简，而题其藁，以《禅林象器笺》矣。"（《禅林象器笺序》）据《禅林象器笺·援引书目》统计，禅师在撰写这部著作时，共援引内外典七百七十部之多。其中经、律、论、疏、僧史、禅灯史、诗偈、清规、禅家语录等内典，四八四部；与经、史、子、集及中、日有关佛教事相的外典，二八六部，而且禅师于这些典籍都一一注明出处，可见数目如此庞大的内外典确实都是经过了禅师眼过手录了的，这就使得《禅林象器笺》具备了高度的可信性，其征引材料的广博在当时是首屈一指的。

《禅林象器笺》虽名为“笺”，实则已然为近现代辞典体例，所以有人又称之为《禅宗辞典禅林象器笺》。它首次搜集了百丈怀海《古清规》以下各清规中有关禅林的规矩、行事、机构、器物等用语、名目，并将其起源、沿革以至现行的意义，一一加以阐明详释，在撰写体例上表现出了极大的科学性和历史进步性。

本书共分为二十九类，总计解说词目一千七百二十四条。这二十九类词目的分类标准略如下述：

第一类“区界门”，主要是对禅林寺院、山派的区划、分界方面的术语进行解说，如丛林、招提、公界、五山十刹等。

第二类“殿堂门”，主要是对伽蓝中各种大小建筑物名称的解说，如山门、法堂、蒙堂、茶寮、西净等。

第三类“座位门”，主要是对禅林中按照礼则、仪轨所排定的各种座位名称的解释，如座、肩次、分手座、胡乱座等。

第四类“节时门”，主要是对禅林中各个重大节日、特定时辰等名目进行解说，如四时、八朔、人定、半斋等。

第五类“灵像门”，主要是对禅林殿堂中经常供奉的佛、菩萨、罗汉、神、祖师等的塑像、画像等的供奉缘起进行阐述，如拈华释迦、达磨百丈临济、伽蓝神、鬼子母等。

第六类“称呼门”，主要是对禅僧的各种名号、禅林僧众彼此间各种称呼的含义进行诠释，如国师、长老、法眷、社中、同行、老郎等。

第七类“职位门”，主要是对禅林中各种僧官、僧职名称进行解说，如僧录、住持、听叫、五戒等。

第八类“身肢门”，仅就禅林仪轨所涉及的人身体的四个部位：周罗发、上肩、下肩、触指进行解说。

第九类“业轨门”，业轨类名词术语于禅林学僧尤其重要，也是本书解说、笺注的重点所在，故无著道忠禅师在此类前特加一总叙，其辞曰：“业轨不止视篆、开堂之类，凡礼则、垂说、报祷、丧荐，无非业轨矣。今就中更分条类从，贵易检寻焉。又，诸清规所列举详细行事，皆是丛规，若逐一举之，不若从头阅清规，故今特撮其中名色尤著者。”此段文字中可注意者有二：（一）禅师所认为的业轨不止是此门中所录诸词目，且包括后文的第十类“礼则门”、第十一类“垂说门”、第十六类“报祷门”、第十九类“丧荐门”等；（二）禅师于此书中对清规所涉及的业轨名目也只是择其要、著者，以免学僧们翻检诸清规之苦。此门所收录的着重于禅僧在进业、修习过程中各种轨仪术语的解释，如出世、开堂、安居、拈香、挂锡等。

第十类“礼则门”，主要是对禅林日常生活中所需遵守的礼仪、轨则（即威仪法）名目的解说，如礼拜、触礼、问讯、人事、相看等。

第十一类“垂说门”，主要是对禅林住持、师家演说佛法、训导学人过程中所涉及的各种术语的解说，如上堂、小参、家教、提纲、拈提等。

第十二类“参请门”，则主要是对学人、僧徒向住持参学、问法过程中所使用的术语的解说，如请益、问禅、行脚、嗣法等。

第十三类“执务门”，主要是对禅林中经常操办、职掌的各种事务名目的解说，如轮番、签单、行益、交点、支用等。

第十四类“杂行门”，主要是对禅僧止住、行脚时所涉行事名称的解说，如吹嘘、接待、打给、游山、抽脱等。

第十五类“罪责门”，主要是对禅林清规戒律中各种处罚、罪名的解说，如默擯、出院、削籍、罚茶等。

第十六类“报祷门”，主要是对禅林中需要举行祈祷、讽唱等佛事的各种重要节日、场合的解说，如圣节、二祖三佛忌、千佛会、祈雨、浴佛等。

第十七类“讽唱门”，主要是对讽唱经咒过程中所行佛事名称的解说，如讽经、念诵、十佛名、回向、五观、施财等。

第十八类“祭供门”，主要是对禅林各种斋供、祭祀名目的解说，如罗汉供、九味斋、生饭、夏斋、上祭等。

第十九类“丧荐门”，主要是对禅林丧葬仪式中所涉及的各种法事名称的解说，如迁化、移龛、转骨、秉炬、估唱等。

第二十类“言语”门，主要是对禅林口头语言中常用词语的解释，如尊候、不审、光降、一中等。

第二十一类“经录门”，主要是对禅林常诵的几部经、咒名称，以及禅宗祖录术语的解说，如大藏经、《金刚经》《楞严咒》、公案、偈颂等。

第二十二类“文疏门”，主要是对禅林中的疏、榜等各种应用文体的解说，如敕黄、山门疏、回礼榜、行状、帖子等。

第二十三类“簿券门”，主要是对禅林中各种凭证、账簿、名单等名称的解说，如凭由、度牒、戒腊簿、板帐、差单等。

第二十四类“图牌门”，主要是对禅林仪轨规定的特殊的行事图、牌名称的解说，如楞严图、告香图、位牌、普请牌等。

第二十五类“饮啖门”，主要是对禅林中日常饮食名称的解释，如粥、斋、草饭、点心、入寮茶等。

第二十六类“服章门”，主要是对禅僧所穿戴的服装、衣饰及使用的各种织物品名的解释，如袈裟、挂络、头巾、脚布等。

第二十七类“呗器门”，主要是对禅林中各种鸣敲的法器名称的解释，如犍椎、法鼓、大板、尺、鱼鼓、二十五点等。

第二十八类“器物门”，此门更分为十二小类：（一）未标目，实为器物的总名及寺中公用杂物，如常住物、道具、公用等；（二）庄严具；（三）供养具；（四）仪物；（五）道具；（六）资身细器；（七）资身粗器；（八）行装具；（九）饮食器；（十）浴具；（十一）厕具；（十二）丧具。

第二十九类“钱财门”，主要是对禅林公私钱财名称的解说，如衣钵、免丁钱、长生库、无尽财、率钱等。

在本书的最后，禅师又“追加”了三条：油单、包、包钩，皆系第二十八类“器物门”行装具中漏收的。

从上可见，禅师于此书词目的分类确乎十分精审、细密，且各门类之间义界显豁，检索极其便利。

## 宗教价值及学术意义

《禅林象器笺》的释义虽然没有凡例，但禅师在具体的解说过程中还是遵循了一定的规律。其释义文字最常见的撰写类型有二：

第一种类型，可称之为“立论型”。即在词目下直接以简明扼要的语言，直截了当地阐说词义，此处一般都冠有“忠曰”，表示是禅师本人的看法，也有的未冠“忠曰”，实际上也是禅师本人的理解；紧接其后的，一般是禅师征引诸清规涉及此词目的材料，禅师经常征引的清规有《敕修清规》《校定清规》《备用清规》《幻住庵清规》《永平清规》《东福清规》等几种，如果此条诸清规皆未涉及，禅师就转引旁引经、论、律疏及祖录、诗偈，以佐释义；禅师通常在其所引材料后也会加上一些按语，或冠“忠曰”，或冠“忠按”，并退下一格，以与正文相别，其中都是禅师针对所引材料、观点所加的补充性辨析文字，其中尤显禅师的真知灼见。

第二种类型，可称之为“驳论型”。禅师于此种类型的释义过程中往往先摆出传统说法，习惯解释，冠之以“旧说曰”，接着再说出自己的新见，仍冠之以“忠曰”，并旁征博引、鞭辟入里地指出“旧说”致误之由。

第三种类型，可称之为“因袭型”。即直接沿袭传统说法、他人解释，或冠之以“旧说曰”（后无相对之“忠曰”，若有则为“驳论型”了），或直接标明某某和尚、某某禅师云，后面直接征引相关材料，以助“旧说”、他人观点，并不再另立新义，亦不驳难。

综观全书，其在释义中所凸显出来的宗教价值和学术意义也是十分独到的。

其一，禅师纠正、辨析了人们长期以来对禅林某些业轨、名物的错误认识。如“望参”一职，“旧说曰：日本南禅寺定望参名，参头阙，则补其职，犹望寮之例”。实际这种沿袭已久的说法是错的，无著道忠认为“望参当补副参之阙”，并非补参头之职，自无著道忠此说一出，直至现在，禅林中人皆知望参系补副参之职了。再如禅林中“轮差”一词，本与世俗义有别，而“旧说曰：轮差，轮番也”，则混同于“轮番”，无著道忠指出其在禅林中义应为“自上位差，次第到下位，复还及上位，若车轮环转，故云轮差”。而且“差”义，系“戒腊次第”，则雪峰义存禅师及其他禅林中人皆传误已久了。

其二，勾画了诸多名物、制度、事相在历史上的演变轨迹及不同时期的不同含义。如“升座”，无著道忠说：“古有上堂称升座者，如《临济录》。后世升座与上堂不同，诸录已分二名，不可概为一也。又日本称升座者，多有散说，与普说同。如唐僧无学、大休、竺仙、清拙等。日本录中升座，亦有散说。盖观土风、惬时机而已。按升座有散说，无学为滥觞焉。”接着依次录中国唐宋时代升座为上堂义的材料、来日唐僧录中升座有散说者、日本禅祖升座中有散说者，列举详备，线索分明。

其三，比较了中、日丛林各种业轨、名物的异同以及传承关系。如禅林中“五山”“十刹”之说，禅师就于此书将中、日丛林中的传承言之甚详。其于“五山”曰：“支那五山者：一、径山兴圣万寿寺，在杭州临安府；二、阿育王山鄮峰广利寺，在明州庆元府；三、太白山天童景德寺，在明州庆元府；四、北山景德灵隐寺，在杭州临安府；五、南山净慈报恩光孝寺，在杭州临安府武林县。”接着援引了宋濂《护法录·觉原禅师遗衣塔铭序》、虎关炼和尚语、中峰明本禅师《山房夜话》《敕修清规·游方参请》等四则材料以证中国“五山”之义。其后，又言日本“五山”，指出其准中国禅林“五山”之例而来。再后，引用梦岩祖应和尚《旱霖集》中一大段话阐明了禅林设“五山”之故。最后，禅师在按语中推测中、日丛林“五山”盖由“天竺五山”

而来，追本溯源了。通过这一词目的释文，人们就可以较清楚地认识到“五山”制度的历史变迁、中日“五山”之关系。其于“十刹”制度，亦作如斯详备之解说。再如“三牌”，禅师指出中、日丛林亦大异：

元朝禅刹三牌式云：

左 皇后齐年

中 皇帝万岁

右 太子千秋

建仁寺禅居庵大鉴禅师所建三牌云：

南方火德火部圣众

今上皇帝圣寿无疆

檀那本命福禄寿星

其四，无著道忠禅师虽为临济宗僧，但他在此书中并不偏于任何宗派，对日本当时禅宗的其他宗派的清规术语、名物制度，也都广采兼受。如曹洞宗所依用的道元禅师所作《永平清规》、绍瑾禅师作《莹山清规》、玄透即中作《永平小清规》等，在本书中都频繁被引用，而且禅师还能列举出各宗之间业轨、名物的差异，适合于禅林所有门派使用，表现出宽阔的宗教胸怀和豁达的学术气度。

其五，禅师在解说时不是只依据文字材料，还尽可能地使用实物、图表等直观手段阐释名物的意义。如禅师在解说戒尺时就以其身边之实物为证："余得古德受戒之具。其戒尺在下者，长七寸六分，厚六分，阔一寸一分余，下面四边有缕面；在上者，长七寸四分，厚五分余，阔一寸，上面四边有缕面。上木正中竖安木钮，钮长二寸五分，高七分，把钮击之。"这就较直观、形象，也较真实可信了。至于书中禅师根据《古清规》所绘各种座位之图、各种牌榜文式，各种实物图样则比比皆是，最可称者，禅师不厌其烦，复制了中国明代度牒一张及日本国度牒（即依圣一国师度牒原件复制）一张，使人对中、日度牒款式之异同一目了然。

## 选录标准及版本

尽管《禅林象器笺》是一部于禅林功劳卓巨、备受禅僧喜爱的佛学著述，但为了推广"人间佛教"，将之普及化，我们不得不从中选录了一小部分原典加以注、译。我们的选录标准一般是：（一）常用性。也即尽量择取现代禅林及在家信徒必须掌握的最基本的一些业轨、名物，如丛林、常住、四时、出世等。此类词目占了我们所选词目总数不小的一部分。（二）易误性。注意选取了一些现代人容易望文生义，与世俗语词相混同的一些词目，如三门、三八日、写照、江湖、同行、出世、毛头、交代、人事、家教、自叙、声明等。此类词目占我们所选录词目总数相当大的比重。（三）易混性。此指禅林中有些术语之间只有细微差别，或名称相近，实则相差甚远的一些容易混淆的词目。如“山门”与“三门”，“上肩、下肩”与“上手、下手”，“半夏”与“破夏”，“半斋”与“临斋”，“请假”与“起单”，“叩首”与“顿首”，“出阵、入阵”与“出众、入众”，“还俗”与“归俗”，“合用”与“合干”，“器物门”浴具之“脚布”与“服章门”之“脚布”等。

至于我们有意未予选录的词目则多属于：（一）词义太显豁，妇幼皆知；（二）词义太生僻，现代禅林及世间佛教徒皆不必知晓。另外，我们还对具体词目的释文也做了一定删节，删节的文字多是佐证材料，目的是为了让人们更集中地了解禅师本人的真知灼见，同时也为了保留更多的词目。

最后，我们简要介绍一下《禅林象器笺》的版本情况。（一）写本，二十一卷，著录于妙卓和尚的《无著和尚自撰书目》“清规类”；（二）宽保元年（公元一七四一年）本，二十卷，书前有无著道忠禅师自序，署名为“葆雨堂主八十九翁”；（三）明治四十二年（公元一九〇九年）刻本，不分卷次，据此本《大尾》可知，“本书原本本文二十卷，目录一卷，合二十一卷”，此次上梓，合为一册。我们此次选录、注译即以《大藏经补编》影印的明治四十二年刻本为底本。此本前有无著道忠禅师顶相一幅、无著道忠禅师笔迹（即禅师为宽保元秋刻本所作的序文）、《禅林象器笺序》《援书目录》，后有“附录”：《无著道忠禅师小传》（日本村田无道述）、索引。系一个比较完善的版本，亦较易见、通行。

附记：本文无著道忠禅师生平资料，据村田无道所著《无著道忠禅师小传》，由吾同门师兄吴湘州先生译出（译文未刊），特此铭谢。

东皋晓勤　癸酉晚秋

经
典

# 1 区界门

## 丛林

### 原典

《智度论》[①]云：“僧伽[②]，秦[③]言众。多比丘[④]一处和合[⑤]，是名僧伽。譬如大树丛聚，是名为林。一一树，不名为林。除一一树，亦无林。如是，一一比丘，不名为僧。除一一比丘，亦无僧。诸比丘和合，故僧名生。”

《祖庭事苑》[⑥]云：“梵语贫婆那，此云丛林。《大论》[⑦]云（如上所引）。又《大庄严论》[⑧]云：‘如是众僧者，乃是胜智之丛林。一切诸善行，运集在其中。’又《杂阿含》[⑨]二十五：‘佛告阿难[⑩]：汝遥见彼青色丛林否？唯然，已见。是处名曰优留曼荼山[⑪]。如来[⑫]灭后百岁，有商人子，名优波掘多[⑬]，当作佛事。教授师[14]中，最为第一。’即四祖优波毱多[15]，梵音楚夏尔，以祖师[16]居之。今禅庭称丛林也。”

忠曰：优留曼荼山在摩偷罗国[17]，见《杂阿含》。又，以优波毱多所居青色丛林，今禅庭称丛林者，睦庵附会也，固无根据矣。

《宝积经[18]·菩萨见实会》云：“过去有王，名曰尼弥，了达[19]诸法，如法为王。（乃至）三十三天[20]欲得见彼尼弥王。帝释天主[21]即告御臣名摩多黎[22]庄严[23]千马宝车，往阎浮提鞞提呵国[24]迎尼弥王。……尔时摩多黎又复将王到须弥顶[25]。尔时尼弥王遥见青茂丛林，告摩多黎言：‘彼林定是不颠倒[26]众生所居之处。’摩多黎言：‘大王，此是忉利诸天[27]善法[28]之堂。’”

## 注释

①**《智度论》：**佛书名，又译《摩诃般若释论》，古印度龙树著，后秦鸠摩罗什译。一百卷，系论释《大品般若经》的论书，是研究大乘佛教的重要资料。

②**僧伽：**即僧团，一般需四人以上。普通称比丘、比丘尼、沙弥、沙弥尼为“出家四众”（四僧伽）；广义上也包括在家男女居士，称“七众”（七僧伽）。

③**秦：**汉代时西域诸国称中国为秦。

④**比丘：**指出家后受过具足戒的男僧。

⑤**和合**：指比丘、比丘尼入佛门，同持戒，同修行，和合一处。

⑥**《祖庭事苑》**：八卷，宋代僧睦庵著，摘解《云门录》以下录中的熟语故事。为古来禅林初学者广为使用的辞典之一。

⑦**《大论》**：即《智度论》。

⑧**《大庄严论》**：《大乘庄严经论》的略称。十三卷，无著造，唐代波罗颇蜜多罗译。内容解说菩萨发心、修行以及应修习的各种法门。

⑨**《杂阿含》**：即《杂阿含经》，北传四阿含之一。南朝宋求那跋陀罗译，五十卷，共收一千三百六十二部经。

⑩**阿难**：意译"欢喜""庆喜"等，为释迦牟尼叔父斛饭王之子，释迦牟尼的堂弟。释迦回乡时跟从出家，侍从释迦二十五年，为"十大弟子"之一。

⑪**优留曼荼山**：山名，又译成"优流漫陀"。

⑫**如来**：佛的十号之一。"如"亦名"如实"，即真如，指佛所说的"绝对真理"；循此真如达到佛的觉悟，故名。

⑬**优波掘多**：意译"近护""小护"等，阿育王时期僧人。

⑭**教授师**：佛教授具足戒时三师之一，对受戒者教

授威仪做法。

⑮**优波毱多：** 优波掘多的另一种音译。

⑯**祖师：** 指开创一宗一派之人，或传承其教法之人。

⑰**摩偷罗国：** 国名，意译为“孔雀国”。

⑱**《宝积经》：** 全称《大宝积经》。唐菩提流志等译。一百二十卷，分四十九会（共七十七品）。内容泛论大乘佛教的各种主要法门。

⑲**了达：** 了悟通达事理。

⑳**三十三天：** 六欲天之一。又作忉利天。指在须弥山顶中央为帝释天，四方各有八天，共三十三天。

㉑**帝释天主：** 佛教护法之神，为三十三天之主，居须弥山顶之善见城。

㉒**摩多黎：** 意译为“无着处”，天神名。

㉓**庄严：** 以善、美装饰国土或以功德修饰自身。此处指修饰马车使之富丽堂皇。

㉔**阎浮提鞞提呵国：** 又称“赡部洲”，位于须弥山的正南方，洲名。此洲中心有阎浮树林。

㉕**须弥顶：** 须弥山顶。须弥山为印度神话中的山名，许多佛教故事、造像和绘画以此山为题材，用以表示天上的景观。

㉖**不颠倒：** 四心之一，又叫不颠倒心，指不起众生相、人相、寿者相之心。

㉗**忉利诸天：**指三十三天。

㉘**善法：**修行善法。

## 译文

《智度论》中说："僧伽，汉语是众多的意思。许多比丘聚集在一处，就叫作僧伽。这就好比许多大树密集丛生着，叫作树林。一棵一棵单个的树，不能叫作树林。如果没有一棵棵树，也不能叫作树林。因此，一个一个的比丘，不能叫作僧。去掉这一个一个的比丘，也就不称其为僧了。许多比丘聚集在一起，所以僧又名叫生。"

《祖庭事苑》中说："梵语贫婆那，这里叫作丛林。《大论》中说（如上面所引）。又，《大庄严论》中说：'像这样的许多僧人，乃是绝顶聪明的丛林。一切众多的善行，都集中在他们中间。'又，《杂阿含经》卷二十五中说：'佛告诉阿难说：你远远地看见那青色的丛林了吗？阿难只是回答了句：是，已经看见了。这个地方名叫优留曼荼山。如来涅槃后的一百年，有个商人的儿子，名叫优波掘多，把这座丛林当作了佛教做法事的地方。而且他在教授师中，最能称得上是第一位的。'这就是四祖优波毱多，梵语发音是楚夏尔，他以祖师的身份居住在那里。因此，现在的佛教寺院就称作丛林了。"

无著道忠说：优留曼荼山在摩偷罗国，见《杂阿含经》中。又，因为优波毱多曾居住过青色丛林，就说现在把佛教寺院称作丛林，这是睦庵禅师的附会，本来就没有什么根据。

《宝积经·菩萨见实会》中说：“过去有位国王，名叫尼弥，对诸多佛法都已了悟通晓了，就好像那些佛法都成了尼弥王。乃至三十三天想要见见那位尼弥王。帝释天主立即命令名叫摩多黎的御臣用装饰华丽的一千匹马拉的宝车，前往阎浮提鞞提呵国迎接尼弥王。……那时，摩多黎又再次将尼弥引到须弥顶。那时尼弥王远远地就看见了青色茂密的丛林，告诉摩多黎说：‘那个林子一定是许多已经不再执迷于四颠倒的人居住的地方。’摩多黎说：‘大王，这是忉利等三十三天习修善法的殿堂啊！’”

## 受业院

### 原典

首受出家业①寺院也。

## 注释

①**出家业：**即出家，指出离在家、修行沙门净行这种生活。

## 译文

第一次出家受戒修行的那座寺院。

# 常住

## 原典

《敕修清规[①]·副寺》云："掌常住[②]金谷、钱帛、米麦出入。"又《典座》云："护惜常住，不得暴殄[③]。"又《庄主》云："有补常住，而消祸未萌。"

忠曰：常住者，《行事钞[④]·随戒释相篇》云："僧物有四种：一者，常住常住，谓众僧舍宇、什物、树木、田园、仆畜、米麦等物，以体局当处，不通余界；但得受用，不通分卖，故重言常住也。"今禅林总辖常住僧物之所，又谓之常住，所谓千年常住也。

## 注释

①**《敕修清规》**：《敕修百丈清规》的略称，凡十卷（又作二卷），又叫《百丈清规》，元朝东阳德辉编，全悟大欣及学业沙门等共校正。元朝至元二年（公元一三三六年），蒙惠宗之敕，德辉乃重编《百丈清规》于百丈山大智寿圣禅寺，对照参考《古清规》《校定清规》《备用清规》《幻住庵清规》等合而编辑。

②**常住**：佛教的寺舍、什物、树木、田园、仆畜、粮食等等，统称为常住物，简称常住。

③**暴殄**：肆意糟蹋。

④**《行事钞》**：《四分律删繁补阙行事钞》的略称。十二卷，南山道宣著。

## 译文

《百丈清规·副寺》说："掌管常住的金钱、稻谷、布帛、米麦等出入。"又《典座》说："应爱护常住的任何物品，不可随意糟蹋浪费。"又《庄主》说："应对常住有所增益，并且把一些事端未发生事即能处理圆满，使祸事不生。"

无著道忠说：常住，《行事钞·随戒释相篇》中说："僧人的物件有四种：第一种，叫作常住常住物，意思是说众僧房舍里的东西，树木、田地、庭院、仆役、牲畜、米麦等东西，因为只能放在那里，不能和其他地方交换；只能僧人自己享用，不能分给别人、卖给别人，所以重复说常住。”现在禅林中总管常住等僧人使用的物件的处所，又叫作常住，所谓“千年常住”就是这个意思。

## 子院

### 原典

丛林诸院，依附本寺[①]者，为子院。

### 注释

①**本寺**：日本佛教各宗派传法的中心寺院的名称，又叫“本山”。

### 译文

丛林中各座寺院里，依附着中心寺院的那些寺院，就是子院。

## 都道场

### 原典

都道场者，每郡县建祝寿道场，以为一郡一县聚会祈祷之处。义堂[①]《日工集》云："唐土，每城里有都道场，诸宗集会祝圣。"是也。

### 注释

①**义堂：**日本临济宗僧义堂周信，号空华道人，参禅于梦窗处，且为其高足。为五山文学之代表人物，博通内外典，擅长诗文。著有诗文集《空华集》二十卷，《义堂周信语录》及《日工集》。元中五年（公元一三八八年）示寂，世寿六十四。

### 译文

都道场，每郡每县建的祝寿道场，作为一个郡一个县百姓聚会、祈祷的地方。义堂《日工集》上说："大唐国土上每座城里都有都道场，各宗的僧人集会在那里祝圣。"就是这个意思。

# 宣政院

## 原典

朝廷管僧道衙门，此谓宣政院。

忠曰：元朝初置之。日本寺社所也。

《元史·百官志》云："宣政院秩①从一品，掌释教僧徒及吐蕃②之境，而隶治之。遇吐蕃有事，则为分院往镇，亦别有印。如大征伐，则会枢府③议。其用人，则自为选。其为选，则军民通摄，僧俗并用。至元初，立总制院，而领以国师④。二十五年，因唐制，吐蕃来朝，见于宣政殿之故，更名宣政院。"

## 注释

①**秩：**官品。

②**吐蕃：**中国古代藏族所建立的地方政权。

③**枢府：**指中央发号施令的机构。

④**国师：**古代帝王赐给高僧的一种尊称。

## 译文

朝廷中管理佛教事宜的衙门，就叫作宣政院。

无著道忠说：元朝最初设置它的。在日本叫作寺社所。

《元史·百官志》中说："宣政院官阶是从一品，掌管着佛教僧徒以及吐蕃境内的事务，而直接治理它们。遇到吐蕃境内有事，则设行宣政院前往当地处理、镇守，分设的行宣政院也另外有大印。如果有重大征伐军事行动，则会同枢密院共同议处。它所选用的官吏，则是自己选出的。它的人选，则是军民统辖、僧俗并用。到了元朝初年，设立了总制院，而由国师领导着。二十五年，因袭、沿用唐朝的制度，唐时吐蕃来朝拜，皇帝都是在宣政殿接见，所以改名为宣政院。"

## 涅槃台

### 原典

涅槃[①]台，焚化亡骸之处。

《敕修清规·尊宿迁化》云："丧至涅槃台。"

### 注释

①**涅槃**：指僧人圆寂。本义为脱离一切烦恼，进入自由无碍的境界。

**译文**

涅槃台，焚烧、火化尸骸的地方。

《敕修清规·尊宿迁化》中说：“人死后就到了涅槃台。”

## 化坛

**原典**

涅槃台，又名化坛。

**译文**

涅槃台，又称作化坛。

# 2 殿堂门

## 伽蓝

### 原典

慧苑[1]《华严音义》云："僧伽蓝，具云僧伽罗摩[2]。言僧者，众也。伽罗摩者，园也。或云，众所乐住处也。"

忠曰：法堂[3]、佛殿[4]、山门、厨库、僧堂[5]、浴室、西净[6]，为七堂。伽蓝，未知何据。各有表相如图：

| | | |
|---|---|---|
| | 厨库左手 | 浴室左脚 |
| 法堂头 | 佛殿心 | 山门阴 |
| | 僧堂右手 | 西净右脚 |

## 注释

①**慧苑：**唐代僧，京兆（今属陕西）人。师事华严宗三祖法藏，深究华严，为同门之上者。曾继续法藏未完成之著作《华严经》的《略疏》，而撰《续华严经略疏刊定记》十五卷。另著有《新译华严音义》二卷，即《新译大方广佛华严经音义》的略称，世称“慧苑音义”。

②**僧伽罗摩：**僧伽蓝的繁称。指包括土地、建筑物在内寺院的总称。

③**法堂：**即讲堂，为演说佛法归戒集会的地方，一般位于佛殿后面。

④**佛殿：**又称佛堂、大雄宝殿、大殿等，安置菩萨像的堂宇。中国禅门中多不设佛殿，此系禅宗特殊用意，如百丈怀海于《禅门规式》中不立佛殿，唯建法堂，表示佛祖曾亲自嘱授，当代最尊贵的人。日本禅宗建筑多模仿中国宋代样式，于法堂前方正面建立佛殿，而以廊连接二堂。

⑤**僧堂：**又称禅堂、云堂，禅僧昼夜于此行道。在唐代，食堂即僧堂；后世于禅堂外另设食堂。于是食堂于西，禅堂于东，遂为丛林定式。

⑥**西净：**指西序的僧人使用的厕所。

## 译文

慧苑《华严音义》中说：“僧伽蓝，完整地说是僧伽罗摩。僧，众多的意思。伽罗摩，庭园的意思。或者说，众人所乐于居住的地方。”

无著道忠说：法堂、佛殿、山门、厨库、僧堂、浴室、西净，为七堂。名伽蓝，不知有什么根据。七堂各有其固定的位置，如图所示：

| | | 厨库左手 | 浴室左脚 |
|---|---|---|---|
| 法堂头 | 佛殿心 | | 山门阴 |
| | | 僧堂右手 | 西净右脚 |

# 招提

## 原典

《释氏要览》[①]云：“招提，《增辉记》：梵云拓斗提奢，唐言四方僧物[②]。但笔者讹拓为招，去斗奢留提，故称招提。即今十方住持寺院是也。”

《翻译名义集》云：“《经音义》云：梵云拓斗提奢，唐言四方僧物。但笔者讹，称招提。此翻别房施，或云对面施。或云：梵言僧鬘，此翻对面施。《音义》

云：体[3]境[4]交现，曰对；辍己惠他，名施。后魏太武始光元年，造伽蓝，创立招提之名。”

## 注释

①**《释氏要览》：** 佛教类书，北宋释道诚辑，三卷。是关于佛教基本概念、寺院仪则、法规和僧官制度等的词义汇编。

②**四方僧物：** 一切属于僧团的物资可分为二种，一称现前僧物，一称四方僧物。四方僧物指来自他方所供养，而属于一切比丘所共用的物资，例如寺舍、厨库、田园、米饭、衣服、汤药。又称十方僧物、常住僧物。

③**体：** 或译作自性、自体，指事物存在的本体、存在自身或存在的本质等。

④**境：** 即心与思维的对象，引起眼、耳、鼻、舌、身、意六根的感觉、思维作用的对象，即色、声、香、味、触、法六境。

## 译文

《释氏要览》中说：“招提，《增辉记》：梵语为拓斗提奢，唐代时说四方僧物。只是书写的人把拓字错写成了招字，又去掉了斗奢，保留了提字，所以称作招提。

也就是现在所说的十方住持寺院。”

《翻译名义集》上说：“《经音义》说：梵语说成拓斗提奢，唐代人说成四方僧物。只是因为书写的人弄错了，才称招提。这里翻译成别房施或者对面施。也有一说：梵语为僧鬘，这里翻译成对面施。《音义》上说：体、境相对着出现，叫对；把自己的东西送给别人，叫施。后魏太武帝始光元年，建造伽蓝，创立了招提这个名称。”

## 寺

### 原典

《僧史略》[①]云：“寺者，《释名》[②]曰：‘寺，嗣也。治事者相嗣续于其内也。’本是司名。西僧[③]乍来，权止公司，移入别居，不忘其本，还标寺号。僧寺之名，始于此也。”

《释氏要览》云：“后汉明帝永平十年丁卯，佛法初至。有印度二僧摩腾、法兰，以白马驮经像，届[④]洛阳。敕于鸿胪寺[⑤]安置。至十一年戊辰，敕于雍门[⑥]外，别建寺，以白马为名，即汉土佛寺始也。吴孙权立建初寺为始也。”

《大日经[7]一行[8]疏》云："寺者，毗诃罗。此方译为住处。"

## 注释

①**《僧史略》**：《大宋僧史略》的略称，凡三卷。宋代赞宁撰。是一部以护教立场而著出的一部有关佛教教团制度、仪礼、戒律、忏法等的教团史。

②**《释名》**：汉刘熙撰，八卷。以同声相谐，推论称名辨物。虽多穿凿之处，然而可用来考证古音；所释器物，也可以用来推求古代制度。别本或题作《逸雅》。

③**西僧**：古印度僧人。

④**届**：到。

⑤**鸿胪寺**：北齐所置官府机构，掌管朝贺庆吊之赞导相礼。

⑥**雍门**：地名。在长安西北孝里西南，去长安三十里。

⑦**《大日经》**：全称《大毗卢遮那成佛神变加持经》。密宗所依主要经典之一。唐代善无畏与一行合译，七卷。

⑧**一行**：唐代僧人，天文学家。曾参与善无畏译场，助译《大日经》，并作《大日经疏》二十卷。

## 译文

《僧史略》上说："寺，《释名》解释成：'寺，嗣的意思。治理事务的官员，一个接着一个地在里面办事。'它本来是官府机构的名称。印度佛僧刚来的时候，权且先住在官府里，后来移到别的地方居住了，还是忘不了他们最初的住所，仍然把住的地方取名寺。僧寺的名称，就是从这时开始的。"

《释氏要览》中说："东汉明帝永平十年丁卯，佛教刚刚传到中国。有两个印度僧人摩腾、法兰，用白马驮着佛经、佛像，到了洛阳。明帝下诏在鸿胪寺里安置他们。到了十一年戊辰，明帝下诏于洛阳雍门外，另外建一座寺，以白马为名，这就是中国境内建筑佛寺的开始。比三国时吴国孙权造建初寺还要早。"

《大日经一行疏》说："寺，梵文毗诃罗。本地翻译成住处。"

# 山门

## 原典

忠曰：山门者，山对城市之言。城市俗[①]，山林真[②]。凡兰若[③]反俗居，本宜在山，所谓远离处也。故纵在城市者，亦用山号。夫归向真道者，当由此而入，故言山门也。

## 注释

①**俗：**即世俗。又称世。因为它有隐覆真理、可毁坏的意思，所以通常也和“真”相对。

②**真：**法门中“真”“俗”二字相对，依此相对，一般演变成世、出世，在家、出家的异名。

③**兰若：**梵文音译。意为比丘习静修行处所。后来一般指佛寺。

## 译文

无著道忠说：山门，是山林对于城市而言的。城市世俗，山林真实。大凡佛僧要一反世俗而居住，本来就应该在山林中，也就是所谓的远离尘世独处。所以，纵使隐居在城市里修行的人，也用山号。那些志在归向真实之道的人应该从这里进入，所以说是山门。

## 三门

### 原典

山门之制，排列门有三，故亦称三门。

《释氏要览》云："凡寺院有开三门者，只有一门，亦呼为三门者，何也?《佛地论》[①]云：'大宫殿，三解脱门[②]为所入处。'大宫殿，喻法空涅槃也。三解脱门，谓空门[③]、无相门[④]、无作门[⑤]。今寺院，是持戒修道，求至涅槃人居之，故由三门入也。"

### 注释

①**《佛地论》:**《佛地经论》的简称。古印度亲光著，唐玄奘译，七卷，是对《佛地经》的解释。

②**三解脱门:** 又称三空、三三昧等。禅定的一种，进入涅槃境界所经的三个修行门径。

③**空门:** 佛教认为色相世界都是虚妄，能破除偏执，由空而得涅槃。以空为入道之门，故称空门。

④**无相门:** 相，指认识中的表象和概念。无相门，指摆脱世俗的有相认识，得到真如实相的法门。

⑤**无作门:** 又作无愿门、无欲门。指如果知道了一切法无相，就会在三界中无所愿求，就不造作生

死之业；如果无生死之业，也就无果报之苦而得自由自在。

## 译文

山门的习惯法式，并排列着三个门，所以山门也称为三门。

《释氏要览》中说："大凡寺院中有开三门的只有一个门，也称作三门，这是为什么呢？《佛地论》说：'大宫殿，三解脱门是进入佛地的必经之处。'大宫殿，象征着自由无碍的涅槃境界。三解脱门，是说空门、无相门、无作门。现在的寺院，是受持戒规、修行佛法、追求达到涅槃境界的人居住着，所以他们是由三门进入的。"

# 佛坛

## 原典

《敕修清规·报恩章序》云："于是设圣容[①]，具佛坛场。"

忠曰：《居家必备·漳郡张一栋祭礼考》云："古者庶人[②]无庙[③]，而祭于寝[④]。注云：寝者，前堂也。"余谓此方寺院，无佛殿处，则方丈[5]设佛坛，而祭佛祖亡者，即是“无庙而祭于寝”者也。

## 注释

①**圣容**：佛祖画像。

②**庶人**：百姓、平民。

③**庙**：家庙，古时人在家中祭祀祖先的专门场所。

④**寝**：卧室。

⑤**方丈**：佛寺中长老住持及说法的地方。

## 译文

《敕修清规·报恩章序》里说：“因此，放上佛像，布置好佛坛。”

无著道忠说：《居家必备·漳郡张一栋祭礼考》中说：“有时候庶人没有家庙，只能于寝祭祖宗。注释说：寝，前堂。”我认为，这个地方的寺院，如果没有佛殿，就在方丈室设置佛坛，来祭奠涅槃的佛祖，也就与“没有家庙而于前堂祭奠”是一回事。

## 撑天柱

### 原典

凡殿堂①正面左右二露柱②，此谓撑天柱。

### 注释

①**殿堂**：为佛寺中各重要屋宇的总称。指供安置佛像、讲经或修行等用途的建筑物，与塔共为构成伽蓝之主体。

②**露柱**：露在外面之柱。指法堂或佛殿外正面的圆柱。

### 译文

大凡殿堂正面左右都有两根露在外面的柱子，这就叫撑天柱。

## 雨打

### 原典

凡殿堂四壁与露柱之间，曰雨打。盖殿堂宇有二重，第一重为正屋，第二重更足造者。若无第二重，则第一重檐溜[①]可零[②]此处，故名雨打。

## 注释

①**檐溜：** 屋檐水。

②**零：** 淋落。

## 译文

殿堂四面墙壁与露柱之间的地方，叫作雨打。大概寺院殿堂的房舍有两重，第一重是正屋，第二重还能够再建一些房间。如果没有第二重，第一重的屋檐水就能淋到这里，所以这个地方就叫雨打。

# 月坛

## 原典

凡殿堂壁外露坛，名月坛。盖月光常到处也。

《东福寺[①]入寺记》云："新命[②]过佛殿西月坛。"

《东坡诗集[③]·扈从景灵宫诗》云："道人[④]幽梦晓初还，已觉笙箫下月坛。"

忠曰：近水户侯造大学明伦堂，其壁外坛曰月台，老者得乘舆到于此。月台，即月坛也。

《永觉晚录[5]·重建鼓山涌泉寺记》云："大殿乃谋再造，即命石工，甃[6]殿前月台，及大庭石。"

《无怨公案[7]·抢劫类》云："县主[8]即起乡夫七八人，抬其石而至，令放于月台之下。"

《隋史遗文》[9]云："秦叔宝贩马，到潞州[10]二贤庄单雄信所，见主人立在檐前，只得站立于月台傍边。"

忠曰：是农家，亦称月台。

《水浒传》[11]云："梁中书起身，走出阶前来，从人移转银交椅，直到月台栏干边放下。"

## 注释

①**东福寺：**位于日本京都东山区，为日本临济宗东福寺派大本山。延应元年（公元一二三九年），九条道家创建，圆尔（圣一国师）开山。山号慧日山，为京都五山之一。

②**新命：**指新任命的住持。

③**《东坡诗集》：**北宋大诗人苏轼的诗歌作品集。

④**道人：**即禅僧。

⑤**《永觉晚录》：**疑即明代僧元贤所撰《永觉元贤禅师广录》中的《鼓山晚录》，系其再住鼓山的语录，凡二十卷，太冲道顺编，约刊于永历六年（公元

一六五二年）。

⑥**甃：**用砖砌。

⑦**《无怨公案》：**作者、卷数均无考。内容疑为禅宗公案的分类汇编。

⑧**县主：**知县。

⑨**《隋史遗文》：**白话小说。明末袁于令编。本书讲述了隋唐更代故事，以“乱世英雄”为描写重点，情节动人，语言通俗。

⑩**潞州：**地名，在今山西省境。

⑪**《水浒传》：**中国古代长篇小说。明代施耐庵著，以描写宋梁山泊起义将领为主。

## 译文

大凡殿堂外面露着的坛，就叫作月坛。大概是月光经常照到的缘故。

《东福寺入寺记》中说：“刚刚任命的住持要从佛殿西面的月坛走过去。”

《东坡诗集·扈从景灵宫诗》中说：“做了一夜幽梦的禅僧，刚刚在清晨回寺，就感觉到美妙的笙箫声从月坛上飘了下来。”

无著道忠说：最近，水户侯建了一座大学明伦堂，堂壁外的坛子名叫月台，老年人能够乘坐着车子到那里。月台，也就是月坛。

《永觉晚录·重建鼓山涌泉寺记》中说：“大殿，于是计划重建，就命令石匠砌大殿前的月台以及大庭院中的石块。”

《无怨公案·抢劫类》中说：“知县就叫了七八个乡下的壮年男子，抬着那石头来了，命令放在月台下面。”

《隋史遗文》中说：“秦叔宝贩马，到了潞州二贤庄单雄信家，看见主人站立在房檐前面，自己只得站到月台旁边。”

无著道忠说：农家，也叫作月台。

《水浒传》中说：“梁中书起身，走到台阶前面来了，随从移动银交椅，一直走到月台的栏杆边放了下来。”

## 祠堂

### 原典

居家[①]本设祠堂，而祭祖宗亲族矣。今祭在家亡灵于佛寺者，为祠堂。

《孔圣全书》云：“君子[②]将营宫室，先立祠堂于正寝[③]之东，为四龛[④]，以奉先世神主[⑤]。高祖考妣居左，曾祖考妣居右，祖考妣居次左，考妣居次右。祖考妣皆南向，考左妣右。置祭田，具祭器。主人辰谒于大门之内，出入必告。正旦⑥、冬至、朔⑦、望⑧则参⑨，俗节⑩则献以时食⑪，有事则告。若无力之家，只择明洁空室一间，以奉四世神主。再无别室，可于寝堂正间祀之。”

## 注释

①**居家**：又作在家，为“出家”的对称。即指成家立业，过着家庭生活，而自营生计者。

②**君子**：儒家指有很高德行的人。

③**正寝**：居室之正房。

④**龛**：盛放佛像或神主的小阁。

⑤**神主**：为死者立的牌位，用木头或石头制成，供祭祀用。

⑥**正旦**：农历正月初一。

⑦**朔**：农历每月初一。

⑧**望**：农历每月十五。

⑨**参**：拜祭。

⑩**俗节**：世俗节日。

⑪**时食**：时新食物。

## 译文

在家过世俗生活，本来是设置了祠堂，来祭供祖宗及亲戚、族人的。而今在佛寺里祭祀在家时亡故的灵魂，也是祠堂。

《孔圣全书》中说："君子将营建宫室，先要立祠堂于正房的东侧，做四个龛，用来供奉前代祖先的牌位。高祖父、高祖母的牌位放在左边，曾祖父、曾祖母的牌位放在右边，祖父、祖母的牌位放在再左边，父亲、母亲的牌位放在再右边。祖父、祖母的牌位都朝南放，且祖父的牌位居左，祖母的牌位居右。置办祭田，买全祭器。主人早晨谒拜祖先于大门之内，离家、回家都必须向祖先请安。正旦、冬至、朔、望等日子，则要参拜；逢到世俗节日，则要献上时令食品，家中有事则要告诉祖先。如果是无力修建祠堂的人家，只需要选择一间明亮洁净的房子，用来供奉四世的祖先牌位。如果再没有其他房间，也可以在正房的正间祭祀。"

# 法堂

## 原典

忠曰：演说大法[①]之堂，故云法堂。故黄溍[②]《百丈山师表阁记》云：“东阳[③]嗣住是山，既新作演法之堂。”又宋景濂[④]《护法录[⑤]·妙辨大师塔铭序》云：“元季[⑥]，寺焚于兵。公奋然有为，创演法堂及方丈室。”

《三才图会[⑦]·宫室部》云：“堂者，当也。谓当正向阳之屋。又堂，明也。言明礼义之所。”

## 注释

①**大法**：即佛法。

②**黄溍**：元婺州义乌（今属浙江）人。延祐二年进士。其学博极群书，于经史疑难及古今，因革制度、名物之类，多有发前人之所未发。著有《日损斋稿》《日损斋笔记》等。

③**东阳**：元代临济宗僧德辉的号。德辉于明宗天历二年（公元一三二九年）掌管百丈寺，文宗至顺元年（公元一三三〇年），重建法堂。顺宗至元元年（公元一三三五年），奉敕重辑《百丈清规》，二年即颁布天下丛林，赐号“广慧禅师”。

④**宋景濂**：即宋濂，明初著名政治家、文学家。

⑤**《护法录》**：明代宋濂著，云栖袾宏辑录，钱谦益校订。宋濂曾三度阅大藏，儒门中以多闻总持著称。本录，即辑录其所作《金华文集》中有关护持三宝的文章。

⑥**元季**：元代末年。

⑦**《三才图会》**：明王圻辑，一〇八卷。分天文、地理、时令、宫室、器用、身体、衣服、人事、仪制等十四门，搜罗广博，芜杂不精。

## 译文

无著道忠说：演说讲论佛法的殿堂，称作法堂。所以黄溍《百丈山师表阁记》中说："东阳接着掌管着这座山寺，不久又新建了演说佛法的殿堂。"又，宋景濂《护法录·妙辨大师塔铭序》说："元朝末年，寺院因战乱而焚毁。妙辨大师奋然而起做出一番事业，创建了演说佛法的大堂及方丈室。"

《三才图会·宫室部》中说："堂，当的意思。指当正朝阳的房屋。又说堂，明白。意思是说明白礼义的地方。"

# 方丈

## 原典

《敕修清规·圣节》云："维那①上方丈，请住持佥疏。"

《传灯录②·禅门规式》云："长老③既为化主④，即处于方丈。同净名之室⑤，非私寝之室也。"

《祖庭事苑》云："今以禅林[⑥]正寝为方丈，盖取则毗耶离城[⑦]维摩之室，以一丈之室，能容三万二千师子之座[⑧]，有不可思议之妙事故也。唐王玄策，为使西城，过其居，以手版[⑨]纵横量之，得十笏。因以为名。"

《法苑珠林[⑩]·感通篇》云："吠舍厘国[⑪]宫城周五里，宫西北六里，有寺塔，是说《维摩经》[⑫]处。寺东北四里许，有塔，是维摩故宅基，尚多灵神，其舍垒砖。《传》云：积石即是说法现疾[⑬]处也。于大唐显庆[⑭]年中，敕使卫长史王玄策。因向印度过净名宅，以笏量基，止有十笏，故号方丈之室也。"

忠曰：《头陀寺碑》有方丈字，先唐玄策。且附见：《文选[⑮]·王简栖头陀寺碑文》曰："宋大明五年，始立方丈茅茨，以庇经象。"注："高诱[⑯]曰：堵长一丈，高一丈，面环一堵，为方丈。铣[⑰]曰：宋孝武皇帝时也，言立方丈之室，覆以茅茨之草，以置经象也。"

## 注释

①**维那：**僧职名，为寺院三纲之一，管理僧众庶务，位于上座、寺主之下。后为禅宗寺院东序六知事之一，主掌僧众威仪进退纲纪。

②**《传灯录》：**《景德传灯录》的省称。佛教禅宗史书。北宋道原著，三十卷。"景德"是宋真宗年号，灯

能照暗，禅宗谓以法传人，犹如传灯，故名。自过去七佛至法眼文益法嗣，叙述禅宗传法世系共五十二世，一千七百〇一人。

③**长老：**佛教对法腊长、德行高的僧人的尊称。此处为对住持的尊称。

④**化主：**僧职名。四处化募，以供寺用。

⑤**净名之室：**净名，梵文维摩诘的意译，毗摩罗诘居士的别称。净名之室，即维摩精舍。

⑥**禅林：**佛教寺院。寺院主要建于山林之地，故称。亦专指禅宗寺院。

⑦**毗耶离城：**古印度国名。在今印度比哈尔邦穆查发浦尔。相传释迦入灭后约一百年，为解决疑难问题，七百比丘曾在此结集。

⑧**师子之座：**即师子座。佛所坐的地方。佛教转法轮人的座位也称师子座。

⑨**手版：**即手板，笏，古代官吏上朝或谒见上司时所执，备记事用。

⑩**《法苑珠林》：**佛教类书。唐道世著。它将佛教故事，分类编排，共百篇，收六百六十多条目，博引经、律、论原典，有一定的史料价值。

⑪**吠舍厘国：**即毗耶离城。

⑫**《维摩经》：**全称《维摩诘所说经》，后秦鸠摩罗

什译，三卷。通过描述维摩诘与文殊师利等人共论佛法，宣扬达到解脱要先清净自心，所谓“心净即国土净”。

⑬**现疾：**示现疾病。据《维摩经》所载：维摩居士现疾，然云其病是“以众生病，是故我病”，待佛陀令文殊菩萨探病，彼即以种种问答，揭示空、无相等大乘深义。

⑭**显庆：**唐高宗李治年号（公元六五六—六六〇年）。

⑮**《文选》：**南朝梁昭明太子萧统编，又名《昭明文选》。选录先秦至梁的各体诗文，共三十八类，三十卷。为我国现存的最早的文学总集。

⑯**高诱：**汉末涿郡涿人。少时从侍同县卢植学。建安十年（公元二〇五年）辟司空掾，除东郡濮阳令。十七年（公元二一二年）迁监河东。曾为《孟子》《孝经》作注，又有《吕氏春秋注》《淮南子注》《战国策注》等。

⑰**铣：**即唐朝人张铣，曾为《文选》作注。

## 译文

《敕修清规·圣节》中说：“维那上方丈室，请住持检查疏文。”

《传灯录·禅门规式》中说：“长老既当了化主，也就住到方丈室了。方丈室和净名的房间一样，不是供自己睡觉的房间。”

《祖庭事苑》上说：“现在把寺院里的正房作为方丈，大概是取自毗耶离城维摩居士的房间，以一丈大的房间，能容纳三万二千个师子座，有着不可思议的奥妙，这样一个故事。唐代的王玄策，出使西域，从维摩故居旁经过，用手版纵横都量了，结果十手版见方。因此就用了方丈这个名称。”

《法苑珠林·感通篇》中说：“吠舍厘国的宫城周长五里，宫西北六里有佛寺、塔，是佛讲说《维摩经》的地方。寺东北四里多，有座塔，是维摩居士的故居房基，仍然还有许多灵神在那里，他的房舍是砖块垒砌成的。《传》上说：堆积着石块的地方就是维摩示疾演说佛法的所在。在唐代显庆年间，皇帝命令卫长史王玄策为使节。因向印度去的过程中经过净名故宅，王玄策就用笏板量了宅基，只有十笏板长，所以称之为方丈室。”

无著道忠说：《头陀寺碑》上有方丈字，这要比唐代王玄策早。且附在这里：《文选·王简栖头陀寺碑文》上写道：“刘宋大明五年，开始建方丈大的茅草屋，用来庇护佛经、佛像。”注：“高诱说：墙长一丈，高一丈，四面各环绕着一堵墙，为方丈。铣说：宋孝武帝时，说建造一间方丈大的房屋，用茅草盖着，用来放置佛经、佛像。”

## 云堂

### 原典

忠曰：僧堂亦曰云堂。谓众集如云多也。《开福宁禅师录[①]·冬夜小参》云："赖遇库司[②]置办土仪[③]果子，下座，云会堂中，大家东咬西咬。"字义可见。

《敕修清规·受嗣法人煎点》云："请云：'来晨就云堂，聊具菲供[④]，伏望慈悲，特垂降重。'"

### 注释

①**《开福宁禅师录》：**全称《潭州开福报慈禅寺道宁师语录》，二卷。宋代僧开福道宁撰，月庵善果编。辑录开堂、晋院、拈香、法语、上堂、小参、垂示、偈颂、遗诫等，并于卷首、卷末附录序、疏等文。

②**库司：**又称都寺、都监寺，系六知事之首，统辖事务中的地位最高的僧职。

③**土仪：**指作为馈赠礼物的土特产品，一般为瓜果等。

④**菲供：**微薄的供品，谦辞。

## 译文

无著道忠说：僧堂也叫作云堂。意思是众僧聚集在这里如云一样多。《开福宁禅师录·冬夜小参》说："幸好今天逢着库司置办到一些人家送来的土产水果，于是禅坐结束后，就都下座云集到僧堂中，大家一块东咬西咬地吃了。"云堂词义从这段话中可以看出来。

《敕修清规·受嗣法人煎点》中说："受嗣法人请求说：'明天早晨去云堂，我聊备了些微薄的供品，还祈望您发大慈悲，特请垂顾降临。'"

# 禅堂

## 原典

忠曰：僧堂亦谓禅堂，言众僧坐禅[①]于此也。文字已出《首楞严经》[②]，云："若诸末世[③]愚钝众生，未识禅那[④]，不知说法，乐修三昧[⑤]。汝恐同邪？一心劝令持我《佛顶陀罗尼咒》[⑥]。若未能诵，写于禅堂，或带身上，一切诸魔所不能动。"

## 注释

①**坐禅**：坐而修禅之意。静坐思维，佛教僧人的一种修行方法。

②**《首楞严经》**：凡十卷。全称《大佛顶如来密因修证了义诸菩萨万行首楞严经》。唐朝般刺蜜帝译。

③**末世**：正法灭绝之义，指佛法衰颓的时代。

④**禅那**：梵语音译，即禅。特指为生于色界诸天而行的宗教思维修习。意谓心注一境，正审思虑。

⑤**三昧**：梵文音译，指心专注一境而不散乱的精神状态，佛教以此作为取得确定之认识、做出确定之判断的心理条件。

⑥**《佛顶陀罗尼咒》**：全称《净除一切恶道佛顶尊胜陀罗尼》。此咒系佛陀为救拔善住天子将受七度畜生恶道身之业而说。据佛陀波利所译《佛顶尊胜陀罗尼经》所载，此咒能除一切罪业等障，破除一切秽恶道之苦。

## 译文

无著道忠说：僧堂也叫禅堂，意思说众僧们在这里坐禅。“禅堂”这两个字出现在《首楞严经》中，经中说：“像这些末世中愚昧迟钝的众生，没有认识到静思息虑地修禅，又不懂得演说佛法，只乐于修行三昧。你恐怕和他们一样吧？你要一心劝令他们受持我佛的《佛顶陀罗尼咒》。如果不能念诵，写在禅堂中，或者带在身上，一切众魔就都动弹不得了。”

## 明楼

### 原典

在僧堂前也。僧堂广深，又前有外堂，故堂内昏暗，乃于堂前外堂间，高架楼，开窗接明，此云明楼。

### 译文

明楼在僧堂前面。僧堂又大又深，前面又有外堂，所以堂内光线昏暗，于是就在僧堂前面与外堂之间高架起一座楼，上面开上窗户接受光线，使堂内明亮起来，这座楼就叫作明楼。

## 明堂

### 原典

《敕修清规》“念诵巡堂之图”，僧堂与外堂之间，左右题云明堂。

忠曰：僧堂正前高架明楼，明楼左右空处，曰明堂也。

## 译文

《敕修清规》的“念诵巡堂图”上，在僧堂与外堂之间的左右边都题着“明堂”。

无著道忠说：僧堂的正前方高架着明楼，明楼左右的空地方就叫明堂。

# 延寿堂

## 原典

《禅林宝训音义》[①]云：“延寿堂，抚安老病之所也。古者丛林老僧送安乐堂，病者送延寿堂也，又今涅槃堂是。”

《校定清规[②]·住持入院》云：“古者建立丛林，为老病设，所以命堂主[③]，司以药饵，戒常住，足其供需。此先佛规制也。又，况八福田[④]中，直病[⑤]为第一。今诸方延寿堂，有名无实。衲子[⑥]遇病，如因其间，良可悯也。万一乡曲，无人看亏，公界[⑦]当差人直之，速期病安。惟是天童[8]，凡一病僧，差一小仆供过[9]。为住持者，当推菩萨慈悲之心，留意于此。”

《释氏要览》云：“《西域传》[10]云：祇桓[11]西北角，日光没处，为无常院。若有病者，当安其中。意为凡人内心贪着房舍、衣钵[12]、道具[13]，生恋着心，无厌背故，制此堂。令闻名见题，悟[14]一切法[15]，无有常故。”

## 注释

①**《禅林宝训音义》：**《禅林宝训》，宋妙喜普觉、竹庵士圭编，南宋净善重编，收录南岳下十一世黄龙惠南至十六世佛照拙庵等宋代诸禅师的遗语教训；音义，为佛教中解释文字形态、发音、语义的典籍。此《音义》系明大建校，崇祯八年（公元一六三五年）序刊。此书以妙云和尚的《禅林宝训》写本为定本，参互考证内外经书，对传写过程中产生的错误的“音义”加以修校而成。

②**《校定清规》：**全称《丛林校定清规总要》，二卷。宋代僧后湖惟勉编，度宗咸淳十年（公元一二七四年）成书，系将《百丈清规》以下禅门诸种清规，参校其异同，去芜存菁，重编而成。

③**堂主：**延寿堂主的略称，系管理延寿堂内一切事务的僧职。

④**八福田**：指佛、圣、僧三种为敬田；和尚、阿阇梨、父、母等四种为恩田；救济病人为病田，又称悲田。这八种，皆能种福，故称为田。

⑤**直病**：伺候病人。

⑥**衲子**：僧徒的别称。

⑦**公界**：禅林用语，指公共物。

⑧**天童**：寺名，即天童景德禅寺，位于天童山太白峰。

⑨**供过**：服侍、照料，供人使唤之意。

⑩**《西域传》**：疑为《汉书·西域传》。

⑪**祇桓**：又译成“祇园”，全称“祇树给孤独园”，位于中印度憍萨罗国舍卫城之南，相当于今尼泊尔南境，近于拉波提河南岸之塞赫特马赫特，为佛陀说法遗迹中最著名的一处。

⑫**衣钵**：衣，指三衣；钵，指食器。

⑬**道具**：佛家应用器物的通名。

⑭**悟**：觉醒、理解。

⑮**一切法**：一切事物和现象，包括物质的和精神的，存在的和不存在的，过去的、现在的和未来的。

## 译文

《禅林宝训音义》：“延寿堂，是抚养安置年老、生病的僧人的地方。古时候的寺院里，年老的僧人送到安乐堂，生病的僧人送进延寿堂，也就是今天所说的涅槃堂。”

《校定清规·住持入院》中说：“古时候建立寺院，是为那些年老、生病的僧人们准备的，所以命令堂主侍候他们药物，保管好寺院里的一切常用物件，保证他们有足够的生活必需品。这是最初佛的规定制度。又，况且在八福田中，照料病人为第一。现在各地的寺院里，延寿堂有名无实。僧人一旦病了，就好像被囚禁在里面，实在可怜啊！万一他的乡邻中没有人来看望照顾，寺院常住应当派人值班护理，希望病人快点康复。只有在天童寺里，凡是有一个生病的僧人，就会差遣一个小仆服侍着。作为住持的，应当拿出菩萨的慈悲心肠，留意这件事。”

《释氏要览》中说：“《西域传》：祇桓精舍的西北角，太阳光消失的地方，是无常院。如果有生病的佛徒，就应当安置在那里面。意思是，大凡僧人，内心都喜欢贪恋着房屋、衣钵等道具，而生了贪恋之心，便不厌弃了，因此制造了这个无常院。让他们听到这个名称、看见这个题字，就体悟到世间一切事物都是生灭无常的。”

## 普同塔

### 原典

忠曰：凡藏亡僧骨植，同归于一塔，故云普同塔。

《文字禅[①]·普同塔记》云："自佛法入中国，奉持之者，缆总其法度，参差不齐。独百丈大智禅师[②]，以禅律之学，约之人情，折中而为法，以寿后世。故其生，依法而住[③]，谓之丛林。及其化也，依法而火之，聚骨石为塔，号普同塔。沩山空印禅师轼公[④]，住山十余年，百废具兴，独以普同塔未建为忧。一旦，与侍者登山之西崦，相其形胜[⑤]，施长材，鸠[⑥]工以为之。开大穴，以石为宫，又屋于其上。栋楹翔空，云烟蔽亏。万众欢呼，声应山谷。"

### 注释

①**《文字禅》：** 全称《石门文字禅》。宋石门寺僧惠洪觉范禅师著。

②**百丈大智禅师：** 唐代僧人怀海，出家后师事马祖道一，后住洪州百丈山（在今江西奉新），世称"百丈禅师"。以前禅僧多居律寺，怀海以禅宗和律宗习惯不同，创设禅院，制定《禅门规式》，后称《百丈清规》。

卒后，唐穆宗谥“大智禅师”。

③**住**：住持。

④**沩山空印禅师轼公**：唐代僧人，沩仰宗创始人之一。十五岁出家，年二十三到江西百丈山参拜怀海，为“上首”弟子。唐宪宗元和末年，到潭州沩山（在今湖南宁乡西），独栖七年。后建同庆寺，学僧很多，世称“沩山灵祐”。

⑤**形胜**：地形、地势。

⑥**鸠**：纠集、聚集。

## 译文

无著道忠说：凡是要埋藏圆寂的僧人的骨骸，都归到一座塔里了，所以就叫普同塔。

《文字禅·普同塔记》中说：“自从佛教传入中国以来，信奉受持佛法的人，在理解制定戒规、制度时，水平都参差不齐。唯有百丈大智禅师，以佛教的戒律学，参考、根据人之常情，折中地制定出佛门律法、清规，使后世僧人受用无穷。所以他在世的时候，依佛法住在寺院里，称之为丛林。等到他圆寂时，又依佛法而火化了躯体，并把骨灰和舍利聚在一起筑成了塔，叫作普同塔。沩山空印禅师轼公，任这座寺院住持十余年，使许多废弃的东西都重新兴盛起来，唯独因为普同塔没有建而发愁。一天早晨，轼公与侍从一起登上山的西岭，看到那里地势便利、风景优美，就用上好的材料，纠集工匠们建塔。他们挖掘了一座大穴，用石块建成了宫室，又在上面造了屋子。只见房屋的梁柱直插空中，祥云香烟缭绕在周围，笼罩着宫室。成千上万的人一起欢呼，声音在山谷里轰鸣、回荡。”

## 海会

### 原典

亦是普同塔也。盖与海众[①]同会于一穴也。

《僧宝传[②]·黄龙佛寿清禅师传》云："公遗言：'藏骨石于海会。'示生死不与众隔也。"

### 注释

①**海众：**海，比喻人或事物积聚，众而且广。海众，即大众、众僧。

②**《僧宝传》：**《禅林僧宝传》的省称。北宋僧人惠洪撰。专门收录临济、沩仰、曹洞、云门、法眼五宗禅门名僧共八十一人的生平事迹，为作传赞。

## 译文

也就是普同塔。大概意思是僧人亡故后与像海水一样多的人同归于一穴。

《僧宝传·黄龙佛寿清禅师传》中说："禅师留下遗言说：'请把骨灰、舍利石藏在海会里。'以表示他无论生死都不与大家分离。"

# 3　座位门

## 主位

### 原典

忠曰：室南乡者，以东为主位，以西为宾位[①]。室东乡者，以北为主位，以南为宾位。室西乡者，以南为主位，以北为宾位。

### 注释

①**宾位：**客位，从位。

### 译文

无著道忠说：房子朝南的，以东边的位置为主位，以西边的位置为宾位。房子朝东的，以北边的位置为主位，以南边的位置为宾位。房子朝西的，以南边的位置为主位，以北边的位置为宾位。

## 下间

### 原典

忠曰：凡人乡堂，己身左为下间。法堂[①]、方丈则西，僧堂则南，库司则北，此曰下间。

《敕修清规·告香》云："参头[②]领众，法堂下间，谢维那侍者，触礼一拜[③]。"

### 注释

①**法堂：**演说佛法的大堂。

②**参头：**亦称参头和尚。僧职名。禅宗寺院内教参学者懂得礼乐、仪规，并率领参学者参加告香、普说仪式的僧人。

③**触礼一拜：**触礼三拜是将坐具三折，当额于其一折而三叩；或执坐具正半，四折，当额于其上而三叩。将触礼三拜略为一拜者，就称为触礼一拜。

## 译文

无著道忠说：凡是人家农村的房子，在自己左边的房间是下间。法堂、方丈则是西边的房间为下间，僧堂则是南边的房间为下间，库司则是北边的房间为下间。

《敕修清规·告香》中说："参头领着众僧到法堂下间，谢维那侍者，行触礼一拜。"

# 上肩　下肩

## 原典

忠曰：己之上位，为上肩；己之下位，为下肩，不拘己之左右矣。譬如东序[①]人，以佛座为上，则其在己之右肩者，为上肩；在己之左肩者，为下肩。

《敕修清规·念诵》云："暂到于侍者下肩立。"又《谢挂搭》云："参头立于侍者下肩。"

## 注释

①**东序：**禅宗寺院仿朝廷的文武两班，在住持下设东序、西序两班。东序选精通世事者担任，称知事，有六职：都寺、监寺、副寺、维那、典座、直岁。

## 译文

无著道忠说：自己的上位，为上肩；自己的下位，为下肩，不必拘泥于自己的左边还是右边。譬如身处东序的人，以佛座为上，则在自己右肩的座位，为上肩；在自己左肩的座位，为下肩。

《敕修清规 · 念诵》中说："刚刚来的，到侍者的下肩站着。"又，同书《谢挂搭》中说："参头站在侍者的下肩。"

# 上手　下手

## 原典

《敕修清规 · 谢挂搭》云："参头居末，至众寮①门外，下手立。……参头门外转上手立。"又《住持迁化 · 挂真举哀》云："有亲书遗言，丧司行者②贴法堂中间上手幕上。"

《备用清规 · 结制行礼》云："巡寮③……库司、蒙堂④、前资⑤、众寮⑥，列门外下手立，接住持入。"

## 注释

①**寮：**僧舍。

②**丧司行者：**禅林中，行者乃指未出家而住于寺内帮忙杂务者。丧司行者，指专门负责丧葬事务的行者。

③**巡寮：**指禅林中，住持巡视山内诸寮，以谘问老病、点检寮舍之缺等。

④**蒙堂：**禅林都寺以下的知事职者，于退职后所安养的寮舍。此指居住于蒙堂中的人。蒙有静养之意。

⑤**前资：**禅林对从前曾资助事务者的尊称，指曾三任副寺以下东序之职而已退休的僧人。

⑥**众寮：**此是众寮行者的省称。

## 译文

《敕修清规·谢挂搭》中说："参头居末尾，到了众僧舍门外，在下首位置上站着。……参头在门外转到上首位置上站着。"又，同书《住持迁化·挂真举哀》中说："有亲笔写的遗言，丧司行者就贴到法堂中间上首的幕布上。"

《备用清规·结制行礼》中说："巡寮时……在库司、蒙堂、前资、众寮门外排列着，站在下首位，迎接住持进去。"

## 团座　合座

### 原典

圆形坐者，此名团座。圆形坐而开一方者，此名合座。此图见《敕修清规·云桃解》。

### 译文

圆形坐着的，叫作团座。圆形坐着而有一边开着的，叫合座。这个图见《敕修清规·云桃解》。

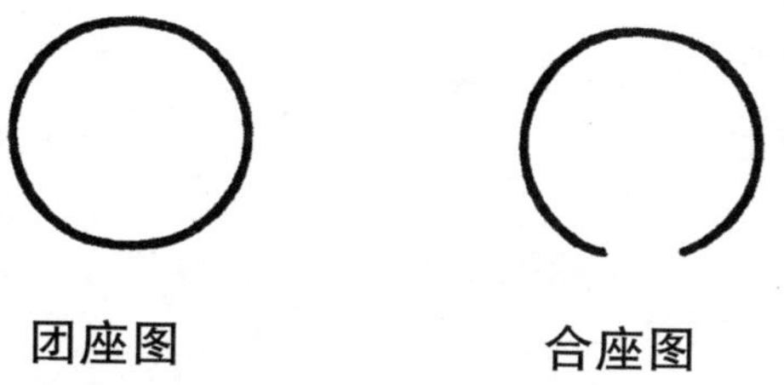

团座图　　合座图

## 第一座　第二座

### 原典

飨礼第一筵谓之第一座，第二筵谓之第二座。《敕修清规·嗣法师忌》云："如有三五人，西堂则分作两座。第一座西堂吃汤，住持行礼；第二座两序吃汤，侍者行礼。”

## 译文

飨礼中把第一桌筵席称为第一座，第二桌筵席称为第二座。

《敕修清规·嗣法师忌》中说：“如果有三五个人，西堂就分成两桌用餐。第一桌，西堂喝汤，住持在旁行礼；第二桌，两序喝汤，侍者在旁行礼。”

# 4 节时门

## 四节

### 原典

结夏[1]、解夏[2]、冬至、年朝[3]，谓之四节。

义堂《日工集》云："凡称四节，乃百丈丛林[4]也。结、解则天竺佛制。冬、年则中华俗节。百丈以随方毗尼[5]，礼贵同俗，遂有四大节之仪。"

《校定清规》云："今时丛林，每遇解、结、冬、年四节，小参[6]，盖为叙谢[7]两班[8]及大小职务。"

《敕修清规·节腊章》云："今禅林，结制以四月望，解以七月望者，若先一日，讲行礼仪。……中土[9]以冬为一阳[10]之始，岁为四序[11]之端。物时维新，人情胥庆[12]。礼贵同俗，化在随宜，故以结、解、冬、年，为四大节。周旋规矩，耸观龙象[13]之筵，主宾唱酬，兼闻狮子之吼[14]。”

## 注释

①**结夏**：夏安居的开始阶段为结夏，时间在每年阴历四月十五日。

②**解夏**：夏安居的结束阶段，阴历每年七月十五日。

③**年朝**：禅林四大节庆之一，又作改岁，即世俗的春节。

④**百丈丛林**：奉持《百丈清规》的禅宗寺院。

⑤**毗尼**：“律”的旧音译。

⑥**小参**：佛教称登堂说法为大参，定时以外的说法为小参，也称家教。

⑦**叙谢**：慰问、感谢。

⑧**两班**：即禅寺中东、西两序僧职。

⑨**中土**：即中国。

⑩**一阳**：十一月冬至日，昼最短，此后，昼渐长，古人以为阴气渐去而阳气始生，于是称冬至一阳生，为一阳之始。

⑪**四序**：春、夏、秋、冬四季。

⑫**胥庆**：互相庆贺。

⑬**龙象：**佛教称诸阿罗汉中，修行勇猛、有最大力者为龙象。水行龙力最大，陆行象力最大，故以龙、象为喻。后来用来称呼高僧。

⑭**狮子之吼：**谓佛以无畏音说法，如狮子之吼。狮子为百兽之王，佛亦为人中之至尊，称为人中狮子，故用此譬喻。又，当佛说法时，菩萨起勇猛心求菩提，因而外道、恶魔生怖畏，犹如狮子吼时，小狮子亦增威，百兽怖伏。

## 译文

结夏、解夏、冬至、年朝，禅林中称为四节。

义堂周信的《日工集》中说："大凡称四节的，都是奉持《百丈清规》的寺院。结夏、解夏，是印度佛教的禅林制度。冬至、年朝，则是中国世俗就有的节日。百丈禅师以因地随方的禅律，和适合当地世俗实情的礼仪结合，才有了四大节中的种种仪式。"

《校定清规》中说："现在的丛林中，每逢遇到解夏、结夏、冬至、年朝四节，都要举行小参，大概是为了叙谢东、西两班及大小职务。"

《敕修清规·节腊章》中说："现在禅林中，以四月望日为结夏，解夏则是在七月望日，如果再早一天，就有讲经行礼的仪式。……中国以冬至为一阳的开始，以春节为四季的发端。此时，万物随着时节更新，人们心情舒畅互相庆贺。礼节贵在入乡随俗，教化的作用也在于顺应时宜，所以现在的禅林就以结夏、解夏、冬至、年朝，为四大节庆。人们乐于进行着各种节庆的仪式，仰观着修行勇猛似龙如象的高僧们举办的盛宴，观宴中主宾诗词唱酬，还能听到佛陀说法时发出的如狮子之吼的洪音。”

## 结夏

### 原典

忠曰：结夏，安居之制也，又名结制。

《禅苑清规[①]·结夏》云：“行脚人[②]，欲就处所结夏，须于半月前挂搭[③]。所贵茶汤人事[④]，不至仓卒。”

### 注释

①**《禅苑清规》**：宋代僧长芦宗赜集，十卷。有关禅院的组织规程及僧众日常生活的规定，称为“清规”。最早有唐代百丈怀海所撰述的《百丈清规》，到北宋时《古清规》多已散佚，禅林规则紊乱，宗赜为再兴《百丈清规》之精神，遂搜集残存的行法偈颂，编撰本清

规。其后，中国、日本所制定的清规，皆以此为标准。

②**行脚人**：行脚僧人，又称云水僧。指步行参禅的云游僧。

③**挂搭**：又称挂单、挂钵、挂锡。僧人游方行脚，入僧堂挂其所携之衣钵等于堂内钩上，有依住丛林之意。

④**茶汤人事**：禅林中结夏时所行仪式之一。

## 译文

无著道忠说：结夏，安居期的开始，又称结制。

《禅苑清规·结夏》中说："行脚僧，要想找座寺院结夏，必须在半月前就到这座寺院里挂搭。这样，在进行结夏最重要的茶汤人事仪式时，才不至于太仓促。"

# 一夏九旬

## 原典

忠曰：从四月十五日，至七月十五日，都九十日，为一夏。复有禅祖①不拘时月，只数九十日为一夏者。

《传灯录·曹山本寂禅师②章》云："师曰：'曹山一生行脚到处，只管九十日为一夏。'"

觉浪禅师[③]《尊正规》云："结制之法，一年分为四期，一期是九旬。今定八旬为度，余十日，宽其规矩，与学人料理身分上事[④]，或迁移别堂，及暂时告假干辨等。"

忠曰：八十日为期，《圆觉》所谓下期也。

《圆觉经[⑤]·圆觉菩萨章》云："若法末时[⑥]，具大乘性[⑦]、欲修行者，即建道场[⑧]，当立期限。若立长期，百二十日；中期，百日；下期[⑨]，八十日，安置净居。"

## 注释

①**禅祖：**禅林祖师。

②**曹山本寂禅师：**唐代禅僧，泉州莆田（今福建古田）人。为禅宗曹洞宗之祖洞山良价之法嗣，世称曹山本寂。

③**觉浪禅师：**明代曹洞宗僧道盛，福建浦城人。号觉浪，别号杖人。师说法四十八年，有五十余座道场之语录，另著有《禀山忠公传》《佛祖道流赞》《传灯正宗》《尊正规》等。

④**身分上事：**疑指身份供养，即饮食、衣服、汤药等。

⑤**《圆觉经》：**全称《大方广圆觉修多罗了义经》，唐代佛陀多罗译，一卷。与《维摩经》《楞严经》等并

为禅宗常用经典。

⑥**末时**：即末世，指佛法衰颓的时代。

⑦**大乘性**：大乘宣传大慈大悲、普度众生，把成佛度世、建立佛国净土作为最高的目标。

⑧**道场**：修行学道的地方。僧肇《注维摩诘经》卷四时说："闲宴修道之处，谓之道场也。"与一般所说"水陆道场""祝寿道场"的"道场"不同。

⑨**下期**：短期。

## 译文

无著道忠说：从四月十五日到七月十五日，总共九十天，为一夏。又有的禅林祖师，不拘于固定的时间、月份，只是数到九十天，便算作一夏。

《传灯录·曹山本寂禅师章》中说："禅师说：'我曹山一生游方行脚到过不少地方，只要数到九十天就算一夏。'"

觉浪禅师《尊正规》中说："结夏的规定，一年分为四期，每一期九十天。现在一期是八十天，放宽了原来的规定，留了十天给修行的僧人们料理一些个人的事务，或者是迁移到别的僧堂，及暂时请假做些其他的事。"

无著道忠说：以八十天为一期，也就是《圆觉经》

中所说的下期。

《圆觉经·圆觉菩萨章》中说："如果是在佛法衰败的时代，想要具备大乘根性、进行修行的人，就要建立道场，还应当确定修行的期限。如果确立了长期，就是一百二十天；中期，一百天；下期，八十天，都要安置在净室居住。"

## 白夏

### 原典

《禅林类聚》[1]云："世尊[2]在摩揭陀国[3]，为众说法。是时将欲白夏，乃谓阿难云：'诸大弟子，人天[4]四众[5]，我常说法，不生[6]敬仰。我今入因沙旧室[7]中，坐夏九旬。忽有人来问法之时，汝代为我说：一切法不生，一切法不灭。'言讫，掩室而坐。"

《行事钞·安居策修篇》云："安居，上座[8]于一切僧集时、食时、粥时、浆时，应白言：'尔许时已过，余有尔许[9]时在。'若行此等行法者，是名僧父母，亦名僧师。"《资持记》[10]云："白法中……今准义加。于小食[11]上，维那打槌[12]告云：'白大众：安居已过一日，余有八十九日在，当勤精进[13]，谨慎莫放逸[14]。'"

## 注释

①**《禅林类聚》**：元代道泰、智境编，二十卷。本书系收集禅家诸师之机缘语要而成，内容包括帝王、宰臣、儒士、佛陀、法身、佛像、伽蓝、殿堂、塔庙等一〇二类，其中有关禅宗示众，师家与学人之问答、商量、参究之问语，禅家之行实等收录为最多。

②**世尊**：佛教对佛陀释迦牟尼的一种尊称。

③**摩揭陀国**：中印度之古国，意译为“无害国”，为佛陀住世时印度十六大国之一，位于今南比哈尔地方，以巴特邦、佛陀伽耶为其中心。此国与佛教的关系甚深。

④**人天**：指人界及天界，系六道、十界中的二界，皆为迷妄之界。

⑤**四众**：指列座于佛陀说法会上听法的四类大众，即（一）发起众，（二）当机众，（三）影响众，（四）结缘众。

⑥**不生**：音译阿罗汉。得阿罗汉果者，不再受生死之果报，故称为“不生”。

⑦**因沙旧室**：又作因陀罗窟、帝释窟、天帝石室、石室精舍。位于中印度之摩揭陀国，即今比哈尔省，乃佛陀回答帝释天质疑四十二事的说法地。为五精舍之一。

⑧**上座**：寺院三纲之一，指全寺之长，位在寺主之上。

⑨**尔许**：如许。

⑩**《资持记》**：全称《四分律行事钞资持记》，又称《行事钞资持记》，十六卷。宋代灵芝元照撰，为注释道宣所著《四分律行事钞》的书。

⑪**小食**：依佛制，出家之人只于日中一食，若于晨时食，称为小食；于午后食，称为后食，皆不合制。或谓晨朝之食为轻食；于晨朝与正午之间进食，则称小食。又禅林中以朝食之粥为小食，久而久之，乃为朝食之异称。

⑫**打槌**：又称打静。在举行法事前，维那打槌，让僧众安静下来，以便开始。

⑬**精进**：指按佛教教义，在修善断恶、去染转净的修行过程中，不懈怠地努力。

⑭**放逸**：即放纵欲望而不精勤修习诸法之精神状态。

## 译文

《禅林类聚》中说："佛陀在摩揭陀国为众人说法。这时将要白夏，佛陀就对阿难说：'诸位大弟子，以及人界、天界的四种弟子众，我经常为你们说法，以至使阿罗汉敬仰我。我今天就要进入因沙旧室，坐夏九十天。如果有人来问佛法，阿难你就代替我说：世界一切诸法没有产生，世界一切诸法也没有消亡。’佛陀说完，掩上室门开始坐夏。”

《行事钞·安居策修篇》中说：“安居中，上座在所有的僧人聚集时、斋食时、喝粥时、吃浆时，都应该宣布说：‘多少多少时间已经过去了，还有多少多少时间在。’如果运用这种修行方法，这个人就叫僧父母，也叫僧师。”《资持记》中说：“白夏的方法中……现在在原来的意义上有所增加。在众僧小食时，维那打静，告诉大家说：‘向大家宣布，安居已经过去一天了，还有八十九天，大家应该勤奋修行，更加精进，小心不要放纵自己懈怠下来。’”

## 半夏

### 原典

忠曰：结夏与解夏之中间也。

《临济玄禅师录》[①]云：“师因半夏上黄檗[②]，见和尚看经。师云：‘我将谓是个人，元来是揞[③]黑豆[④]老和尚。’住数日，乃辞去。黄檗[⑤]云：‘汝破夏来，不终夏去？’师云：‘某甲暂来礼拜[⑥]和尚。’黄檗遂打趁令去。师行数里，疑此事，却回终夏。”

## 注释

①**《临济玄禅师录》**：唐代僧人义玄的语录，世称《临济录》。

②**黄檗**：指高安黄檗山寺，在今江西宜丰西北。

③**掊**：吴地方言，抛掷的意思。

④**黑豆**：禅林用语。原为黑色大豆；禅林以黑豆转指文字。谓研究经典的文字、语句、法数，其态度绵密微细，有如计数黑豆一般；由于过分执着文字的字面意义，以致不明真实义。

⑤**黄檗**：此指黄檗山寺希运禅师。

⑥**礼拜**：致敬的意思。在古印度，共有九种形式：（一）发言慰问，（二）俯首示敬，（三）举手高揖，（四）合掌平拱，（五）屈膝，（六）长跪，（七）手膝踞地，（八）五轮俱屈，（九）五体投地。

## 译文

无著道忠说：在结夏和解夏的中间。

《临济玄禅师录》中说：“义玄禅师因为半夏上黄檗

山，看见和尚在看经。禅师说：‘我说是个什么人呢？原来是个拨弄黑豆的老和尚。’义玄禅师在黄檗山住了几天，就准备辞行回去。黄檗和尚说：‘你坐夏期间，不守禁足之制，半夏就出来了，不等到坐夏结束时再回去？’义玄禅师说：‘我只不过是来短时间地向你礼拜致敬的。’黄檗和尚于是就打发他，让他回去。义玄禅师走了几里路后，对黄檗和尚说的事一直犹豫不决，就折回来终夏了。”

## 破夏

### 原典

忠曰：不守禁足之制、出界外游者。见“半夏”处。

《行事钞·自恣宗要篇》云：“若破夏不安居人，虽不得岁，以举罪义通。理必依众，恣僧治举。”又云：“问：‘十五日自恣已，得出界不？’答：‘不得。’破夏离衣[①]，由夜分未尽故。”

### 注释

①**离衣：**夏安居后，迦提月满（即印度十二月之第八月，相当于阴历八月十五日至九月十五日之间），住

于阿兰若处，若恐怕有财难，将三衣之一留置舍内，限六夜得离衣而宿，禁止超过六夜以上。

## 译文

无著道忠说：安居期间，不遵守禁止外出的制度、私自走出山界游方的，就叫作破夏。参见“半夏”处。

《行事钞·自恣宗要篇》中说：“如果是破夏，不肯安居修学的僧人，不仅不能得到法岁，还要和犯罪一同对待。按理说还必须根据众僧的意见，让大家来处理惩罚他。”又说：“问：‘十五天自恣结束后，能出界游走吗？’答：‘不能。’破夏出走、犯离衣六宿戒，都是因为熬不过夜数的缘故。”

# 解夏

## 原典

解夏，安居之制也，又名解制。

《禅苑清规·解夏》云：“七月十四日晚，念诵煎汤。来日升堂[①]，人事，巡寮煎点[②]，并同结夏之仪。”

## 注释

①**升堂：**即升座、说法。

②**煎点：**检查、查点杂物。

## 译文

解夏，是夏安居的一种仪式，又叫作解制。

《禅苑清规·解夏》中说："七月十四日晚，念诵经文，煎熬汤水。第二天升堂，举行人事仪式，住持巡视各寮舍，检点僧物，仪式和结夏一样。"

# 自恣日

## 原典

《行事钞·自恣宗要篇》云："然九旬修道，精练身心，人多迷己，不自见过。理宜仰凭清众，垂慈诲示，纵宣己罪，恣僧举过。内彰无私隐，外显有瑕疵，身口托于他人，故曰自恣。"

《翻译名义集》[①]云："钵刺婆刺拏，音义指归，译为随意。"

《寄归传》云："凡夏罢岁终之时，此日应名随意。即是随他于三事[②]之中，任意举发，说罪除慍[③]之义。"

## 注释

①**《翻译名义集》**：佛教辞书。宋平江（治所在今江苏苏州）景德寺僧法云编，七卷，六十四篇。该书与《释氏要览》《教乘法数》并重，称为“佛学三书”，广为初学者所用。

②**三事**：即三事戒。（一）身净戒，谓身受诸戒而无缺漏毁犯；（二）言净戒，谓一切所说语言无有谀谄虚诳不实；（三）意净戒，谓舍除恶觉，离诸贪欲。

③**僁**：同“愆”，罪愆的意思。

## 译文

《行事钞·自恣宗要篇》中说：“然而通过长达九十天的修道，精心修炼了身心，僧人却仍然迷惑，看不见自己的过错。这时，理应听凭清醒的大德教诲、指点自己，大量宣布自己的罪过，让众僧随意检举自己的过错。要把内心里的隐秘无私地彰示出来，要把外面的瑕疵全都暴露在众人面前，把身体和口舌全部交付给别人，所以叫自恣。”

《翻译名义集》中说：“钵剌婆剌拏，音义指归上，翻译成随意的意思。”

《寄归传》上说：“凡是夏安居结束的日子，应该称为随意。就是随他人在三事之中任意检举、揭发，说出罪过以便除去的意思。”

## 法腊

### 原典

《敕修清规·节腊章》云：“或曰坐夏，或曰坐腊，戒腊[1]之义始此。如言验蜡人冰[2]，以坐腊之人验其行，犹冰洁；或谓埋蜡人于地，以验所修之成亏者，类淫巫俚语，庸非相传之讹耶？且吾所修证，圣不能窥，岂外物可测其进退哉？”

### 注释

①**戒腊：**佛教沿用印度古代婆罗门两期禁足的旧习，在戒律中规定比丘受戒后每年于夏季（雨期）三个月安居一处，完毕后称为“一腊”，受戒后一年亦称“一腊”。因此，僧尼把出家受戒多少年称为“戒腊”多少。

②**验蜡人冰：**《续传灯录》卷二十八《慧远禅师》载：这是丛林成规，西天于结夏日铸蜡人藏土窟中，结夏九十日，戒行清净的话，蜡人就凝固不化，否则，蜡人就会融化得不完整。

## 译文

《敕修清规·节腊章》中说：“法腊有时叫作坐夏，有时叫作坐腊，佛教中‘戒腊’一词的词义起源于此。比如说验蜡人冰这一丛林成规，就是以修行者所铸的蜡人的情况，来检验他的戒行是否如冰一样清洁；有人认为这一成规是将蜡人埋在地下，以检验修行者的戒行是否圆满，这简直像邪恶不正的巫术中的鄙言俗语，难道不是流传过程中产生的讹错吗？况且我修行的程度，连佛祖都不能窥见知晓，又哪里是外物所能测量的呢？”

# 戒腊

## 原典

同法腊。

忠曰：自受具足戒[①]，同大僧归僧堂办道，安居满而受法岁。故凡为僧者，从此年数去，言戒腊几多，或言坐几夏也。

旧说曰：古者以安居禁足。数几腊。僧传所谓“世寿若干，法腊若干”是也。今时不必然，但自剃度[②]年，数为几腊而已。

忠曰：从为僧数夏腊，亦有例证。如云峰悦禅师七岁剃度。《佛祖通载》③书云："住世六十六年，为僧五十九夏。"岂七岁非年满，而受具耶？

## 注释

①**具足戒**：别称"大戒"。指比丘和比丘尼戒律。因为与沙弥、沙弥尼所受十戒相比，戒品具足，故称。中国僧尼隋唐以后都依《四分律》受戒，比丘戒二百五十条，比丘尼戒三百四十八条。出家人依戒法规定受持此戒，即取得正式僧尼资格。

②**剃度**：剃除须发是佛教徒出家接受戒条的一种规定。佛教认为是渡越生死之因，故名。

③**《佛祖通载》**：佛教史书。元代临济宗沙门念常撰，二十二卷。编年体通史著作。从佛教传说的过去七佛和中国的传说时代至元统元年（公元一三三三年），以禅宗为佛教正统，广载佛教史实。

## 译文

词义和法腊一样。

无著道忠说：出家人依戒法规定，受持"具足戒"，和大僧一道回到僧堂做法事，安居满了才能受用法岁。所以大凡出家为僧的人，都是从这一年开始数下去，说戒腊多少，或者说坐几夏。

旧时的说法是：古印度时，佛教在雨期的三个月里，以安居的方式禁止僧尼外出。计算法岁时，称作数几腊。僧传所说的“世寿多少，法腊多少”就是这个意思。现今不必如此了，只是从剃度的那一年起，数出多少腊而已。

无著道忠补充说：从出家为僧的那一年开始数夏腊，也有例证。比如，云峰悦禅师七岁时剃度为僧。《佛祖通载》上写道：“在世六十六年，为僧五十九夏。”难道不是他七岁不满就受持了具足戒？

## 法岁

### 原典

比丘以七月十五日，受法岁。见“自恣”处，义同法腊也。

《释氏要览》云：“夏腊，即释氏法岁也。凡序长幼，必问夏腊，多者为长，故云，天竺以腊人为验焉。《经音疏》《增辉记》皆云：‘腊，接也。’俗谓腊之明日，为初岁也。今释氏自四月十六日前安居入制，至七月十五日，为受腊之日，若俗岁除日也。至十六日，是五分法身[①]生养之日，名新岁也。自夏九旬，统名法岁矣。”

## 注释

①**五分法身：**又作无漏五蕴。乃大小乘的无学位（最高的悟境），即佛及阿罗汉的自体所具有的五种功德。大乘佛教解释为：（一）戒法身，（二）定法身，（三）慧法身，（四）解脱身，（五）解脱知见身。以此五法而成佛身，就称五分法身。

## 译文

比丘把七月十五日这一天当作法岁。参见“自恣”条处，意思和“法腊”一样。

《释氏要览》上说：“夏腊，就是佛僧的年岁。凡是要排序列大小，必定先问夏腊，多的为长，所以说古印度人用腊人来验证它。《经音疏》《增辉记》都说：‘腊，交接。’世间说腊的第二天，为一年的开始。现在出家人从四月十六日前开始进入安居状态起，到七月十五日，为受腊时期，好比世间所说的年末、除日。到了十六日，是五分佛身形成显现的日子，称作新岁。从夏季九十天算起，统称为法岁。”

## 八朔

### 原典

镜堂圆禅师[①]《建仁录·八月旦上堂》云："扶桑[②]八月初一，古谓天中佳节。各祈妖怪潜踪，皆愿口舌[③]消灭。"

忠曰：八朔为天中节，盖日本传习耶。《月令广义》云："《道书》：正月一日，天中节会之辰，献寿之日。"又云："《提要录》：五月五日午时，为天中节。"

### 注释

①**镜堂圆禅师：**即宋末元初临济宗僧镜堂觉圆。西蜀（四川成都）人。号镜堂。元世祖至元十六年（公元一二七九年，日本弘安二年），与无学祖元同赴日本，应北条时宗之请，住镰仓诸寺，复移住京都建仁寺。德治元年（公元一三〇六年）九月示寂，谥号"大圆禅师"。其法系称"镜堂派"，为日本禅宗二十四流之一。

②**扶桑：**古时对日本的称呼。

③**口舌：**争吵，口角。

## 译文

镜堂圆禅师《建仁录·八月旦上堂》中说："古时候的扶桑国，将八月初一叫作天中佳节。这一天，大家都祈请妖魔鬼怪躲藏起来，不要伤人；都希望人间所有的争斗平息、消失。"

无著道忠说：八月朔日为天中节，大概是日本的传统习俗。《月令广义》说："《道书》：正月一日，天中节众人聚会的时候，也是向长辈老者献寿的日子。"又说："《提要录》：五月五日午时，为天中节。"

# 授衣节

## 原典

镜堂圆禅师《建仁录·授衣节上堂》云："人间九月授衣时，破绽禅和[①]犹未知。趁暖急须先补缀，待寒方觉已迟迟。"

## 注释

①**禅和**：禅和子，参禅之人，即和尚。

## 译文

镜堂圆禅师《建仁录·授衣节上堂》中说："人间九月正是制备冬衣的时节，衣衫褴褛的和尚竟全然不知。应该趁着天暖赶快补补你那破袈裟，等到天寒地冻再觉悟就嫌迟了。"

# 冬安居

## 原典

和汉禅林，夏安居之外，坐冬安居。即以十月十六日结，到明年正月十五日。以谓其便于禅坐，胜夏安居焉，既为古矣。

《梵网经[①]·故入难处戒》中云："若佛子[②]，常应二时头陀[③]，冬、夏坐禅。结夏安居，常用十八种物[④]，常随其身。头陀者，从正月十五日，至三月十五日；八月十五日，至十月十五日。是二时中，此十八种物，常随其身，如鸟二翼。"

忠曰：盖言行头陀，可于夏冬二安居之间。其云"从正月十五日"，便可知有冬安居也。冬安居了之明日，始头陀也。

## 注释

①**《梵网经》**：全称《梵网经卢舍那佛说菩萨心地戒品第十》。佛教戒律书。后秦鸠摩罗什译，二卷。是大乘律之一，说十重戒、四十八轻戒。

②**佛子**：此指受戒的佛教徒。

③**头陀**：佛教苦行之一。据《十二头陀经》、《大乘义章》卷十五载，共有十二种修行规定，称为“头陀行”。

④**十八种物**：佛教僧人用品。据《菩萨戒经》，大乘比丘乞食游方之时，随身携带十八种用品：（一）杨枝；（二）澡豆；（三）三衣；（四）净水瓶；（五）钵；（六）坐具；（七）锡杖；（八）香炉；（九）滤水囊；（十）手巾；（十一）刀子；（十二）火燧；（十三）镊子；（十四）绳床；（十五）经卷；（十六）律，即《梵网经》；（十七）佛像；（十八）菩萨像。

## 译文

日本、中国的禅宗寺院里，在夏安居之外，还奉行冬安居这一戒规。就是从十月十六日开始坐禅修行，到第二年的正月十五日结束。据说因为这一段时间比夏安居更便于禅坐，这种戒规也很古老了。

《梵网经·故入难处戒》中说："如果是受过戒的佛僧，应该经常进行两个时期的修行，即冬、夏坐禅。开始夏安居后，常用的十八种器物要随身携带。头陀行，从正月十五日，至三月十五日；八月十五日，至十月十五日。这两个修行时期内，这十八种僧人用品常常伴随在身边，就好像鸟的两只翅膀。"

无著道忠说：这段经文大概是说修头陀行，可在夏安居、冬安居之间。它说"从正月十五日"，便可以知道这里包括有冬安居在内。冬安居结束的第二天，开始修头陀行。

## 年朝

### 原典

忠曰：正月朔日也。

### 译文

无著道忠说：正月初一。

# 善月

## 原典

忠曰：此三个月，特可修善。故正、五、九，为善月。

《敕修清规·善月》云："正、五、九，为善月。"又云："始由隋开皇三年，诏天下，正、五、九，并六斋日①，各寺建祈祷道场②，不得杀生命。取藏经中，有毗沙门天王③，每岁巡按四大部洲④，正、五、九月，治南赡部洲⑤，故禁屠宰。而唐之藩镇，每上任，必犒士卒不下数万人，须大烹宰，故以正、五、九，不上官，为禁杀也。而俗以为忌者，非。"

## 注释

①**六斋日**：佛教徒每月受持"八斋戒"的六天，即每月的八日、十四日、十五日、二十三日、二十九日、三十日。

②**道场**：即法会。

③**毗沙门天王**：又称俱吠罗天，四天王之一，十二天王之一，住于须弥山之北面，守护阎浮提之北方，主司财宝富贵，又为护持佛法的善神。

④**四大部洲**：略称“四洲”，谓须弥山四方咸海之中有四洲，即：东胜身洲、南赡部洲、西牛货洲、北俱卢洲。

⑤**南赡部洲**：四大部洲之一。此洲盛产赡部树，位于须弥山南面咸海里。

## 译文

无著道忠说：这三个月，只可以修行善事。所以佛教将正月、五月、九月称作善月。

《敕修清规·善月》中说：“正月、五月、九月，为善月。”又说：“这种说法始于隋朝开皇三年，那年皇帝下诏全国，正月、五月、九月，加上每月受持八斋戒的六天，各寺院都要建祈祷道场，不得杀害生命。这种做法的根据在藏经中，经书上说，有个毗沙门天王，每年巡察四大部洲，正月、五月、九月，正好治理南赡部洲，所以佛教禁止屠宰。而唐代的藩镇节度使，每个人上任时都必定要犒劳几万个士卒，这样就必须大量屠宰，所以在正月、五月、九月，都不让新官上任，目的是禁止杀生。而世间以为是佛教的忌讳，事实上不是这么回事。”

## 五旦望

### 原典

五参日、朔日、十五日，此谓五旦望也，皆有上堂[①]。

《敕修清规·赴斋粥》云：“近时诸方住持[②]，大钟鸣时，先入堂坐，至堂前钟鸣，方下地，普同问讯[③]。只遇五旦望，讲行一次。新入众者，不知所自。”

### 注释

①**上堂：**佛教仪式，上法堂讲演经法。

②**住持：**僧职之一。原为久住护持佛法的意思，禅宗兴起后，用为寺院主管僧的职称，也称方丈。

③**普同问讯：**即普向大众问讯，或大众一齐问讯。又作普通问讯、普问讯。

### 译文

五参日、朔日、十五日，这三种日子叫作五旦望，都有上法堂演讲经法的仪式。

《敕修清规·赴斋粥》中说：“最近一段时期，各座寺院里的住持，都是大钟鸣时，先上法堂坐下，到法堂前的钟鸣时才下地，和大家一起行礼打躬，互相问讯。只是遇到五旦望，才演讲一次经法。新近入道的僧人也不知这种规矩是哪里来的。”

## 五参日

### 原典

五日一参①，故曰五参②。即五日、十日、二十日、二十五日也。

《校定清规》云："如初五、初十、二十、二十五，此四日，谓之五参。"

忠曰：准《春明退朝录》则"五日、十一日、二十一日、二十五日也"。

### 注释

①**参：**禅宗把参见住持以求开示称为"参"。

②**五参：**又作五日上堂、五日升堂、五参升座。略作五参、五上堂。谓禅林中，每隔五日住持即上堂升座，为众僧参问的禅院仪制。

## 译文

隔五天集众开示一次佛法，所以叫五参。也就是每月的五日、十日、二十日、二十五日。

《校定清规》上说："如初五、初十、二十、二十五，这四天，称作五参。"

无著道忠说：准《春明退朝录》则认为五参日是五日、十一日、二十一日、二十五日。

# 三八日

## 原典

古以每旬三八日念诵，乃一月有六日。今以上八、中八、下八，为三八。乃一月有三个八日也。故《备用清规[①]·圣节》云："圣节[②]内遇八，佛殿念诵。"

《敕修清规·念诵》云："古规，初三、十三、廿三、初八、十八、廿八，今止行初八、十八、廿八。"

盖上八、中八念诵，祝祷帝道昌、法轮[③]转等；下八念诵，令众观无常[④]。其意见《敕修清规·念诵回向文》。

## 注释

①**《备用清规》**：即《禅林备用清规》，十卷，又称《泽山清规》《至大清规》等。元代僧泽山弌咸于武宗至大四年（公元一三一一年）编成。弌咸汇集古来禅林丛规、礼法等，列举圣节升座讽经、坐禅、楞严会、专使请住持、百丈龟镜文、持犯轨仪、当代住持涅槃、日用清规等，计一六九项禅门仪规。

②**圣节**：自唐玄宗千秋节后，只要是皇帝的生日，或定节名，或不定节名，皆称圣节。

③**法轮**：对佛法的喻称。有两说：（一）佛法能摧破众生烦恼邪恶，如转轮王转动“轮宝”（战车的神化）摧破山岳岩石一样，故名；（二）佛之说法不停滞于一人一处，犹如车轮辗转不停，故名。

④**无常**：佛教谓世间一切事物不能久住，都处于生灭成坏之中，故称无常。

## 译文

古时候，佛僧在每旬的第三天、第八天念诵佛经，这样，一个月中就有六天。现在把上八、中八、下八，作为三八，这样一个月就只有三个八日了。所以《备用清规·圣节》中说：“圣节内遇到带八的日子，佛殿上都必定要念诵经文。”

《敕修清规·念诵》中说：“古时佛教规定每月初三、十三、廿三、初八、十八、廿八，都必须念诵，现在只在初八、十八、廿八三天进行。”

大概在每月上八、中八念诵经文，是祝祷帝道昌盛、法轮常转等等；在每月下八日念诵，是要让众生看到世间一切事物都处于生灭成坏之中。这个意思见《敕修清规·念诵回向文》中。

## 半斋

### 原典

旧说云：在粥与斋[①]之半，故曰半斋。

忠曰：半者，犹如《备用清规》“半晚”[②]之“半”。然世有不辨半斋义者，妄引《杂譬喻经》[③]半日斋因缘[④]，令其义，益隐矣。或援《寄归传》“半者蒲膳尼[⑤]，半者珂但尼[⑥]”，亦不当也。又半斋者，时名也。然以半斋讽经，称诵半斋，则成歇后语。今援数语，证粥时与饭时之半义。

《敕修清规·告香》曰：“次早请参头茶，半斋请参头、维那、侍者点心[⑦]。”又《迎待尊宿》云：“半斋点心。”又《两序进退》云：“方丈请半斋点心，斋时草饭[8]。”又《方丈特为新旧两序汤》云：“粥罢请新旧人茶，半斋库司点心。”

## 注释

①**斋：**佛教以过中午不食为斋。

②**半晚：**指丛林中，从午斋结束至晡时的中间时刻，约为今之午后三时。

③**《杂譬喻经》：**一卷。道略集，姚秦鸠摩罗什译。其内容举譬喻因缘以说明善恶业报之理，凡三十九喻。

④**半日斋因缘：**《杂譬喻经》云：“昔大檀越请佛僧饭。有一卖酪客至，因留其饭，劝持斋戒。听法暮归，妇言：‘我朝未饭，延待至今。’强令相伴，败坏其斋。半斋之福，七生天上，七生人间。一日持斋，有六十万岁粮。”

⑤**蒲膳尼：**意译为正食。指五种正食：饭、麨、干饭、鱼、肉，或饭、麦豆饭、麨、肉、饼，称为正食，意思是可以吃饱的食物。

⑥**珂但尼：**又叫不正食，意译为嚼食。即经过咀嚼而后吞食的硬食。有根、茎、叶、花、果五种，食后也不容易满足，不是正餐时吃的食物。

⑦**点心：**禅宗指斋食（昼食）前的小食为点心。

⑧**草饭：**粗饭。

## 译文

过去的说法是：在早晨吃粥与中午吃斋之间一半时僧所吃的东西，叫半斋。

无著道忠说：这里的“半”，就好比《备用清规》中所说的“半晚”的“半”。然而，世上也有不懂“半斋”词义的人，他们妄自引用《杂譬喻经》中的半日斋因缘，令“半斋”的词义更加含混不清了。有人援引《寄归传》中“半者蒲膳尼，半者珂但尼”来证“半斋”的“半”，也是不恰当的。还有一种说法，半斋，是时间的名称。然而用“在半斋时讽唱经文”，来称呼“诵半斋”，则成了歇后语了。现在让我援引几句话，来证明“半斋”的“半”，是吃粥与吃斋饭之间一半的时候。

《敕修清规·告香》中说：“第二天早晨请参头用茶，半斋时请参头、维那、侍者吃点心。”又，同书《迎待尊宿》中说：“半斋时吃点心。”又，同书《两序进退》中说：“方丈请求半斋时吃点心，斋时粗饭。”又，同书《方丈特为新旧两序汤》中说：“吃粥之后请新老僧人用茶，半斋安排大家吃点心。”

## 临斋

### 原典

旧说曰：临斋者，临午斋之时也。

《校定清规·住持出入》云："或久出归时，就临斋，径入僧堂，伴众食毕。于挂钵①时，令行者②报云：'堂头和尚③巡堂，问讯。'"

### 注释

①**挂钵：**即挂搭、挂锡。

②**行者：**一般指在佛寺中服杂役而没有剃发的出家者。

③**堂头和尚：**禅宗寺院住持。堂头为方丈室的异名，为住持的居住处，故名。

### 译文

过去的说法是：临斋，就是临近午斋的时候。

《校定清规·住持出入》中说："住持有天外出久了归寺时，恰好临近午斋时分，就径直进入僧堂，和众僧一起吃完午斋。在将钵挂于钩时，住持命令行者高声宣布：'堂头和尚遍巡僧堂，和大家行礼打躬，问讯来了。'"

## 人定

### 原典

亥时[①]也。

《经国大典注解》云："人定罢漏。人定，初更三点，禁人行。罢漏，五更三点，放人行。"

《敕修清规·钟》云："人定时，一十八下。"

### 注释

①**亥时：** 十二个时辰的最后一个，即夜九时至十一时。

### 译文

也就是亥时。

《经国大典注解》中说："人定罢漏。人定，初更三点，此时禁止人在大街上行走。罢漏，五更三点，开始放人行走。"

《敕修清规·钟》中说："人定时分，敲钟十八下。"

## 隔宿

### 原典

忠曰：前日也。与当日隔一宿，故言隔宿。

《敕修清规·景命四斋日祝赞》云："隔宿，堂司行者[①]报众：挂讽经牌。"

### 注释

①**堂司行者：**维那之下，掌管诸杂务的役僧，称为堂司行者，略称堂行。

### 译文

无著道忠说：前天。与当天隔了一宿，所以把前天称作隔宿。

《敕修清规·景命四斋日祝赞》中说："前天，堂司行者告诉众僧：挂讽经牌了。"

## 念日

### 原典

忠曰：日本禅林回向文"二十"称"念"，如"念一日”，“念二日”也。古老解云：“念字从八二，是十六数；心有四画，合为二十也。”余谓，此杜撰耳。此义出《兼明书》[1]。又，吾千山祖翁曰：“禅苑用念字，自大德寺[2]起。其祖忌，二十二日。维那举唱时，觉音累重，故以二十代念，言念二日。余寺仿此，用念字，又不必拘字音烦否。”

忠按：禅林二十，用念字，亦尚矣。奥山方广寺《无文禅师录[3]·云公大师拈香》云：“今月念二日，兹值先妣云公大师七周之忌辰。”

## 注释

①**《兼明书》**：五代丘光庭著，五卷。内容主要是用儒家观点考证先秦诸子及六经等古代典籍。

②**大德寺**：为日本京都佛教名胜之一。山号龙宝山。乃日本临济宗大德寺派的大本山。正中元年（公元一三二四年），宗峰妙超（大灯国师）所创。

③**《无文禅师录》**：又称《无文道灿禅师语录》，全一卷。宋代禅僧无文道灿撰，法嗣惟康编。内容包括荐福寺语、开先华藏寺语、再住荐福寺语、小佛事、赞、偈颂、题跋等。

## 译文

无著道忠说：日本禅林中的回向文把“二十”读成“念”，如“念一日”，“念二日”。古时候解释说：“念字从八、二，二八是十六个数；心字底又有四画，这样合在一起，就成了二十了。”我认为这是凭空杜撰。这种解释出自《兼明书》。又，我们千山祖师曾经说过：“禅林中用念字，是从大德寺先开始的。大德寺祖师的忌日，是二十二日。维那在举唱时觉得声音太重复，便用念字代替二十，把二十二日说成念二日。其余的寺院也纷纷模仿他，开始用念字，也不必再拘泥于读音烦还是不烦了。”

无著道忠说：禅林不用二十而用念字，也是一种讲究。奥山方广寺《无文禅师录·云公大师拈香》中说：“这个月的念二日，正值先妣云公大师七周年的忌辰。”

# 正日

## 原典

正日者，当日也。

《敕修清规·帝师涅槃》云：“正日，鸣钟集众。”又《灵骨入塔》云：“正日，鸣钟众集。”

《礼记[①]·礼器》云："质明而始行事。"质明者，正日也。

## 注释

①《礼记》：儒家经典之一，西汉戴圣编订，共四十九篇，是战国至西汉初的儒家各种礼仪著作选集。

## 译文

正日，也就是当天。

《敕修清规·帝师涅槃》中说："在帝师涅槃的当天，鸣敲大钟，集合众僧。"又《灵骨入塔》中也说："灵骨入塔的当天，鸣敲大钟，集合众僧。"

《礼记·礼器》中说："质明就开始行动办事。"质明，当天的意思。

# 忌日

## 原典

《释氏要览》云："二月十五日，佛涅槃日。天下僧俗，有营会[①]供养[②]，即忌日之事也。俗礼[③]，君子有终身之孝，忌日之谓也。又谓'不乐之日'，不饮乐故。

或云‘讳日’，或云‘远日’。释子[④]师亡，可称归寂[⑤]之日，盖释氏无忌讳故。”

## 注释

①**营会**：营治、办理。

②**供养**：又作“供施”“供给”等。一般指以香花、灯明、饮食、衣服等供佛、菩萨及亡灵，也指斋僧尼。

③**俗礼**：世俗的礼仪。

④**释子**：全称“释迦子”。为释迦牟尼佛的弟子，泛指佛教出家弟子。

⑤**归寂**：佛教对死的别称。

## 译文

《释氏要览》中说：“二月十五日，是佛涅槃的日子。这天，天下僧俗有设法会、供果品饭食的，都是忌日里应该做的法事。世间的俗礼是，君子要有终身之孝，也就是说在忌日里要尽孝。忌日，又称作‘不乐之日’，因为这一天不能饮酒取乐。有的把忌日叫‘讳日’，还有的叫‘远日’。佛教中僧人把师父亡故的日子，可以称作‘归寂之日’，大概是因为佛教中不讲究忌讳的缘故。”

# 5 灵像门

## 拈华释迦

### 原典

《联灯会要[1]·释迦牟尼佛章》云："世尊[2]在灵山[3]会上，拈华示众，众皆默然，唯迦叶[4]破颜微笑。世尊云：'吾有正法眼藏[5]，涅槃妙心，实相无相[6]，微妙法门[7]，不立文字[8]，教外别传[9]，付嘱摩诃迦叶。'"

《宗门杂录》[10]云："王荆公[11]问佛慧泉禅师[12]云：'禅家所谓世尊拈花，出在何典？'泉云：'藏经[13]亦不载。'公曰：'余顷在翰苑[14]，偶见《大梵天王问佛决疑经》[15]三卷，因阅之。经文所载甚详：梵王至灵山，以金色波罗花献佛，舍身为床座，请佛为众生说法。世尊登座，拈花示众，人天百万悉皆罔措，独有金色头陀[16]

破颜微笑。世尊云：吾有正法眼藏，涅槃妙心，实相无相，分付摩诃大迦叶。此经多谈帝王事佛请问，所以秘藏，世无闻者。'"

## 注释

①**《联灯会要》：**凡三十卷。南宋晦翁悟明撰。又称《禅宗联灯录》。列举过去七佛至天童正觉的法嗣等禅宗五家的传灯法系，并依次序集录其重要的机缘问答。

②**世尊：**佛陀释迦牟尼。

③**灵山：**灵山即灵鹫山，在古印度摩揭陀国王舍城东北部。相传释迦牟尼佛在此说法多年。

④**迦叶：**摩诃迦叶。摩揭陀国人，本事外道，后归佛教，释迦入灭后，传正法眼藏，为佛教长老。禅宗奉为初祖。

⑤**正法眼藏：**指禅宗嫡佛嫡祖于教外别传的心印。又作清净法眼。即依彻见真理的智慧眼，透见万德秘藏的法藏，也即佛内心的悟境。

⑥**实相无相：**指宇宙万物的真实相，乃离于相对的差别之相，而为真实绝对者。这是凡夫迷妄所无法窥透的法界妙理。

⑦**法门：**指通过习修佛法获得佛果的门户。

⑧**不立文字：**禅宗认为悟的内容无法用文字言语

传述，必须由师心直接传予弟子心。这种以心传心的境地，称为不立文字。

⑨**教外别传：**禅林用语。不依文字、语言，直接悟佛陀所悟的境界，即称为教外别传。又称单传。

⑩**《宗门杂录》：**《人天眼目》卷五的篇章名。

⑪**王荆公：**北宋大政治家、文学家王安石。

⑫**慧泉禅师：**宋代僧，黄龙第四世禅师。

⑬**藏经：**佛教经籍。藏，佛教经典的总称。

⑭**翰苑：**即翰林苑。

⑮**《大梵天王问佛决疑经》：**全一卷（或二卷）。内容叙述佛于灵山时，拈花微笑而付嘱大迦叶禅法之事，计有二十四品。本经不见载于诸经录，唯见于宋人传闻，或疑为我国后代所伪作，今所存系东传至日本的版本。

⑯**金色头陀：**即摩诃迦叶，他身上有金色光，为头陀行第一，故名。

## 译文

《联灯会要·释迦牟尼佛章》中说："佛陀释迦牟尼在灵山会上，拈花给众人看，众人都沉默不语、不解其意，唯有摩诃迦叶破颜微笑。释迦说：'我有正法眼藏，涅槃妙心，实相无相，微妙法门，不立文字，教外别传，付嘱摩诃迦叶。'"

《宗门杂录》中说："王安石问慧泉禅师：'禅宗所说的世尊拈花，出自哪部经典？'慧泉禅师答：'藏经上也没有记载。'王安石说：'我前不久在翰林苑，偶然见到《大梵天王问佛决疑经》三卷就翻阅了。这部经对此事的记载极为详细：大梵天王到了灵山，向释迦牟尼佛献上金色波罗花，舍身为床座，请佛为众生说法。释迦牟尼佛登上法座，手里拈着金色波罗花给众人看，人界、天界成百万的弟子们都不知佛的用意，独有金色头陀摩诃迦叶破颜微笑。佛陀释迦牟尼说：我有正法眼藏，涅槃妙心，实相无相，吩咐给摩诃大迦叶。这部佛经多记载一些帝王奉佛请问的事，所以一直被秘密地收藏着，外界没有人知道它。'"

## 迦叶　阿难

### 原典

《释门正统》①云："今殿中，设释迦、文殊②、普贤③、阿难、迦叶、梵王④、金刚⑤者，此土之像也。阿难合掌，是佛堂弟，理非异仪。迦叶擎拳，本外道⑥种，且附本习，以威来象。盖若以声闻⑦人辅，则迦叶居左，阿难居右。若以菩萨人辅，则文殊居左，普贤居右。今四大弟子俱列者，乃见大小乘，各有二焉耳。梵王执炉，请转法轮；金刚挥杵，卫护教法⑧也。”

## 注释

①**《释门正统》**：宋代宗鉴集，天台宗的纪传史，八卷。本书编集天台宗相承诸宗师的传记，阐明天台宗为释门正统。

②**文殊**：文殊师利的略称。佛教菩萨名。释迦牟尼佛的左胁侍，专司“智慧”。塑像多骑狮子，表示智慧勇猛。

③**普贤**：佛教菩萨名。为释迦牟尼佛的右胁侍，专司“理”。塑像多骑白象。

④**梵王**：又称梵天。佛教以他与帝释天同为佛教的护法神。

⑤**金刚**：金刚力士的略称。即执金刚杵（杵为古印度兵器）守护佛法的天神。

⑥**外道**：指佛教之外的其他宗教、哲学派别。

⑦**声闻**：意为听闻佛陀言教的觉悟者。此指佛在世时的弟子。

⑧**教法**：一切佛所说法都被受持了的，就称为教法。

## 译文

《释门正统》中说：“现在禅林佛殿中，都安置着释迦牟尼佛、文殊菩萨、普贤菩萨、阿难尊者、迦叶尊者、梵王、金刚，这些都是泥土塑的像。阿难合着双掌，是释迦牟尼佛的堂弟，按理说不是什么奇异的礼仪。摩诃迦叶高擎着拳头，他本是外道种姓人，权且附会一下本地习俗，是为了使其形象威严些。大概如果以声闻弟子的身份辅佐佛的位置来排列，则迦叶应该居于左边，阿难应该居右边。如果以菩萨身份辅助佛的位置来排列，则文殊应该居左边，普贤应该居于右边。而现在四大弟子都排列在佛殿中，从中可见大乘、小乘各有两个弟子。梵王手执手炉，是在请法轮常转；金刚挥舞金刚杵，是在守护佛法。”

# 开山

## 原典

《文字禅·云庵真净和尚行状》云：“丞相舒王[①]，舍第为寺，以延师为开山第一祖。又以神宗皇帝[②]问安汤药之赐，崇成之，是谓报宁[③]。”

## 注释

①**丞相舒王：**宋代宰相王安石。据《释氏稽古略》卷六，熙宁九年（公元一〇七六年）罢政，于十年上奏，请施建康旧第为禅寺，请克文住持。帝赐匾额曰“报宁”，赐克文号“真净禅师”。

②**神宗皇帝：**即北宋神宗皇帝赵顼，在位十八年（公元一〇六八—一〇八六年）。

③**报宁：**即报宁寺。

## 译文

《文字禅·云庵真净和尚行状》中说：“丞相舒王把自己的宅第舍为佛寺，以延师为开山第一祖。又用神宗皇帝慰问他的用来买汤药的赏赐，将寺院修建得更加高大庄严，这就是报宁寺。”

# 准开山

## 原典

《东渐略清规》云：“道行[①]崇重、功被山门者，谓之准开山，或号中兴祖。”

## 注释

①**道行**：对佛法的修养。

## 译文

《东渐略清规》中说：“对佛法修行的程度很高深，且对山门功劳卓著的禅师，被称为准开山，或者称之为中兴祖。”

# 十六罗汉

## 原典

山门阁上，多安十六罗汉。其名号、住处、眷属，详于《法住记》[①]。《记》云：“难提蜜多罗[②]曰：‘如来先已说《法住经》，今当为汝粗更宣说。’”故知，十六尊者，本是佛说，庆友后述说。今唯列其名：

第一，宾度罗跋啰堕阇尊者；第二，迦诺迦伐蹉尊者；第三，迦诺迦跋厘堕阇尊者；第四，苏频陀尊者；第五，诺距罗尊者；第六，跋陀罗尊者；第七，迦理迦尊者；第八，伐阇罗弗多罗尊者；第九，戍博迦尊者；第十，半诺迦尊者；第十一，啰怙罗尊者；第十二，那伽犀那尊者；第十三，因揭陀尊者；第十四，伐那婆斯尊者；第十五，阿氏多尊者；第十六，注荼半托迦尊者。

## 注释

①**《法住记》：**全称《大阿罗汉难提蜜多罗所说法住记》。难提蜜多罗（意译“庆友”）著，唐玄奘译，一卷。首次对大小乘佛典进行分类，详细记载十六罗汉的姓名和住处。此书在中国佛教界影响甚大。

②**难提蜜多罗：**古时意译为“庆友”，称为庆友尊者，系十八罗汉中的第十七位。

## 译文

佛寺山门阁上多安置着十六罗汉。他们的名号、住处、眷属，都详细地记载在《法住记》上。《法住记》中说：“难提蜜多罗说：‘如来先前已经演说过《法住经》，今天我应当再次为你粗略地演说。’”因此我们便知道，十六尊者，原本是如来先说的，庆友后来再复述演说的。现在只列举一下他们的名字：

第一，宾度罗跋啰堕阇尊者；第二，迦诺迦伐蹉尊者；第三，迦诺迦跋厘堕阇尊者；第四，苏频陀尊者；

第五，诺距罗尊者；第六，跋陀罗尊者；第七，迦理迦尊者；第八，伐阇罗弗多罗尊者；第九，戍博迦尊者；第十，半诺迦尊者；第十一，啰怙罗尊者；第十二，那伽犀那尊者；第十三，因揭陀尊者；第十四，伐那婆斯尊者；第十五，阿氏多尊者；第十六，注荼半托迦尊者。

## 梵释四王

### 原典

忠曰：东福[①]土地堂[②]，安梵天帝释。又凡道场疏、陈白等劝请回向[③]梵释四王[④]，实有因由。往昔释尊[⑤]远攀古佛[⑥]之例，以灭后正法[⑦]亲付此三众。其成道时，必四王授钵[⑧]，梵释同请转法轮[⑨]，无非歆付嘱。不然，欲、色二天[⑩]，犹有增胜功德诸天在，何得独举此三天耶？

《大集经》[⑪]云：“尔时，释迦牟尼佛告诸梵天、帝释、四王：‘善男子[⑫]，我为如是恶众生[⑬]故，本愿[⑭]力故，大怜愍[⑮]故，于此恶处，成阿耨多罗三藐三菩提[⑯]。我涅槃后，所有正法，当付汝等，汝等便当深心守护。’”

忠曰：凡四天王[17]，各分护四洲[18]：北毗沙门，东提头赖吒，南毗楼勒，西毗楼博叉。然又有别义，四王并护南洲。

## 注释

①**东福**：指日本东福寺，位于京都东山区。为日本临济宗东福寺派大本山。

②**土地堂**：也称伽蓝堂，建于法堂左侧。堂内安置伽蓝守护神。以土地神为伽蓝守护神而祭祀之，故称土地堂。

③**回向**：把自己所修功德施往某处的意思。

④**梵释四王**：指梵天、帝释天与四天王。

⑤**释尊**：即佛教教主释迦牟尼。

⑥**古佛**：对先佛或古德的尊称。即指古时之佛、过去七佛，或指辟支佛、释迦、卢舍那佛。此指释迦而言。

⑦**正法**：真正之法。即佛陀所说之教法。又作白法、净法、妙法。

⑧**授钵**：传授衣钵，指继承佛法。

⑨**转法轮**：对佛陀宣说佛法的比喻。“法轮”喻佛法；“转”，喻宣说。

⑩**欲、色二天**：欲天，指欲界诸天。计有六重，又

称六欲天。即指四王天、忉利天、夜摩天、兜率天、乐变化天、他化自在天。色天，即色界，又称色行天。位于“欲界”上方，为天人所住的地方。这一界中的众生虽离淫欲，不着秽恶的色法，但仍为清净微细的色法所系缚，所以为了和其下的欲界及其上的无色界区别开来，就称作色界。

⑪**《大集经》：**全称《大方等大集经》。大集部诸经的汇编。北凉昙无谶等译，六十卷。据称是佛陀向四方菩萨所说的大乘佛法。

⑫**善男子：**佛家对信仰佛教的在家男子的称呼，强调善男子的条件为舍离我执、我意，至心归命于佛，即持五戒的在家男子。另有异说，如《杂阿含经》卷三十中即对比丘亦称善男子。又大乘经典中，对菩萨称“善男子”，对比丘则称其名，其例甚多，但有时亦以“善男子”称呼比丘。

⑬**恶众生：**六恶之一。即众生浊。谓由见浊、烦恼浊而产生恶见、烦恼见。

⑭**本愿：**佛教指立志成佛的誓愿。

⑮**大怜愍：**指佛对众生的同情、哀怜。

⑯**阿耨多罗三藐三菩提：**梵文音译，略称为“阿耨三菩提”。它被认为能觉知佛教一切真理，并能如实了知一切事物，而达到无所不知的一种智慧。佛教认为这

种智慧只有佛才具有。

⑰**四天王**：也称“护世四天王”。印度佛教传说，须弥山腰有一山名犍陀罗山，山有四峰，各有一王居之，各护一天下，故名。俗称“四大金刚”。

⑱**四洲**：四大部洲的略称。指须弥山四方咸海中的四洲，即：东胜身洲、南赡部洲、西牛货洲、北俱卢洲。

## 译文

无著道忠说：东福土地堂中，安放着梵天、帝释的塑像。又，大凡佛事道场的疏文、陈白中都有劝请众人施功德回向梵释四王的言语，这实在是有来由的。过去佛陀释迦牟尼远攀上古佛的行列，把寂灭后的真正佛法亲自交付给这三种弟子众。当释迦牟尼得道成佛时，必须由四王授钵，梵释同请转法轮，这无一不是释迦牟尼佛亲自付嘱他们的。不然，在欲、色二界诸天中，还有增胜功德诸天天神在，又怎么能独独举出这三种天神呢？

《大集经》中说：“那时，释迦牟尼佛告诉诸位梵天王、帝释及四天王说：‘善男子们，我因为这些恶众生的缘故，因为立志要成佛的缘故，因为对众生同情怜悯的缘故，在这个恶处，我一定要修成阿耨多罗三藐三菩提这样的智慧。我涅槃之后，所有的真正佛教妙法，应当交付给你们，你们就应该尽心尽力地守护它们。'"

无著道忠说：四大天王，各自分别守护着四大部洲：北部洲由毗沙门天王守护；东部洲由提头赖吒守护；南部洲由毗楼勒守护；西部洲由毗楼博叉守护。但是又有不同的说法，说四大天王一起守护南部洲。

## 密迹金刚

### 原典

禅刹山门，亦有安金刚像者，所谓二王也。

《联灯会要·净果守澄禅师章》云："问：'会昌沙汰[①]时，护法善神[②]向什么处去？'师云：'三门外，两个一场懡㦬[③]。'"

西岩惠和尚[④]《开善录》云："元宵上堂，屋上山，桥下水。三门八字打开，左右青叶娄至，头顶天，脚踏地。"

忠曰：二王是法意[⑤]化身，名密迹金刚。然禅录皆称青叶、楼至，此二佛现力士形。

## 注释

①**会昌沙汰**：据《旧唐书·武宗纪》、《资治通鉴》卷二百四十八等载：会昌五年（公元八四五年）七月，敕令毁山野招提兰若，东西两都两街各留四寺，每寺留僧三十人，节度使治所及同、华、商、汝四州各留一寺，寺分三等，上等留僧二十人，中等留十人，下等五人，其余僧尼及大秦穆护袄僧皆敕归俗，寺非应留者毁撤，田产没官，铜像、钟磬以铸钱。凡毁寺四万四千六百余，归俗僧尼二十六万五千余人，毁招提兰若四万余，收良田数千万顷、奴婢十五万人。佛教书称唐武宗此次灭佛为“会昌法难”。

②**护法善神**：护法，护持佛法。上至梵天、帝释、八部鬼神，下至人世保护佛法之人，皆称为“护法善神”。

③**懡㦬**：羞愧。

④**西岩惠和尚**：即宋代临济宗僧了慧，号西岩。从玉掌山安国寺僧祖灯出家，先后谒昭觉寺坏庵照、径山浙翁如琰、高原祖泉、无准师范等，后于师范处大悟，为知藏第二座，著有《开善录》。

⑤**法意**：据《大宝积经》卷九《密迹金刚力士会》所载，往昔转轮圣王勇郡有千子及法意、法念二王子，法意曾发誓说，若千位太子成佛的时候，他就应当为金

刚力士，亲近于佛，闻诸佛秘要密迹之事。当时的勇郡王即过去的定光如来，千位太子即贤劫中的千佛，法意王子即金刚力士，名为密迹，故又称密迹金刚力士。

## 译文

禅宗寺院，也有安放金刚塑像的，也就是所谓的二王。

《联灯会要·净果守澄禅师章》中说：“问：‘唐武宗会昌沙汰僧尼时，护法善神躲到什么地方去了？’禅师回答：‘在三门外，两个一起羞愧着哩！’”

西岩惠和尚《开善录》中说：“元宵上堂，屋上青山，桥下流水。山门八字排开，左右青叶、楼至，头顶苍天，脚踩大地。”

无著道忠说：二王是佛法的化身，名叫密迹金刚。然而禅宗录上都称作青叶、楼至，这是二佛在世上呈现的力士形象。

# 善财童子

## 原典

山门阁上，观音像左边，安善财童子像。盖依《华严经》[1]说相，以为观音胁士[2]也。

《华严经·入法界品》云："尔时，文殊师利童子知福城人悉已来集。复于是时，观察善财，以何因缘而有其名。知此童子，初入胎时，于其宅内，自然而出七宝楼阁。其楼阁下，有七伏藏。于其藏上，地自开裂，生七宝牙，所谓金、银、琉璃、颇梨[3]、真珠、砗磲[4]、码碯。善财童子处胎十月，然后诞生，形体支分[5]，端正具足。其七大藏，纵广高下，各满七肘，从地涌出，光明照耀。复于宅中，自然而有五百宝器，种种诸物自然盈满。所谓金刚器中，盛一切香；于香器中，盛种种衣；美玉器中，盛满种种上味饮食；摩尼[6]器中，盛满种种殊异珍宝。金器盛银，银器盛金。金银器中，盛满琉璃及摩尼宝。颇梨器中，盛满砗磲。砗磲器中，盛满颇梨。码碯器中，盛满真珠。真珠器中，盛满码碯。火摩尼器中，盛满水摩尼。水摩尼器中，盛满火摩尼。如是等五百宝器自然出现。又雨众宝及诸财物，一切库藏，悉令充满。以此事故，父母亲属，及善相师，共呼此儿，名曰善财。"

## 注释

①**《华严经》**：全称《大方广佛华严经》，华严宗据以立宗的重要经典。有多种译本，卷数、译者皆不同。

②**胁士**：指侍立于本尊两侧的侍圣。士，大士的意思，菩萨的异译。然胁士一般不限于菩萨，童子与罗汉亦为常见的胁士。

③**颇梨**：即玻璃。古代所说玻璃，大抵指天然水晶石一类，有各种颜色，不是后世人们所说的人造玻璃。

④**砗磲**：一种比玉次一些的美石。

⑤**支分**：肢体的长短比例。

⑥**摩尼**：意译作“珠”“宝珠”。为珠玉的总称。传说摩尼有消除灾难、疾病，以及澄清浊水、改变水色之德。

## 译文

山门阁上，观音像的左边，安放善财童子像。这大概是依据《华严经》中佛说法时的图像，把善财童子当作观音菩萨的胁士了。

《华严经·入法界品》中说：“那时，文殊师利童子知道福城的百姓都已经集中到这里来了。他又在这时，观察善财童子是因为什么原因取得这个名字的。据人说，这个小孩刚投胎时，他家的宅院里，自然就涌现出一座七宝楼阁。七宝楼阁下，又埋着七座大宝藏。宝藏上面，土地自动开裂了，生长出七件珍宝做的牙齿，也就是金、银、琉璃、玻璃、珍珠、砗磲、玛瑙。善财童子在娘胎里待了十个月，然后就诞生了，他的身体、四肢的形状，都很端正完整丰满。他的七大宝藏，纵横高下，各各布满了七肘，从地上涌现出来，闪着光芒照耀到四周。又在房子里，自然地有了五百件宝器，种种宝器中，自然装满了种种宝物。所谓金刚器皿中，盛着天下各种的香料；在香器中，装着各种各样精美的衣服；美玉制成的器物中，盛满了各种最美味可口的食物；摩尼器中，装着种种奇珍异宝。金器中盛着银子，银器中盛着金子。金银器中，盛满了琉璃和摩尼宝。玻璃器中，盛满了砗磲。砗磲器中，盛满了玻璃。玛瑙器中盛满了珍珠。珍珠器中，盛满了玛瑙。火摩尼器中，盛满了水摩尼。水摩尼器中盛满了火摩尼。就像这样，五百件宝器自然涌现出来了。而且，天上又落下了众多的珠宝和种种财物，所有的仓库、贮藏室都被装满了。因为这件事的缘故，父母、亲属以及相面师，都一起称呼这个小孩为善财了。”

## 八大神将

### 原典

《释门正统》云："藏殿[①]列八大神将，运转其轮，谓天龙八部[②]也。"

忠曰：今轮藏[3]八面，排列八天像，所谓密迹金刚分二躯，梵天、帝释、四天王也。异《正统》说。

## 注释

①**藏殿：**指兼有经藏（指经堂）与看经堂的楼殿。经堂，指供奉有佛像，或举行祝圣的仪式，或应施主之请而行诵经的地方。看经堂，则为大众阅览藏经的地方。

②**天龙八部：**即"八部众"，又称"龙神八部"，佛教天神。据《舍利弗问经》等载：（一）天众，（二）龙众，（三）夜叉，（四）乾闼婆，（五）阿修罗，（六）迦楼罗，（七）紧那罗，（八）摩睺罗伽。据称其中天众和龙众最为神灵。

③**轮藏：**将藏楼中所使用的书架设置机轮，便于旋转，称为轮藏。也就是于收藏大藏经的库房中，将藏经的搭棚做成八角形，于其下安置车轮，中央立一支柱，以便回转搭棚，得以自如地检出所需的经书。

## 译文

《释门正统》中说："寺院的藏殿中排列着八大神将，各自运转着他们的轮子，称作天龙八部。"

无著道忠说：现在轮藏的八面，排列着八大天王的塑像，就是所谓的密迹金刚分成了两个身躯，梵天、帝释和四大天王。这种说法和《释门正统》不同。

## 写照

### 原典

忠曰：画肖像，言写照也。照者，镜也。《行事钞·钵器制听篇》："明坐禅具，有好照。"《资持记》云："好照，有说坐禅处多悬明镜，以助心行①。"又《骆丞集》②题有《咏照》，陈继儒③注云："镜也。"盖写照，视镜所照，一仿模，写其面像，故谓写照也。

### 注释

①**心行：**内心的志向，心愿、性向、决心等。

②**《骆丞集》：**即《骆临海集》，唐代诗人骆宾王的诗文集。骆宾王曾贬为临海丞，世称骆丞。

③**陈继儒：**清人陈熙晋，字继儒，曾为《骆临海集》作笺注。

## 译文

无著道忠说：画肖像，叫作写照。照，镜子。《行事钞·钵器制听篇》中说："照着坐禅的器具中，有好照。"《资持记》中说："好照，有人说是在坐禅修行的地方，多悬挂着明亮的镜子，以帮助修炼心行。"又，《骆临海集》中的诗题有《咏照》，陈熙晋注："镜子。"大概写照，就是看着镜子中照的人像，一模仿，再写画出他的面容，所以就叫写照。

# 6 称呼门

## 国师

### 原典

《祖庭事苑》云:“西域之法,推重其人,外内攸同,邪正俱有,举国归依,乃彰斯号。声教东渐,唯北齐高僧法常[①],齐主崇为国师。国师之号,自常公始。陈隋之代,天台智𫖮[②]为陈宣、隋炀菩萨戒[③]师,故时号国师。唐则天朝,神秀[④]召入京师,及中、睿、玄,凡四朝,皆号为国师。后有慧忠[⑤],肃、代二朝,入禁中说法,亦号国师。元和中,敕署知玄[⑥],号悟达国师。若偏霸[⑦]之国,则蜀后主赐右街僧录[⑧]光业为祐圣国师,吴越称德韶[⑨]为国师。见赞宁[⑩]《僧史》。”

## 注释

①**法常：**北齐僧人，初居漳邺，讲《涅槃经》，并授禅法，文宣帝拜为国师，为中国僧人任国师最早的。只是不喜欢城嚣，南奔衡山，栖息林野，布衣乞食。后于船山东岭迁化。

②**智顗：**陈、隋时僧人。天台宗四祖，实为天台宗创始人。世称“天台大师”。

③**菩萨戒：**大乘菩萨所受持的戒律，其内容为三聚净戒，即摄律仪戒、摄善法戒、饶益有情戒等三项，也即聚集了持律仪、修善法、度众生等三大门之一切佛法，作为禁戒而持守。

④**神秀：**唐代僧人，禅宗北宗创始人。他少小出家，到蕲州双峰山东山寺见弘忍，既而得到弘忍器重，命为上座，并令为“教授师”，弘忍圆寂后，在荆州当阳山玉泉寺传法，学人很多。九十多岁时被武则天召到洛阳，后又召到长安内道场，武则天亲加礼拜。卒后，唐中宗赐谥号“大通禅师”。因在北方传“渐悟”禅学，其法系被称为“北宗”。

⑤**慧忠：**唐代僧，浙江诸暨人，俗姓冉。自幼学佛，初习戒律，长通经论。闻六祖惠能的大名，即逾岭叩谒，获其心印。既而游诸名山，入南阳白崖山党子谷

（白草谷），静坐长养，四十余年足不出山，学者超过百千。开元年中，玄宗迎赴京师，敕住龙兴寺。未久逢安史之乱，师乃遁归。肃宗上元二年（公元七六一年），再召赴京，住千福寺西禅院，公卿士庶参叩求法，不舍昼夜。代宗即位，优礼有加，迁住光宅寺。师虽受玄、肃、代三朝礼遇，然天性淡泊，自乐天真。后归南阳，于大历十年（公元七七五年）在党子谷示寂，谥号“大证禅师”，世称南阳国师。

⑥**知玄：**唐代僧，眉州洪雅（今四川洪雅）人。十一岁随法泰出家，研习《涅槃经》。两年后于蜀地大慈寺，奉丞相之命升堂说法，听众日计十万余，皆尊之为陈菩萨。后从辩贞律师受具足戒，复随安国信法师学唯识，自研经籍百家之说。后游历京师，武宗慕道家之成仙羽化，独诏师与道士抗论；师直言不讳，语锋才辩，差点获罪，帝虽不纳其言，然亦赏识其才华。至宣宗时，诏于大内讲经，并赐紫袈裟，署为三教首座。后乞归故寺，居彭州丹景山。僖宗幸蜀时，赐号“悟达国师”。

⑦**偏霸：**在一隅之地称霸。

⑧**右街僧录：**唐宋时僧官，掌全国寺院、僧籍以及僧官补授等，与左街僧录并置，分别受左右街功德使管辖。

⑨**德韶：**五代僧。为法眼宗第二祖。处州龙泉（今浙江龙泉）人，俗姓陈。十五岁出家，十八岁受具足戒。尝遍访明师五十四人，后为临川法眼文益的法嗣，复入天台山访智𫖮遗迹，止住白沙寺。后受吴越王钱弘俶迎至杭州，尊为国师。著有《传灯录》。

⑩**赞宁：**北宋僧人，佛教史学家。俗姓高，祖籍渤海，生于吴兴德清（今属浙江）。精于南山律，时人称为“律虎”。撰有《大宋高僧传》三十卷、《三教圣贤事迹》一百卷和《内典集》、《外学集》。其所撰《大宋僧史略》三卷，略作《僧史略》，记述佛教的诞生、流变以至三宝住持等的起源，略可见宋代以前佛寺制度事物的概况。

## 译文

《祖庭事苑》中说：“古印度的一种习惯，如果推崇、敬仰一个人，无论是国内人还是国外人，无论是坏人还是好人，全国人一致心向往之，通常就用国师这个尊称来彰显他。佛教东传之后，只有北齐高僧法常，齐主尊称其为国师。国师这个称号，在中国是从法常禅师开始的。陈朝、隋朝时，天台宗创始人智𫖮，当陈宣帝、隋炀帝的菩萨戒师，故当时人都称他为国师。唐代的武则天朝，神秀被召入京师，一直到唐中宗、唐睿宗、唐玄宗时，总共四个朝代，都被封为国师。后来又有慧忠和尚，在肃宗、代宗两朝，都被请入皇宫演说佛法，也号称国师。元和年间，皇帝亲自为知玄禅师题署悟达国师的名号。如果说在偏霸一方的小国中，则有西蜀国后主赐右街僧录光业为祐圣国师，吴越称德韶和尚为国师。参见赞宁的《僧史》。”

## 大师

### 原典

《传灯录・菩提达磨章》云：“师以化缘[①]已毕，传法得人，端居而逝，即后魏孝明帝太和十九年丙辰岁十月五日[②]也。代宗谥圆觉大师[③]，塔曰空观。”

又，佛称大师。

《瑜伽论》[④]云：“能善教诫声闻弟子[⑤]，一切应作，不应作事，故名大师。又，能化导无量众生，令苦寂灭，故名大师。又，为摧灭邪秽外道，出现世间[⑥]，故名大师。”

### 注释

①**化缘**：此处指有教化世人的因缘，据称释迦牟尼佛因有教化的因缘而入世，此因缘尽即去。

②**后魏孝明帝太和十九年丙辰岁十月五日**：这种说法是错的。太和是后魏孝文帝年号，非孝明帝年号；太和十九年是乙亥岁，非丙辰岁。关于达磨的卒年，除了《景德传灯录》的这一说外，尚有四说：魏永安元年戊申（公元五二八年），魏永安二年己酉（公元五二九年），西魏大统元年乙卯（公元五三五年），西魏大统二年丙辰（公元五三六年）。此四种说法，也难以遽信。

③**圆觉大师**：即菩提达磨，南天竺僧人。南朝宋末航海到广州，又往北魏，在洛阳、嵩山等地游历并传禅学。曾在嵩山少林寺，"面壁而坐，终日默然"，达九年，世称"壁观"。被称为"西天"（天竺）禅宗第二十八祖和"东土"（中国）禅宗初祖。唐代宗赐谥"圆觉大师"。

④**《瑜伽论》**：《瑜伽师地论》的略称，一百卷。传说由古印度弥勒口述，无著记录。大乘佛教瑜伽行派法相宗所依的根本论书。

⑤**声闻弟子**：意为听闻佛陀言教的觉悟者。原指佛在世时的弟子，后与缘觉、菩萨二乘相对，为三乘之一。指只能遵照佛的说教修行，并唯以达到自身解脱为目的的出家者。

⑥**出现世间**：即出世间。与"世间"相对，指超出三界、六道生死轮回的世界，相当于涅槃。

## 译文

《传灯录·菩提达磨章》中说："菩提达磨禅师因为教化世人的因缘已尽，也找到了适当的继承人传授了佛法，端坐着逝世了，这一天是后魏孝明帝太和十九年丙辰岁十月五日。唐代宗赐给菩提达磨谥号为圆觉大师，塔号空观。"

又，佛也称大师。

《瑜伽论》中说："能够善于教诲劝诫声闻弟子哪些事应该做，哪些事不应该做，所以叫作大师。又，能够教化引导无数的众生，使他们的苦消失，所以叫大师。又，为了摧毁邪秽外道，而降临出现在世间，所以叫大师。"

# 禅师

## 原典

忠曰：称禅师有二：一、天子褒赏有德，赐徽号称某禅师；二、凡禅僧，呼前人称某禅师，通师家[①]众僧。

义堂《日工集》云："禅师号，自神秀号大通禅师始焉。"

## 注释

①**师家**：有学德的禅师，可担当修行僧的指导者；一般又特称为坐禅之师。日本禅宗对于适合为众僧之师，经其师之印可，始可成为师家。

## 译文

无著道忠说：禅师有两种：一、天子为了褒扬赏赐那些德行很高的僧人，往往赐徽号称其为某某禅师；二、大凡禅僧，称呼前人为某某禅师，这就和师父辈的众僧意思相通了。

义堂周信《日工集》中说："禅师这个称号，是从神秀号大通禅师开始的。"

# 堂头和尚

## 原典

忠曰：方丈和尚，称堂头也。

## 译文

无著道忠说：方丈和尚，又称堂头。

# 方丈和尚

## 原典

忠曰：住持人也。

《敕修清规·小参》云："客头行者①喝请云：'方丈和尚请西堂、两班、单寮②、耆旧③、蒙堂、侍者、禅客④，即今就寝堂献汤。'"

又，单言方丈。《敕修清规·训童行》云："喝食行者⑤喝云：'奉方丈慈旨，晚参⑥。'"又《四节秉拂》云："秉拂人⑦提纲⑧，叙谢方丈及两序勤旧⑨、诸寮大众毕，举方丈小参公案⑩，或拈⑪或颂⑫。"

## 注释

①**客头行者：**禅林僧役名，略称客行。于禅寺中，隶属于知客（接待宾客的职称），而受其使令担任职务的侍者。

②**单寮：**又作独寮。于禅寺中单独使用一寮而无同居的僧人，称为单寮。准许住于单寮，乃对退职的头首、知事、他山退隐而住于西堂的长老、首座等，表示优遇之意。

③**耆旧：**又作长老、老宿、耆宿。即年老德高、道

行深湛的老者。

④**禅客：**指参禅者，并不限于禅僧，也包括俗家参禅修行者。

⑤**喝食行者：**略称喝食。即司掌喝食的职称。《禅苑清规》卷一记载喝食之法，即喝食行者进入僧堂后，向圣僧、住持、首座依次问讯，待首座施食完毕，即行喝食；喝时须言语分明，名目若有差误，就未完成受食之法，必须再唱。此外，喝食行者的职务也不仅止于喝报食物，如正文此处所引《敕修清规·训童行》中，喝食行者则充当了喝参的任务。

⑥**晚参：**佛教仪式。傍晚集会听住持说法或念诵。

⑦**秉拂人：**持拂代住持上法座向大众开示说法者。

⑧**提纲：**又作提唱、提要，提纲唱要之意。即禅林向学徒拈提宗门的纲要。一般多就古德的语要而喝说，故又称拈古。大概禅宗的宗旨为教外别传，不立文字，故虽讲说语录，也只是提示宗门的纲要，学人要弄明其中究竟，更须勤学励参。

⑨**勤旧：**指禅院知事、侍者、藏主等退职者。因为他们曾经勤理事务，故称勤；又已退职，故称旧。

⑩**公案：**原指官府判决是非的案例。佛教禅宗借用，指前辈祖师的言行范例，用来判断是非迷悟。

⑪**拈：**又作拈古、拈提。禅林说法，拈举古则公案

以开发学人的心地。

⑫**颂**：禅宗将古人指导弟子所开示的公案以简洁的偈颂表示，称为颂古。其本意即在讽咏吟诵之间体会公案的要旨。

## 译文

无著道忠说：也就是住持。

《敕修清规·小参》中说："客头行者喝请道：'方丈和尚请西堂、两班、单寮、耆旧、蒙堂、侍者、禅客，现在就去寝堂喝汤。'"

又，单说方丈。《敕修清规·训童行》中说："喝食行者高声喝道：'奉方丈的旨意，开始举行晚参。'"又，同书《四节秉拂》中说："秉拂人向学徒拈提宗门之纲要，向方丈及两序勤旧、诸寮众僧叙谢完毕后，就举出方丈小参的公案，或者拈提，或者颂古。"

# 上方

## 原典

忠曰：上方本称山上佛寺，而今呼住持人为上方。其所居，在寺最高深处，亦可称上方也。

## 译文

无著道忠说：上方，本来是称呼山上的佛寺，而现在则称呼住持人为上方。他所居住的僧舍，位于寺院最高深的地方，也可以称为上方。

# 堂上

## 原典

忠曰：堂头，亦言堂上。

## 译文

无著道忠说：堂头也叫堂上。

# 和尚

## 原典

《善见律》[①]云："和尚者，外国语，汉言知罪、知无罪是名和尚。"

慧苑《华严音义》云："和尚，按，五天[②]杂言和上，谓之坞波陀耶，然彼土流俗，谓之殟社。于阗、疏勒乃云鹘社。今此方讹音，谓之和上。虽诸方舛异，今依正释，言坞波者，此云近也；陀耶者，读也。言此尊师，为弟子亲近习读之者也。旧云亲教师者，是也。”

《行事钞》云：“问云：‘何名师和尚阇梨[3]？’答：‘此无正翻。’《善见》云：‘无罪见罪诃责，是名我师。共于善法[4]中教授，令知故，是我阇梨。’《论传》云：‘和尚者，外国语；此云知有罪、知无罪，是名和尚。’《四分律[5]·弟子诃责和尚》中亦同。《明了论》[6]正本云：‘优波陀诃，翻为依学，依此人学戒、定、慧[7]故，即和尚是也。’方土音异耳。相传云，和尚为力生，阇梨为正行，未见经论。”《杂阿含》中：“外道亦号师为和尚。”

《翻译名义集》云：“和尚，或和阇。《传》云：和尚，梵本正名邬波遮迦，传至于阗，翻为和尚，传到此土，什师翻名力生。《舍利弗问经》[8]云：夫出家者，舍其父母生死之家，入法门中，受微妙法[9]。盖师之力生长法身[10]，出功德财，养智慧[11]命，功莫大焉。又，和尚亦翻近诵。以弟子年少，不离于师，常逐常近，受经而诵。义净[12]云坞波陀耶，此云亲教师，由能教离出世业故。故和尚有二种，一亲教，即受业也；二依止，即禀学也。毗奈耶[13]云：‘弟子门人，才见师时，即须起立。若见亲教[14]，即舍依止[15]。’”

## 注释

①**《善见律》**：也称《善见律毗婆沙》《善见论》《毗婆沙律》。佛教戒律书，十八卷。前四卷述说佛教的三次结集和阿育王时佛教向外传播情况，其余主要注释《四分律》。

②**五天**：五天竺（古印度）的省称。

③**阇梨**：高僧，泛指僧。

④**善法**：指合于“善”的一切道理，即指五戒、十善、三学、六度。为“恶法”的对称。五戒、十善为世间之善法；三学、六度为出世间之善法，二者虽有浅深之别，但都是顺理益世之法，故称为善法。

⑤**《四分律》**：佛教戒律书。后秦佛陀耶舍与竺佛念共译，六十卷。原为印度上座部系统法藏部所传戒律。因全书内容分四部分，故名。为中国古代最有影响的佛教戒律。

⑥**《明了论》**：一卷，陈代真谛译，原名《律二十二明了论》，系五论之一。依十八部中的正量部的戒律而成。

⑦**戒、定、慧**：指戒律、禅定和智慧。又称为三学。学此三法可以到达无上涅槃。（一）戒学，指防止身、口之恶的戒律；（二）定学，指防止心意散乱以求

安静的禅修方法；（三）慧学，指破除迷惑以证真理之道。

⑧**《舍利弗问经》**：全一卷。译于东晋，译者佚名。又作《菩萨问喻》，属小乘律部。系佛在王舍城音乐树下答舍利弗所问。计有戒律传持之次第、戒律诸部之分派等。本经为大众部所传，有关小乘各部分的分裂系依据《文殊问经》《异部宗轮论》所说而立论。

⑨**微妙法**：精微、深奥之法，也即佛法。

⑩**法身**：也称佛身。佛身之一，指以佛法成身，或身具一切佛法。

⑪**智慧**：佛教指破除迷惑、证实真理的识力。梵语般若的意译，含彻悟之义。

⑫**义净**：唐代僧人、旅行家，中国佛教四大译经家之一。俗姓张，齐州（今山东历城）人，一说范阳（今北京城西南）人。先后译出经、律、论共六十一部，二百三十九卷。

⑬**毗奈耶**：佛教各种戒律的总称。

⑭**亲教**：即亲从受教之师。通常指受戒时的师父，也称戒和尚。

⑮**依止**：即依存而止住之意。比丘新剃度后，依其他先辈比丘，而受其监督学法。这种师父就称作依止师。

## 译文

《善见律》中说："和尚，是外国语的说法，汉语中说知罪、知无罪，这就叫作和尚。"

慧苑《华严音义》中说："和尚，按，古印度方言的和尚，叫作坞波陀耶，然而那个国家的平民百姓，称之为殟社。于阗人、疏勒人就叫作鹘社。现在中国人发错音了，就称之为和尚。虽然各地的叫法差异很大，现在我们还是依据正确的解释，说坞波，这是近的意思；说陀耶，是读的意思。这样说是为了尊敬教师，意思是，他们是弟子们所亲近、跟随着学习、研读佛法的人。过去说亲教师，也就是这么个意思。"

《行事钞》中说："问：'什么叫作师和尚阇梨？'答：'这在汉语中没有完全确切的翻译。'《善见律》中说：'无罪见罪呵责，这就叫作我师。一起于善法中教授，这就是我阇梨。'《论传》中说：'和尚，是外语；汉语说的知有罪、知无罪，就是和尚。'《四分律·弟子诃责和尚》说法也相同。《明了论》正本中说：'优波陀诃，翻译成依学，原因是要依随此人学戒、定、慧，也就是和尚。'这是因为各地的语言有差异而已。据传说，和尚是道力所生，阇梨能纠正弟子行，但没有看到经、论中有如此的记载。"《杂阿含经》中说："外道也把师称为和尚。”

《翻译名义集》中说：“和尚，也叫和阇等等。《传》中说：和尚，梵语真正的说法是邬波遮迦，传到于阗，于阗人翻译成和尚，传到中国后，鸠摩罗什法师翻译成力生。《舍利弗问经》中说：那些出家人，舍弃了他们的父母生死束缚的家，进入了佛门，接受了微妙的佛法。大概是师父的道力所生长出的法身，献出功德财，养育了他们的智慧命，功劳没有比这更大的了。又，和尚也翻译成近诵。因为弟子年龄小，不离师父，经常跟随在师父身边，接受师父传授的佛经而念诵等等。义净称之为坞波陀耶，这里叫亲教师，因为他能教诲弟子脱离出世间的种种苦业。所以和尚有两种，一、亲教，也就是受业的师父；二、依止，也就是禀学的师父。毗奈耶说：‘弟子门人，刚一见到师父，就必须起立。如果是见到亲教师，就不要再管依止师了。’”

## 长老

### 原典

《传灯录·禅门规式》云：“凡具道眼[①]，有可尊之德者，号曰长老。如西域[②]道高腊长，呼须菩提[③]等之谓也。”

《敕修清规·住持章》云："始奉其师为住持，而尊之曰长老。"

《释氏要览》云："《长阿含经》[④]云：'有三长老，谓耆年长老、法长老、作长老。'《譬喻经》[⑤]偈云：'所谓长老者，未必剃须发。虽复年齿长，不免于恶行。若有见谛法[⑥]，无害于群萌，舍诸秽恶行，此名为长老。我今谓长老，未必先出家，修其善本业[⑦]，分别于正行[⑧]。设有年齿幼，诸根[⑨]无漏缺，此谓名长老。'肇法师云：'内有智德可尊，故名长老。'恩法师云：'有长者老年之德，名长老。'"

## 注释

①**道眼**：指抉择真妄的能力。

②**西域**：西域之称，始于汉，指玉门关以西，巴尔喀什湖以东及以南的广大地区。后世泛指葱岭以西诸国。

③**须菩提**：对年高德劭僧人的尊称。

④**《长阿含经》**：北传四阿含之一。后秦佛陀耶舍与竺佛念共译，二十二卷。共收三十部经，因每部经文篇幅较长，故名。

⑤**《譬喻经》**：全一卷，唐代义净译。本经系佛陀

于舍卫城为胜光王所说的譬喻。

⑥**谛法：**即正精进，又作正方便、正治、谛治。发愿使已经产生的恶法断绝，尚未生出的恶法不让它萌生，让没有产生的善法产生出来，已经生出的善法使它增长圆满。

⑦**善本业：**得胜果的善根、功德。

⑧**正行：**指以佛的教化为基准的正当行为，与“邪行”相对。

⑨**诸根：**此指信、勤、念、定、慧五无漏根，因为它们能消除烦恼、到达圣道，有其殊胜的作用。

## 译文

《传灯录·禅门规式》中说：“大凡具备道眼，有可尊敬的德行的人，就号称长老。就好像西域把道行高、法腊长的僧人，称作须菩提一样。”

《敕修清规·住持章》中说：“开始奉他的师父为住持，尊称为长老。”

《释氏要览》中说：“《长阿含经》中说：‘有三种长老，即耆年长老、法长老、作长老。’《譬喻经》中偈语说：‘所谓的长老，未必是剃度过的。即使年老岁长，也难免有恶行为。如果具有能见法之真谛，于世上众生皆无害，又能舍弃掉诸污秽之举、丑恶行径，这种人就可以称之为长老。我现在所说的长老，未必是先出家，修行他的种种善本业，复于诸多正行分别修得的人。假设有个年龄很小的人，他的各种善根都无缺漏，我们也可以称他为长老。’肇法师说：‘内有大智慧、高道行令人尊敬，所以叫长老。’恩法师说：‘具备长者、老人的德行，就叫长老。’”

## 西堂

### 原典

忠曰：他山前住人，称西堂。盖西是宾位，他山退院[1]人来此山，是宾客，故处西堂。

《莹山清规》[2]云：“如他寺退院长老者，称之西堂。”

### 注释

①**退院：**禅院住持的隐退。又称退居。

②**《莹山清规》：**全二卷，日本僧人莹山绍瑾撰。又作《莹山和尚清规》。系参酌古来各种清规而作，为集曹洞宗丛林清规之大成者。

## 译文

无著道忠说：曾于其他寺院任住持，就称西堂。大概西是宾位，其他寺院退职了的人来到这座寺院里，自然是宾客，所以住在西堂。

《莹山清规》中说："如果是其他寺院退了院的长老，就称之为西堂。"

# 名胜

## 原典

《敕修清规》有诸方名胜挂搭规。旧解：名胜者，非泛常人，或大方[①]兄弟之类也。

## 注释

①**大方：**指名山大寺。

## 译文

《敕修清规》中有诸方名胜挂搭规。旧解释：名胜，不是泛指平常的僧人，或者说是指大的著名的寺院里的僧人。

## 江湖

### 原典

《敕修清规·开山历代祖忌》云:“或乡人,或江湖,举咒[1]。”又《尊宿迁化·祭次》:“蒙堂次有江湖。”

忠曰:江、湖二水名也。今言江湖者,江外湖边,本是隐沦士[2]所处。如《莲社高贤传》[3]:“周续之[4]曰:‘心驰魏阙[5]者,以江湖为桎梏。’”骆宾王《序》[6]曰:“廊庙与江湖齐致。”范希文《记》[7]曰:“既而动星象,归江湖。”是也。故禅士之散处名山大刹之外,江上湖边,此为江湖人。或不出世[8],为名山大刹住持者,聚会在一处,亦为江湖众也。然相传以“江西马祖[9]、湖南石头[10],往来憧憧”为解。此说浸染学家[11]肺肠,可浣濯之难矣。此方禅林江湖疏题名曰“平沙某”“远浦某”等,亦足粗知其字义。如《传灯录·石头章》云:“江西主大寂,湖南主石头,往来憧憧[12],并凑二大士之门矣。”则二祖师之法席[13]盛昌,非今隐沦义也。

### 注释

①**举咒:**举唱咒语。

②**隐沦士：**隐居者。

③**《莲社高贤传》：**又名《东林莲社十八高贤传》，一卷，晋代佚名撰。内容记载慧远在庐山东林寺所结莲社中十八贤的事迹。

④**周续之：**晋、宋时人。入庐山师慧远，为“莲社十八贤”之一，又与刘遗民、陶潜并称为“浔阳三隐”。

⑤**魏阙：**古代宫门外的阙门，为古代悬布法令的地方。此处当作为朝廷的代称。

⑥**骆宾王《序》：**即骆宾王所作《晦日楚国寺宴序》，收《骆临海集笺注》卷九。

⑦**范希文《记》：**即宋代范仲淹所著《桐庐郡严先生祠堂记》，载《范文正集》卷七。

⑧**出世：**脱离人世的束缚而出家。

⑨**江西马祖：**唐代禅宗僧人。俗姓马，名道一。或称“马祖道一”。曾于江西弘扬禅学，其派发展甚大，称为“洪州宗”。卒后，唐宪宗敕谥“大寂禅师”。

⑩**湖南石头：**即希迁，又名“石头希迁”。唐代禅宗僧人。俗姓陈。端州高要（今属广东高要）人。在湖南衡山南寺结庵于寺东石上，时人称“石头和尚”。卒谥“无际大师”。

⑪**学家：**比丘入有学的圣者家。

⑫**憧憧：**往来不绝的样子。

⑬**法席**：指佛说法之座。此处指一般说法时所用的高座。

## 译文

《敕修清规·开山历代祖忌》中说："或者是乡人，或者是江湖，举咒。"又，同书有《尊宿迁化·祭次》："蒙堂再接下来有江湖。"

无著道忠说：江、湖，是两个水的名字。现在所说的江湖，意思是江外湖边，本是避世隐居者居住的地方。如《莲社高贤传》："周续之说：'一心想去朝廷当官的人，往往把江湖当作枷锁。'"骆宾王《晦日楚国寺宴序》："在朝廷做官与隐逸江湖，都是我想要的。"范仲淹《桐庐郡严先生祠堂记》中说："接着，摇动天上的星斗，归隐到江湖之上。"就是这个意思。所以禅僧们散居在名山大刹之外、江上湖边，就叫作江湖人。或者是不出世，为名山大刹住持的，聚会在一个地方，也是江湖众，这种说法人们相传用"江西马祖、湖南石头，往来频繁"做解释。这种说法充满了许多学究气，要还其原初面目也就难喽。本地的禅林江湖疏文中往往题名叫"平沙某""远浦某"等，从中大略也可理解到"江湖"的词义。像《传灯录·石头章》中说："江西主马祖道一，湖南主石头希迁，学僧们来往频繁，都聚集到两位大师的门下了。”则是说两位祖师的法席昌盛，并非现在所说的隐逸的意义。

## 耆旧

### 原典

《毗尼母论》[1]云：“从无腊乃至九腊，是名下座；从十腊至十九腊，是名中座；从二十腊至四十九腊，是名上座。过五十腊已上，国王、长者、出家人所重，是名耆旧长宿。”

### 注释

①**《毗尼母论》：**律宗五论之一，八卷。译者不详，本名《毗尼母经》。

### 译文

《毗尼母论》中说：“僧人从没有法腊到九岁法腊的，叫作下座；从法腊十岁到法腊十九岁的叫作中座；从二十岁法腊到四十九岁法腊，叫作上座。如果法腊在五十以上，就会被国王、长者及出家人普遍尊重，这些僧人叫作耆旧长宿。”

## 受业师

### 原典

忠曰：得度受教之师，名受业师，又曰亲教师。

《释氏要览》云："律云：师有二种，一亲教师，即是依之出家、授经剃发[①]之者，毗奈耶亦云亲教。二依止师，即是依之禀受三藏[②]学者。"

又云："毗奈耶云邬波陀耶，此云亲教。由能教离出世业故，称受业和尚。"

### 注释

①**剃发**：又称削发、落发。即出家皈依佛门时，剃除发髭而成为僧尼。

②**三藏**：佛教典籍的总称。"藏"的原义是盛放东西的竹箧。佛教用以概括全部佛教典籍，义近"全书"。共有三个部分：（一）经藏，（二）律藏，（三）论藏。

### 译文

无著道忠说：使自己得以剃度受戒的师父，称作受业师，又称作亲教师。

《释氏要览》中说："律说：佛僧中师有两种，一种是亲教师，即是依他出家、学习佛经、剃发受戒的师父，毗奈耶也称之为亲教。第二种依止师，也就是跟随他接受经藏、律藏、论藏等佛教经书的师父。”

《释氏要览》又说：“毗奈耶中说邬波陀耶，这里称作亲教。因为他能教诲弟子脱离世间种种苦业，所以称受业和尚。”

## 依止师

### 原典

忠曰：依随住止于诸方名德座下，仰为受学参禅之师者，是名依止师。

《五分律》[①]云：“佛言有五种阿阇梨[②]，始度受沙弥戒[③]，是名出家阿阇梨；授具足戒时，教威仪[④]法，是名教授阿阇梨[⑤]；授具足戒时，为作羯磨[⑥]，是名羯磨阿阇梨；就授经乃至一日诵，是名授经阿阇梨；乃至依止住一宿，是名依止阿阇梨。”

### 注释

①**《五分律》**：全称《弥沙塞部和醯五分律》，佛教戒律书。南朝宋佛陀什与竺道生等共译，三十卷。是印

度上座部系统化地部（音译“弥沙塞部”）所传的戒律。因由五部分组成，故名。

②**阿阇梨**：意为“轨范师”。教授弟子、纠正弟子行为，为其轨范，故也称为“导师”。

③**沙弥戒**：沙弥受十戒：不杀戒、不盗戒、不淫戒、不妄语戒、不饮酒戒、离高广大床戒、离花鬘等戒、离歌舞等戒、离金钱宝物戒、离非时食戒。又作勤策律仪。

④**威仪**：谓行为、动作有威德、有仪则。称符合佛教戒律的行、住、坐、卧为“四威仪”。

⑤**教授阿阇梨**：即教授师，对受戒者教授威仪做法的师父。

⑥**羯磨**：意译为“业”或“办事”。指僧团按照戒律的规定，处理僧侣个人或僧团事务的各种活动。

## 译文

无著道忠说：跟随着到各座大寺院里的道行高深的大德座前，使自己能仰承学习参禅悟道的师父，叫作依止师。

《五分律》中说：“佛教中有五种阿阇梨，刚开始从之剃度接受沙弥戒的师父，叫作出家阿阇梨；从之接受具足戒、教诲自己佛教威仪、规则的师父，叫作教授阿阇梨；授受具足戒时，为自己做羯磨的师父，叫作羯磨阿阇梨；跟随学习佛经哪怕只是念诵了一天的师父，称为授经阿阇梨；哪怕只是跟着住过一宿的师父，叫作依止阿阇梨。”

## 同行

### 原典

忠曰：结友遍历者，相谓为同行。

### 译文

无著道忠说：结交朋友到四处游历的行脚僧，相互之间称为同行。

## 平交

### 原典

《敕修清规·迎待尊宿》云：“若诸山平交，斟酌中礼[①]，可也。”

忠曰：平交者，同位等辈也。谓道德位年，皆与我齐等也。

## 注释

①**中礼**：符合礼节。

## 译文

《敕修清规·迎待尊宿》中说："如果是各寺院里的平交，只要斟酌着使之符合礼节，也就可以了。"

无著道忠说：平交，也就是和自己辈分相同的僧人。也就是说，他的道行、辈分及法腊都和自己相等。

# 社中

## 原典

忠曰：凡结众讲磨道学[1]者，曰社中。

## 注释

①**道学**：即佛道、禅学。

## 译文

无著道忠说：大凡结众成社讲习研究佛学禅理的，就叫作社中。

# 尼大师

## 原典

忠曰：比丘尼称大师，与徽号赐大师之类别也。

近有名《执弊集》者曰："按《毗那耶律》[①]云：尼女十夏以上，其徒尊之为大姊；二十夏以上，其徒尊之为大师。"

忠曰：此大妄说，惑后生者也。凡律藏有毗奈耶名者，一一点捡，绝无此语。

## 注释

①**《毗那耶律》**："毗那耶"，意译为"律"，乃制伏灭除诸多过恶之意。系为佛陀所制定，而为比丘、比丘尼所须遵守的有关生活规范的禁戒。

## 译文

无著道忠说：比丘尼称作大师，与徽号赐的大师之类不一样。

最近有一本名《执弊集》说："按，《毗那耶律》说：尼师法腊在十夏以上，徒弟们就尊称她为大姊；法腊在二十夏以上，徒弟们则尊称她为大师。"

无著道忠说：这段话绝对是胡说八道，是在迷惑后生。凡是佛教律藏中有“毗奈耶”名的文字，我都一一翻阅检查过，绝对没有这段话。

# 7 职位门

## 僧录

### 原典

僧录者，僧官也，录僧之事。

《释氏资鉴》[①]云："《唐史》：唐宪宗元和二年丁亥二月，制法师[②]端甫掌内殿法事[③]仪注，录左右街僧事。僧录自甫而始也。"

忠曰：《高僧传[④]·僧䂮传》云："姚兴[⑤]曰：'凡夫学僧，未阶苦忍[⑥]，安得无过？过而将极，过遂多矣。宜立僧主以清大望。'因下书曰：'大法东迁，于今为盛。僧尼已多，应须纲领，宣授远规，以济颓绪。僧䂮[⑦]法师学优早年，德芳暮齿，可为国内僧主；僧迁[⑧]

法师禅慧兼修，即为悦众；法钦、慧斌共掌僧录，给车舆、吏力。'" 盖职虽异正副，僧录名既在端甫已前也。

## 注释

①**《释氏资鉴》**：元代熙仲集，十二卷。已散佚。

②**法师**：指通晓佛法并善于讲解以及致力修行传法的僧人。

③**法事**：也称"佛事"。指念经、供佛、施僧、拜忏、为人追福等宗教仪式。

④**《高僧传》**：也称《梁高僧传》，佛教史书。南朝梁慧皎著，十四卷，为类传体。所载僧人从东汉末到梁初共计二百五十七人，附见者二百余人。

⑤**姚兴**：后秦主。南安赤亭（甘肃）的羌人。字子略。姚苌叛苻坚，据关中称帝，建立后秦。姚兴继父位，都长安，领有雍、梁、晋、豫，在位二十二年。他曾迎鸠摩罗什入长安，聚僧徒数万人，从事讲译禅修，关中一时义学大盛。

⑥**苦忍**：即苦法忍。现观欲界的苦谛，并证苦谛之理。

⑦**僧䂮**：姚秦僧人，泥阳（陕西耀县）人，俗姓傅。年少出家，师事弘觉大师，博通三藏及六经，戒行清谨。鸠摩罗什来到长安时，师与僧叡、僧肇等共参

其译场。弘始七年（公元四〇五年），姚兴诏师任国内“僧正”，以纲领僧尼，是为北方僧官之始。

⑧**僧迁：**姚秦僧人。与道祖、道流等从庐山慧远受戒，复从鸠摩罗什受学。后秦姚兴敕命为“悦众”，管理僧尼事务。

## 译文

僧录，佛教僧官，掌管天下众僧的事务。

《释氏资鉴》中说：“《唐史》上载，唐宪宗元和二年丁亥二月，制法师端甫负责内殿的佛教法事仪礼的注释，掌管左右街僧人的事务。僧录就是从端甫才开始设立的。”

无著道忠说：《高僧传·僧䂮传》中说：“姚兴说：‘那些学僧，既然还没有经过苦法智忍，又怎能不犯错误呢？犯错误接近到一定的限度，也就会产生出许多罪过。这时就应该设立僧主一职，以肃清佛教的风气、树立威望。’因此就下诏说：‘佛教传入中国后，现在最为兴盛。天下僧、尼的人数已经很多，应该制定一些法规对之加以管理，并宣布一些能传之久远的清规戒律，以拯救佛教衰败的形势。僧䂮法师早年就钻研佛学、成绩优异，晚年的道行、品德更是高深广大，可做全国的僧主；僧迁法师禅慧兼修，就任悦众一职；法钦、慧斌两人共掌僧录职务，要给予他们车辆、官吏及仆役。’”这里的职位虽然有正副之别，然而僧录这个名称显然在端甫以前就有了。

## 住持

### 原典

《敕修清规·住持章》云：“佛教入中国四百年，而达磨至，又八传而至百丈[①]，唯以道相授受，或岩居穴处，或寄律寺[②]，未有住持之名。百丈以禅宗寖盛，上而君相王公，下而儒老百氏，皆向风问道，有徒实蕃，非崇其位，则师法不严，始奉其师为住持，而尊之曰长老。如天竺之称舍利弗、须菩提，以齿德俱尊也。”

《禅苑清规·尊宿住持》云：“代佛扬化，表异知事，故云传法。各处一方，续佛慧命，斯曰住持。初转法轮，命为出世，师承有据，乃号传灯。得善现尊者长老之名，居金粟如来[③]方丈之地，私称洒扫贵徒，严净道场，官请焚修。盖为祝延圣寿故，宜运大心[④]，演大法[⑤]，蕴大德[⑥]，兴大行[⑦]，廓大慈悲，作大佛事[⑧]，成大益利。权衡在手，纵夺临时，规矩准绳，故难拟议。然其大体，令行禁止，必在威严。形直影端，莫如尊重。量才补职，略为指踪，拱手仰成，慎无彻时。整肃丛林规矩，抚循龙象[9]高僧，朝晡不倦指南，便是人天眼目。”

## 注释

①**百丈：**即唐代禅僧怀海。俗姓王，福州长乐（今属福建）人。出家后师事马祖道一，后住洪州百丈山（今江西奉新），世称“百丈禅师”。以前禅僧多居律寺，怀海以禅宗和律宗习惯不同，创设禅院，制定《禅门规式》，后称《百丈清规》。

②**律寺：**又作律院。专依戒律、持律严谨者止住的寺院。

③**金粟如来：**过去佛之名，指维摩居士的前身。

④**大心：**指方便心，即住诸法皆空之观，度一切众生而起的大悲之心。

⑤**大法：**指可尊可赞的最究竟法，包含对现象界的观察分析与超越经验界的证悟。

⑥**大德：**指广大的德行。

⑦**大行：**行业广大的意思，指菩萨的修行。菩萨为求佛果菩提，乃发誓愿，历经三祇百劫，修波罗蜜等诸善万行，积大功德，故称为大行。

⑧**佛事：**禅宗指举扬佛法的行事，如开眼、安座、

拈香、上堂等。

⑨**龙象**：佛教称诸阿罗汉中，修行勇猛有最大力者为龙象。水行龙力最大，陆行象力最大，故以龙象做比喻。此指高僧。

## 译文

《敕修清规·住持章》中说："佛教传入中国四百年后，菩提达磨来到中国，达磨后又经过八世传到百丈怀海禅师，这段时间只是以佛道相互传授、继承，禅僧或是栖居于悬崖的洞穴之中，或是寄居在律院里，从来没有住持这样的名称。百丈禅师因为禅宗已空前兴盛，上至帝相王公，下至儒道百姓，无不向风皈依问道参禅，信徒实在太多了，如果不抬高住持的名位，禅林师法就会不严格，因此他开始敬奉自己的师父为住持，并尊称为长老。这就好比印度佛教称舍利弗、须菩提，因为他们年齿道行俱高。"

《禅苑清规·尊宿住持》中说："代替佛弘扬佛法、播化百姓，和禅寺里的知事又不一样的僧职，就称作传法。各自住于一座寺庙，继续着佛陀的智慧的命脉，这就叫住持。刚刚开始转动法轮，命该出世涅槃，又师承有据的，就叫作传灯。得到了善现尊者长老这样的尊称，居住在金粟如来这样的方丈宝地，老百姓称之为洒扫贵徒，严净道场，官府为其焚化、修塔。大概为了祝愿延长佛法的流传时间，应该用他那度一切众生而起的大悲之心，演说可尊可赞之大法，修行蕴蓄起广大的德行，兴办广大的善行，发大慈悲，做大佛事，给世间众生带来极大的利益。如果是权力在握，纵使使风气、规矩一时得到改变，其效果也很难说。然而从整体上长远地考虑，要令行禁止，必须使其形象威严。要想使别人学着你端直的为人、高洁的品行，莫过于让他们尊重你。根据一个人的才能授予一定的官职，只需要稍加指点，便可以做到无为而治，拱手而成，要记住没有十全十美的时候。整顿严肃丛林规矩，安抚尊重大德高僧，早晚不知疲倦地指导佛学的发展方向，这样的人就是人天眼目。”

## 立班小头首

### 原典

忠曰：侍者云小头首，盖对西序头首言小矣。

《校定清规》云：“侍者[①]谓之立班小头首，在方丈。所以多不与位者，犹父子一家也。若外客至方丈，为主人煎点，侍者亦同坐。但俟主人坐定，侍者于住持前问讯，方可就坐。在住持前，虽为位卑，然亦压寺中诸小头首。”

《空华集[②]·贺侍者颂序》云：“古之欲弘吾宗于天下后世者，先整丛林；欲整丛林者，先正住持之名；欲正住持名者，先选头首之材；欲选头首材者，先选侍者之职。谓之立班小头首，盖以此也。而其职欲久，久则朝亲暮炙，砥砺陶冶，厥材底于大成。是以庆喜[③]侍佛者二十年，香林[④]侍韶阳[⑤]者十八载，老慈明[⑥]之侍汾阳[⑦]、行雪堂之侍佛眼[⑧]，皆十余祀。亲近益久而所学益进，而后克续乃焰、联乃芳，宗风盛于百世。其职如斯，可不选哉！”

忠曰：立班者何谓也？盖择于衣钵侍者[⑨]之不立班，而称余四侍者为立班小头首乎！

## 注释

①**侍者：**指为寺院住持（方丈）服务的执事僧。

②**《空华集》：**日本室町时代佛教诗人们的优秀作品集，作者有雪村友梅、绝海中津、义堂周信等。

③**庆喜：**音译阿难，为佛陀十大弟子之一。于《大般若经》等处，多用“庆喜”之名，而很少用“阿难”。

④**香林：**宋代僧。即香林澄远禅师。参云门文偃得法，为其嗣法弟子。

⑤**韶阳：**五代僧。即云门宗宗祖文偃。

⑥**老慈明：**宋代僧，临济义玄（六祖惠能门下）的六世孙，字慈明，住湖南石霜山。嗣法于汾阳善昭，下开杨岐、黄龙二派。

⑦**汾阳：**即善昭，宋代临济宗僧。参汝州首山省念禅师而大悟，嗣其法。及首山省念入寂，应河西道俗的邀请，住汾阳太子院，广说宗要，名震一时。世人不敢直呼其名，而以“汾阳”称之。

⑧**佛眼：**宋代僧。临邛人，俗姓李。十四岁受具足戒，舒州太平演授以法衣，隐居四面大中庵很久，出主舒州龙门寺、和州褒禅寺，后以病辞归蒋山，示寂。人称“佛眼清远”。

⑨**衣钵侍者：**掌管住持的资财并为其顾问的执事僧。

## 译文

无著道忠说：侍者称小头首，大概是相对于西序的头首而言小的。

《校定清规》中说：“侍者称为立班小头首，是在方丈那儿。之所以不给他们座位坐着，是因为他和方丈之间就如同父子一家人一样。如果外面有客人到方丈室来，侍者为主人端茶递水，也应该在座。只是要等主人坐定，侍者在住持面前问讯，方才可以入座。侍者在住持面前虽然地位卑下，然而又在寺中各小头首之上。”

《空华集·贺侍者颂序》中说：“古时要使佛法弘扬光大传之后世的，首先必须整顿丛林；要想整顿丛林，必定先要正住持之名；要想正住持之名，必定先要选好头首的人选；要选好头首的人选，必定先要选好任侍者一职的人。称之为立班小头首，大概就是因为这个原因吧。而任此职时间一长，就必定会昼夜辛劳，得到磨炼，使之日后得以成大用。因此，阿难侍奉了佛陀二十年，香林澄远侍奉了韶阳文偃十八载，老慈明楚圆侍奉汾阳善昭、行雪堂侍奉佛眼清远都有十多年。侍者与住持亲近的时间越长，他的学业长进也就会越快，而后能够传续住持的薪火，能够传播佛法的芳香，禅风佛理也就能历百世而不败颓了。侍者一职的重要性如此之大，岂能不认真选拔呢？”

无著道忠说：称之为立班，又是什么意思呢？大概是剔除了不立班的衣钵侍者，而称其他四位侍者为立班小头首的吧！

## 山门三大侍者

### 原典

旧说曰：烧香侍者[①]、书状侍者[②]、请客侍者[③]，称山门三大侍者。

### 注释

①**烧香侍者：**住持上堂说法、做法事时为之烧香、记录法语的执事僧。

②**书状侍者：**代住持写往复书信文翰的执事僧。

③**请客侍者：**为住持接待宾客的执事僧。

### 译文

传统的说法：烧香侍者、书状侍者、请客侍者，称为山门三大侍者。

## 内史

### 原典

侍状[①]又名内史。

《空华集·无文印后叙》云："凡人之群居也，非一人职其事代其劳，则众人必烦，烦则其业必荒矣。故吾祖百丈氏，创禅刹安众，设东、西两序，曰头首，曰知事，犹朝廷置文武官。其才宜文者相之；宜武者将之；而又统其众者，曰住持。住持之职，尤为难矣，事日百端，应接弗暇，则于是置侍司②，以代其劳，犹朝廷近侍之职也。而厥头首，侍司之主文者，曰书记③，亦云外史；曰书状，亦云内史。皆以禅文兼备者充之，故厥职每乏其人矣。苟非禅文兼全之才，则阙焉。乌乎！难矣哉，才之兼全也。或禅全者文缺，或文长者禅短。然则今之世，欲得其禅文兼全者，俾居是职，不亦难矣乎？"

## 注释

①**侍状：** 即书状侍者。

②**侍司：** 侍者们所住的地方。

③**书记：** 禅寺西序六头首之一，执掌文书。

## 译文

侍状侍者，又叫内史。

《空华集·无文印后叙》中说："大凡人们聚集在

一起生活，如果没有一个人掌管大家的事务，为大家操劳，那么众人一定会烦乱的，众人一烦乱则事情就必然没法做、荒废了。所以，我们的祖师百丈禅师，创立了禅宗寺院以安置众僧，又设置了东、西两序，分别称之为头首、知事，就好比朝廷上的文武两班官员，才能宜于为文的，则任之为相；才能宜于用武的，则任之为将；而又设置了一个相当于统领文武两班官员的职位，就是住持。住持一职，尤其难，他简直是日理万机，应接不暇，于是就又设置了侍司一职，以代替住持处理一些事务，就好比朝廷里的近侍之类的官职。而侍司的头首呢，主文的就叫作书记，也称作外史；书状侍者，也称作内史。这些职位都需要佛学、文学都很优秀的人担任，所以这些职位往往缺乏合格的人选。如果不是佛学、文学兼优的人，则宁可空着这些职位。哎呀，人要做到全能全才，难啊！或者是于禅理精通而文学水平差，或者是文学水平很高而对禅理则不甚了解。而在现今的时代，想要找到一个禅文兼善、全美的人来屈居此职，不也是很难吗？”

## 望参

### 原典

旧说曰：日本南禅寺[①]定望参名。参头[②]阙，则补其职，犹望寮[③]之例。

忠曰：望参当补副参[④]之阙矣。

### 注释

①**南禅寺：**为日本临济宗南禅寺派大本山，位于京都市上京区。

②**参头：**又作参头和尚。即居于新到僧的首位，代行挂搭等各种轨式的僧人，兼有指导、统理众僧的职务。

③**望寮：**候补副寮的职位。

④**副参：**是辅佐参头来带领新到僧的职位。

### 译文

传统说法是，日本的南禅寺定立了望参这个名称。参头一职空缺了，就让望参补上，如同望寮的做法。

无著道忠说：望参候补的应当是副参的空缺。

# 三纲

## 原典

有数说：(一)《僧史略》为寺主[①]、上座、维那；(二)《名义集》为上座、维那、典座[②]；又旧说为寺主、知事、维那。

《僧史略》云："寺之设也，三纲立焉，若网罟之巨纲，提之则正，故曰也。梵语摩摩帝、悉替那、羯磨那陀，华言言寺主、上座、悦众[③]也。"

## 注释

①**寺主：**寺院三纲之一，主管一寺的事务。唐以后，称为监寺。

②**典座：**禅寺东序六知事之一。掌管饮食、床座等事。

③**悦众：**知其事、悦其众的意思。司掌僧团中事务的一种僧职。

## 译文

有几种说法：(一)《僧史略》上三纲为寺主、上座、维那；(二)《翻译名义集》上认为应该是上座、维那、典座；还有一种较早的说法，说是寺主、知事、维那。

《僧史略》中说："寺院一建立，三纲也就设置了，这就好比网罟的大纲，提纲则网罟就正，所以这样称呼。梵语中三纲是摩摩帝、悉替那、羯磨那陀，汉语中说寺主、上座、悦众。"

## 山门三大禅师

### 原典

都寺[①]、维那、烧香侍者，为山门三大禅师。

《东渐清规[②]·秉拂礼仪》云："山门三位禅师同往首座[③]前问讯，首座受请。"

### 注释

①**都寺**：也称"都总""都管"。禅寺东序六知事之一。统管总务，位高于监寺。

②**《东渐清规》**：即日本净土宗僧源空所撰的净土宗清规。

③**首座**：即上座。

## 译文

都寺、维那、烧香侍者，是山门三大禅师。

《东渐清规·秉拂礼仪》中说："山门三大禅师一起到首座面前问讯，首座受了他们请安的礼。"

# 主事

## 原典

《释氏要览》云："主事四员，一监寺[①]，二维那，三典座，四直岁[②]。"又云："上之四人，皆不用本处徒弟，并于十方[③]海众内，佥选道心[④]身干[⑤]、知因果[⑥]者，打犍椎[⑦]白众，请之。用无常人，其或心力劳倦，告众归堂，则别请能者也。"

## 注释

①**监寺：** 即寺主。

②**直岁：** 禅寺东序六知事之一。掌营缮耕耘。

③**十方：** 即指东、西、南、北、东南、西南、东北、西北、上、下十个方位。佛教主张十方有无数世界及净土，故也称为十方世界、十方法界。

④**道心**：又作道念。指立志修行佛道之心。

⑤**身干**：身子骨硬朗。

⑥**因果**：即因果业报的理论。佛教认为现世界人们的贫富穷达，是前生所造善恶诸业决定的结果；今生的善恶行为，也必然导致后生的罪福报应。

⑦**打犍椎**：举行法事之前，维那打椎，让众僧安静下来，以便开始。

## 译文

《释氏要览》中说："主事有四位，一监寺，二维那，三典座，四直岁。"又说："上面这四个人，都不用本寺院里的徒弟，都是在各地的海众中，挑选那些道心端直身体健壮，又通晓佛理、因缘的僧人，用打犍椎的仪式向众人宣布，然后请他们出任此职。主事一职上没有人能长期担任，有人做得心力疲倦，离开众僧归其僧堂，就得另外再延请能胜任者。"

# 知事

## 原典

东序，此言知事，乃主事也。

《敕修清规・两序章》“列东序知事”云：“都监寺、维那、副寺[①]、典座、直岁是也。”

忠曰：知事之知，犹如知州之知也。

## 注释

①**副寺**：又称“库头”“知库”“掌财”等。禅寺东序六知事之一。掌管钱财进出。

## 译文

东序，这里叫知事，也就是主事的意思。

《敕修清规・两序章》中“列东序知事”条中说：“都监寺、维那、副寺、典座、直岁等职，都是知事。”

无著道忠说：知事的“知”，犹如知州的“知”。

# 办事

## 原典

常庵崇和尚曰：“办事，言小寮等。”

忠曰：办事，无旧解所的指。余谓，山门列职杂务人，总名办事也。《敕修清规・列职杂务》所谓寮元[①]、寮主[②]、副寮、延寿堂主[③]、净头[④]、化主[⑤]、园主[⑥]、磨主[7]、水头[8]、炭头[9]、庄主[10]、监收[11]等，此一行人，不可称勤旧、蒙堂、前资等，故可以为办事人也。

## 注释

①**寮元：**僧职。管理众寮事务，如经文用品、茶汤柴炭、请给供需、洒扫浣濯等。

②**寮主：**禅寺中辅佐寮元办事的僧职，又称直寮。负责守护众僧的衣钵。

③**延寿堂主：**掌管延寿堂（病房）内一切事务的僧职。

④**净头：**佛寺中从事杂务劳动的僧职。此职由僧人自愿报名担任。

⑤**化主：**四处化募、以供寺用的僧职。

⑥**园主：**寺院中主管菜园的僧人。

⑦**磨主：**寺院中主管舂米、磨面诸杂务劳动的僧人。

⑧**水头：**佛寺中从事汲水、烧汤供众僧洗脸、沐浴诸杂务劳动的僧人。

⑨**炭头：**寺院中负责供应冬季御寒柴炭的僧人。

⑩**庄主：**寺院领地的管理者。

⑪**监收：**管理寺院所有地产的收入及租税等杂务的僧职。

## 译文

常庵崇和尚说："办事，也就是说小寮等人。"

无著道忠说：办事，传统的解释没有确指是哪些人。我认为，山门各种做杂务的人，总称为办事。《敕修清规·列职杂务》中所说的寮元、寮主、副寮、延寿堂主、净头、化主、园主、磨主、水头、炭头、庄主、监收等一班人，不能称作勤旧、蒙堂、前资等，所以可以看作办事人。

# 饭头

## 原典

《幻住清规[①]·饭头》云："粥饭乃一众命脉所系，不可不留心于其间。故丛林自典座而下至应接，无虑数十人，皆职司五味，供给二时之至公之道也。今庵居但设一饭头，总柄其事。凡任此责者，须拳拳以大众心食之，重观察时分之早晚，酌量食指之寡多，捡看米谷之精粗，分别水浆之清浊，撙节菜蔬之多少，顾虑柴薪之有无，乃至收藏洗涤等。勿令秽污，毋致馊淹。弗及则食观不充，过多则遗弃何益？使生熟之得所，令咸淡之合宜。一朝不动众人心，万古积成身后福。然出家，以利他为行。今此职务，庄严保社，安慰众心，助转食轮②，远资法化③，诚利他之极致者也。前辈如雪峰④、大随⑤、沩山⑥诸老，自此而高登祖位，盛播遗风，岂猥屑之谓哉？有力于道者，宜审之。"

## 注释

①**《幻住清规》**：又称《幻住庵清规》，元代延祐四年（公元一三一七年）丹阳大同庵建立，请中峰明本禅师住该寺，撰《幻住庵清规》。

②**食轮**：与"法轮"合称"二轮"。即指斋食。转食轮，即指行斋食。

③**法化**：以正法教化世人。

④**雪峰**：唐代禅僧。即义存真觉禅师。因曾宿于雪峰山，故号"雪峰"，世称"雪峰义存"，乃德山宣鉴的法嗣。

⑤**大随**：唐末五代僧。曾于沩山门下刻苦修行悟道，嗣长庆大安之法，后归天彭（四川彭县）堋口龙怀寺，又迁该县大随山，住持十余年，世称"大随法真"。

⑥**沩山**：指沩仰宗初祖灵祐。

## 译文

《幻住清规·饭头》中说：“粥饭是众僧的命脉所在，不能不留心于斋食。所以寺院中从典座直到应接，总共不下数十人，都是管理五味斋食的，供给众僧每天两次食用，这是极为公平的事情。现在居住在寺院里，只设置了一个饭头，总管粥饭之事。每个担任此职的人，都必须以拳拳之心为众人着想，他必须注重观察时间的早晚，斟酌计算吃饭人数的多少，挑拣查看米、谷的粗、精，分别水浆、米汤的清浊，查看、计算菜蔬的多少，担心、考虑柴薪的有无，乃至米谷、菜蔬、柴薪的洗涤、收藏等。既不能让米谷污染弄脏，又不能使粥饭变馊、变腐。粥饭如果准备得不够，则众人就吃不饱；如果做得多了，剩下一些又有什么用？要让生熟饭菜分放在该放的地方，又要使饭菜的咸淡正好适中合口。只有朝朝夕夕为众人着想，才会积成万古享受不完的身后之福。然出家，是以利人为修行的。现在的饭头一职，严饰佛事保全众僧，能使众人心情安定，又能协助转动食轮，从长远看于弘扬佛法亦大有功劳，实在是把利人的精神发扬到极点了。前辈高僧中如雪峰义存、大随法真以及沩山灵祐等诸位名僧都是从饭头一职而高登上祖师的宝座，并使他们的遗风远播他方，又怎能说饭头是卑下、琐屑的职务呢？致力于饭头的人，应该仔细考虑这些。”

## 导师

### 原典

忠曰：观音忏法[①]式有导师、香华[②]、自归[③]三职，其导师，谓表白者。

《僧史略》云：“导师之名，而含二义。若《法华经》[④]中商人白导师言：‘此即引路指迷也，若唱导之师。’此即表白也。故宋衡阳王镇江陵，因斋会[⑤]无有导师，请昙光[⑥]为导。及明帝设会，见光唱导称善，敕赐三衣[⑦]、瓶钵焉。”

### 注释

①**忏法：**念经、拜佛、忏悔罪业的做法。

②**香华：**此指奉施香华的香华师。

③**自归：**指授三归戒于弟子的自归师。

④**《法华经》：**即《妙法莲华经》，后秦鸠摩罗什译，七卷。称释迦成佛以来，寿命无限，现各种化身，以种种方便，说微妙法。重点弘扬“三乘（指声闻、缘

觉、菩萨）归一（指佛乘）”，调和大小乘的各种说法。以为一切众生，皆能成佛。

⑤**斋会**：会众僧而施食，称斋会。

⑥**昙光**：南朝刘宋时僧。会稽（今属浙江）人，随师住江陵长沙寺。衡阳文王刘义季镇荆州，对师极钦仰。每设斋会无导师，衡阳文王就劝请昙光法师担任。后入都止住于灵味寺，宋明帝刘彧也欣赏师，赐其三衣、瓶钵。

⑦**三衣**：比丘穿的三种衣服。即僧伽梨、郁多罗僧、安陀会。

## 译文

无著道忠说：观音忏法式中有导师、香华、自归三个僧职，其中的导师，也就是表白的人。

《僧史略》中说：“导师这个名称，包含着两个意思。像《法华经》中商人对导师说：‘这就是引路指迷的，像唱导之师一样。’这就是所谓的表白。所以刘宋衡阳文王刘义季镇守江陵时，因斋会上没有导师，就请昙光法师唱导。等到明帝设斋会时，见到昙光法师精湛的唱导，极为称赏，就赐给他三衣、瓶钵。”

## 钟头

### 原典

《禅苑清规·钟头》云："《付法传》[①]说，罽宾吒王[②]死，作千头鱼，常为剑轮斫首，痛不可言。每闻钟声，则剑轮不下。晨昏扣钟，无非佛事。《高僧传》：'释智兴[③]如法鸣钟，声震地府，受苦者皆解脱。'"

《校定清规·念诵》云："报钟头，候鸣大钟。"

### 注释

①**《付法传》**：又称《付法藏因缘经》。付法，指付嘱传法，即关于释迦牟尼佛入灭后传承其弟子的传法故事。

②**罽宾吒王**：即罽宾国王。据《景德传灯录》卷二记载，禅宗相承谱系西天二十八祖中的第二十四祖师子尊者，游化到罽宾国。那时的国王名叫弥罗崛，邪见炽盛，毁坏塔寺，杀害众僧，并以利剑斩杀师子尊者，尊者头中无血，唯涌出白乳，高达数尺，而王的右臂也掉在地上，七天之后就一命呜呼了。

③**智兴**：唐代僧人。洛州（河北永平）人，俗姓宋，住大庄严寺，通律论，而以无争行自励。

## 译文

《禅苑清规·钟头》中说："据《付法传》说，罽宾吒王死后，变作了千头鱼，常常被剑轮砍头，痛得都说不出来。每逢听到钟声时，剑轮就不砍下来了。早晨、晚上寺院里鸣钟，无不是佛教仪式。《高僧传》中智兴禅师依据佛教仪式鸣敲大钟，钟声震动阴王地府，在里面受苦的人都得到了解脱。"

《校定清规·念诵》中说："告诉钟头，等着鸣敲大钟。"

# 童侍

## 原典

即童行也。

《宋高僧传[①]·贯休传》云："贯休[②]七岁，父母雅爱之。投本县和安寺圆贞禅师出家，为童侍。日诵《法华经》一千字，耳所暂闻，不忘于心。"

## 注释

①**《宋高僧传》**：佛教史书。宋赞宁奉敕撰，三十

卷。本书继《续高僧传》之后，记述从唐高宗时至成书时止的僧人传记。

②**贯休：**五代时前蜀诗僧。俗姓姜，字德隐。婺州兰溪（今属浙江）人。天复年间（公元九〇一——九〇四年）入蜀，蜀主王建称之为“禅月大师”。能诗工书，善草书，时人比之怀素。有《禅月集》。

## 译文

也就是童行。

《宋高僧传·贯休传》中说：“贯休七岁时，父母十分喜爱他。贯休投奔到本县和安寺圆贞禅师座下出家，做了寺里的童侍。贯休每天念诵《法华经》一千字，他只要耳朵稍不经意听到点什么，心中就不会忘记。”

# 听叫

## 原典

忠曰：侍住持左右，听其叫呼，受使令者。

《敕修清规·亡僧板帐式》云：“方丈听叫捧香合。”

## 译文

无著道忠说：侍从在住持左右，听住持叫唤他们，受其指使办事的人。

《敕修清规·亡僧板帐式》中说："方丈命令听叫捧香盒。"

# 行者

## 原典

忠曰：禅林行者，卢能[①]为始。尔后凡求剃度，而未得买度牒[②]，有发而依止僧寺者，称为行者。

## 注释

①**卢能：**即禅宗第六祖惠能禅师，俗姓卢。初在蕲州（湖北）黄梅县凭茂山五祖弘忍门下修道，称为"卢行者"。行者，指带发的修行者。

②**度牒：**也称为"祠部牒"。指由唐代祠部发给合法出家者的证明书。僧尼以此牒为身份凭证，可免徭役。后代因袭了这种做法。

## 译文

无著道忠说：禅宗寺院里的行者，是从惠能卢行者开始有的。从那以后，凡是请求剃度而又没能买到度牒，带着头发而又依止住在佛寺中的人，就叫作行者。

# 苦行

## 原典

忠曰：净人亦名苦行。

《传灯录·天台丰干禅师章》云："师居天台山国清寺[①]，本寺厨中，有二苦行，曰寒山子[②]、拾得[③]。二人执爨[④]，终日晤语。潜听者，都不体解[⑤]。时谓风狂子。独与师相亲。"

## 注释

①**天台山国清寺：**天台山在浙江天台县城北二公里。南朝陈太建七年（公元五七五年），智顗率弟子慧辩等二十余人居山十年，对于佛教教义和观行构成了自己一家的教法，创立天台宗。隋开皇十八年（公元五九八年），晋王杨广承智顗遗意，在山麓建寺。大

业元年（公元六〇五年）赐寺名国清寺，为天台宗根本道场。自智𫖮弟子灌顶始，天台宗历代祖师相继在此传法。

②**寒山子：**唐代僧人。约于七世纪末至八世纪初，住天台山寒岩，与国清寺拾得交友，好吟诗唱偈。后人集之成卷，名《寒山子诗集》。

③**拾得：**唐代僧人。七世纪末至八世纪初，丰干带他入天台山国清寺为僧，在厨房做杂务。好吟诗作偈，与寒山子为友，合称“寒山拾得”。

④**执爨：**烧火做饭。爨，灶。

⑤**体解：**体会、理解。

## 译文

无著道忠说：净人也称作苦行。

《传灯录·天台丰干禅师章》中说：“丰干禅师居住在天台山国清寺，这座寺院的厨房里有两个苦行僧，叫寒山子、拾得。两人在灶房烧火做饭，整天说悄悄话。偷听的人都不懂他们在说什么。于是人们就叫他们疯狂子。但他们两人唯独与丰干禅师关系密切。”

## 五戒

### 原典

五戒者，行者也。但受五戒，未剃染[1]者。

《义楚六帖》[2]云："行者五戒，律云：行者依师，先受五戒，修行之者，近事堪可承事比丘罗汉故，名为行者。五戒故，名为五戒示名。"

### 注释

①**剃染：** 剃发出家时，必着染衣（袈裟），称为剃发染衣，或称剃染。

②**《义楚六帖》：** 义楚，五代僧，相州安阳（今河南安阳）人，俗姓裴。七岁出家，二十一岁受具足戒。尤于《俱舍》造诣特深，复遍览三藏，共三次。其后慨于儒家排佛之谬，乃仿白居易的《六帖》，作《释氏六帖》，历时十年始成，共二十四卷五十部四百四十门，世称《义楚六帖》。

### 译文

五戒，指的就是行者。行者只是受了五戒，并没有剃发、穿染衣。

《义楚六帖》中说："行者五戒，律中说，行者依止师父，要先受五戒，然后修道学佛，他们在师父身边做事又能抵得上比丘、罗汉，所以叫作行者。因为他们只受了五戒，所以又用五戒称呼他们。"

## 毛头

### 原典

日本《月庵光禅师录·志杲毛头请自赞》云："三尺吹毛，当面提起，杲日照天，清风匝地。"又《宗聃毛头请自赞》云："利剑高提，杀佛杀祖。死中得活是寻常，空手谁击涂毒鼓？"

忠曰：毛头未详。盖净人[①]毛发者，净发[②]待诏类乎！

### 注释

①**净人：** 指在寺院从事勤杂劳务的非出家劳动者。

②**净发：** 即剃发。此当指剃发的行者。

### 译文

日本的《月庵光禅师录》中志杲毛头请求自赞说：

“三尺吹毛，当面提起，杲日照天，清风匝地。”又，同书中记载宗聃毛头的自赞语：“利剑高提，杀佛杀祖。死中得活是寻常，空手谁击涂毒鼓？”

无著道忠说：毛头，还不太清楚到底是什么意思。大概是指净人头上带着毛发的人，像净发待诏之类的吧！

## 主丧

### 原典

忠曰：自代亡人指挥后事，总主领丧事者。其职甚重。

《敕修清规·尊宿迁化》云：“请人主丧，须诸山名德，邻封老成，或法眷[①]尊长，或只本寺首座。如有遗命，遵行举请。”又《请主丧》云：“主丧人至，鸣大钟集众门迎。至龛前炷香，首座大众问讯[②]。”又云：“凡主丧者，须老成名德，如圆悟[③]为开福宁和尚[④]主丧，接月庵果公[⑤]以嗣其法，可为标格。”

### 注释

①**法眷：**法门中眷属的意思，主要指修学同一法门

的兄弟、弟子而言。

②**问讯**：佛教礼节。以手相屈，弯腰至膝，操手下去，合掌上来，两手拱齐眉，叫作“问讯”。合掌作揖，口问安否，也叫“问讯”。

③**圆悟**：即宋代临济宗僧圆悟克勤禅师。详见“莲华会”注①圆悟勤禅师。

④**开福宁和尚**：即宋代临济宗杨岐派僧道宁。于蒋山出家，嗣五祖法演之法，任天宁寺第一座。大观三年（公元一一〇九年），驻锡潭州（今属湖南）开福寺，为第十九世。人称“开福寺宁和尚”。

⑤**月庵果公**：即宋代僧善果禅师，号月庵。参开福寺道宁禅师得法，隐迹山村，人莫识之。宣和初入主上封，迁道吾，律众严明，处己简约。得人之盛，冠于诸方。绍兴入闽，主黄檗十年，辞归大沩。世称“大沩月庵善果禅师”。

## 译文

无著道忠说：指自己代替死去的人料理身后之事，总管主持着丧事的人。这个职位很重要。

《敕修清规·尊宿迁化》中说：“请人来主丧，必须是各个山门德高望重的名僧，邻近寺院的老成持重的长者，或者是法眷中威望极高的老宿，或者只需本寺的首座。如果示寂的尊宿有遗嘱，让请谁主丧，遵命照办去请就行了。”又，同书《请主丧》中说：“主丧人来了，鸣敲大钟，集合寺内众僧到门口迎接。主丧人到龛前炷香，与首座及大众互相问讯。”又说：“凡是主丧的，必须是老成长者和道行高深的名僧，像圆悟克勤禅师为开福寺道宁和尚主丧，又将月庵善果禅师接来继承道宁主持开福寺，可以作为主丧的标准格式。”

# 8　业轨门

## 出世

### 原典

禅士得法之后，隐退长养，一旦龙天推毂，而住大小寺院，此谓出世焉。盖比佛世尊之瑞于世，其为代佛扬化也，其所住寺院，须奉纶命公帖，方着黄紫之服。世俗遂见着黄紫，以为出世，可笑。

旧说曰：自首座转西堂①，可谓之出世；自诸山转十刹②，不可谓之出世。

### 注释

①**西堂：** 指曾于其他寺院任住持，而今客居于本

寺者。

②**十刹：**指十寺，为南宋宁宗时，史弥远所奏上的十座寺院，与五山的寺院制度同时设立。除中国外，日本也有五山十刹之制。此处即指日本的十刹。

## 译文

禅僧修行得法之后，隐居起来潜修自己，一旦龙天推毂，他再住到大小寺院里，这就叫作出世。大概可与佛现祥瑞于世上相比，出世的禅僧就是为了代佛在世上弘扬佛法、感化众生，他所依住的寺院，也必须奉持有官府的纶命公帖，然后他才能穿上黄紫色的服装。于是有些世俗之人看见穿黄紫色服的，便以为是出世了，真是可笑。

过去有一种说法：从首座的地位转向西堂，可称之为出世；从各座山门转住到十刹，不能称之为出世。

# 入院

## 原典

出世入某院也。

《敕修清规·入院》云："古人腰包顶笠，到山门首。下笠入门。炷香，有法语[①]，就僧堂前，解包，屏处濯足，取衣披搭，入堂炷香。”

## 注释

①**法语：**原指佛陀的教说。禅宗专指诸祖的教示与禅师开示的机缘。

## 译文

指出世时进入某座寺院居住。

《敕修清规·入院》中说：“古人腰上带着包，头上顶着笠，来到山门前。摘下斗笠，进门。手中拿着点燃的香，口中念诵着显示正法的话语，靠近到僧堂前，解下腰间系着的包袱，然后在屏风后洗脚，取上衣服，披在身上，再入僧堂烧香。”

# 视篆

## 原典

旧说曰：中华寺院有其寺印[①]，如天童印，以“玲珑岩主”四字篆刻。凡住持退院时，小轴列书阖山大众名，轴尾使寺印。又别片纸，打寺印，不动其纸，贴印仰之，纳于印笼。若少动印，则所贴纸可破。是阙住之际，禁盗挂搭之法也。住持封其印笼托都寺，令传后住之人。都寺至新住持入寺日，于室间度与之。

忠曰：日本禅刹，皆亦有寺印。

《敕修清规·入院》云："知事捧呈寺印，新命[②]看封，付知事开封，新命视篆。"

## 注释

①**寺印：** 即寺院印章。此印为公物，住持不得私用。

②**新命：** 指一寺新任命的住持，又称新住持。

## 译文

传统说法是，中国的寺院有寺印，比如天童寺寺印，上面就用篆文刻着"玲珑岩主"四个字。大凡住持退院时，要用一卷小轴排列书写本寺院里全体僧众的名字，轴尾再盖上本寺的寺印。还有一种办法是另外用一片纸，打寺印时不动这片纸，打印后贴在印上，再仰着朝上，放到印笼里。如果有人稍微动一下寺印，那么那张粘贴在寺印上的纸就会破。这是寺院里缺少住持时，防止有人偷盗寺印挂搭的一种方法。住持封上寺印后就托付给都寺，让他传给后来接任住持的人。都寺到新住持入寺的那一天，就在方丈室交给他。

无著道忠说：日本的禅宗寺院里也都有寺印。

《敕修清规·入院》中说："知事捧着寺印呈上来，新任住持看了印封，又交付给知事拆开寺印的封条，新任住持仔细看着印上所刻的篆文。"

## 拈衣

### 原典

《敕修清规·受请人升座》云："若新命是嗣法弟子[①]，住持付法衣[②]，有法语披衣。"又《开堂祝寿》云："如受请时，未拈衣，当举法语，披衣毕。"

旧说曰：衣表信而已，不可数拈之。又曰：凡开堂拈法衣，一生当唯一度也。昔慈氏和尚[③]入寺，公方（义满）请拈衣，答曰："贫道尝在镰仓，一回拈黄梅衣，今若再拈，近乎炫名，不可也。"

### 注释

①**嗣法弟子：**也即"法嗣"，继承师父所传佛法的弟子。

②**法衣：**佛教僧尼衣服。相传原指释迦牟尼佛规定的三衣、五衣，但由于中国气候异于印度，故范围较广，形式多样。凡僧尼所穿的，被认为不违背佛法、戒律的衣服，都是法衣。

③**慈氏和尚：**日本镰仓幕府前期的僧侣、歌人。法号慈丹。为关白藤原忠通之子，四任天台座主，公元一二〇三年任大僧正，公元一二四二年受封谥号“慈镇”。

## 译文

《敕修清规·受请人升座》中说：“如果新上任的是其嗣法弟子，住持交付法衣时，口中说着显示正法之语为其披衣。”又，《开堂祝寿》中说：“如果受请时，人未拈衣，应当出示法语，披衣才算结束。”

过去的说法：法衣只是表示一种信任而已，不能几次拈它。还有一种说法：凡是开堂时拈了法衣，一生中应当只能有这么一次。过去慈丹和尚入寺时，公方义满请他拈衣，慈丹回答道：“贫道在镰仓曾经拈了一回黄梅衣，今天如果再拈，就近乎于炫名了，不可不可。”

## 展单

### 原典

旧说曰：无晚参时，鸣放参钟三下，其时展半单，盖为黄昏坐禅也。然放参钟，名展单者，邻近释也。

《日用轨范》[1]云：“坐参[2]了，各出半单下地。”

### 注释

①**《日用轨范》**：宋代无量宗寿禅师所著的一部禅林清规，收于《日用小清规》中。

②**坐参**：即参前的坐禅。小参及每日晚参之前，于僧堂坐禅澄心，以至时至，称为坐参。

### 译文

传统说法：没有晚参的时候，鸣放参钟三下，这时众僧都将坐单打开一半，大概是为了黄昏时坐禅用。然而鸣的放参钟，也叫作展单，这就近乎于是一种解释了。

《日用轨范》中说：“坐参了，各位放出一半坐单下到地上。”

## 坐禅

### 原典

《敕修清规·坐禅》详叙其规。

《敕修清规·坐禅》云："大众归堂，向里坐。"又《圣节》云："坐堂①如寻常坐禅，向内坐。"

《永平清规②·辨道法》云："早晨坐禅，首座、大众，搭袈裟入堂就被位③，面壁坐禅。首座不面壁，自余头首，一如大众面壁而坐。住持人就椅子坐禅。"又云："后夜坐禅，大众不搭袈裟。住持人袈裟挂于椅子而坐禅。是法也。"

忠曰：住持就椅坐，则知亦是不面壁矣。夫面壁坐禅，匪但准依初祖④风规，复可摄定散心，然今清朝禅僧，例向外，诚失古矣。

### 注释

①**坐堂：**指禅林众僧于上堂前或小参、晚参以前，在禅堂中坐禅片刻。与"坐参"同义。或以上堂前片刻，于僧堂中坐禅为"坐堂"；而以小参、晚参前的片刻坐禅，为"坐参"。此处疑为第二种意思。

②**《永平清规》：**二卷。又作《永平元禅师清规》。

为日本曹洞宗初祖道元，以曹洞教团应守的规则与理想为根本而记述的清规。

③**被位**：被，是被单、眠单的意思，乃睡眠或坐卧时用，故在禅宗的僧堂中，大众各自既定的座位就称为被位。

④**初祖**：指一宗的开祖，也即开创一宗的祖师，也泛指创建一寺、一山的祖师。

## 译文

《敕修清规·坐禅》中详细叙述了坐禅的规矩。

《敕修清规·坐禅》中说："大家回到禅堂，向里坐着。"又，同书《圣节》中说："坐堂就跟平时坐禅一样，向内坐着。"

《永平清规·辨道法》中说："早晨坐禅时，首座与众僧一起披搭袈裟入禅堂，就被位，面朝墙壁坐禅。首座不面壁，其他的各个头首，和众僧们一样面朝墙壁坐着。住持就在椅子上坐禅。"又说："后半夜坐禅时，大家不需要披搭袈裟了。住持将袈裟就挂在椅子上坐禅。这就是坐禅的方法。"

无著道忠说：住持靠在椅子上坐着，就知道他也是不面壁的。那种面壁坐禅的做法，不仅是依据佛祖的风俗规矩，还可以使坐禅的人控制、收敛起散乱的心绪，而现在清朝的禅僧坐禅时，一律坐朝外面，实在是背离古法太远了。

## 经行

### 原典

《日用轨范》云："开小静[①]折被，或归众寮吃汤药，或茶堂[②]经行，次第归钵位[③]。"

《莹山坐禅用心记》[④]云："坐中，若昏睡来，常应摇身，或张目，又安心于顶上发际眉间。犹未醒时，引手应拭目，或摩身。犹未醒时，起座经行，正要顺行。顺行若及一百许步，昏睡必醒。经行法者：一息恒半步，行亦如不行，寂静而不动。"

《释氏要览》云："慈恩[⑤]解云：西域地湿，叠砖为道，于中往来，如布之经，故曰经行。《十诵律》[⑥]云：经行有五利，一剿健，二有力，三不病，四消食，五意坚固。《三千威仪经》[⑦]有五处可经行，一闲处，二户前，三讲堂[⑧]前，四塔下，五阁下。"

### 注释

①**开小静**：又称小开静。于五更四点之后，鸣库前

的板，此时行者应先起床。

②**茶堂**：方丈接应室。

③**钵位**：用食时的座位。

④**《莹山坐禅用心记》**：日本曹洞宗太祖莹山绍瑾所著的学佛参禅的要诀。

⑤**慈恩**：即唐玄奘法师的嗣法弟子窥基，他于玄奘之后住持慈恩寺，系法相宗开祖，世称“慈恩大师”。

⑥**《十诵律》**：佛教戒律书。说一切有部的根本戒律。六十一卷。原为后秦弗若多罗与鸠摩罗什共译，后由龟兹僧昙摩流支续译，又经东晋时罽宾僧卑摩罗叉整理、补充、发展而成。因将戒律分为“十诵（十项）”叙述，故名。

⑦**《三千威仪经》**：又称《大比丘三千威仪经》，二卷，后汉安世高译，揭示舍离烦恼、处于闲静的比丘日常应守的威仪规矩。三千言其多，实则总数不过一千三百八十余条。

⑧**讲堂**：指供作讲经、说法的建筑物。后世禅寺中的法堂就是按照讲堂的形状、规模设置的，成为伽蓝的中心。

## 译文

《日用轨范》中说：“开小静时折叠起被子，或者是回到各个僧寮去吃汤药，或者是在茶堂里经行，然后再一个个按次序归到吃饭的钵位上。”

莹山绍瑾的《莹山坐禅用心记》中说：“在坐禅过程中，如突然感到昏昏沉沉，或有瞌睡袭击，应该不停地摇晃身体，或者睁大眼睛，再将思想、意念放在头顶上、头发际及两条眉毛之间，定定神。如果这样还不能使自己完全清醒，就应该用手擦擦眼睛，或者按摩按摩身子。如果这样再不醒时，就从座位上站起来经行，而且要按顺时针方向步行。顺行如果到了一百多步，必然就会完全清醒。经行的办法：吸一口气通常跨半步，行走也好像不在行走，身体保持稳定，不出声，不晃动。”

《释氏要览》中说：“慈恩大师窥基的解释说：西域土壤潮湿，叠起砖块铺成道路，人在上面行走，就好像布匹上的经线，所以叫作经行。《十诵律》中说：经行有五大好处，一是使身体轻捷，二使腿部有力，三可以不生病，四有助于消化食物，五使自己的意志坚固。《三千威仪经》上说在五个地方可以经行，一是闲旷之处，二是在自己的房前，三是在讲堂前，四是在塔下面，五是在阁楼下。”

# 行道

## 原典

《敕修清规·藏殿祝赞》云：“住持领众，合掌绕藏，行道三匝，多众则一匝。”又《佛降诞》云：“维那举唱浴佛[①]偈，行道浴佛。”

## 注释

①**浴佛**：佛教传说，释迦牟尼生时，有九条龙口吐香水，洗浴佛身。据此，每逢佛诞日，佛教徒便举行浴佛活动。

## 译文

《敕修清规·藏殿祝赞》中说：“住持率领着众僧，双手合掌绕着藏殿行道，走了三圈，众僧们只行道走了一圈。”又，同书《佛降诞》中说：“维那高声诵唱着浴佛偈，行道浴佛。”

# 炙茄会

## 原典

《禅苑清规·监院》云："如冬斋……炙茄会。"

五祖演和尚[①]《海会录·炙茄会上堂》云："六月三伏天，火云布郊野。松间临水坐，解带同欢鞸。毳侣[②]弄荷花，宾朋倾玉斝[③]。红尘[④]事繁华，碧洞何潇洒。重会在明年，相期莫相舍。白云曾有约，愿结青莲社[⑤]。"

《酉阳杂俎》[⑥]云："茄子茄字，本莲茎名，革遐反，今呼伽，未知所自。茄子，僧人多炙之，甚美。"

忠曰：炙茄会，盖炙茄开筵也。依《酉阳》言，僧家炙茄尚矣。

## 注释

①**五祖演和尚：**指宋蕲州五祖法演禅师。

②**毳侣：**穿着毳衣的僧侣。毳，僧服的一种，以鸟毛织成。

③**玉斝：**玉制酒器。斝，形似爵而较大，有三足、两柱、一鋬，圆口平底。

④**红尘：**佛僧称人世为红尘。

⑤**青莲社**：指僧寺。

⑥**《酉阳杂俎》**：唐代段成式撰。二十卷，续集十卷。分门辑事。所记自仙佛鬼怪、人事以至动物、植物、酒食、寺庙等，包罗很广，多可供考证。

## 译文

《禅苑清规·监院》中说："如冬斋……炙茄会。"

五祖法演和尚的《海会录·炙茄会上堂》说："在六月炎热的三伏天，火样燃烧的云朵布满郊野。我们在松林里临近涧水坐着，解开衣带共同享受着清凉的松风。身着毳衣的僧侣们在荷花丛中戏耍，宾客好友们尽情饮酒。莫管那红尘中人整日忙碌不休，我们在这世外洞天何等自在潇洒。让我们明年再重会在一起，相约后别再相互舍弃疏离。我们相约像那飘逸的白云一样自由自在，并愿意结成青莲社。"

《酉阳杂俎》中说："茄子的茄字，本来是莲花茎的名字，反切读法为革遐反，现在称为伽，不知是从哪里来的。茄子，僧人多喜欢烧烤着吃，味道很美。"

无著道忠说：炙茄会，大概是在开始筵席时先烧烤茄子吃。依《酉阳杂俎》上所说，禅僧烧烤茄子，乃是一种特殊的讲究。

## 茶汤会

### 原典

《松源岳禅师录①·茶汤会求颂》曰：“春风吹落碧桃花，一片流经十万家。何似飞来峰下寺②，相邀来吃赵州③茶。”

### 注释

①**《松源岳禅师录》**：即《松源崇岳禅师语录》，二卷。宋代僧松源崇岳撰，善开等编。内容包括澄照禅院语、报恩光孝禅寺语、实际禅院语、荐福禅院语等八会的语录，以及秉拂普说、法语、颂古、赞佛祖、偈颂等。

②**飞来峰下寺**：飞来峰，位于浙江杭州西湖西北武林山（即灵隐山）麓。飞来峰下寺，即指灵隐寺。

③**赵州**：唐代禅僧。曹州郝乡（一说青州临淄）人，俗姓郝。法号从谂。受具足戒前，即往池阳参谒南泉普愿，南泉很器重他。复往嵩山琉璃坛受戒，寻返南泉，依止二十年。八十岁时，众请住赵州城东观音院，大扬禅风，振南宋禅。其问答、示众等公案，如“狗子佛性”“至道无难”等语俱脍炙人口。卒后谥“真际大师”。此处“赵州”代指禅师。

## 译文

《松源岳禅师录·茶汤会求颂》中说："春风吹落了碧桃花，一片桃花从万户人家流过。这多么像飞来峰下的寺庙里，有许多禅僧相邀在一起吃着赵州茶。"

# 冷淘会

## 原典

《石庵玿禅师录》[①]有《结冷淘小参》云："湖南人卖上面，福建人吃冷淘[②]。"

## 注释

①**《石庵玿禅师录》：**又称《石庵智玿禅师语要》。宋石庵智玿述，师明集，一卷。主要收录其上堂、小参等机语。

②**冷淘：**过水面一类的食物。

## 译文

《石庵玿禅师录》中的《结冷淘小参》中说："湖南人卖上面，福建人吃冷淘。"

## 销灾会

### 原典

无学元禅师[①]《支那真如录》[②]有“销灾会烧骆驼秉炬偈”。

### 注释

①**无学元禅师：**即宋代临济宗僧无学祖元。

②**《支那真如录》：**即《大宋台州真如寺语》，宋僧无学祖元撰。《支那真如录》为日本叫法。

### 译文

无学祖元禅师的《支那真如录》中有“销灾会烧骆驼秉炬偈”。

## 莲华会

### 原典

**莲华会**[①]

圆悟勤禅师[②]《天宁录》有莲华会上堂。

慈受深禅师[③]《慧林录》有资福[④]作莲花会，供养罗汉升座。

## 注释

①**莲华会**：指供养罗汉所举行的法会。

②**圆悟勤禅师**：即圆悟克勤，宋代临济宗僧。曾至五祖山参谒法演，得其心印。与佛鉴慧勤、佛眼清远齐名，世有“演门二勤一远”之称，被誉为丛林三杰。曾住夹山灵泉禅院，敕赐紫服及“佛果禅师”之号。政和末年，奉诏移住金陵蒋山，大振宗风。后居于金山，高宗赐号“圆悟”，世称“圆悟克勤”。

③**慈受深禅师**：即宋代云门宗僧怀深。寿春府（安徽）六安人，俗姓夏，字慈受。世称慈受禅师。崇宁初，谒长芦崇信于嘉禾（浙江嘉兴）资圣寺，并嗣其法。后受命为资圣寺首座。靖康事起后，应王氏邀请，为圆觉第一祖。《慧林录》为其住持洛阳慧林寺时的语录。

④**资福**：即资福如宝。沩仰宗名僧，五代人，西塔光穆禅师的法嗣。示法以拈蒲团为机，为资福显忠寺（位于湖州，今浙江吴兴）开山祖师。

## 译文

圆悟克勤禅师的《天宁录》中有关于莲华会上堂的记载。

慈受怀深禅师的《慧林录》中有资福办莲华会，供养罗汉升座。

# 菩提会

## 原典

**菩提会**[1]

《大慧杲禅师普说》[2]有《雪峰[3]建菩提会普说》。

## 注释

①**菩提会：**又名成道会。即释迦牟尼佛于菩提树下成道纪念日。

②**《大慧杲禅师普说》：**五卷。南宋慧然、蕴闻、道先等编录大慧普觉禅师宗杲普说宋代诸禅匠的宗旨而成。此书刊行于南宋光宗绍熙元年（公元一一九〇年），即宗杲示寂后二十七年，为研究临济禅机的绝佳资料。

③**雪峰：**唐代禅僧。即义存真觉禅师。因曾宿于雪

峰山，故号雪峰。世称“雪峰义存”，为德山宣鉴的嗣法弟子。

## 译文

《大慧杲禅师普说》中有《雪峰建菩提会普说》。

# 拈阄会

## 原典

**拈阄会**①

西岩惠和尚②《能仁录》有《谢干拈阄会上堂》。

## 注释

①**拈阄会：**指抽签仪式。丛林里在调派职务时，在难以确定优劣情况下，为公平起见，举行抽签以决定的仪式。

②**西岩惠和尚：**即了慧，宋代临济宗僧，蓬州（四川蓬安）人，俗姓罗，号西岩。于无准师范处大悟，为知藏第二座。景定三年示寂，世寿六十五。门人修义等为他编《语录》二卷。

## 译文

西岩了慧和尚的《能仁录》中有《谢干拈阄会上堂》。

# 焙经

## 原典

旧说曰：设火炉，焙藏经，去其蒸湿也。

忠曰：盖煆绵拭经也。

## 译文

传统说法是：安置上火炉，烘焙所藏的佛经，蒸去经书上的湿气。

无著道忠说：大概是用干暖的棉花擦拭经书。

# 交代

## 原典

新职者与旧职者，相代也。

《敕修清规·两序进退》云："与旧人交代，互转身，对触礼[①]一拜，送旧人出。"

## 注释

①**触礼：**又作略拜、速礼。指折叠坐具放在地上而行叩拜之礼。

## 译文

新任与旧任，相互交接。

《敕修清规·两序进退》中说：“与旧任交接时，两人互相转过身来，行对触礼一拜，送旧任出去。”

# 交堂

## 原典

僧堂直堂人[①]交付，曰交堂。

《大鉴小清规[②]·僧堂众僧须知》云：“直堂，须自开静后，看守众僧被钵一日，至晚不讽经，不出外，不入寮舍。专此一日至放参了，名曰交堂，交付圣僧侍者[③]看管。”

## 注释

①**直堂人：**禅寺中轮流值守僧堂的职务，即每日看

守僧堂中大众的被位、衣钵的人。

②**《大鉴小清规》：**又称《大鉴禅师小清规》，全一卷。元代大鉴清拙正澄撰。略述临济宗丛林的规矩。本书系大鉴禅师东渡日本。（公元一三二六年）后以《百丈清规》为蓝本，为适应日本禅林而作。

③**圣僧侍者：**侍奉僧堂中的圣僧并管秉拂的侍者。

## 译文

在僧堂值班的僧人相互交接，叫作交堂。

《大鉴小清规·僧堂众僧须知》中说："在僧堂值班，必须从早晨开静后，看管众僧的衣钵整整一天，一直到晚上都不讽诵佛经，不外出，也不进自己的寮舍。专心致志地看管一天到放参时，叫作交堂，也就是将之交给圣僧侍者看管。"

# 挂搭

## 原典

初入丛林者，挂衣钵袋于僧堂单位[①]钩也。故凡住持，容行脚人[②]依住，曰许挂搭。

杨亿[③]《古清规序》云："所裒[④]学众，无多少，无高下，尽入僧堂，依夏次安排，设长连床⑤，施椸架⑥，挂搭道具⑦。”

《敕修清规·游方参请》云："如求挂搭，参头领众，回身进住持前，禀云：'某等，生死事大，无常迅速，久闯道风，特来依附，伏望慈悲收录。'禀讫，不伺允否，即普触礼⑧一拜云：'谢和尚挂搭。'"

## 注释

①**单位**：指禅林僧堂中，僧人坐禅的座位。在坐床上贴有各人的名单，故名。

②**行脚人**：即行脚僧，又称“云水僧”，指步行参禅的云游僧。

③**杨亿**：北宋浦城（今福建建瓯）人。字大年。他初不知佛，学士李维勉以宗门事相策发，遂生深信，后礼汝州广慧禅师得法。每翼护法门，一时被学佛的士大夫推为领袖。又屡奉诏编制大藏目录，校刊《景德传灯录》，于译经院任润文一职。天禧四年（公元一〇二〇年）逝。

④**裒**：聚集。

⑤**长连床**：供众僧坐禅休息用的床具。又称“广单”。因为它的长度比一般床具长，故名。

⑥**椸架**：衣架。

⑦**道具：**指修行佛道所必备的资具。通常指三衣六物、十八物、百一物等。

⑧**普触礼：**即普向大众行触礼。

## 译文

刚刚进入佛教寺院的僧人，将其衣钵袋挂在僧堂的单位钩上，就叫挂搭。所以，凡是住持准许容纳游走行脚僧人依住在本寺，叫作许挂搭。

杨亿《古清规序》中说："座下所有的学僧，不管他年齿多少，也不管他道行高下，都让他们进入僧堂，按照他们法夏的多少依次安排，设置长连床，施放椸架，挂搭他们的道具。"

《敕修清规·游方参请》中说："如果有行脚僧请求挂搭，参头就领着众僧，回身进到住持面前，禀报说：'某某人，生死事大，疾病说来就来，且他在外求道问佛已久，特地来依附本寺，恳请住持发大慈悲收留他。'禀告完毕，参头不等住持同意与否，就行普触礼一拜，说：'谢住持允许挂搭。'"

## 插单

### 原典

初厕众插单位于僧堂众僧之间也。

《敕修清规·新戒参堂》云:“归堂插单,随众禅诵。”又,移单位亦曰插单。

### 译文

指刚刚厕身于众僧、插其参禅的单位于众僧的单位之间。

《敕修清规·新戒参堂》中说:“新受戒僧回到禅堂插其单位,随同众僧一起参禅诵经。”又,移动单位也叫插单。

## 起单

### 原典

忠曰:会里僧辞去某寺,曰起单,言起其单位也。

### 译文

无著道忠说:会里的僧人离开某座寺院,就叫作起单,也就是说,起他的单位。

## 请假

### 原典

旧说曰：暂请假外出者，须不过十五日却回。若外出过十五日，则称为起单，非是请假也，须更讲挂搭仪。

《居家必用》云："丧病告报曰假，谓借勾当[①]月日也。节朔旬休曰暇，谓公务空闲日也。"

### 注释

①**勾当：**事情、公务。

### 译文

传统的说法：暂时请假离开寺院外出者，必须在没过十五天时就回寺。如果外出超过了十五天，就叫作起单，不再是请假了，还必须再更改他的挂搭仪式。

《居家必用》中说："亲友逝世、自己生病了需要请求离去，就叫作假，意思指借用一些应该做事的日子。过节、朔日、旬日的休息，称作暇，指公务之间的闲暇日子。"

# 忏悔

## 原典

《敕修清规·沙弥得度》云："戒师[①]云：'汝今至诚随我忏悔，举云：我昔所造诸恶业[②]，皆由无始[③]贪、嗔、痴[④]，从身、口、意[⑤]之所生，一切我今皆忏悔。'"

《华严经疏清凉钞[⑥]》云："忏者梵云忏磨，此云请忍。悔即此方体是恶作，厌先过失，求请三宝[⑦]忍受悔过。单云悔者，非是六释[⑧]。合二即是依主[⑨]。"

## 注释

①**戒师：**即戒和尚。指给出家或在家的佛教徒授戒的僧人。所受戒律有五戒、十戒、具足戒等。其中新学沙弥受具足戒时，须有三师及七证师，戒和尚即为此十师之首，于戒坛上亲自授戒。

②**恶业：**指出于身、口、意三者的坏事、坏话、坏心等，能招感现在与未来的苦果。通常指造五逆、十恶等业。

③**无始：**一切世间如众生、诸法等都没有开始，如今生乃从前世的因缘而来，前世也是从前世而有，如此辗转推究，所以众生及诸法的原始都不可得，所以称作

“无始”。

④**贪、嗔、痴：**并称“三毒”“三垢”“三不善根”。即贪欲、嗔恚、愚痴等三种烦恼。此三者为一切烦恼的根本，荼毒众生身心，能毁坏出世的善心。

⑤**身、口、意：**即“身三、口四、意三”的略称。指十恶业。身业的杀生、偷盗、邪淫，口业的两舌、恶口、妄语、绮语，意业的贪欲、嗔恚、愚痴，为十恶业。

⑥**《华严经疏清凉钞》：**全称《大方广佛华严经疏》，六十卷，唐代澄观著，为八十卷本《华严经》的注释书。叙述新译《华严经》的纲要，并解释文义。系针对当时华严宗僧多违背祖师法藏的教说，作此书以复兴祖师本旨。

⑦**三宝：**指为佛教徒所尊敬、供养的佛宝、法宝、僧宝。又作三尊。

⑧**六释：**即六合释，又作六离合释。指解释梵语复合词（二语或二语以上的合成语）的六种方法。其做法为先将复合词加以分别解释（离释），再总合解释（合释）其义。

⑨**依主：**即“六释”中的依主释。联结两个名词以上的复合词，其词性系以前段的词限定后段的词。唯识宗准此而论，称“依”是能依，“主”是所依的法体，而立能依法这个名称。依主释可分为六种。

## 译文

《敕修清规·沙弥得度》中说："戒师说：'你现在要极真诚地跟随我忏悔，举念说：我过去所做的许多恶事，都是由于无始的贪、嗔、痴三不善根，从身、口、意十恶业中产生出来的，对这一切我现在都进行忏悔。'"

《华严经疏清凉钞》中说："忏，梵文是忏磨，这里叫作请忍。悔，就是本地所说的体会到这些恶事，厌恨自己以前所做的过失，求请三宝容忍自己悔过。单说一个悔字，就不是六合释。把忏、悔两字合起来才是依主释。"

# 9　礼则门

## 礼拜

### 原典

道宣[①]《归敬仪》[②]云："礼者，履也，敬而已矣。经云'恭敬塔庙[③]，谦下比丘'者，是也。"

"礼者，履也"，出《说文》。"敬而已矣"，出《孝经·广要道章》。经云，出《法华》。

《大鉴小清规》云："礼拜之法，自谦之法。坐具[④]不敢全展，须上两角，折转些子。若新为僧，坐具但半展两重，狭而礼拜。又拜时，合掌[⑤]低头问讯，次先两手托地，次两膝至地，低腰妥身，仰展开两掌，头额至地，两手两膝皆至地，名五体投地[⑥]。又拜佛之法，仰开两掌，接承如来双足，叩头而礼拜佛也，故曰头面接足礼。今此方人，以两手捏拳，不知何义？”又云：“礼拜之法，低头问讯。先两手掌至地，徐徐五体投地，低腰伸手掌而拜。有一等执拗之人，礼拜时，先跪两膝至地，次方两掌至地，威仪不雅，如俗人不知次第。此大讹谬之人，不依真正法度，误后来。错习恶相之甚也。”

## 注释

①**道宣：**唐代律僧。又称南山律师。为南山律宗之祖。先后随日岩寺慧颋、大禅定寺智首学律。后住于终南山仿掌谷，营建白泉寺，研究弘宣《四分律》，其宗派称南山律宗。

②**《归敬仪》：**全称《释门归敬仪》，二卷，唐代道宣撰。详述归敬的法则。

③**塔庙：**原指为安置佛陀舍利等物而以砖等构造的建筑物，然至后世，多与支提混同，而泛指佛陀生处、成道处、转法轮处，乃至安置诸佛菩萨像、祖师高僧遗骨等，而以堆土、石砖、禾等筑成，作为供养的建筑物。

④**坐具：**为僧尼坐时用具，布制，长四尺八寸，宽三尺六寸，有护身、护衣、护众人床席卧具的作用。也

常作为礼拜时的用具。

⑤**合掌：**即“合十”。佛教普通礼节。左右合掌，十指并拢，置于胸前，表示衷心敬意。

⑥**五体投地：**佛教礼节。“五体”指两肘、两膝和头。佛徒行“顶礼”时，五体都要着地，为佛教最高礼节。

## 译文

道宣的《归敬仪》说：“礼，履的意思，表示尊敬而已。经上说‘恭敬塔庙，谦下比丘’，就是礼。”

“礼，履的意思”，出自《说文解字》。“表示尊敬而已”，出自《孝经·广要道章》。经说，出自《妙法莲华经》。

《大鉴小清规》中说：“礼拜的做法，也就是自谦的做法。坐具只能铺展开一半，不能全部展开，必须将坐具上面的两个角，折转一些。如果是刚刚被度为禅僧，坐具只需要展开一半，折成两重，在狭窄的坐具上进行礼拜。又，礼拜时，要合掌低头行问讯礼，接着先用两只手撑着地，再将两膝跪至地面，低着腰弯着身子，向上展开两只手掌，额头低下碰到地，两只手两只膝盖都接触到地，叫作五体投地。又，拜佛的方法是，手向上仰着张开两掌，接承着如来的双足，叩头向佛礼拜，所以又叫头面接足礼。今天此地的人，用两手捏成拳头礼拜，不知是什么意思？”又说：“礼拜的方法，也就是低头问讯。先将两只手掌按到地面，慢慢地五体投地，低着腰伸着手掌而拜。有一种执拗的人，在礼拜时先跪两膝到地面，接着才是两只手掌到地，形象风度实在不雅观，就好像世俗之人不知次序。这种极为错误的人，不依据真正的法度规矩，还误传给后来的学僧。这真是最错的习惯、最坏的形象。”

## 顿首

### 原典

九拜[①]之一也。

《经国大典注解》云："臣之于君，稽首。稽首者，引首稍久在地。稽者，稽留之意。下官于上官，顿首。顿首者，额至手即起也。上官于下官空首。空首者，头不至手即起也。平交者，亦空首。"

### 注释

①**九拜**：九种敬礼之法。《周礼·大祝》云："辨九拜，一曰稽首，二曰顿首，三曰空首，四曰振动，五曰吉拜，六曰凶拜，七曰奇拜，八曰褒拜，九曰肃拜。"

## 译文

是九拜之一。

《经国大典注解》中说："臣下对君主，行稽首礼。稽首，也就是头向前伸着，停留在地面上时间长久一些。稽，也就是稽留的意思。下级官员对上级官员，行顿首礼。顿首，也就是额头一碰到手，就抬起来。上级官员对于下级官员行空首礼。空首，也就是头低下还没有接触到手，就立即抬起来。平交之间，也行空首礼。"

# 叩首

## 原典

永平元和尚①云："凡礼拜，以头叩地。或至血出，此名顿首拜。"

## 注释

①**永平元和尚：** 日本佛教曹洞宗创始人希玄道元。师事曹洞宗第十三代祖如净，受曹洞宗禅法和法衣而归。在越前（今福井县）建永平寺作为传布曹洞宗的根本道场。

## 译文

永平道元和尚说："大凡礼拜，都要用头叩地。有的人甚至叩出了血，这叫作顿首拜。"

## 问讯

## 原典

《祖庭事苑》云："讯亦犹问，古之重语也。"

《释氏要览》云："《尔雅》云：讯，言也。《善见论》[①]云：比丘到佛所，问讯云：少病、少恼，安乐行否？《僧祇律》[②]云：礼拜不得如痖羊[③]，当相问讯。《地持论》云：当安慰，舒颜，先语，平视和色，正念[④]在前问讯。"

《大鉴小清规》云："两掌相合，但名合掌。若合掌低头敬揖，此名问讯。今此间人，但合掌，名曰问讯。此亦错误传习也。"又云："凡两掌相合，只名合掌。如十佛名[⑤]时，大众合掌，默念佛名，不名问讯。如揖香揖茶，此时合掌低头揖众，此名问讯。如自己于佛前，合掌低头，敬揖诸佛，此名问讯。如主宾相见，合掌相揖，此名问讯。如合掌巡堂，不名问讯巡堂。"

## 注释

①**《善见论》**：又称《善见律毗婆沙》，十八卷。南齐僧伽跋陀罗译。本书为小乘律部五论之一，注释锡兰上座部所传的律藏。

②**《僧祇律》**：全称《摩诃僧祇律》，四十卷。东晋佛驮跋陀罗与法显同译。意译《大众律》，为部派佛教大众部所传的律藏，与《四分律》《五分律》《十诵律》共称“古来四广律”。

③**痖羊**：又作“哑羊僧”，指愚痴的僧人。哑羊，即譬喻至愚之人。

④**正念**：净土宗认为，面临诸种遭遇，能心不错乱颠倒而一心念佛，称为正念。

⑤**十佛名**：又作食时十念。指每日粥、饭二时临斋所唱的佛名；“十”系约数，实际唱念十二佛名，相传此法为东晋道安所创。

## 译文

《祖庭事苑》中说：“讯，也就是问，是古代的重复语。”

《释氏要览》中说：“《尔雅》中说：讯，也就是言语。《善见论》中说：比丘到了佛前，问讯道：少病、少恼，还安乐不？《僧祇律》中说：僧人在礼拜时不能如哑羊一样沉默不语，应当互相问讯。《地持论》中说：应当平心静气，面露笑容，先开口，两眼平视对方，和颜悦色，心存正念，上前向对方问讯。”

《大鉴小清规》中说：“两只手掌合在一起，只能叫作合掌。如果是合掌，低头，向对方表示敬意、作揖，这才叫作问讯。现在这个地方的人，只是合掌，也叫作问讯。这是一种错误的传习。”同书又说：“凡是两掌相合，只叫作合掌。如果是在念十佛名时，众僧们合掌，默默地念诵着佛的名字，这不能叫作问讯。如果是上香、上茶的时候，合掌、低头、向众人作揖，这叫作问讯。如果是自己在佛像面前，合掌、低头、向诸佛作揖致敬，这叫作问讯。如果是主宾相见，彼此互相作揖，这叫作问讯。如果是合掌巡堂，就不叫作问讯巡堂。”

## 相看

### 原典

《敕修清规·月分须知》云：“九月重阳日，住持上堂，许方来相看。”

**译文**

《敕修清规·月分须知》中说："九月重阳日，住持上堂，允许各座寺院的住持来拜会。"

## 大相看

**原典**

《敕修清规·月分须知》云："十月初一日，方丈大相看。"

**译文**

《敕修清规·月分须知》中说："十月初一日，方丈大拜会。"

## 人事

**原典**

忠曰：人事有三义。一、见人行礼，曰人事；二、馈赠物，曰人事；三、姓氏生缘[①]，曰人事。

永平元和尚曰：人事者，相礼拜也。

《观心论疏》[2]云："人事者，庆吊俯仰，低昂造聘，此往彼来，来往不绝。"

一山宁和尚[3]曰：以物赠人，曰人事。

《广灯录[4]·西院思明禅师章》云："师未住时，在许州，闻汝州南院和尚[5]住，元是同参[6]，特往看，人事了，启和尚：'某甲别无人事，买得江西剃刀[7]，献上和尚。'南院便问：'汝从许州来，甚处得江西剃刀？'师把南院手掐，院唤侍者收收，师以衣袖拂一拂。院云：'阿莿莿[8]，阿莿莿。'"

徐充[9]《暖姝由笔》云："今人凡交游往来，及贽见，不论贵贱，但有馈送之礼。货物不等，皆谓之人事。"

## 注释

①**生缘：** 出生地、籍贯。

②**《观心论疏》：** 五卷。隋代灌顶述，智越集纂。为天台宗智𫖮《观心论》的注释书，也是依据《摩诃止观》思想而显发《观心论》主旨的名著。

③**一山宁和尚：** 宋代临济宗杨岐派僧一宁。台州（浙江临海县）人。号一山。研习天台、律宗的教旨。元成宗大德三年（公元一二九九年）赐金襕僧伽梨以及"妙慈弘济"之号，敕使东航，劝化日本。师又精通朱子学，与弟子雪村友梅同开日本五山文学的先河。其法

派称一山派，为日本禅宗二十四派之一。

④**《广灯录》**：又称《天圣广灯录》《禅宗广灯录》，三十卷。北宋仁宗时，驸马都尉李遵勖撰，于天圣七年（公元一〇二九年）编成，仁宗皇帝为之作序。此书载自释迦牟尼佛、摩诃迦叶以下二十七祖及中国禅宗各祖师三三六人的机缘语句及略传。

⑤**汝州南院和尚**：即五代临济宗僧南院慧颙。河北人。为兴化存奖的法嗣，住汝州（河南）宝应禅院南院。后传法于风穴延沼。

⑥**同参**：指同事一师而共同参禅者。

⑦**剃刀**：为比丘随身携带常用的道具，为比丘十八物之一，乃用于裁衣、剃发、剪爪的半月形小刀。它还表示精神上的意义，表明断除一切诸恶业。

⑧**阿䓝䓝**：是对对方所说话语不理解的象声词。

⑨**徐充**：明代江阴人。字子扩，号兼山。年十三补诸生。有才思，工诗。其所著《暖姝由笔》，一卷，笔记小说。

## 译文

无著道忠说：人事一词有三种词义。一、见人行礼，叫人事；二、向别人馈赠礼物，叫人事；三、人的姓名、籍贯，叫作人事。

永平道元和尚说：人事，也就是对人行礼作拜。

《观心论疏》中说：“人事，也就是庆贺、吊唁时作揖、跪拜，也就是互相拜访、请客时的行礼、请安，也就是人们之间的彼来此往，彼此的礼节。”

一山一宁和尚说：把东西赠送给别人，叫作人事。

《广灯录·西院思明禅师章》中说：“思明禅师未当住持时，在许州听说汝州南院和尚慧颙，原来是自己的同参，特地前去看望，馈赠了礼物后，思明禅师告诉南院和尚：‘本人别无其他物件赠送给和尚，买得了一把江西剃刀，献给和尚。’南院和尚便问：‘你从许州来，什么地方买的江西剃刀？’思明禅师抓住南院和尚的手便掐，南院和尚赶忙叫侍者收下剃刀。思明禅师把衣袖拂了拂，南院和尚说：‘阿莿莿，阿莿莿。’”

徐充的《暖姝由笔》中说：“现在的人，凡是彼此交游往来，及相见时，不论地位贵贱，家境贫富，只要是有赠送礼物的，也不管东西多少，都称作人事。”

## 揶揄

### 原典

忠曰：揶揄，亦作歋歈，邪揄。禅录多为约免义。

## 译文

无著道忠说：揶揄，又叫作厥歈、邪揄。禅宗语录里，这个词多数是“约免”的意思。

# 约免

## 原典

忠曰：约免者，省约烦礼，而放免之也，乃出手，作止之势。或曰揶揄。

## 译文

无著道忠说：约免，也就是省去简化那些烦琐的礼节，而免掉它，于是就伸出手来，做出一个免礼的姿势。或者称之为揶揄。

# 雁立

## 原典

忠曰：雁立者，凡列立，或横或竖，总此谓雁立也。与雁行班不同。

## 译文

无著道忠说：雁立，凡是排列着站在那里的，或者是横向，或者是竖向，统统都称作雁立。与“雁行班”不是一回事。

# 雁行班

## 原典

《村寺清规》[1]云：“若横列佛神而立，谓之雁行班。事毕，或转身团栾[2]问讯；或只就位，略转面相顾左右，和南[3]。”

忠曰：又见前人背后，次第列行，言雁行。

又并行而稍后也。

又次第行，言鹅行。

## 注释

①**《村寺清规》**：元代继洪作，一卷。

②**团栾**：团聚的意思。

③**和南**：又作婆南、槃淡、槃茶味。指僧人合掌问礼。

## 译文

《村寺清规》中说："如果是横向站着面对佛像、神像，称作雁行班。事情结束后，或者转过身来大家团成一圈彼此问好；或者是径直走到自己的座位，稍微转一下脸相互看看左右的人，合掌问礼。"

无著道忠说：又，看见前面人的背，在后面跟着，按次序排列着行进，就叫作雁行。

又，并立着而稍微靠后一点向前行进。

又，按次序行进，叫作鹅行。

# 鸳班

## 原典

《村寺清规》云："凡讽经，面面相看，而对立，谓之鸳班。"

## 译文

《村寺清规》中说："凡是讽诵经文，大家面对着面，相对而站立着，叫作鸳班。"

# 胡乱坐

## 原典

《东福清规》云："两序交代礼，东西新两班人，共到无价轩。先东序，与住持触礼，外出；次西序，与住持触礼，外出。两序共到茶堂，据堂内床，东序西首列东，西序东首列西，位次未定，故谓之胡乱坐，亦谓不腊次[①]也。住持坐中央椅子点茶，盖为定两班，集众点茶[②]也。请客头[③]呈目子[④]，住持下椅，向西立，先读东序目子。侍客进，次第请。东序受请[⑤]了，都寺引维那、监寺，到住持前。都寺植香，两展触礼。都寺引班，到茶堂横廊，东壁北首向西立。次读西序目子，礼如东序。首座引班到茶堂横廊，西壁北首，向东立。"

忠曰：胡乱坐者，盖对新职之位次得名。谓若欲受请，未受已前列坐时，未知谁人可为何职，且依旧位坐，以后受职位，视今坐位，则成杂乱，故为胡乱坐矣。及受职毕，交互转位，依某职位次，于是位方定。所谓东序，都寺、监寺、副寺等；西序，前堂、后堂、书记等；五侍，烧香、书状、请客等，如此列次。《敕修清规·两序进退》言"转位"者，是也。

## 注释

①**不腊次**：腊次，指法腊的次第，即依受具足戒年数多寡而定的席次。不腊次，即不按法腊的次第胡乱而坐。

②**点茶**：又作奠茶。禅寺用以供养佛、祖师或大众。

③**客头**：即客头行者。于禅寺中，隶属于知客，而受其使令以担任职务的侍者。

④**目子**：名单。

⑤**受请**：又作赴请、受斋。即指僧人应施主之请，而受其供养。

## 译文

《东福清规》中说："两序交代行礼时，东西序新任的两班僧人，一起来到无价轩。首先是东序与住持行对触礼，走到外面来；接着是西序，与住持行对触礼，走到外面来。然后两序一起到茶堂，依靠着茶堂内的坐床，东序在西首朝东坐着，西序在东首朝西坐着，由于位次尚未确定，所以称之为胡乱坐，也叫作不腊次。住持坐在中央的椅子点茶，大概是为了确定两班的位次，集合众僧点茶。请客头呈上两班僧职的名单后，住持从椅子上下来，向西站着，先读东序的名单。侍客进来，一个个按次序请东序僧人。东序人受请结束，都寺引着维那、监寺，来到住持面前。都寺插上香，展坐具两次，行触礼。都寺引着东序的一班僧人到茶堂横廊的东壁北首向西站立。接着，读西序僧职的名单，礼仪和东序一模一样。首座领着西序一班僧人到茶堂横廊的西壁北首，向东站立。”

无著道忠说：胡乱坐，大概是对新任僧职的位次而言的。指的是如果将要受请，没有受请之前坐时，还没有知道谁担任什么职务，且先按照原来的座位坐，以后受职确定了新位次了，再看现在的座位，则显得杂乱而没有规矩，所以是胡乱坐。等到交接职务结束，相互交换、转换位次，按照某个职位坐着，于是这个位次才算确定了。所谓的东序，都寺、监寺、副寺等；西序，前堂、后堂、书记等；五侍，烧香、书状、请客等，就这样排列着位次。《敕修清规·两序进退》中说的“转位”，就是这个意思。

## 趱近

### 原典

《品字笺》云："趱，催趱也。俗以紧行，谓之趱步。"

忠曰：众行者，初少离知事后者，为开住持出路。若过己背后，则成失礼。况复住持至，迎问讯，故退立。今住持既过前去，故进走近知事背后立，此谓趱近也。

### 译文

《品字笺》中说："趱，快步往前走近。人们通常把快步走叫作趱步。"

无著道忠说：众多行者，刚开始时站在知事后面稍远点的地方，为的是给住持让开一条道路。如果行者让住持从自己的背后走过，就变得不礼貌了。况且住持已经到了，必须上前问讯，所以行者一直退到后面站着。现在住持已经从前面走过去了，所以行者往前走几步靠近知事后面站着。这就叫作趱近。

## 右绕

### 原典

《敕修清规·藏殿祝赞》云:“绕藏行道①。”

忠曰:绕者,须右绕也。

《四分律》云:“客比丘②于塔边左行过,护塔神嗔。佛言:‘不应左行过,应右绕塔而过。’”

### 注释

①**行道:** 排列成行而绕行礼拜,一般指绕佛、绕堂而言,此则绕藏殿而行。绕行时还一面散花、诵经或唱梵呗。

②**客比丘:** 客居其他寺院的比丘。

### 译文

《敕修清规·藏殿祝赞》中说:“绕着藏殿行道。”

无著道忠说:绕,必须是向右绕行。

《四分律》中说:“客比丘从塔的左边行走过去了,护塔的神瞪大了眼睛怒视。佛说:‘不应该从塔的左边走过,应该从右边绕着塔过去。’”

## 住持位前不可行过

### 原典

住持座位之前，横行过，为失礼。

《校定清规》云：“巡堂[①]之法，首座从下巡上，免得于住持位前行故也。”

### 注释

①**巡堂：**禅刹中，住持、首座等为点检而巡视僧堂。此处为首座巡堂，即坐禅、大坐参、结制时。

### 译文

从住持座位之前，径直横着穿行而过，是不礼貌的。

《校定清规》中说：“巡堂的方法是，首座从下面往上巡堂，免得从住持座位之前横着穿行而过。”

# 10 垂说门

## 上堂

### 原典

杨亿《古清规序》云："长老[1]上堂升座，主事[2]徒众，雁立侧聆。"

《祖庭事苑》云："或问：每质诸佛经，所集四众[3]，未尝不坐；今禅门上堂，必立而听法，何谓也？曰：此百丈禅师之深意也。且佛会说法，四众云萃，所说法义，不局性相[4]；所会时节，未知久暂。今禅门，自佛教东流后六百年，达磨祖师方至汉地，不立文字，单传心印[5]，直指人心，见性成佛[6]。所接学者，俾于一言之下，顿证无生[7]；所聚之众，非久而暂，故不待坐而立也。百丈曰：‘上堂升座，主事徒众，雁立侧聆。宾主问酬，激扬宗要[⑧]，示依法而住[⑨]。’此其深意也。”

旧说曰：以上堂对小参，则可称大参也。

忠曰：凡四节[⑩]、开炉[⑪]、元宵、佛祖忌[⑫]、国忌[⑬]、请两班、谢秉拂[⑭]、谢都寺斋[⑮]、祈雨雪[⑯]、禳旱涝、出队[⑰]、病起[⑱]、客至、讣至，一切因事[⑲]，无不上堂。不可枚举，载在诸录。

## 注释

①**长老：**指年龄长而法腊高，智德俱优的大比丘。我国与日本的禅林多称接引学人的师家为长老。

②**主事：**指主行事务者。《禅苑清规》初以监寺、维那、典座、直岁等四职为主事，以后的清规加都寺、副寺，称为六知事。

③**四众：**指佛弟子四众。即比丘、比丘尼、优婆塞、优婆夷。

④**性相：**“性”即“法性”，指现象固有的、永不可变的本质、本体、本源。“相”即“法相”，重点指呈现于人们面前的、可以分别认识的现象。佛教义学大都从诸法“性”“相”两面论述思想体系。

⑤**心印：**又作佛心印。禅宗认为，依语言文字无法表现的佛陀自内证，称为佛心。其所证悟的真理，如世

间的印形决定不变，故称为心印。

⑥**见性成佛**：禅宗基本思想之一。提倡“成佛作祖”或“求生净土”，应“不执外修”，“不假外求”，而以般若智慧觉知“自心真性”，即可达到目的的一种修行教义。禅宗把“佛性”和“智慧”都视为人心所固有，因而不重视读经、坐禅、礼佛、戒律等佛教修习形式，而提倡“修心是成佛之行”。

⑦**无生**：也称“无生法”，与涅槃、实相、法性等含义相同，认为一切现象的生灭变化，都是世间众生虚妄分别的产物，本质在于“无生”，“无生”即“无灭”，故寂静如涅槃，为诸法的“实相”“真如”。修得无生，即是涅槃。

⑧**宗要**：即各宗教法的枢要。

⑨**依法而住**：据《教诫律仪》中“在师前立法”条载，不得直立于师前后，不得距离太近或太远，并不得立于高处、上风处，必须侧立于师的额角七尺许处。

⑩**四节**：指禅林中一年的结夏、解夏、冬至、年朝四时。

⑪**开炉**：古代禅寺为防寒，于阴历十月一日开启寮房暖炉，称为开炉。该日即称开炉日、开炉节。

⑫**佛祖忌**：佛与祖师的忌日。

⑬**国忌**：即天子、皇后等崩殂的忌日。

⑭**谢秉拂：**谢头首秉拂之劳，住持上堂说法。

⑮**谢都寺斋：**谢都寺办斋之劳，住持特为上堂说法。

⑯**祈雨雪：**旱灾发生时，乞求降雨、降雪的修法。

⑰**出队：**指住持离开大众的队列，出发向远方有缘的地方劝募财粮，也即托钵。住持出队归寺后的上堂说法，或出队的时候所行的上堂说法，皆称为出队上堂。

⑱**病起：**生病。为禳除疾病而上堂说法。

⑲**因事：**即因事上堂。指因世间的杂事而上堂说法。

## 译文

杨亿的《古清规序》中说："长老上堂升座，主事和众多的僧人，雁立在下面侧身聆听着。"

《祖庭事苑》中说："有人问：我每每看到各部佛经记载的所集四众听讲佛经，没有一处不是坐着的；现在禅门众僧上堂，必须站着听法，是什么意思呢？答：这是百丈禅师讲究的，是有深意的。况且当佛说法时，四众云集座下，佛所说的法义也不局限于什么法性、法相；所演说的时间，也不知道是长还是短。现在的禅宗，自从佛教东传后六百年，达磨祖师方才到达中国，他不立文字，单单以心传佛法，直接指到人的心里，让人体悟到佛性而得道成佛。所接引的学僧，往往只是在禅师一言一句的点拨之下，心中便顿然证出无生无灭之佛法禅理；所聚集的听法的众僧，不会待很久，只需很短暂的时间，所以他们不必坐着而是站着听讲。百丈禅师说：‘上堂升座，主事及学人众僧，雁立在下面侧耳聆听。宾主之间互相设难问答，激扬禅门宗旨要旨，以表示禅僧是依持佛法而住于此寺的。’这就是百丈禅师定下站着听法规矩的深意所在。”

传统的说法：上堂和小参相比拟而言，上堂可称为大参。

无著道忠说：大凡四大节、开炉、元宵、佛祖忌日、国忌日、请两班、谢秉拂、谢都寺斋、祈雨雪、禳旱涝、出队、病起、客至、讣至等等，因世间的杂事无不上堂说法。这一切不胜枚举，都记载在各种禅宗语录中。

## 小参

### 原典

旧说曰：小参，不时讲之，鸣鼓唯一通，其规约于大参，故曰小参。大参者，上堂也。参者，交参义。

《敕修清规》云："凡集众开示[①]，皆谓之参。"

《祖庭事苑》云："禅门诘旦[②]升堂，谓之早参[③]。日晡[④]念诵，谓之晚参。非时说法，谓之小参。夫是皆以谓之参者，何乎？曰：参之为言，其广且大矣。谓幽显皆集，神龙并臻。既无间于圣凡，岂辄分于僧俗？是以谓之参也。其主法者，以平等一心，应勤植万类，令法久住。岂曰小补？或以小参为家训[⑤]，愚未之前闻。"

《敕修清规·小参》云："小参初无定所，看众多少，或就寝堂，或就法堂。……鸣鼓一通，众集两序归位。住持登座（与五参上堂同），提纲[⑥]，叙谢，委曲详尽，然后举古[⑦]，结座[⑧]。"

## 注释

①**开示**：开，开发；即破除众生的无明的状态，开如来藏，见实相之理。示，显示；惑障既除则知见显现，法界万德显示分明。

②**诘旦**：明旦，明天早晨。

③**早参**：小参的一种。指禅宗于早晨粥罢，集众升堂而开示教法。

④**日晡**：申时，午后四点左右。

⑤**家训**：又称"家教"，为小参的别名。指禅林中非时的说法，以别于上堂大参。

⑥**提纲：**即禅林向学徒拈提宗门的纲要。

⑦**举古：**又作举则。首座于法战时，读唱古则、公案，称为举则。

⑧**结座：**原指总结一座的说法，故法会终了时的说法即称为结座。

## 译文

传统的说法是：小参，指的是不定时讲法，只鸣敲鼓一通，它的规矩、仪式比大参要简单，所以叫小参。大参，指的是上堂说法。参，是交参的意思。

《敕修清规》中说："凡是集合众僧，住持开示佛法，都叫作参。"

《祖庭事苑》中说："禅宗把诘旦升堂叫作早参。把日晡时的念诵，称作晚参。不定时的说法，叫作小参。所有的这些都叫作参，是什么缘故？回答说：参作为说法的一种，具有深广宏大的意义。它指的是幽深的禅意与显明的禅理都一起出现了，它能使天神与众多的高僧共同到达完美的涅槃境界。它既然没有区别对待圣人与凡夫，又怎么能有僧、俗之分呢？因此就称之为参。主持说法的人，用他那平等之心，应该多多地培植众多的佛性，使得佛法长久地停留在天地之间。这又怎能称作小补呢？有人把小参看作家训，我以前是从未听说过。"

《敕修清规·小参》中说："小参，刚开始并没有固定的场所，只是根据僧众人数的多少，或是在寝堂进行，或者是在法堂中进行。……鸣鼓一通，集合起众僧、两序，各自归到自己的座位。住持登上法座（与五参上堂同），拈提宗门纲要，叙谢两序僧人，这些都委曲详尽地做完了，然后再拈举古则、公案，最后结束法会。"

## 家教

### 原典

小参，又曰家教。

《黄龙死心禅师录》[①]云："夫小参者，谓之家教。何谓家教？譬如人家，有三个五个儿子，大底今日干什事，小底今日干什事，是与不是，晚间归来，父母一一处断。丛林中亦复如是，院门今日干什事，是与不是，住持人当一一处断。"

### 注释

①**《黄龙死心禅师录》：**宋僧死心悟新撰。主要辑录其初住云岩寺开堂语录、住翠岩广化寺法语、再住云岩语录、偈颂等。

## 译文

小参，又称作家教。

《黄龙死心禅师录》中说："小参，人们称之为家教。什么是家教呢？譬如一个人家，有三个或五个儿子，大的儿子今天做了什么事，小的儿子今天做了什么事，做得对还是不对，晚间回到家后，父母都要一一询问、处理、决断。丛林中也是这样，寺院里众僧今日做了什么事了，对还是不对呢，住持应当一一加以处理、决断。"

# 开室

## 原典

忠曰：开室即入室[①]也。言开室，令众入参[②]也，犹如公孙弘[③]开东阁，延贤人之开矣。

《敕修清规》云："住持入院后，为众告香[④]，然后开室。"又《入室》云："遇开室时，粥前侍者[⑤]令客头行者僧堂前诸寮挂入室牌。"

## 注释

①**入室：**禅林弟子进入师父之室，参学问道，称为入室。

②**入参：**进入禅室坐参。

③**公孙弘：**西汉人，字季。汉武帝初征为博士，出使匈奴，不合帝意，免职。元朔中，由御史大夫升任丞相，封平寿侯。此后，他起客馆，开东阁，以延请贤人，作为参谋、顾问。后来人们就把公孙弘开东阁作为延揽贤士的典故。

④**告香：**学者插香以请师家普说或开示的仪式。

⑤**粥前侍者：**掌管朝粥的侍者。

## 译文

无著道忠说：开室也就是入室。说是开室，也就是让众僧进入其中参禅，犹如公孙弘开东阁，延揽贤人入内的“开”。

《敕修清规》中说：“住持进入寺院后，为众僧告香，然后开室。”同书《入室》中说：“遇到住持开室时，粥前侍者命令客头行者在僧堂前面的各个寮舍前挂上入室牌。”

# 入室

## 原典

旧说曰：入室者，师家勘验罢参[①]的学者，见解深浅，教其无底滞[②]矣。

《敕修清规·入室》云："入室者，乃师家勘辨学子，策其未至，捣其虚亢[③]，攻其偏重。如烹金炉，铅汞不存；玉人治玉，碔砆[④]尽废。不拘昏晓，不择处所，无时而行之。故昔时衲子[⑤]，小香合[⑥]常随身，但闻三下鼓鸣，即趋入室。"又云："粥罢，下堂，客头即缓击鼓三下。住持至达磨前炷香，同侍者三拜，入据室坐，侍者问讯，班左立；行者问讯，班右立。头首领众，达磨前，各炷香三拜，联接而至室前。后至者，依次炷香展拜，接排而立，次第相趱，不许搀先乱序。侍者烧香问讯，出外揖首座入。入先左足，仍以左手上香，进前问讯，至禅椅右侧立，听举话。或下语[⑦]，或不下语，随意。过禅椅左，问讯退步，触礼一拜，举左足出，揖次人入。一出一入，相向问讯，联接不绝。"

## 注释

①**罢参：**罢休参禅的意思。指禅林中，参学者开

悟，大事了毕之际，不再修道参禅。

②**底滞**：困厄、稽留。

③**虚亢**：指修习中的薄弱之处。

④**碔砆**：似玉的美石。

⑤**衲子**：对僧侣的一种称呼。由于着衲衣而有此称。多用于禅家，因禅僧多着一衲衣而云游四方。

⑥**小香合**：盛香的容器，通常为木制，加漆，也有陶制和金属制的，形状以平圆为主。

⑦**下语**：针对禅宗公案或古则抒发己见。

## 译文

传统的说法：入室，指的是师家勘查、检验罢参了的学人的见解是深还是浅，教育他使他再没有什么疑难问题。

《敕修清规·入室》中说："入室，就是师家勘查辨明学人参学的程度，鞭策他在未知领域钻研，消除他学习中的疑难问题及障碍，让他专攻他所偏爱和擅长的方面。这就好比炼金炉中，铅、汞就不复存在了；好比是玉人治玉，珷玞等杂石就都不屑一顾了。入室，既不拘泥于是黄昏还是清晨，也不挑选什么地方，没有什么时候不可以进行。所以过去的学僧身上常常带着小香盒，只要是听到三下鼓响，立即就快步进入师家之室。"同书又说：“吃完粥后，下堂，客头行者就缓慢地击三下鼓。住持到达磨像前炷香，同侍者一起拜了三次，进入禅室坐下，侍者上前问讯，一班僧人靠左边立着；行者上前问讯，又一班僧人靠右立着。头首领着众僧到达磨前，每人各自炷香三拜，一个接一个连续走到住持室前。后到的人，按次序炷香展单拜，接着先来僧人所排的队站着，再一个接一个快步紧行入室，不许抢先乱了顺序。侍者烧香问讯，走到室外面揖请首座入内。首座进入室时先迈左脚，仍然用左手上香，走到前面去向住持问讯，到禅椅的右侧站立着，听住持问话。首座或者抒发己见，或者不发表评论，随自己的意愿。再过禅椅的左侧去，向住持问讯，朝后退步，行触礼一拜，抬举左脚出室，揖让下一个人入室。这一出一入，彼此相对着问讯，连接而不间断地进行。”

## 提纲

### 原典

说法曰提纲，提起宗旨大纲而说。又曰提要。万庵曰：“古人上堂，提大法纲要。”是也。

《睦州踪禅师录》[①]云：“问：‘佛法大意，请师提纲。’师云：‘拈将来，与儞提纲。’”

忠曰：古德语录上堂提纲，有押韵，有不押韵，有用偈颂[②]，其体不一定。本无挂唇齿法，何有拘章句式？旧说曰：提纲拈提，不用押韵，只据自家所见，宣发道蕴，滔滔地说将去为妙。

## 注释

①**《睦州踪禅师录》：**唐代僧睦州道踪禅师的语录。

②**偈颂：**也即佛教的诗歌。因长音、短音排列法的不同而有各种分类。中国禅僧的偈颂，多描绘开悟的心境。

## 译文

说法被称为提纲，也就是拈提起宗门的要旨、大纲而向学僧宣说。也称为提要。万庵和尚说："古人上堂说法，拈提佛法及本宗门之纲要。"就是此意。

《睦州踪禅师录》中说："问：'佛法的大意，请师父提个纲要。'师父回答说：'拿过来，让我帮你提纲。'"

无著道忠说：古德语录中上堂提纲，有用押韵的，有不押韵的，有用偈颂的，它的体式不一定。提纲本来就没有唇齿声韵的讲究，又怎么会拘泥于固定的章句格式呢？过去的说法：提纲时的拈提，不用押韵，只需根据自己所见，宣说发挥出其中蕴藏的深刻禅理，滔滔不绝地说将出来最好。

## 自叙

### 原典

忠曰：叙说自不才不德，常有谦逊之语。

### 译文

无著道忠说：叙说自己没有才能、德行不高，常常用谦逊的言辞。

## 茶话

### 原典

《永觉晚录》有晚间师学问答，次师说法，名曰茶话。

### 译文

《永觉晚录》中有晚间师家与学人问答一番，接着师家为之开讲说法，就叫作茶话。

# 夜话

## 原典

佛通寺愚中和尚[①]会里，道话[②]曰夜话。

## 注释

①**佛通寺愚中和尚：**即日本临济宗僧愚中周及，美浓（今岐阜县）人，十三岁依京都临川寺梦窗国师出家，其后师事春屋妙葩。历应三年（公元一三四〇年）渡海至中国参访，尝谒见金山即休和尚。观应二年（公元一三五一年）返归日本，开创安艺佛通寺，将军足利义持皈依受教。示寂后敕谥“佛德大通国师”。

②**道话：**禅林中师家和学人于晚间叙谈的话语。

## 译文

佛通寺愚中和尚会里，把道话称作夜话。

# 佛事

## 原典

忠曰：禅林凡托事，开示佛法，谓之佛事。文字出《净名经》[①]。"复次反魔事"[②]，故谓之佛事。见《放光》[③]说。凡开光[④]、安座[⑤]、拈香、入牌、起龛[⑥]、秉炬[⑦]等，无不称佛事。

## 注释

①**《净名经》**：也即《维摩经》，三卷，十四品。姚秦鸠摩罗什译。旨在阐说维摩所证的不可思议的解脱法门。

②**魔事**：障碍之事。即障碍修行、偏离正道的思想行为。

③**《放光》**：即《放光般若波罗蜜经》，二十卷，或三十卷。西晋无罗叉、竺叔兰等共译。本经记述般若波罗蜜法及其功德，并劝众生修学它。

④**开光**：又作开光明、开眼供养。为开佛眼目时所做的仪式。即新佛像、佛画完成，而欲置于佛堂时，所举行的替佛像开眼的仪式。经过这个仪式，佛像的神圣性乃被人接受。

⑤**安座**：即安置佛像。不论新像或旧像，凡奉置佛像于殿内时，必请宗师开示法语、安置佛像。此仪式称为安座佛事。

⑥**起龛**：把棺木由宅第送至墓地。起龛过程所行的仪式，称为起龛佛事。据记载，于送葬仪的当日，远近

鸣报大钟一百零八声。众僧集合之后，起龛师拈香说法语，维那唱念诵文。读诵大悲咒之后，鼓钹鸣三通以表劝请，至此即可排列出丧，而于行列中唱诵十佛名至葬场。

⑦**秉炬：**为禅林葬仪行事之一。葬仪时，导师秉炬，以之象征火葬亡者。

## 译文

无著道忠说：禅林中大凡有什么事情，开堂向众僧讲示佛法，都叫作佛事。佛事这两个字出自《净名经》中。“复次反魔事”，所以叫作佛事。参见《放光般若波罗蜜经》中有关的说法。大凡开光、安座、拈香、入牌、起龛、秉炬等，无一不称作佛事。

# 安座

## 原典

忠曰：不拘新像古像，凡奉之安殿内时，请宗师家立地数语，此谓安座佛事。或有新像未点眼[①]，则点眼安座。一时讲之，语中自具两意者。或有虽一时讲之，点眼安座，各别请一师者。

## 注释

①**点眼：**以笔点画佛像的眼睛。

## 译文

无著道忠说：不论是新塑佛像还是旧有的佛像，大凡是要供奉它、将它安置在大殿内时，请宗师家站在佛像前开示几句法语，就称作安座佛事。或者有新塑的佛像没有点画眼睛，就成了点眼安座。一会儿时间讲了几句法语，就具有两重意义了。也有的虽然是在同一时间开示说法的，但点眼、安座各请了一位禅师。

# 11　参请门

## 请益

### 原典

《传灯录·禅门规式》云：“除入室请益，任学者勤怠，或上或下，不拘常准。”

《敕修清规·请益》云：“凡欲请益者，先禀侍者，通覆住持。……如允所请，定钟[①]后，诣侍司[②]，候方丈秉烛装香，侍者引入住持前，问讯，插香，大展九拜。……肃恭侧立，谛听垂诲。毕，进前插香，大展九拜[③]，谓之谢因缘[④]。免则触礼。次诣侍司，致谢。”

《碧岩录》[⑤]云：“久参先德，有见而未透，透而未明，谓之请益。”

## 注释

①**定钟**：禅寺于午后十时稍后，由辰司报告时刻，继由堂行在堂前敲板三通。钟司随即鸣钟十八声，以报坐禅终了的时刻到了，称为定钟。

②**侍司**：侍者所住的寮舍。

③**九拜**：禅宗三拜（三次）的礼法。据记载，住持上香三拜，不收坐具；上汤，退身三拜；再进前问讯揖汤，复位三拜，收坐具，即是。

④**谢因缘**：禅宗住持的诲示，称为因缘；学人谢师家指导开示，而对之展具三拜或九拜，称为谢因缘。

⑤**《碧岩录》**：全称《佛果圆悟禅师碧岩录》。宋僧圆悟克勤编，十卷。宋禅僧雪窦重显曾从禅宗语录中选出百条“公案”（称《颂古百则》）以教示学禅宗者。宋徽宗政和初年，克勤应张商英居士的请求，于澧州（今湖南澧县东）夹山灵泉院宣讲唱说《颂古百则》，门人记录下来，用灵泉院方丈室匾额的“碧岩”二字为题。是中国禅宗临济宗的主要典籍，对日本禅宗也有相当大的影响。

## 译文

《传灯录·禅门规式》中说：“除了入室请益的时间

之外，任凭学僧是勤奋精修还是懈怠放逸，其修行的水平是高是低，也不必用固定的标准去衡量。”

《敕修清规·请益》中说：“凡是要请益的，先要禀告侍者，通知住持。……如果住持答允了请求，请益者就在定钟敲过之后，诣见侍司，等着方丈秉烛装香，再由侍者领着进室，来到住持面前问讯、插香，展开坐具向住持拜九拜。……严肃、恭敬地在住持旁边站立着，认真聆听着教诲。听讲完毕，向前走几步插香，再完全展开坐具，向住持拜九拜，这叫作谢因缘。如果住持示意免去此礼，只需要行触礼。接着诣见侍司，表示感谢。”

《碧岩录》中说：“向佛学前辈参学了很长时间，有了一定的见解而又没有学完，学完了却又没能彻底理解，就叫作请益。”

## 谢因缘

### 原典

忠曰：因缘者佛祖差别因缘[1]也。师家为学者说之，睦庵[2]所谓“为演说其缘”者。学者听毕，谢之，故言谢因缘。

## 注释

①**差别因缘：** 指种种事物的不同性质之间的相互影响与作用。

②**睦庵：** 即宋代僧睦庵善卿，他编有《祖庭事苑》。

## 译文

无著道忠说：因缘，也就是佛祖的差别因缘。师家为学僧演说这种因缘关系，也就是睦庵所说的“为演说其缘”。学僧们听讲完毕后，要感谢师家的演说，叫作谢因缘。

# 代众请法

## 原典

《敕修清规·圣节上堂》云：“侍者登座，左手上香，转身提坐具问讯，谓之代众请法。”

## 译文

《敕修清规·圣节上堂》中说：“侍者登上法座，左手上香，转身提着坐具问讯，这就叫作代众请法。”

# 问话

## 原典

《传灯录·瑞鹿先禅师章》云："师云：'大凡参学佛法，未必学问话是参学。'"

《缁门警训[①]·佛眼远禅师诫问话》云："近代问话，多招讥谤，盖缘不知伸问致疑，咨请之意。后生相承，多用祝赞顺时语，并非宗乘[②]中建立。如古人问：'若为得出三界[③]去？'又问：'声色如何透得？'又问：'此间宗乘，和尚如何言论？'并是出众当场抉择。近时兄弟，进十转五转没巴鼻语。或奉在座官员，或庄严修设檀信[④]，俱不是衲僧家气味。又抽身出众，便道数句。或时云：'某甲则不恁么道。'又云：'和尚何不道？'云云。夫问话者，激扬玄极也，不在多进语，三两转而已。贵得生人信，不至流荡取笑俗子也。"

## 注释

①**《缁门警训》：** 十卷。元代临济宗僧永中补，明代临济宗僧如卺续编。系永中将宋代择贤所撰的《缁林宝训》一卷重编增补，改题为《缁门警训》。记载了一百七十余项先贤古德参禅办道的遗诫。

②**宗乘：**各宗所弘的宗义。

③**三界：**佛教把世俗世界划分为欲界、色界、无色界，皆处在“生死轮回”过程中，认为是有情众生存在的三种境界。佛教以“三界”为“迷界”，认为从中解脱达到“涅槃”境界才是最高理想。

④**檀信：**意译为布施。此处引申为施主。

## 译文

《传灯录·瑞鹿先禅师章》中说：“瑞鹿先禅师说：‘大凡是参学佛法，未必一定要学问话才是参学。’”

《缁门警训·佛眼远禅师诫问话》中说：“近来的问话，多招人讥笑、谩骂，大概是因为问话不知道申请问话、提出疑问、请求回答的缘故。后学者相互沿袭了这种风气，多运用祝福、称赞、顺应时俗的好话向师家请教问题，并不从佛教各宗门中的教义去设立问题。如，古人问：‘怎样才能从三界中超脱出去？’又问：‘如何照见声色的妄相？’又问：‘本宗本门的义旨，和尚又怎样阐说它呢？’这些都是从众人中走出来当场发问。最近一段时间以来的学僧们，发问的水平开始还凑合，越往后便越转到没意思的一些话题上去了。他们或者是奉承在座的官员，或者是为施主脸上贴金、说好听的话，都不是出家人应该有的风气。

还有的等离开众僧抽身而去时才说上几句。有时说：‘本人没有什么好说的。’有的又说：‘和尚怎么不说了？’等等。所谓的问话，就是激发弘扬佛学奥妙无穷的真理，不在于说得多，只需要问答两三次就可以了。它的可贵之处，在于能使人相信，不至于流于平庸被俗人笑话。”

## 问答

### 原典

忠曰：学问师答，谓之问答。若唯属师家边，则谓之对机[①]也。

《缁门警训·佛眼远禅师示禅人心要》云："近世多以问答，为禅家家风，不明古人事，一向逐末不反，可怪可怪。昔人因迷而问，故问处求证入得一言半句将为事。究明令彻去。不似如今人胡乱问，趁口答，取笑达者。"

### 注释

①**对机**：指禅宗师家应对学人的根机而作答。

## 译文

无著道忠说：学人问，师家答，就叫作问答。如果问答只是在师家之间进行，就叫作对机。

《缁门警训·佛眼远禅师示禅人心要》中说："近来人们多认为问答是禅宗独家的风气，不明白古时佛教中的事情，一向逐末而不知返本溯源，实在是奇怪得很。古时候佛僧因为迷惑不解便提问，所以提问时总是把求得能够解决一言半句的疑惑，作为头等大事。问题弄清楚了、彻底理解了才罢休。不像现在的人胡乱提问，师家也是信口瞎答，白白地让通明事理的人耻笑。"

# 出阵　入阵

## 原典

《大鉴小清规·秉拂》云："问话禅客，始谓出阵，终谓入阵。此皆讹谬。古人胸中，疑情未泯，出来对众决择[①]，安有出阵入阵之意？可削除之。古来虽有法战[②]之语，不专在禅客分上。"

## 注释

①**决择**：决断、简择。即以无漏圣智决断诸疑，分别简择四谛的相等。此处转用其义，指简别宗义的正邪或断定疑问。

②**法战**：禅林师家以法义问答针锋相对，互相勘验，犹如世间战争。

## 译文

《大鉴小清规·秉拂》中说："禅僧问话，开始时叫作出阵，结束时叫作入阵。这些都是以讹传讹的错误说法。古时候的禅僧，心中的疑惑尚未彻底消除，出来对着众人解决，又哪里会有出阵、入阵的想法？这种说法可以去除掉。虽然自古以来就有法战的说法，但并不独独用在禅僧身上。"

# 出众　入众

## 原典

忠曰："出阵""入阵"，《大鉴》已呵之，则须言"出众""入众"也。

## 译文

无著道忠说：“出阵”“入阵”的说法，《大鉴小清规》已经呵责了，就必须说“出众”“入众”了。

# 下语

## 原典

《敕修清规·告香》云："参头进椅侧问讯，禀云：'某等为生死事大，无常迅速，伏望和尚慈悲，开示因缘。'住持举话三则，随下语。"

忠曰：盖住持自下语，示学徒也。

## 译文

《敕修清规·告香》中说：“参头进到住持的椅子旁边问讯，禀告说：‘我们的生死事关重大，且无常迅速，伏望和尚发大慈悲，开示因缘。’住持拈举了三则话头，就开始演说了。”

无著道忠说：大概住持从下语开始，就是对学徒讲示的。

# 12　执务门

## 直堂

### 原典

直僧堂也。

《敕修清规·坐禅》云："堂中有直堂牌，刻云：轮次直堂，周而复始。"

### 译文

指在僧堂值班。

《敕修清规·坐禅》中说："僧堂中有值堂牌，上面刻着：轮次值堂，周而复始。"

## 守寮

### 原典

忠曰：看守众寮也，又曰看寮。

《敕修清规·普请》云："除守寮、直堂、老病外，并宜齐赴。"

### 译文

无著道忠说：也就是看守众僧的寮舍，又叫作看寮。

《敕修清规·普请》说："除了守寮、值堂、年老的、生病的，其他人都应该一齐赴会。"

## 提点

### 原典

忠曰：提振点起其事，令无壅滞也。

《敕修清规·下遗书》云："侍者一一提点。"

《备用清规·衣钵之职》云："方丈一应礼节，究心提点。"

## 译文

无著道忠说：提醒、点拨起他所要做的事，使事情的进展不致遭到阻碍、停滞不前。

《敕修清规·下遗书》中说："侍者一一提点。"

《备用清规·衣钵之职》中说："方丈一应礼节，都必须究心提点。"

# 照拂

## 原典

《敕修清规·圣节》云："维那烧香，点汤①，照拂。"

《律苑事规②·住持》云："丛林之设，老病为先。照拂矜怜，犹须介念。"

云章③曰：照者，鉴视也。照拂，点捡也。

忠曰：照拂者，照顾辅弼也。拂，音弼。

## 注释

①**点汤：**又作奠汤。为佛、祖或大众点汤，称为点汤。汤有米汤、七香汤等多种。

②**《律苑事规》**：元代省悟编述，嗣良参订。本书系依据律藏详说律宗僧侣的行事仪式。乃以律宗的南山及灵芝的著书为基本，兼而参酌《禅苑清规》《校定清规》《备用清规》等编述而成。

③**云章**：日本临济宗僧云章一庆，号宝清老人，为一条兼良之兄。师事于东福寺岐阳方秀，精研禅要，通达宋学，于日本文化亦颇有学养，曾对五山之僧讲述《百丈清规》。著有《云桃抄》，为抄物的代表作品，乃弟子桃源瑞仙所笔录。

## 译文

《敕修清规·圣节》中说："维那烧香，点汤，照拂。"

《律苑事规·住持》中说："丛林中的规矩，年老的、生病的优先。照拂怜悯他们时，犹需要特意体念。"

云章一庆禅师说：照，也就是对着镜子看。照拂，也就是点检的意思。

无著道忠说：照拂，也就是照顾、辅弼。拂，音弼。

# 铺设

## 原典

《敕修清规·百丈忌》云："至日，隔宿如法铺设法堂。"

《品字笺》云："铺，俗以排列，谓之铺设。"

忠曰：或单言铺，亦是铺设义。

《敕修清规·上堂》云："俟铺法座毕，堂司行者[①]覆首座。"

## 注释

①**堂司行者：**维那的居室称为维那寮，亦称堂司。维那之下，掌管各种杂务的役僧，称为堂司行者。

## 译文

《敕修清规·百丈忌》中说："到了那一天，前一夜就要依照规矩铺设法堂。"

《品字笺》中说："铺，俗话把排列叫作铺设。"

无著道忠说：或者单说铺，也是铺设的意思。

《敕修清规·上堂》中说："等铺完法座后，堂司行者向首座回复。"

## 交割

### 原典

《敕修清规·入院》云:“交割砧基[1]什物。”又《退院》云:“方丈什物，点对交割，具单目，一样两本，住持两序，勤旧佥押，用寺记印。”又《寮舍交割什物》云:“库司当置总簿，具写诸寮什物。住持知事佥定，仍分置小簿，付诸寮两相对同，新旧相沿交割。”

忠曰：新旧人相共交参，故言交。分割公私之物，故言割。凡常住寮舍，迁居人，必有自己用度，而杂公界物。及交代，与新迁人共对交，分割公器私物也。

### 注释

①**砧基**：原指建筑物的基石。此指建筑器材及日常杂物。始建寺时所定殿堂廊庑的柱础图，虽为日后无用之物，然住持也不能不知道，应该详细询问，逐一点对交割。

### 译文

《敕修清规·入院》中说：“交割建筑器材及日常杂物。”又《退院》中说：“方丈的日常用品，一一清点、核对、交割，都列成一个清单，一式两份，由住持、两序及勤旧签押，然后用寺印盖上。”又，《寮舍交割什物》中说：“库司应设立一个总簿，把各个寮舍中的所有日常杂物都写在上面。住持知事检查核定了，仍分立一个个小簿册，交付给各个寮舍两相对照，新旧僧人相互交割。”

无著道忠说：新旧人相互一起交接参看，所以叫作交。分割公界、私人的物品，所以叫作割。大凡是常住寮舍将要迁居的僧人，必然有他自己的一些用品，然而混杂在公界的物件中。等到与新住的人交代时，要一起面对面地交代，分清公界的器物和自己私有的用品。

## 阄拈

### 原典

《敕修清规·诸庄监收》云："倘得廉正勤旧，辅佐住持，公选区用，或对众阄拈充之。"

忠曰：凡事理无优劣，两可难决，则可用阄拈。实息争解疑谤法也。

《品字笺》云："《说文》：阄，取也。凭公拨定，仍复各书片纸。拈纸如丸，随人自取，谓之拈阄。"

《敕修清规·唱衣》云："今多作阄拈，甚息喧争。其法，用小片纸，以千字文次第书字号。每一号，作三段，写于上，仍用印记关防①。量众多少，与丧司②合干人③，封定。至期，呈过主丧两序，首座开封，知客分俵。堂司行者捧盘随侍者。侍者剪取其半，置盘内。毕，以盘置首座侧，安水盆于下抖匀。维那拈衣唱价讫，首座临时呼一童行④，信手拈盘中半阄递与首座。开看字号，分晓，说与堂司行者，喝某字号。众人各开所执半阄。字号同者，即应。如不愿唱此号衣物，则不应。三唱不应，首座以半阄，投水盆中，再令撮起半阄，复唱起。应者，堂司行者往收半号，到首座处对同。报与维那，称云：'某物唱与某人。'鸣磬一下，知客上单，侍者发标，供头行者⑤递与唱得人。"

## 注释

①**关防**：防范、禁制。

②**丧司**：即丧司行者。

③**合干人**：与之相关的人。

④**童行**：即行童。为寺院里服杂役的青少年。

⑤**供头行者**：又作供过行者。于斋、粥的时候负责分配饭羹，以及掌管僧堂内点灯、装香、打钟，或于佛堂、祠堂负责粥饭、茶汤、灯烛、香花、洗米等工作。

## 译文

《敕修清规·诸庄监收》中说："倘若得到廉正的勤旧，辅佐住持，公众选举出来为大家服务，或是用对着众僧阄拈的方法代替选举。"

无著道忠说：凡是事理没有优劣之分，取舍两可难以解决时，就可以用阄拈。这实在是平息争议、解决疑难、消除责备的好方法。

《品字笺》中说："《说文解字》：阄，取的意思。任凭公众拨定，仍要再写到各张小纸片上。把纸拈成小丸，随人自取，就叫作拈阄。"

《敕修清规·唱衣》中说："现在多做阄拈，很能平息众人的喧闹、争议。具体办法是，用小片纸，以千字文的顺序，写上字号。每一个号，分作三段写在纸上，还要用印记防备作假。根据僧众人数的多少，再对照所需丧司的人数，将纸片封定。到了预定的日期，将这些纸片呈给主丧的两序僧职过目，首座拆开封记，知客分俵。堂司行者捧着盘子跟随侍者，侍者剪下纸片的一半，放在盘子中。结束后，把盘子放在首座的一侧，安放一个水盆在下面将纸片抖匀。维那拈衣唱价结束，首座临时叫一个童行过来，童行信手从盘子中拈取一个半阄，递给首座。首座打开看字号，看清楚了，说给堂司行者听，堂司行者高声喊叫某一个字号。众人都打开各自手中拿的那一半阄。手中字号与所喊相同的，就应一声。如果他不愿唱这个字号的衣物，就不应声。首座把这半阄投到水盆中，再让童行拿起一个半阄，堂司行者再唱起来。有人应声，堂司行者就过去收回他的半号，到首座那儿去核对是否字号相同。报给维那，维那宣布：‘某物已经唱给某人了。’鸣磬一下，知客记上账单，侍者发标，供头行者递给唱得的人。”

# 13 杂行门

## 吹嘘

### 原典

忠曰：日本禅林赞成某禅士，称扬于主人，而请其许达①，是曰吹嘘。《联灯会要·睦州陈尊宿②》："指临济③，参黄檗，接云门④，嗣雪峰，皆师之力也。"此即吹嘘榜样也。

### 注释

①**许达：**赞许、佩服。

②**睦州陈尊宿：**即唐代禅僧道明，黄檗禅师的法嗣。又称道踪。江南人，俗姓陈。居睦州（今浙江建

德）龙兴寺，晦迹藏用。学人来叩问，则随问随答，词语锐不可当。因此四方归慕，号为“陈尊宿”。

③**临济：**即临济宗。禅宗五家之一。唐义玄所创。因住镇州（治所在今河北正定）临济院，故名。属南宗南岳法系。中唐以后，此宗最盛。到北宋石霜楚圆后，又分为黄龙、杨岐二派。该宗经常使用的传教方法：（一）“四宾主”，（二）“四料简”和“四照用”。接引学人的方法，单刀直入，机锋峻烈。自从义玄用棒喝，以至宗杲提倡看话（公案），皆以迅速手段或警句使学者“省悟”。

④**云门：**即云门宗。禅宗五家之一。五代文偃创立。因住韶州云门山（今广东乳源县北）光泰禅院，故名。属南宗青原法系。文偃初参于道踪（即陈尊宿），后嗣法于雪峰义存。此宗认为万事万物，皆体现真如，皆有佛性。其说教方式“云门三句”，是说佛性普现万有，真理不可名状，应随机教化学人。北宋时与临济宗并盛，至南宋衰微不传。

## 译文

无著道忠说：日本禅林中赞赏某位禅僧，向主人称颂、表扬他，而请求主人同意自己的看法，就叫作吹嘘。《联灯会要·睦州陈尊宿》中说：“直指临济宗初祖义玄，参学于黄檗希运禅师，接云门宗文偃于座下，传法嗣于雪峰义存，皆是道踪禅师的功劳。”这就是吹嘘的典型样式。

## 轮差

### 原典

旧说曰：轮差，轮番也。

忠曰：自上位差，次第到下位，复还及上位，若车轮环转，故云轮差。

《敕修清规·圣节》云：“轮差僧簿[①]，依戒次，各书双字名。”又《祈祷》云：“轮僧十员、廿员或三五十员，分作几引，接续讽诵。”

### 注释

①**轮差僧簿：**轮差时依戒腊高低，顺次将所差的僧人记入僧籍簿，称为轮差僧簿。

### 译文

传统说法：轮差，也就是轮番。

无著道忠说：自上位派差，依次轮到下位，再回过去到上位，好像车轮转圈，所以叫轮差。

《敕修清规·圣节》中说：“轮差僧的簿册，依据他们受戒的次序，各写两个字、名。”又《祈祷》中说：“轮差的僧人十名、廿名或者三五十名，分成几班，一班接一班地讽诵经文。”

## 接待

### 原典

《正宗赞[①]·香林远禅师传》云：“师后归蜀，于水晶宫接待往来茶汤。”

《碧岩录》云：“大隋真如和尚[②]承嗣大安[③]，后归川，先于堋口山[④]路次，煎茶，接待往来，凡三年。后方出世，开山住大隋。”

### 注释

①**《正宗赞》：**又作《五家正宗赞》，凡四卷。宋代希叟绍昙撰。收录达磨祖师至雪峰大师及禅宗五家的耆宿计七十余人的略传。

②**大隋真如和尚：**唐代僧，为大安的法嗣弟子。益州大隋寺开山祖师。

③**大安：**唐代僧。荆州枝江（湖北）人，俗姓卫。为禅宗五祖弘忍的十大弟子之一。中宗神龙二年（公元七〇六年），帝赐紫衣，尊以师礼，延入宫中，供养三载。三年于嵩山少林寺示寂。

④**堋口山：**在今四川彭县西北。

## 译文

《正宗赞·香林远禅师传》中说："远禅师后来回到蜀中，在水晶宫接待往来禅僧，供给茶汤。"

《碧岩录》中说："大隋真如和尚成为大安禅师的嗣法弟子。后来回到川中，先在堋口的山路住下，烧茶，接待往来僧人，共三年。之后才出世，开创大隋寺任住持。"

# 打给

## 原典

忠曰：送食于别处，曰打给。

《日用轨范》云："木鱼[①]响，不得入堂，或令行者取钵，堂外坐，或归众寮打给。"

## 注释

①**木鱼**：佛教法器。木制，刳木为鱼形，中凿空洞叩之作声。有两种形状，一为圆形，刻有鱼鳞，诵经时叩之，以调音节；此为长形，吊库堂中，朝、中二粥时敲之，禅僧也称之为梆。

## 译文

无著道忠说：把食物送到别处去，叫作打给。

《日用轨范》中说："木鱼一响，就不能入堂，或者让行者去取钵，自己在堂外面坐着，或者回到寮舍中等人送饭。"

# 出队

## 原典

忠曰：《小补韵会》云："队，群队也。"出队者，住持出大众之队，在外劝化财粮也。

## 译文

无著道忠说：《小补韵会》中说："队，群僧所排成的队列。”出队，也就是住持离开走出众僧之队，到寺院外面去劝化钱财、粮食。

## 游山

### 原典

忠曰：己事了毕人，不要参问，玩览胜概[①]也。

《敕修清规·装包》云：“如游山，到处将及门，下包捧入旦过[②]。安歇处解包，取鞋袜，濯足更衣，搭袈裟，与知客相看[③]。”

### 注释

①**胜概：**风景优美的山水胜地。

②**旦过：**指傍晚来投宿一夜，第二天清晨就离去的僧人。行脚僧傍晚来寺院挂单，仅宿一夜，旦朝即离去，取其夕来宿、过旦去之意，故名。

③**相看：**禅林称拜会、拜谒为相看。

### 译文

无著道忠说：事情已经办完了，也不要参禅问道了，就欣赏、游览山水名胜去。

《敕修清规·装包》中说："如果是游山的过程中，来到一座寺院前，将要到门口就应卸下包袱捧在手上进去，准备住宿一夜。在安歇的地方解开包袱，取出鞋袜，洗洗脚，换换衣服，挂搭上袈裟，再去拜会知客，打声招呼。"

## 闭关

### 原典

永觉贤禅师[①]《禅余内集·示三峰泰水法师法语》云："余闻古之学道者，博参远访，陆沉贱役，劳其筋骨，饿其体肤，百苦无不备尝，并求有晏坐一室，闭关守寂，以为学道者也。自入元始有闭关之说。然高峰[②]闭死关于天目，乃是枕子落地[③]后，非大事未明而画地以自限者也。自入明，乃有闭关学道之事。夫闭关学道，其最初一念，乃是厌动趋寂者也。秖此一念，便为入道之障。况关中，既不受知识钳锤，又无师友策励，痴痴守着一句话头，如抱枯桩相似。日久月深，志渐靡，力渐疲，话头无味。疑情不起，忽然转生第二念了也。甚至身坐一室，百念纷飞者有之。又何贵于关哉？"

## 注释

①**永觉贤禅师**：即明代僧元贤，又称鼓山元贤。福建建阳人，俗姓蔡，字永觉。历主宝善庵、福州鼓山涌泉寺、泉州开元寺、真寂院等名刹。其禅学一反当时流行学偈颂、学答话及上堂、小参等徒具形式之风，遂自标为“鼓山禅”。

②**高峰**：即宋末元初禅僧高峰原妙。俗姓徐，号高峰。苏州吴江人。曾至杭州净慈寺精修，又参断桥妙伦，妙伦示以“生从何来，死从何去”之语。次谒雪岩祖钦，从受法印。元代至元十六年（公元一二七九年）入杭州天目山狮子岩建小室号“死关”，十五年不出室，学徒参请无虚日，据称僧俗受戒者数万人。

③**枕子落地**：指已经精修禅理，且证悟了佛法。

## 译文

永觉贤禅师在《禅余内集·示三峰泰水法师法语》中说：“据我所知，古代的修学佛道的人，都是遍参众师、远访名德，路途奔波，风尘仆仆，劳其筋骨，饿其体肤，千辛万苦无不备尝，而且还求有机会能静坐一室，闭关守寂，以期成为佛道的真正修行者。闭关这种说法，是自从进入元代之后才有的。然而高峰原妙禅师在天目山闭死关，乃是在枕子落地之后，并非是尚未证悟佛法而画地自限的那种人。自从到了明朝，才开始有闭关学道的事情。说到闭关学道，它最初一个念头，应该是厌恶躁动不安而趋于静寂安宁。就凭这一个念头，就足以成为入道的障碍。何况在闭关过程中，既不受知识的启发、引导，又没有师友的鞭策鼓励，独自一个人痴痴地守着一句话头，就像整天抱着一根枯树桩似的。天长日久，渐渐地人就变得精疲力尽，话头也就索然寡味。追根究底、提出疑问的劲头都上不来，就又忽然想到其他事情上去了。有的人甚至身坐一室，而他脑中早就胡思乱想，心乱如麻了。闭关又好在哪里呢？”

## 持斋

### 原典

旧说曰：儒佛取斋义有异。儒氏则欲先祖来歆[①]，故齐心也；佛氏则过日中不食也。

《请观音经》[②]智者[③]疏云：“斋者，齐也，齐身口业[④]也。齐者，只是中道[⑤]也。后不得食者，表中道法界[⑥]外，更无别法也。中前得啖，而非正中，此得明表前方便，但似道之中，得有证义，故得啖也。亦是表中道法界外有法也。”

## 注释

①**歆：**受供，享用祭品。

②**《请观音经》：**东晋竺难提译，全一卷。本经记述观世音菩萨为毗舍离国人民解决疾病困厄，教其称念三宝及观世音菩萨本身名号，并说十方诸佛救护众生神咒，破恶业障消伏毒害陀罗尼咒等。本经向为天台宗所重视，而请观世音菩萨、及忏悔时所行观音忏法，也都依用本经。

③**智者：**指隋代天台宗创始人智𫖮。其所著《请观音经疏》为天台五小部之一。

④**身口业：**十恶业中的七种。即身业的杀生、偷盗、邪淫，口业的两舌、恶口、妄语、绮语，身三口四，故又称身口七支。

⑤**中道：**即脱离“两边”（两个极端）的不偏不倚道路或观点方法。大小乘对“中道”的解释不尽相同，但皆认为它是佛教最高的“真理”，有时与真如、法性、实相、佛性同义。此处即小乘佛教教义，以“八正道”为中道，按此修行，既脱离苦行，又脱离世俗贪爱。

⑥**法界：**指现象的本质和本源，尤其指成佛的原因，与真如、空性、无相、实相等概念的性质相同。

## 译文

传统说法：儒家、佛教赋予“斋”字的字义不一样。儒家是想让先祖们来享用祭品，所以说“斋”是齐心的意思；佛教则认为过了太阳正中的中午时刻就不能再吃饭了。

《请观音经》智者疏中说：“斋，也就是齐的意思，使身、口业等齐。齐，只是一种中道。午后不能再用餐，表示在中道法界外，再没有其他的修行方法了。在中午之前能够吃东西，而并不是在正中午，这就能够表明正午之前是便于吃东西的，只是很像在佛道之中，且有佛理可证，所以能够进食。同时也表明中道法界之外还有修行方法在。”

# 卧眠

## 原典

《摩得勒伽》[①]云：“云何卧？比丘不病，不得昼日卧，不得灯中卧；若疲极者，应起去，不得恼第二人。云何眠？世尊听比丘昼日经行，坐除睡盖。初夜过，四摞郁多罗僧[②]，敷，卷摞僧伽梨[③]为枕，右胁卧，脚脚相累，不得散手脚，不得散乱心，不得散乱衣，作明相[④]正念，起想思维。然后眠至后夜。疾疾起，经行坐，除去睡盖。”

## 注释

①**《摩得勒伽》**：意译为母、智母、论母、行境界。乃指于诸经论中反复研核诸法行相，以阐明佛的真正教义者。所以《摩得勒伽》为十二部经（佛所说的经典，依其内容、形式不同而分为十二类）中的优波提舍与三藏中的阿毗达磨藏的总称。

②**郁多罗僧**：僧服的一种。即“七条衣”“上衣”。

③**僧伽梨**：僧服的一种。即“九条衣”“大衣”。

④**明相**：本为曙光渐明，天空露白之状。此指入定时感到白光的照烛，此也像明相，故称，乃圣力感应的瑞征。

## 译文

《摩得勒伽》中说：“怎么能卧呢？比丘不生病的话，就不能在白天卧着，不能在灯下卧着；如果是疲劳至极，就应该起身走开，不能打扰第二个人。又说：怎么能睡呢？佛陀嘱咐比丘应在白天经行，坐禅的时候拿掉了身上的睡盖。初夜刚过的时候，将郁多罗僧衣四折叠，铺开，折卷上僧伽梨做枕头，右胁朝下卧着，两只脚重叠着放，不能手脚散开，不能心思散乱，不能散放衣服，要做明相正念，开始进行思考。然后睡到后夜，再迅速起来，经行一番后坐下，拿掉身上的睡盖。”

## 带刀卧

### 原典

《宋高僧传·百丈山怀海传》云："海创意不循律制，别立禅居。不论高下，尽入僧堂。堂中设长连床，施椸架，挂搭道具。卧必斜枕床唇①，谓之带刀睡。为其坐禅既久，略偃亚②而已。"

《传灯录·百丈海禅师章》云："设长连床，施椸架，挂搭道具。卧必斜枕床唇，右胁吉祥睡者，以其坐禅既久，略偃息而已，具四威仪③也。"

忠曰：《僧传》带刀卧，即《传灯》右胁吉祥睡④也。盖带刀者于左胁，故不得左胁而卧，因名右胁卧为带刀卧也。

### 注释

①**床唇：**床帮。

②**偃亚：**安卧、休息。

③**四威仪：**禅僧的行、住、坐、卧都有一定的规范，以保持严肃和庄重，故称。

④**吉祥睡：**又作狮子卧法。意思是比丘的卧法如狮子；即两足相叠，右胁而卧。

## 译文

《宋高僧传·百丈山怀海传》中说："怀海的创意不因袭依循佛教的戒律、制度，另外创立了禅居的制度。不论禅僧戒腊高低，都被聚集到僧堂中居住。僧堂中设置了长连床，安放着椸架，挂搭上道具。卧的时候必须斜枕着床帮，称之为带刀睡。因为坐禅已经很长时间，略微休息一下而已。"

《传灯录·百丈海禅师章》中说："设置了长连床，安放了椸架，挂搭上道具。卧的时候必须斜枕着床帮，右胁吉祥睡，因为坐禅已经很长时间，略微休息一下而已，要注重具备四种威仪。"

无著道忠说：《宋高僧传》中的"带刀卧"，也就是《传灯录》中的"右胁吉祥睡"。大概左胁上带着刀，所以不能左胁朝下卧着，因此就称右胁卧为带刀卧。

## 抽解

### 原典

忠曰：或坐禅中间，出僧堂，少休息；或新挂搭人，归寮安息，皆曰抽解也。抽解者，抽解袈裟也。《敕修清规·库司特为新旧两序汤药石》云："谢汤毕，抽衣就座药石[①]。"又,《游方参请》云："抽衣就坐药石。"抽解义可例知也。

旧说曰：抽解同抽脱，放大小便也。

忠曰：如坐禅坐参抽解，则解衣休息时，亦应行便利，故可通便利义。如挂搭抽解，则唯是休息义，不通便利，故抽解，不可直以放便利解之。

或有蕃船抽贡货物，曰抽解者，甚与前义不相涉。

### 注释

①**药石：**又作药食。指禅林的晚餐。佛制比丘过午不食，故禅宗寺院称午后之食为药石，是晚餐的隐语。

### 译文

无著道忠说：或是坐禅中间，走出禅堂，稍微休息休息；或是新来挂搭的僧人，回到寮舍中安歇，都叫作抽解。抽解，也就是抽开解下袈裟。《敕修清规·库司特为新旧两序汤药石》中说："谢过汤后，抽解开衣服到座位药石。"又，《游方参请》中说："抽解开衣服就座药石。"抽解的意思，可以从这些例子中知道了。

传统说法认为：抽解，和抽脱意思一样，也就是解大、小便。

无著道忠说：如果在坐禅、坐参中抽解，也就是解衣休息时，也应该解方便，所以抽解可以与解方便的意思相通。如果是挂搭抽解，则只有休息一个意思了，没有解大、小便的意思，就不能再用解方便来解释它了。

或有外国商船向朝廷抽交、进贡货物，也叫作抽解，和前面所说的词义毫无一点关系。

# 14　罪责门

## 梵坛

### 原典

《梵网经》[①]法藏[②]疏云："梵坛者，此翻为默摈。良以非理违犯，不受调伏，故以此治之。"

《行事钞》云："言默摈者，《五分》云：梵坛法者，一切七众[③]不来往交言。《智论》[④]云：若心强犷，如梵天法[⑤]治之。以欲界语地亦通色有，不语为恼，故违情故，不语治之。此法最要。"《资持记》云："梵坛者，有云，梵王[⑥]宫前立一坛，天众[⑦]不如法者，令立坛上，余天不与往来交语。《五分》因阐陀恼僧，故用此治。语地以语为乐，故通色有者，梵天行故。言故违者，谓特意也。”

《智度论》云：“佛告阿难：‘车匿[8]比丘，我涅槃后，如梵天法治。’”

《维摩经略疏》[9]引《智度论》释云：“恶口车匿，梵法治者。其自恃王种，轻诸比丘。僧法事时，即轻笑言：‘如似落叶旋风所吹，聚在一处，何所互论？’佛去世后，犹自不改，佛令作梵坛，谓默摈也。亦云彼梵天治罪法，别立一坛，其犯法者，令入此坛，诸梵不得共语。”

忠曰：梵坛，法藏为梵语，智者元照[10]引有义为汉言，其说稍类《左传》[11]履薪事。阐陁，即车匿也。

## 注释

①**《梵网经》：** 全称《梵网经卢舍那佛说菩萨心地戒品第十》，也称《菩萨戒本》。佛教戒律书。后秦鸠摩罗什译，二卷。是大乘律之一，说十重戒、四十八轻戒。

②**法藏：** 唐代僧人，华严宗实际创始人，被尊为三祖。咸亨元年（公元六七〇年）武则天舍住宅为太原寺，度僧，他出家受沙弥戒，登座讲经。万岁通天元年（公元六九六年）受诏讲《华严经》，传说“感白光昱然自口而出，须臾成盖”，武则天得知，命京城十大高僧为授满分戒，赐号“贤首戒师”。大力从事《华严经》

的解说和著述，一生著作甚丰。

③**七众：**对七种佛教信徒的通称。包括出家五众：比丘、比丘尼、沙弥、沙弥尼、式叉摩那（学戒女）；在家二众：优婆塞、优婆夷。

④**《智论》：**梵语作《四吠陀》，为古印度传统的正统思想，也为婆罗门教的根本圣典。又译作《明论》。

⑤**梵天法：**梵天宫所行的治罚方法。即创立一坛，若有犯法者，令入此坛，诸梵不得与之往来交语。

⑥**梵王：**通常称之为梵天大都，也即大梵天王。在印度古传说中，为劫初时从光音天下生，造作万物；佛教中则把他与帝释天同认为是佛教的护法神。

⑦**天众：**又作天人。即住于欲界六天及色界诸天的有情。也指住于天界或人界的众生。据记载，天人欢喜赞叹佛事，奏天乐、散天花、熏天香，飞行于虚空。因为他们多披挂璎珞，飞行于天空，故又称为飞天。

⑧**车匿：**意为乐欲。释迦牟尼佛离王城出家时的驭者。后出家为比丘，恶口之性不改。故称为恶口车匿。

⑨**《维摩经略疏》：**隋代天台大师智顗说，唐代湛然整理。本书将智顗的《维摩经文疏》二十八卷删缩成十卷。

⑩**元照：**此疑误。智者弟子法名湛然；宋代有僧亦名湛然，字元照。无著道忠禅师误以宋代湛然字称唐僧

湛然。

⑪**《左传》**：相传为春秋时鲁左丘明所撰。记自鲁隐公元年至鲁悼公四年间二百六十年史事，也保存了一些古代传说。

## 译文

《梵网经》法藏疏中说："梵坛，此处翻译为默摈。实在是因为他无缘无故地触犯了戒规，又不受管教，所以用这种法子来惩治他。"

《行事钞》中说："说到默摈，《五分律》说：梵坛这种办法，就是让所有一切的众生，都不和他交谈。《智论》中说：如果他心硬，蛮横无度，就依据梵天宫所行的治罚方法治他。因为欲界中的语地与色有是相通的，不说话会生烦恼，因此就特意违背人之常情，用不许说话治罚他。这种方法最为关键。"《资持记》中说："梵坛，有人说，梵王宫前面设立了一座坛，天众中有不按法行事的，就责令他站立在坛上，其他的天人不能与他相互交谈。《五分律》因为阐陁惹恼了佛僧，所以就用这种方法治他。语地以说话作为一种快乐，所以和色有相通，梵天就施行了这种治罚方法。说故违，也就是特意的意思。"

《智度论》中说："释迦牟尼佛告诉阿难：'车匿比

丘，我涅槃后，你就用梵天法治罚他。'"

《维摩经略疏》引用《智度论》解释说："恶口车匿，也就是被用梵天法治罚的人。他自恃是王种，轻视诸比丘。佛僧举行法事时，他就轻视、嘲笑说：'你们就好像落叶被旋风所吹，聚集到一块儿，有什么好互相讲论的？'佛入灭后，他还不知悔改，佛令他做梵坛，也叫默摈。有人又说，梵天治罪的办法是另外设立一座坛，命令那些犯法之人进入坛中，其他的梵天不能与他们交谈。"

无著道忠说：梵坛，法藏用的是梵语，智者元照引用的词义是汉语，他的说法和《左传》中履薪的故事相类似。阐陁，也就是车匿。

## 摈出

### 原典

南本《涅槃经》[①]云："善男子，譬如国王、诸群臣等，有犯王法，随罪诛戮而不舍置。如来世尊亦如是也，于毁法者，与驱遣羯磨[②]、诃责羯磨、置羯磨、举罪羯磨、不可见羯磨、灭羯磨、未舍恶羯磨。善男子，如来所以与谤法者，作如是等降伏羯磨，为欲示诸行恶之人，有果报[③]故。”又云：“有持戒比丘，威仪具足，护持正法，见坏法者，即能驱遣、诃责、纠治。当知是人得福无量，不可称计。”

忠曰：经“驱遣”，即律中“驱出”，即今“擯出”也。自余“诃责”等义，彼疏中详释，恐繁不录。

## 注释

①**南本《涅槃经》**：《大般涅槃经》三十六卷，由南朝宋慧观与谢灵运等以昙无谶译本为主，对照法显译本，增加品数，润文改卷而成，称为南本《涅槃经》。

②**羯磨**：指僧团按照戒律的规定处理僧侣个人或僧团事务的各种活动。在律藏中有专门的“比丘羯磨”“比丘尼羯磨”，并有各种“羯磨”和“羯磨法”，以作为僧团活动的准则。

③**果报**：即“异熟”。意谓果异于因而成熟。泛指依业因而得的果报。

## 译文

南本《涅槃经》中说：“善男子，譬如国王、诸群臣等人有犯了王法的，就要根据他的罪行惩罚杀戮，而不视而不见、置之不理。如来也是这样，对于那些毁坏佛法的，就要实施驱逐羯磨法、呵责羯磨法、置羯磨法、举罪羯磨法、不可见羯磨法、灭羯磨法、未舍恶羯磨法。善男子，如来之所以对毁谤佛法的人实施这样多的降伏、惩罚的羯磨法，为的是要显示，那些行恶的人，必然会遭到因果报应。”又说：“有些位持戒比丘，且备各种威仪，护持正法，看见有毁坏佛法的，就能够驱逐他、呵责他、将他拿办治罪。应当知道，像这样的持戒比丘是会得到无量多的福，多得不可计数、称量。”

无著道忠说：经中所说的“驱遣”，也就是律中所说的“驱出”，也就是现在所说的“摈出”。其余的“诃责”等的词义，那些疏中详细解释了，恐怕文字太繁多，这里就不再抄录了。

## 灭摈

### 原典

削僧籍也。

《行事钞·僧网大纲篇》云：“言灭摈者，谓犯重[①]比丘，心无惭愧，不肯学悔，妄入清众[②]，滥居僧限，当三根[③]五德[④]举来，请僧忆念，示罪令自言已，与白四法[⑤]。”又《足数众相篇》云：“灭摈者，谓犯重已，举至僧中，白四除弃也。”

《释氏要览》云：“《弥沙塞》[⑥]云：梵罚此有二法，一默擯，谓一切人不与来往言话等；二灭擯（灭即灭名也。《尔雅》云：点灭，如今勾点糊灭名字也）。律谓：犯重罪，心无惭愧，众所不容，不可共住，举来僧中示罪驱出。《多论》[⑦]云：但实犯罪，大众有知，不须自言，直尔灭擯驱出，所谓贵安善人也。”

忠曰：灭擯者，当世之死刑。谓律乘犯四重[⑧]者，为波罗夷罪[⑨]，于是人方行灭擯矣。所谓灭者，除去名籍也。《行事钞·篇聚名报篇》云：“《四分》云：波罗夷者，譬如断人头，不可复起，若犯此法，不复成比丘故。”

## 注释

①**犯重：**指触犯重罪，即触犯小乘戒的四重罪或大乘戒的十重罪。

②**清众：**指出家教团或于丛林修行的大众。又称大海众、清净众。如印度四大河流入于大海，即舍原名，皆成海水；比丘出家，也舍以前的种姓族名，不分贵贱上下，皆成志求解脱的清净大众。

③**三根：**又作三辈。众生的根性有上、中、下三等，称为三根。上根者（又作利根），根性伶俐，速发智解，堪忍耐难行，能证妙果；中根次之；下根（又作

钝根）最劣。

④**五德：**于结夏安居结束的时候，举行自恣举罪，选出担任此自恣举罪的人，必须具有两种“五德”：（一）自恣五德，即不爱、不恚、不怖、不痴、自恣不自恣知；（二）举罪五德，即知时、真实、利益、柔软、慈心。

⑤**四法：**指三宝中的法宝。有教法、理法、行法、果法等四种，故又称四法宝。教法，三世诸佛的言教；理法，教法所诠释的义理；行法，依理法而起行的戒、定、慧等能修的因位修行；果法，修行圆满，所得能证的无为涅槃证果。诸佛即依此四法而修行，断一切障而成菩提。

⑥**《弥沙塞》：**全称《弥沙塞部和醯五分律》，三十卷。刘宋佛陀什、道生等译。为弥沙塞部所传的律藏。

⑦**《多论》：**又名《萨婆多论》，为《萨婆多毗尼毗婆沙》的异名。为律宗重要典籍的五论之一，九卷，译者不详。系释《十诵律》书。

⑧**犯四重：**即触犯小乘戒的四重罪：淫、盗、杀、妄语四种。

⑨**波罗夷罪：**意译为“重禁罪”“断头罪”“无余罪”，也称为“根本罪”。犯此罪者被驱逐出教团。

## 译文

也就是削除僧籍。

《行事钞·僧网大纲篇》中说：“说灭摈，就是指触犯了重罪的比丘，心中没有惭愧，又不肯悔改学好，白白地混在清白的众僧之中，滥居于佛界净地，应当列举出他的三根、五德，请他回忆当初受戒时的情况，指出他的罪行来，让他自己说，再告诉他佛门治罚的四法。”又《足数众相篇》中说：“灭摈，指触犯了重罪的比丘，被推到众僧面前，被告诉四种除名、削籍的治法。”

《释氏要览》中说：“《弥沙塞》中说，梵罚有两个方法，一种是默摈，意思是所有的人都不能和他相互交谈；第二种是灭摈（灭，也就是除名。《尔雅》：点灭，就像现在所说的勾点糊灭掉名字）。律中说：触犯了重罪，心中又无惭愧之意，为众僧所不容，就不能再让他和大众住在一起，必须推到众僧面前列数出他的罪行，再驱逐出去。《多论》中说：只要是真正犯了罪，大众中有人知道的，就不必再自我狡辩，径直地将他削除僧籍、驱逐出佛寺，这叫作贵在安慰行善之人。”

无著道忠说：灭摈，相当于世俗间的死刑。如果是触犯了小乘戒中的四重罪，就是波罗夷罪，对于这样的人才实施灭摈法。所谓灭，也就是从僧籍中除去他的名字。《行事钞·篇聚名报篇》中说："《四分律》中说：波罗夷，就好比砍断了人的头，就不能再长出头来一样，犯了这种罪，也不可能再成为比丘了。"

## 诫罚

### 原典

《僧史略·别立禅居》云："或有过者，主事示以拄杖，焚其衣钵，谓之诫罚。"

### 译文

《僧史略·别立禅居》中说："或者有了过错的，主事就用拄杖警告他，将他的衣钵焚烧掉，就叫作诫罚。"

## 棰擯

### 原典

《敕修清规·肃众》云："若僧人自相干犯，当以清规律之。若斗诤犯分，若污行纵逸，若侵渔[①]常住，若私窃钱物，宜从家训，毋扬外丑。盖悉称释氏，准俗同亲，恪守祖规，随事惩戒。重则集众、棰摈；轻则罚钱、罚香、罚油，而榜示之。如关系钱物，则责状追陪。惟平惟允，使自悔艾。”

## 注释

①**侵渔：** 侵夺吞没。此指侵吞寺院中的公共财物。

## 译文

《敕修清规·肃众》中说：“如果僧人之间互相打架、争吵，应当依据清规处理他们。如果是打架、骂人、侵犯别人，如果是修行不努力、放纵自己，如果是侵吞了寺院中的常住物，如果是私自偷窃了钱财、物件，适宜于在寺内训诫，不能让家丑外扬出去。大概一切都要符合佛教教义，且以世俗之法做参照标准，不论亲疏，一视同仁，严格遵守佛祖的戒规，根据情节轻重惩罚、治罪。情节严重的，可集众、棰摈；情节轻微的，就罚钱、罚香、罚油，而张榜示众。如果关系到钱、物，就要责令追回、让他赔偿损失。要完全公平、适当，让他自己有所悔改、难受。”

## 罚茶

### 原典

《南禅规式·义堂和尚住南禅日罚榜式》中云："某甲上座，众寮点茶，不赴行益，无礼甚，罚茶一斤。今后不赴行益者，皆准此。维那照管。"

### 译文

《南禅规式·义堂和尚住南禅日罚榜式》中说："某某上座，众寮点茶，他不前去行益，实在太无礼，罚他一斤茶叶。从今以后，不赴行益的，都照此处理，维那管理此事。"

## 还俗

### 原典

《居家必用·吏学指南篇》云："还俗，谓僧道犯罪，归家者。"

《经国大典注解》云："还俗，僧道出家曰弃俗。若犯罪，令其还归本俗为民也。"

## 译文

《居家必用·吏学指南篇》中说：“还俗，指僧人犯了罪，还其世俗之家。”

《经国大典注解》中说：“还俗，僧人出家叫作弃俗。如果他犯了罪，就让他还归原来的世俗之家，重新成为平民。”

# 归俗

## 原典

《居家必用·吏学指南篇》云：“归俗，谓僧道无罪，自愿归家也。”

## 译文

《居家必用·吏学指南篇》中说：“归俗，指僧道没有犯罪，自愿还俗归家。”

# 15 报祷门

## 圣节

### 原典

忠曰：天子生日，曰圣节。

《敕修清规·圣节》云："钦遇圣节，必先启建金刚无量寿道场[①]。"

《居家必用》云："圣节，唐太宗以前有宴，而无节。至明皇，始曰千秋节[②]。历代节名，不同。"

《事物纪原》[③]云："《唐会要》[④]曰：开元十七年八月五日，源乾曜[⑤]、张说[⑥]等，请以是日为千秋节，休暇三日。至长庆七年十月十日，穆宗诞日，令天下的州府置宴。文宗开成二年诞日，始禁屠宰。此圣节禁屠置宴之始也。宋朝俱循用之。”

忠按:《旧唐书[7]·文宗本纪》开成二年，有圣节断屠之制。然实圣节断屠，始于隋高祖[8]仁寿三年。《东斋纪事》[9]辨《事物纪原》之误，见《节时门·三长斋月》处。

## 注释

①**金刚无量寿道场：**即金刚无量寿法会。

②**千秋节：**唐玄宗李隆基生于八月初五，当时称为“千秋节”。

③**《事物纪原》：**旧题宋高承撰，十卷。分五十五部，包括天地山川、鸟兽草木、阴阳五行、礼乐制度。记事达一千七百六十五条，叙述事物的起源，虽不尽确切，但都引用原书，有参考价值。

④**《唐会要》：**宋王溥辑，一百卷，分五百一十四目，历叙唐代各朝的典章、制度、故事，有较高史料价值。史书断代而为会要，以此书为最早。

⑤**源乾曜：**唐丞相，临漳人，开元中自尚书左丞拜黄门侍郎、同平章事。后罢又复原职，同中书门下三品。东封还，为尚书左丞相，兼侍中。共为相十年。

⑥**张说：**唐开元名相。河南洛阳人。历任凤阁舍人、兵部侍郎同中书门下平章事、左丞相等官职，封燕国公。

⑦**《旧唐书》**：五代后晋刘昫等著，二百卷。原名《唐书》，因与宋欧阳修所撰《新唐书》相区别，故称。

⑧**隋高祖**：即隋代开国皇帝隋文帝杨坚。

⑨**《东斋纪事》**：宋范镇撰。原书久佚。今辑本五卷。杂记前朝故事传闻，以蜀地事为最多。

## 译文

无著道忠说：天子的生日，叫作圣节。

《敕修清规·圣节》中说："如果有幸遇到圣节，必定先要准备建立金刚无量寿道场。"

《居家必用》中说："圣节，在唐太宗以前只有宴会，而没有节。到唐明皇时，才将他的生日叫作千秋节。历代皇帝生日的节名，并不相同。"

《事物纪原》中说："《唐会要》中说：开元十七年八月五日，源乾曜、张说等人请求把这一天命名为千秋节，休假三天。到长庆七年十月十日，穆宗生日这一天，穆宗诏令天下的州、府都要设宴庆贺。文宗开成二年他生日的这天，开始禁止天下屠宰牲畜。这是圣节禁止屠宰、摆设宴席的开始。宋朝将这些节俗全部沿用下来了。"

无著道忠按语：《旧唐书·文宗本纪》开成二年，有圣节断屠的规定。然而，实际上圣节断屠之风俗，是开始于隋高祖仁寿三年。《东斋记事》辨析了《事物纪原》的错误，参见本书《节时门·三长斋月》条处。

## 六好日祝圣节

### 原典

帝王诞生，支干①相当之日，讽经祝赞。一年有六个本命好日②，故曰六好日也。

《幻住清规》云："一年内有六日，是本命好日。此六日亦与朔望同，粥前讽《大悲咒》③祝圣。切惟皇恩如天之覆；林泉④懦弱之者，仰承帝泽，而获终身之安。其赞祝之诚，岂可择日而为之？盖二六时中⑤，俯仰折旋，皆是谢恩祈祷之时也。今特取本命朔望而为者，乃表而出之之意也。"

### 注释

①**支干：**地支、天干。

②**本命好日：**即本命日。

③**《大悲咒》：**又称《千手千眼观世音大悲心陀罗尼》《千手千眼观世音菩萨大身咒》，也即说示千手千眼观世音菩萨内证功德的根本咒。据唐代伽梵达磨所译的

《千手千眼观世音菩萨大圆满无碍大悲心陀罗尼经》所载，此咒全文计有八十四句，诵此咒能得十五种善生，不受十五种恶死。此外，《千眼千臂观世音菩萨陀罗尼神咒经》卷上则说，若诵此咒一百零八遍，则一切烦恼罪障，乃至五逆等重罪，悉皆消弭，而得身、口、意的清净。现在的密宗、禅宗都很重视诵持此咒。

④**林泉：**隐居之地。

⑤**二六时中：**指一昼夜的十二个时辰，即竟日。印度历法则为六时或八时。

## 译文

与帝王生日那天的天干、地支相同的日子，都要讽诵经文，祝赞皇帝。一年中有六个这样的本命好日子，所以叫作六好日。

《幻住清规》中说："一年之内有六天是本命好日。这六天也和朔、望日一样，在粥前讽诵《大悲咒》祝福皇帝。一心祝愿皇帝的恩泽如天一样广阔，覆盖在万民身上；祝愿生活在山林草泽之中的懦弱小民，能仰承皇帝的恩泽，获得一生的平安幸福。祝赞得如此虔诚，又怎能挑选着日子去进行呢？大概一昼夜十二个时辰中，都是谢帝恩、祈祷的时候。现在特意挑出本命日和朔、望日而进行，乃是使这几个日子显得更突出而已。"

# 景命日祝赞

## 原典

天子即位之日，祝赞讽经。

忠曰：或以六好日为景命好日，非也。

《敕修清规·景命祝赞》云：“景命好日，隔宿，堂司行者报众，挂讽经牌。”

忠按：景命日，盖每月有祝。《蒲室集[①]·奉敕重修〈百丈清规〉疏语》中十二个月，但除正月、三月，余皆有“景命日祝香[②]”语，都十道。

## 注释

①**《蒲室集》：**元代僧笑隐大欣撰，延俊等编，十五卷。辑录乌回寺语、禅宗大报国寺语、中天竺寺语、真赞、偈颂、序、题跋、古辞、古诗、律诗、绝句、联、记、铭、书问、疏等。

②**祝香：**丛林中，祝圣上堂或降诞会上堂，住持于上堂说法之前，必先焚香以表祝祷之意。

## 译文

在天子即位的那一天，祝赞讽经。

无著道忠说：有人把六好日当成了景命好日，不对。

《敕修清规·景命祝赞》中说：“景命日的前一天晚上，堂司行者通知众僧，挂上讽经牌。”

无著道忠按语：景命日，大概每月都有祝赞。《蒲室集·奉敕重修〈百丈清规〉疏语》中所载十二个月，只除了正月、三月，其他的月份都有“景命日祝香”的语句，总共出现了十次。

## 每日祝赞

### 原典

《敕修清规·每日祝赞》云：“斋粥二时，下堂，众僧必须登殿，维那举《无量寿咒》①三遍，回向。”

旧说曰：每日三时，祝祷皇风永扇，帝道遐昌者，唯有禅林而已，余所未闻之。

### 注释

①**《无量寿咒》**：即《佛说大乘圣无量寿决定光明王如来陀罗尼经》中所说的《陀罗尼》，经中说诵此陀罗尼，则增寿命满百岁。

## 译文

《敕修清规·每日祝赞》中说："斋、粥两个时候下堂，众僧必须登上大殿，维那举念《无量寿咒》三遍，众僧回向。"

传统说法：每天有三个时候，祝祷皇风永扇，帝道遐昌，只有禅宗寺院里才这样，其他宗门我没听说过。

# 修正

## 原典

义堂《日工集》云："永和五年①己未正月，在报恩②，正旦对众说云：'吾国丛林，或三日或五日，修正③勤行④，亦是同国俗也。吾山，例定坐七日，以祈国家安全，亦成辨自己修行也。'"

## 注释

①**永和五年：**日本北朝后圆融天皇的年号，相当于中国明太祖洪武十二年（公元一三七九年）。

②**报恩：**日本寺院名。日僧荣西于后鸟羽八十二代天皇建久三年（公元一一九二年）十二月建于筑前。

③**修正**：即修正会。为日本佛教各寺院正月举行纠正恶习、祈祷吉祥的法会。会期一般为七天，然也因时因地而有所差异；诸大寺一般皆与追傩式（驱逐疫鬼的仪式）一并举行。

④**勤行**：指在佛前礼拜读经。日本指一般朝夕的课诵行时；此时的仪式做法称为勤式，勤式每因宗派不同而各异。

## 译文

义堂周信的《日工集》中说："永和五年己未正月，在报恩寺，正旦这天对众人说：'我国的丛林，或者三天，或者五天，研习正道，勤奋修行，这和国俗也是一样的。我们这一宗派的寺院，定下规矩坐禅七天，用来祈愿国家安全，也算成就自己的修行。'"

# 二祖三佛忌

## 原典

二祖者，达磨及某寺开山也。或云：达磨、百丈二忌也。三佛者，涅槃忌[①]、诞生会[②]、成道会[③]也。

忠曰：诞生、成道非忌。然言二祖、三佛忌，随多得名也。

正月十七日，为百丈忌。十月五日，为达磨忌。然日本古来不修百丈忌，故加某寺开山忌，以为二祖忌矣。凡开山忌，自常住经营之；达磨百丈二忌，率众财营辨，非常住措致之。

## 注释

①**涅槃忌：**又称涅槃会。即于每年佛陀入涅槃之日所举行的法会。有关佛陀涅槃日的日期，异说纷纭，中、日、韩等国的大乘佛教一般认为佛陀于二月十五日入灭，是日称涅槃节。故每年于该日悬挂释迦牟尼涅槃图，并念诵《涅槃经》《佛遗教经》，举行追思佛陀的法会。

②**诞生会：**即于每年的释迦牟尼佛诞生日所举行的法会。经论中或云释迦牟尼佛生于二月八日，或云生于四月八日。

③**成道会：**依北传佛教说法，每年农历十二月八日，为释尊于菩提树下成道的纪念日。释尊成道之前，曾苦行多年，形销骨立，后决定放弃苦行。此时遇见一牧女呈献乳糜，食后体力恢复，遂端坐菩提树下沉思，而于十二月八日“成道”。为纪念此事，于此日举行的法会，称为“成道会”。

## 译文

二祖，指达磨及本寺开山祖师。或说：是达磨、百丈二祖的忌日。三佛，指涅槃忌、诞生会、成道会。

无著道忠说：诞生会、成道会，并不是忌日。然而说二祖、三佛忌，是随着多数而得名的。

正月十七日，是百丈忌日。十月五日，是达磨的忌日。然而日本自古以来不修百丈忌，所以加上了本寺开山祖师的忌日，作为二祖忌。凡是开山忌，都是从常住物中支取钱物经营操办的；而达磨、百丈两个忌日，都要用众僧的钱财经营、操办，并不是区区常住物所能负担得了的。

# 佛诞生会

## 原典

四月八日。其规如《清规》①。

忠按：佛生日，当以二月八日为正。何缘作此说？曰：《周书异记》②云："昭王③二十四年甲寅岁四月八日，江、河、泉、池，忽然泛溢，井皆腾涌，宫殿震动。其夜五色光气，贯于太微④，遍于西方作青虹色。时王问太史⑤苏由，由对曰：'有大圣出于西方，故现此瑞。’王曰：‘于国无损乎？’对曰：‘一千年后，声教当被于此。’”（《僧史略》引）忠以谓，《周书异记》周时记录，必当用周正[6]。则其四月（建卯），是夏小正[7]二月（建卯）也。故当定二月八日，为佛生日。然今例用四月，是以周四月（建卯），谬为夏小正四月（建巳）而已。

## 注释

①**《清规》：** 即《敕修清规》。

②**《周书异记》：** 伪书。盖作于南北朝时期。北魏昙无最早在公元五二〇年与道士姜斌辩论时已引用此书。

③**昭王：** 即周昭王，周康王子，名瑕。

④**太微：** 星官名。三垣之一。

⑤**太史：** 官名。三代为史官及历官之长。

⑥**周正：** 周正建子，以夏历十一月为正月。

⑦**夏小正：** 也即夏历，农历。夏正建寅，以正月为岁首。

## 译文

是四月八日。这天的规定仪式依照《敕修清规》。

无著道忠说：释迦牟尼佛的生日，应该以二月八日为正确的日子。为什么这么说呢？《周书异记》中说："昭王二十四年岁在甲寅四月八日，天下的江、河、泉、池，忽然泛滥，水都溢上来了，连井水也直往上翻腾、升涌，宫殿震动得摇摇晃晃。当天夜里，天空出现了五彩的光气，横贯了太微星，布满了西方变成了青色的彩虹形状。当时昭王就问太史官苏由，苏由回答说：'有位大圣人在西方出生了，所以呈现出这样的祥瑞。'昭王又问：'对国家没有什么危害吧？'苏由回答：'一千年之后，他的声音、教化应当会传播到这儿。'"（《僧史略》引）无著道忠认为，《周书异记》是周代时候的记录，必定用的是周正历法。周正的四月（建卯），是夏小正二月（建卯）。所以应当定二月八日为佛诞生的日子。然而现在都习惯用四月，是把周历的四月（建卯），错当成夏小正的四月（建巳）了。

## 千佛会

### 原典

圆悟勤禅师《天宁录·乔贵妃设千佛会上堂》云："千华显瑞应，万善积灵台。广辟解脱门[①]，大开无价藏[②]。……集无涯福禄，祝睿算无疆。"

## 注释

①**解脱门：**得入解脱境界之门，即称解脱门；乃指脱离三界之苦而令得悟之门。此外，空、无相、无愿三种禅定，为通往涅槃的门户，故亦称为“解脱门”。

②**无价藏：**指佛教经藏。佛教经典价值无极，故称。

## 译文

圆悟克勤禅师《天宁录·乔贵妃设千佛会上堂》中说：“千朵莲华显现出祥瑞之气，万种善行堆积在灵台之上。把解脱众生之苦的门开大再开大，收集起珍贵无比的佛教经藏。……聚集起无边无际的幸福与钱财，祝愿大智大慧的佛道永远昌旺。”

# 知识会

## 原典

忠曰：供养《华严·入法界品》五十三善知识[①]也。

《北礀简禅师续集[②]·灵隐散知识会首求颂》云：“无识无知五十三，劳他童子遍咨参。朝来灵隐罗斋去，添得从前满面惭。”

## 注释

①**善知识**：指正直而有德行、能教导正道的人。又作知识、善友、胜友。据《大品般若经》卷二十七《常啼品》载，能说空、无相、无作、无生、无灭之法及一切种智，而使人欢喜信乐的人，称为善知识。

②**《北磵简禅师续集》**：全一卷。为宋代僧北磵居简著作续集。

## 译文

无著道忠说：供养《华严经·入法界品》中所提到的五十三位善知识。

《北磵简禅师续集·灵隐散知识会首求颂》中说："我无知无识空活了五十三岁，还劳驾童子们一遍遍地问安、参学。清晨起来到灵隐寺又斋食了一回，只是在早已惭愧不已的脸上又添了一层惭愧。"

# 祖师会

## 原典

圆悟勤禅师《天宁录·祖师会上堂》云："西天二十八祖也恁么，唐土[1]六祖也恁么，天下列刹相望诸老宿也恁么，山僧[2]也恁么。”

忠曰：祖师会在岁旦，其达磨忌，张列祖像，亦是祖师会而已。《备用》称敷陈书画，似不局祖像。日本东福寺，每岁十月十七日，圣一国师忌，展挂名画珍墨数百轴，观者如堵，盖攀中华仪也。

## 注释

①**唐土：**指中国。

②**山僧：**山野之僧。原指止住于山中的僧人。其后，凡住于聚落的僧人，也称为山僧、山衲，而演成自谦之词，且多为禅僧所用。

## 译文

圆悟克勤禅师《天宁录·祖师会上堂》中说：“西天的二十八祖怎么的，中国的六祖又怎么的，天下林立相望的各座寺庙中的各位老宿又怎么的，我这个山野之僧又怎么的。”

无著道忠说：祖师会是在一年的元旦，达磨忌日那天张挂排列祖师的画像，也是祖师会。《备用清规》中说要铺陈、展览书法作品、绘画作品，似乎不仅仅局限于祖师的画像。日本的东福寺，在每年十月十七日，即圣一国师忌日那天，挂上、展览名画及珍贵书法作品数百轴，观看的人拥挤得水泄不通。这大概是学习的中国禅寺的仪式。

## 楞严会

### 原典

《敕修清规》云：“楞严会，乃祈保安居。”又云：“四月十三日启建，至七月十三日满散。”

《备用清规·楞严会》云：“古法放参后，山门首讽诵。真歇和尚住径山，谓众不专诚，则在粥罢。”又云：“普回向偈，真歇和尚自制。信知名行尊宿一举，四海一律也。”

旧说曰：夏中楞严会始于真歇了禅师[①]。真歇初住明州补陀山[②]，僧行悉病疫。歇祷观音大士，大士梦中告云：“佛在世时，有《楞严咒》[③]，须令僧行依戒腊行道诵持，回向圣凡。”觉而依教行法，果众病平愈矣。自此丛林依行。但逐一回向。歇后住径山[④]，方作普回向偈[⑤]，天下遵用。

忠曰：真歇作普回向文，及观音梦告，诵咒脱疫，没可疑焉。但如言夏中楞严会始于真歇，为难信耳。

《备用》云：“古法放参[⑥]后，山门首讽诵。真歇住径山，在粥罢。”既言古法，则真歇已前有楞严会。

## 注释

①**真歇了禅师：**即宋代曹洞宗僧真歇清了。丹霞子淳禅师的法嗣，左绵安昌（四川）人，俗姓雍。建炎四年（公元一一三〇年）入主雪峰寺，大振曹洞宗风。绍兴十五年（公元一一四五年）住能仁兴圣万寿寺，绍兴二十一年住崇先显孝禅院。同年十月示寂。谥号“悟空禅师”。

②**明州补陀山：**即普陀山，中国佛教四大名山之一，为观音显灵说法道场。在今浙江舟山市普陀区，为舟山群岛之一。

③**《楞严咒》：**全称《大佛顶如来顶髻白盖无有能及甚能调伏总持》，又作《佛顶咒》《大佛顶真言》。为宣说大佛顶如来内证功德的陀罗尼，全咒总为四二七句。于《大佛顶楞严经》卷七《大佛顶如来放光悉怛多钵怛啰菩萨万行品灌顶部》，录有此陀罗尼。据经文记载，诵持此咒者，火不能烧，水不能溺，大毒小毒不能害，一切恶星并诸鬼神不能起恶，尚可蒙毗那夜迦诸恶鬼守护。

④**径山：**位于浙江余杭西北约二十九公里处。高约九百六十公尺，周围约二十九公里。在天目山的东北

峰，因以小径通往天目山而得名。山麓的兴圣万寿禅寺等，乃我国五山之一，为临济巨刹，历代皆有名德住持此寺，为天下丛林之冠。

⑤**回向偈**：乃课诵或法会结束时，将读经的功德回向于自他或死者，使其成佛往生的偈文。如《法华经·化城喻品》所载的偈："愿以此功德，普及于一切；我等与众生，皆共成佛道。"

⑥**放参**：禅院中，朝参、晚参等为日常行事，若临时休止，即称放参。

## 译文

《敕修清规》中说："楞严会，是祈保人们能平安地居住。"又说："从四月十三日开始建会，到七月十三日散会。"

《备用清规·楞严会》中说："按古时候的规矩，放参后，众僧在山门首讽诵。真歇和尚住在径山的时候，说众僧讽诵时不专心诚意，就将时间放在吃粥之后。"又说："普回向偈，是真歇和尚自己创作。这真是名德、尊宿一有所创举，四海的寺院都一律效仿了。"

传统说法：夏天时的楞严会，开始于真歇清了禅师。真歇禅师刚刚住于明州普陀山时，寺中僧人、行者都生病染疫。真歇禅师祈祷观音菩萨，菩萨在梦中告诉他："佛在世的时候，有《楞严咒》，必须命令僧人、行者按照戒腊行道念诵持咒，回向圣人、凡夫。"真歇禅师醒来后就依观音菩萨所教的方法进行，果然众僧的病都痊愈了。从此之后丛林中都依此举行楞严会。只是逐一回向。真歇和尚后来住于径山时，才制作了普回向偈，天下各寺都遵照使用了。

无著道忠说：真歇禅师作普回向文，以及观音梦中告知，诵咒后病就好了，都没有什么好怀疑的。但是，像说夏天的楞严会是开始于真歇和尚，却难以让人相信。《备用清规》说："按古时候的规矩，放参后，在山门首讽诵。真歇和尚住于径山时，是在粥罢时。"既然说了"古时候的规矩"，则真歇和尚之前就已经有了楞严会。

## 盂兰盆会

### 原典

《盂兰盆经》[①]云："大目犍连[②]始得六通[③]，欲度父母，报乳哺之恩。即以道眼[④]，观视世间，见其亡母，生饿鬼中，不见饮食，皮骨连立。目连悲哀，即以钵盛饭，往饷其母。母得钵饭，便以左手障钵，右手抟食。

食未入口，化成火炭，遂不得食。目连大叫，悲号涕泣。驰还白佛，具陈如此。佛言：‘汝母罪根深结，非汝一人力所奈何。汝虽孝顺，声动天地，天神地祇、邪魔外道[⑤]、道士[⑥]、四天王神，亦不能奈何。当须十方众僧威神之力，乃得解脱。吾今当说救济之法，令一切难皆离忧苦。’

“佛告目连：‘千方众僧，七月十五日，僧自恣时，当为七世父母，及现在父母厄难[⑦]中者，具饭百味五果，汲灌盆器，香油挺烛，床敷卧具。尽世甘美，以着盆中，供养十方大德[⑧]众僧。当此之日，一切圣众，或在山间禅定；或得四道果[⑨]；或在树下经行；或六通自在，教化声闻[⑩]缘觉[⑪]；或十地[⑫]菩萨大人[⑬]权现比丘，在大众中。皆同一心，受钵和罗饭[⑭]，具清净戒。圣众[⑮]之道，其德汪洋。其有供养此等自恣僧者，现在父母，六亲眷属，得出三涂[⑯]之苦，应时解脱，衣食自然。若父母现在者，福乐百年。若七世父母生天，自在[⑰]化生[⑱]，入天华光。’

“时佛敕十方众僧，皆先为施主家咒愿，愿七世父母。行禅定意，然后受食。初受食时，先安在佛前。塔寺中佛前，众僧咒愿竟，便自受食。时目连比丘及大菩萨众，皆大欢喜，目连悲啼泣声，释然除灭。是时目连母，即于是日，得脱一劫饿鬼之苦。

“目连复白佛言：‘弟子所生母，得蒙三宝功德之力，众僧威神之力故，若未来世，一切佛弟子，应亦奉盂兰盆救度现在父母，乃至七世父母，为可尔否？’

“佛言：‘大善，快问，我正欲说，汝今复问。善男子，若比丘、比丘尼、国王、太子、大臣、宰相、三公⑲、百官、万民庶人、行慈孝者，皆应先为所生现在父母，过去七代父母，于七月十五日，佛欢喜日⑳，僧自恣日，以百味饭食，安盂兰盆中，施十方自恣僧，愿使现在父母，寿命百年，无病，无一切苦恼之患，乃至七世父母，离饿鬼苦，生人天中，福乐无极。是佛弟子，修孝顺者，应念念中，常忆父母，乃至七世父母，年年七月十五日，常以孝慈，忆所生父母，为作盂兰盆，施佛及僧，以报父母长养慈爱之恩。若一切佛弟子，应当奉持是法。’时目连比丘、四辈弟子㉑，欢喜奉行。”

## 注释

①**《盂兰盆经》**：西晋竺法护译，又称《盂兰经》，全一卷。内容记述佛陀的大弟子目连因不忍其母堕饿鬼道受倒悬之苦，乃问法于佛，佛示之于七月十五日众僧自恣日，用百味饭食五果等供养十方佛僧，即可令其母脱离苦难。依本经的说法所行的盂兰盆会，已普遍流行于中国民间，且也有益于民间的孝行。

②**大目犍连**：全称“摩诃目犍连”，简称“目连”。古印度摩揭陀国王舍城郊人，属婆罗门种姓。皈依释迦牟尼之后，为其“十大弟子”之一，侍佛左边。传说神通广大，能飞上兜率天，故称“神通第一”，后被反佛教的婆罗门杖击而死。

③**六通**：也称“六神通”“六神力”。指通过修持禅定所得到的神秘灵力：（一）神足通，（二）天眼通，（三）天耳通，（四）他心通，（五）宿命通，（六）漏尽通。

④**道眼**：修道而得的眼通力，又作天眼通。

⑤**外道**：指佛教以外的其他宗教派别。主要指释迦牟尼佛在世时的“六师外道”（与佛教主张不同的六个派别）和九十六种外道（从六师外道分出的外道，九十六为概数，表示数量之多）。

⑥**道士**：指修行佛道者。又称道人、道者。

⑦**厄难**：困厄。

⑧**大德**：指有大德行者。用以对比丘中的长老或佛、菩萨的敬称。

⑨**四道果**：指小乘声闻修行所得之四种证果。其阶段依次为预流果、一来果、不还果、阿罗汉果。

⑩**声闻**：又意译作弟子。为二乘之一。指听闻佛陀声教而证悟的出家弟子。声闻者原指佛陀在世时的诸弟子，后与缘觉相对，成为二乘之一。

⑪**缘觉**：音译为辟支佛，又作独觉。为二乘之一。指独自悟道的修行者。即于现在身中，不禀佛教，无师独悟，性乐寂静而不事说法教化的圣者。

⑫**十地**：又作十住地。地，乃住处、住持、生成的意思。诸经论所举十地名称，共有五种。此处所谓十地，疑指干慧等十地。

⑬**大人**：指成年男子，或诸根圆具的男子。又作丈夫。《瑜伽师地论》上说丈夫有七义：长寿久住、妙色端严、无病少恼、非仆非女非半择迦、智慧猛利、发言威肃、有大宗业。佛身所具的三十二相，即称大丈夫相，或大人相。

⑭**钵和罗饭**：钵和罗，意译为随意、自恣事。即满足、喜悦的意思。指比丘于七月十五日安居结束的这一天，自己陈举于安居期间所犯的罪过，以发露忏悔，得清净而生喜悦。于此日供养三宝的饭食，称为钵和罗饭，意译为自恣食。

⑮**圣众**：指佛、菩萨、缘觉、声闻等。《增一阿含经》中举出须陀洹、斯陀含、阿那含、阿罗汉、辟支佛等五项，称为圣众。

⑯**三涂**：即刀涂、火涂、血涂。意思和三恶道的地狱、饿鬼、畜生相同。

⑰**自在**：又作无碍、纵任。即自由自在，随心所欲，

做任何事都无障碍，此为诸佛及上位菩萨所具的功德。

⑱**化生：**本无忽生的意思。即无所依托，借业力而出现的。五趣之中，如诸天神、饿鬼及地狱中的受苦者。

⑲**三公：**太尉、司徒、司空或太师、太傅、太保的总称。

⑳**佛欢喜日：**僧众于四月十五日至七月十五日之间结夏安居，七月十五日为圆满日，其间有多人证果，佛欢喜之，故称为佛欢喜日。

㉑**四辈弟子：**指佛陀于舍卫国祇树给孤独园说法时，听法的比丘、比丘尼、优婆塞、优婆夷等出家、在家的男女弟子。

## 译文

《盂兰盆经》中说："大目犍连刚刚修成神通力，就想超度父母，报父母的哺育之恩。他用修道而得的眼通力，朝世间观看，看见他那死去的母亲生活在饿鬼之中，整天看不见食物，没有饭吃，瘦得皮和骨头都长得连在一起了。目连感到十分悲痛、难过，就用钵盛着饭，前去送给母亲吃。他母亲接着饭，便用左手遮住钵，右手抓着吃。饭还没有到口中，就变成了火炭，于是目连的母亲便吃不成了。目连见此情形，大叫一声，号啕大哭起来，眼泪像雨水一样滚淌着。他飞快地跑回去，向佛详细讲述刚才的事情。佛说：‘你的母亲罪业深重，并不是你一个人能解脱、超度的。你虽然十分孝顺，即使你的哭声高得震动了天地，天神、地祇、邪魔外道、道士、四天王神都来帮你，也无可奈何。这就必须借用十方众僧的神威的法力，才能将你母亲解脱出来。我现在应当演说救济的方法，使一切受苦受难的人，都能脱离忧愁和苦难。’

“佛接着告诉目连：‘十方世界的众僧们，在七月十五日，僧自恣日这天，应当为他们七世的父母，以及现在的父母正身处厄难的人，准备好饭食及各种美味的蔬菜瓜果，为他们洗刷好各种盆、器，举着香油做的灯烛，在床上铺好温暖的被褥等睡具。再把世上所有的最美味可口的东西放在盆里，以供养十方的大德、众僧。就在这一天，一切的圣众，或者是在山中禅定；或者已经修得了四道果；或者是树下经行；或者本身就已经具备了六神通力，正在教化他们的声闻弟子、缘觉圣者；或者十地的菩萨、大人都先化成了比丘，夹杂在众僧之中。所有的这些众僧都万众一心，享用着钵和罗饭，受持着清净戒。圣众们的佛道、德行如大海一样浩瀚深广。如果有人供养了这些自恣僧，他现世的父母以及六亲眷属，都能从火涂、刀涂、血涂这三涂的苦难中解脱出来，而且是当时就立刻解脱了，身上自然穿着衣服，也自然有饭食吃了。如果父母还在世上，他们就能幸福、快乐地活到一百岁。如果是七世父母，就能生活在天上，自由自在地化成一道华光直向天上而去。’

“当时，佛就特许十方的众僧，都先为施主一家人念咒祈愿，祈愿他们的七世父母永离苦难。然后坐禅、静虑、定意，再受用施主所施的食物。刚开始受食时，众僧们要先把食物安放在佛面前。在佛塔、寺庙中的佛像前，众僧念咒祝愿完毕，便各自开始受用起食物来。当时目连比丘和诸位大菩萨，都十分欢喜，目连的啼哭声也立刻消失。目连的母亲也就是在这一天脱离了一劫饿鬼的苦难。

“目连又跑去告诉佛说：‘弟子的生身母亲，得以蒙受三宝功德的力量，得以借助天下众僧威猛的神力，所以将来世上的一切佛的弟子，都应该供奉盂兰盆救度他们现世的父母以及七世的父母们，您认为这样可以吗？’

“佛回答说：‘这太好了，你问得很及时啊，我正要讲呢，你就又问了。善男子们，譬如比丘、比丘尼、国王、太子、大臣、宰相、三公、百官、平民、百姓等所有行善尽孝的人，都应该先为他们现世的生身父母，过去的七世父母，在七月十五日，即佛欢喜日，也即僧自恣日，把百种美味可口的饭食放在盂兰盆中，布施给十方的自恣僧，祝愿他们的现世父母，寿活百年，无病、无一切苦恼、烦忧，乃至于祝愿他们过去七世的父母，脱离饿鬼之苦，生于人间或天上，幸福、快乐无穷无尽。只要是佛的弟子、修孝顺之心的，都应该常常想念、回忆起父母乃至七世的父母，在每年的七月十五日，常以孝慈之心，忆念在世的生身父母，为他们做盂兰盆，施食给佛及众僧，以报答父母对自己的长期养育慈爱之恩。所有的佛弟子，都应当奉持这种法式。’当时，目连比丘、四辈弟子们都高高兴兴地奉行起来。”

## 青苗会

### 原典

祈保田稼也。

《敕修清规·月分须知》云："五月端午日，住持上堂，次第建青苗会。堂司预出诸寮，看诵经单。"

《幻住庵清规》云："五月二十八日，起青苗经会，三日，至六月初一日散。须预备香、烛、供料，并立疏文。及预出经单，请大众结缘[①]披阅，然后聚其经目，入疏回向。"又《青苗经疏》云："岁遇中夏，当植物长茂之时，启建青苗胜会，用保田畴，仰祈护祐。"

## 注释

①**结缘：** 指与佛法结缘，为将来得度创造条件（缘）。

## 译文

祈愿能保住田地里的庄稼。

《敕修清规·月分须知》中说："五月端午节，住持上堂，按顺序建青苗会。堂司预先走出各座寮舍，查看诵经的单子。"

《幻住庵清规》中说："五月二十八日，开始举行青苗经会，为时三天，到六月初一日散会。建会前必须先预备好香、烛、供品，并立疏文。等到预先排好了经单，请众僧们结缘披阅，然后把经文的名单聚集起来写进疏文中，大众一齐回向。"又《青苗经疏》中说："季节到了中夏，正值植物生长茂盛的时候，我们启请举行青苗胜会，以便保护田亩、庄稼，仰请佛保佑。"

## 不断轮

### 原典

《敕修清规·祈祷》云：“如祈晴、祈雨，则轮僧十员、廿员，或三五十员，分作几引，接续讽诵，每引讽《大悲咒》《消灾咒》①《大云咒》②各三七遍，谓之不断轮。终日讽诵，必期感应，方可满散忏谢。”

忠曰：“轮”者，自第一引，次第精修；数引终，则复第一引临场，如轮环然，故言“轮”。

### 注释

①**《消灾咒》：**《佛说炽盛光大威德金轮佛炽盛光如来消灭一切灾难陀罗尼经》中说，受持读诵此陀罗尼者，能成就八万种吉祥事，能除灭八万种不吉祥事。

②**《大云咒》：** 唐代不空译。即《大云轮请雨经》中所记载请雨时所受持的陀罗尼。

### 译文

《敕修清规·祈祷》中说：“如果是祈晴、祈雨，就要轮上僧人十员、廿员，或者三五十员，分成几班，一班一班地连续着讽诵经咒，每班僧人都要念诵《大悲咒》《消灾咒》《大云咒》各二十一遍，这就叫作不断轮。众僧们整天念诵着，必定要期望到上天有所感应，方可以满散忏悔感谢佛。”

无著道忠说：“轮”，也就是从第一引，依次精心修禅；几引结束后，又是第一引重新开始上场，就好比车轮连环着转，所以就叫作“轮”。

## 浴佛

### 原典

《佛祖统纪》[①]云：“《摩诃利头经》[②]：四月八日，是佛生日，人民念佛，浴佛形像。”

旧说曰：浴佛香汤方：沉香[③]（壹两）、白檀[④]（壹两）、甘松[⑤]（半两）、丁子[⑥]（半两）、薰陆[⑦]（半两）、芎䓖[⑧]（半两）、郁金[⑨]（壹钱叁分），此七种，盛净布囊，投于铛内，用净水三揆，煎减二揆，移铛冷之，然后盛浴盆。

《天中记》[⑩]云：“四月八日浴佛，以都梁香[⑪]为青色水，郁金香为赤色水，丘隆香[⑫]为白色水，附子香[⑬]为黄色水，安息香[⑭]为黑色水，以灌佛顶。”

## 注释

①**《佛祖统纪》：**南宋志磐著，五十四卷。全书主要阐明天台教学的传统，以南宋景迁的《宗源录》、宗鉴的《释门正统》二书为基础，仿史书纪传体及编年体增编而成。本书虽奉天台宗为正统，虽编述偏重天台宗，但因采择史料丰富，编撰精审，不失为研究中国佛教史的重要参考资料。

②**《摩诃利头经》：**“利”当为“刹”的笔误。《摩诃刹头经》一卷。西秦圣坚译，说四月八日灌佛之事，以经首有摩诃刹头（摩诃萨）诸天人民长老明德的话语，故名。

③**沉香：**沉水香的略称。系采自热带所产瑞香科常绿乔木的天然香料。此香木材质甚重，为青白色。

④**白檀：**即白檀香。

⑤**甘松：**香草名。

⑥**丁子：**即丁香。

⑦**薰陆：**也称为乳香，似松脂，可制成染料。

⑧**芎䓖：**香草名。

⑨**郁金：**即郁金香。属球根植物，可制成染料，花可做香，称为郁金香。

⑩**《天中记》：**明代陈耀文撰，六十卷。因所居近

天中山，故名。其书援引颇富，间附辩证，说明所据由来，在明人类书中体裁较为完善。

⑪**都梁香：**香草名，即兰香。

⑫**丘隆香：**为“丘际香”之误。

⑬**附子香：**附子，植物名。根形似乌头，附乌头而生者为附子，可入药。

⑭**安息香：**香料，用安息香树脂制成。

## 译文

《佛祖统纪》中说：“《摩诃刹头经》记载：四月八日，是佛的生日，天下的人民都念佛，沐浴佛像。”

传统说法：浴佛香汤的配方：沉香（壹两）、白檀香（壹两）、甘松（半两）、丁香（半两）、藁陆（半两）、芎䓖（半两）、郁金（壹钱参分），把这七种香料盛放到布袋里，再把布袋投进锅铛中，加上干净的水三份，煎熬蒸发掉两份水，把锅铛移开，让它冷却，然后放到浴盆里。

《天中记》中说：“四月八日浴佛，把都梁香做成青色水，把郁金香做成红色水，把丘际香做成白色水，把附子香做成黄色水，把安息香做成黑色水，用它们来浇灌在佛像的头顶上。”

# 16　讽唱门

## 六讽经

### 原典

忠曰：每月两回六讽经，谓初二日土地①，初三日祖师，初四日火德②，初五日韦天③，初六日普庵④，初七日晚镇守。自十六日至二十一日，亦如上次第矣。其初二及十六土地讽经，见《幻住清规》。自余未得中华书所载，又未知此方何人肇制也。

### 注释

①**土地**：为专司土地之神，正称为福德正神，为道教及民俗所奉的神祇。于古代神话中，称为社神，为管

理一小地面的神。后转变为祭祀之神，与地上一切生产物、牲畜、农作物等年丰岁熟有密切关系，民间奉为福禄财神。

②**火德**：即火德星君。原属道教信仰，自宋朝以后，丛林佛殿的本尊前，挂有“南方火德星君神”的牌子，每月四日、十八日修火德讽经，以祈伽蓝安稳，消除火灾，为丛林六讽经之一。

③**韦天**：本为婆罗门教的神，原为战神，有六头、十二臂，手执弓箭，骑孔雀。此神的崇拜最初流行于南印度，五世纪后传到北印度，被大乘佛教吸收而为伽蓝的守护神，为南方增长天八大将军之首。

④**普庵**：南宋临济宗僧，宜春（江西袁州宜春）人，俗姓余，讳印肃。因普庵生前祛灾除病的灵验甚多，元仁宗延祐初年，宗瑀创建慧庆寺，于寺后营建普光明殿安置普庵的塑像，官俗尊信，传说江艘海船每获冥应而免除风涛。日本临济宗也受此风影响，在佛殿后安奉普庵的牌位。

## 译文

无著道忠说：每个月进行两回六讽经，也就是每月初二日的土地讽经，初三日的祖师讽经，初四日的火德星君讽经，初五日的韦天神讽经，初六日的普庵讽经，初七日晚镇守讽经。然后从十六日到二十一日，也按如上次序再轮一回。其中初二日以及十六日的土地讽经，可见于《幻住清规》中。其余的讽经，我在中国的佛教规仪书籍中没见有记载，不知是什么地方的什么人创制的。

## 二日、十六日土地讽经

### 原典

《幻住清规》云："每月初二、十六，是众圣衙会之辰，常住营备香华、灯烛、茶果珍羞，就土地堂，铺设供养，大众讽《楞严咒》。"

《兴禅护国论》①云："土地神事，谓每月初二、十六两日，诸神法施②，随处不同。"

忠曰：禅林土地讽经用此日，而荣西时，已立规焉。

### 注释

①《**兴禅护国论**》：日本临济宗僧荣西著，三卷。荣西系将临济宗黄龙派的禅宗自中国传入日本的第一人。他虽受南都北岭诸宗所迫害，然而荣西未曾屈服，且以"镇护国家、兴禅护国"为旨趣，而《兴禅护国

论》昭示于世，终令传至日本的禅宗得以肇端。

②**法施**：指宣说教法，利益众生。为“二施”之一，“三施”之一。又作“说教”“说法”“劝化”。与“唱导”同义。

## 译文

《幻住清规》中说：“每月的初二、十六日，是众多圣者聚会的日子，常住僧必须营办香、华、灯、烛、茶、果以及美味的食品，放到土地堂中铺开排好供养土地神，众僧们讽诵《楞严咒》。”

《兴禅护国论》：“土地神法事，指的是每月初二、十六日两天，请诸神宣说教法，利益众生，并随各地的情况不同而不同。”

无著道忠说：禅宗寺院里土地神讽经用这两天，在荣西和尚生活的那个时代就已经建立了规仪了。

# 每日三时讽经

## 原典

忠曰：每日粥罢、斋罢、放参罢，此三时，上殿讽经也。

译文

无著道忠说：每天的粥罢、斋罢、放参罢，这三个时间上殿讽经。

## 半斋讽经

原典

旧说曰：早粥已过，午斋未及，在其中间讽经，故曰半斋讽经。

译文

传统说法：早粥已经吃过了，午斋还没有到，在这中间的时候讽诵经文，就叫作半斋讽经。

## 结缘讽经

原典

《敕修清规·开山历代祖忌》云："或乡人，或江湖，举咒。"

解者曰：结缘讽经也。

## 译文

《敕修清规·开山历代祖忌》中说："或者是乡亲，或者是江湖禅僧，举诵咒文。"

解释者说：指结缘讽经。

# 念诵

## 原典

觉苑《大日经演密钞》[①]云："梵语瞿醯，此云念诵。"

忠曰：今禅林念诵，谓念十佛名[②]也。

《敕修清规·念诵》云："维那先离位，至门首，向住持立，合掌念诵。上八、中八（云云）、下八[③]云，白大众：'如来大师入般涅槃[④]，至今大元重纪至元元年，已得二千二百八十四载。是日已过，命亦随减，如少水鱼，斯有何乐？众等当勤精进[⑤]，如救头然。但念无常，慎勿放逸。伽蓝土地，护法护人；十方檀那，增福增慧。为如上缘念，清净法身[⑥]，十号[⑦]（云云）。'"

每日念诵，于食时念之。《大鉴小清规·维那须知法》曰："凡斋粥二时，僧堂念十佛（云云）。先出声念逐日小回向，满堂闻回向声。次大出声，念十佛名。多有维那，不依唐僧说，坚执日本古例，不念小回向。"

## 注释

①**《大日经演密钞》：** 略称《演密钞》。辽代觉苑撰，为《大日经义释》注释的书，乃历代密教行者重要参考书之一，迄今犹受重视。觉苑为燕京圆福寺沙门，于辽道宗太康年间（即宋神宗熙宁年间），奉道宗之敕而著成此书。

②**十佛名：** 又作食时十念。指每日粥、饭二时临斋所唱的佛名；“十”系约数，实际唱十二佛名。相传此法为东晋道安所创。

③**上八、中八、下八：** 即每月的初八、十八、二十八三个八日。又称三八日。

④**入般涅槃：** 依原语有二义，一为寂灭世间之烦恼执着，入无漏解脱；二为入无余依涅槃界，亦即漏尽者舍肉身而殁，此为第二义，指佛陀的入灭。

⑤**勤精进：** 也即依佛教教义，于修善断恶、去染转净的修行过程中，不懈怠地努力上进。

⑥**清净法身：** 形容佛身清净，无诸染垢，又称清净光明身。

⑦**十号：** 释迦牟尼佛或诸佛通号的十大名号。

## 译文

觉苑《大日经演密钞》中说："梵语瞿醯，这里称作念诵。"

无著道忠说：现在禅林中的念诵，指念诵十佛名。

《敕修清规·念诵》中说："维那先离开座位，到了门口，面向住持站着，合掌念诵。每月的初八、十八日、二十八日，对着众僧说：'自从如来入般涅槃后，到今天元朝的至元元年，已经有了二千二百八十四年。今天的日子已经过去了，生命也一天天地随之减少，就像少了水的鱼一样，又有什么快乐呢？所以众僧应当努力勤奋修行，如同救护自己的头颅一样。只要一想到人世万事无常，就不能放纵自己、贪图安逸。伽蓝的土地神，既护持佛法又保护人；十方的施主，既能增长智慧又增加幸福。因为如上的缘故，大众念诵清净的佛身，及十大佛的名号等等。'"

每日的念诵，都是在用斋时念它。《大鉴小清规·维那须知法》中说："凡是到了晨粥、午斋时，僧堂里都念诵十佛名号等等。先出声地念逐日小回向，整个僧堂里都能听到回向的声音。其次，出大声念十佛名号。多有一些维那不按照唐时僧人的说法，固执地依据日本禅宗的古法，不念诵小回向。"

## 十佛名

### 原典

旧说曰：凡十念[①]之称，可通一切佛号。然道安[②]所制食时十念，特称为十念矣，即今十佛名也。十是存大数，实佛名不到十。

### 注释

①**十念：**即称名的十念。《观无量寿经》所说的十念，即忆念阿弥陀佛的总相及别相，又称念其名号，不掺杂其他意念而专心持续者，可由此完成往生之因。

②**道安：**为东晋佛教（中国初期佛教急遽发展的时代）的中心人物。常山扶柳（河北正定）人，俗姓卫。道安曾劝苻坚招请西域的鸠摩罗什，并着手整理汉译经论，编成《综理众经目录》一书，所作《目录》等虽不存，然《出三藏记集》系根据其著作而编成者。此外，复致力于经典翻译，及诸经序文、注释等诸作。另于僧团仪式行规、礼忏等多所制立，且定释氏为僧姓，都为后世所依行。他的一生功业，在佛教史上贡献最大。

## 译文

传统说法：大凡十念这个说法，可与一切佛的名号相通。然而道安所制的食时十念，只称为十念，也就是现在所说的十佛名号。十是存的大数，实际佛的名号不到十个。

# 圆通忏法

## 原典

《六学僧传[①]·隋智𫖮传》云："永阳王伯智出抚吴兴，就山受戒，且建方等忏法[②]。七日夜，在郡昼治事，夜习观。𫖮一日谓门人智越[③]曰：'吾欲劝王修福禳灾。'越以为王已勤于进道，若更有所言，不知者以为佞也。乃止。俄王出猎，堕马几绝，𫖮为率众作观音忏法[④]。因而起，凭几坐。见僧擎炉进慰问王，时王流汗，未知所答。僧乃绕王一匝，痛遂止。"

## 注释

①**《六学僧传》：**元代昙噩撰，三十卷。全名《新修科分六学僧传》，收录自后汉明帝永平十年（公元

六七年）至宋代高僧一千二百七十三人的传记，依六学（慧、施、戒、忍辱、精进、定）、十二科（译经、传宗、遗身、利物、弘法、护教、摄念、特志、义解、感通、证悟、神化）分类，为收录最多的著作。

②**方等忏法：**指方等三昧的忏法，即行方等三昧时，诚心忏悔六根罪障。

③**智越：**隋代僧，为智𫖮门下第一人。于金陵从智𫖮学教，精通《法华》、禅宗以及戒律。开皇十七年（公元五九七年）智𫖮示寂前，师受托为其筹办石城寺佛前往生之事。其后二十年间，为天台山众僧之长，致力于师教的传承。大业十二年，示寂于国清寺。

④**观音忏法：**以观世音菩萨为本尊而修行的忏悔供养法。修法的顺序，先庄严道场，以香泥涂地，悬挂幡盖，置杨枝净水，烧香散花，向南安奉佛像，观世音像向东，行者向西五体投地，一心顶礼释迦佛、无量寿佛等，称三宝及观世音之名；次诵《消伏毒害咒》《破业障陀罗尼咒》《六字章句咒》等，披陈忏悔恶业众罪，礼毕如法行道，之后，一人登高座唱《请观音经》。于三七日或七七日之中修法。

## 译文

《六学僧传·隋智𫖮传》中说："永阳王伯智出京巡

抚吴兴，到寺院里受了戒，而且建立了方等忏法。七个日夜里伯智是白天在郡所处理政务，夜间修习观法。智𫖮一天对门人智越说：‘我要劝永阳王修福禳除灾祸。’智越认为，永阳王在佛道修习方面已经很勤奋精进了，如果再劝的话，不知道的人就会认为我们在搞鬼把戏。因此智𫖮就停止了他的做法。不久，永阳王出去狩猎，从马上摔了下来，差点送了命，智𫖮就率领着众僧为永阳王做观音忏法。永阳王因此就能够起身了，倚靠着茶几坐着。只见僧人擎举着垆子进去慰问永阳王，永阳王当时正痛得浑身流着大汗，不知怎么向僧人答话。僧人因此就围着永阳王绕了一圈，永阳王也就不痛了。”

## 转经会

### 原典

《卧云日件录》云："宝德[①]二年庚午九月，天龙寺[②]梦窗国师[③]一百年忌，修转经会。曰廿九日早晨，闻转经钟，众集云居。伶人作舞，六长老鸣铙，一长老唱《摩诃般若波罗蜜多》[④]，景南引众行道。众各手把一卷经，自云居出天龙总门，到三会院。院内及临川诸堂，诸廊行道旋绕，无不到处，却出经旧路，复到云居门外。导师未及一匝，而行道才毕。"

## 注释

①**宝德**：为日本后花园天皇（百二代）的年号。宝德二年庚午，为公元一四五〇年。

②**天龙寺**：日本临济宗天龙寺派大本山。位于京都右京区嵯峨町。寺内藏有梦窗国师顶相、佛画，策彦周良入明的记录等。

③**梦窗国师**：即日本临济宗僧梦窗疏石。伊势人，俗姓源，字梦窗，为宇多天皇后裔。参禅于镰仓诸寺，师事一山一宁、高峰显日诸师，受显日印可。正中二年（公元一三二五年），应后醍醐天皇的召请，住于京都南禅寺、镰仓圆觉寺，大扬禅风。后创建天龙寺，为开山第一世。贞和二年（公元一三四六年），弟子无极志玄继天龙寺法席，师退隐云居庵。观应二年（公元一三五一年）九月示寂，世寿七十七。

④**《摩诃般若波罗蜜多》**：即《摩诃般若波罗蜜多心经》，也略称《心经》，全一卷，唐玄奘译。本经系将内容庞大的《大般若经》浓缩，成为表现“般若皆空”的经典。

## 译文

《卧云日件录》中说：“宝德二年庚午九月，天龙寺梦窗国师一百年的忌日，举行了转经会。在二十九日早晨，听到转经钟后，众僧们就都集中到云居来了。伶人们跳着舞，六位长老鸣敲着铙，一位长老唱诵《摩诃般若波罗蜜多》，景南引着众僧行道。众僧各人都手捧一卷经，自云居出天龙寺的大门，来到三会院。院内及临水的各个房间、各条走廊，都要行道旋绕着走过，无处不到，再出来经过原先来时走过的路线，重回到云居门外。导师还没绕完一圈，行道就结束了。”

## 转藏

### 原典

忠曰：转读[1]大藏经[2]也。盖转藏与看藏不同。看者每行阅过，自首彻尾；转者唯读每卷初中后数行而已。（初七行，中五行，后三行。）

《敕修清规·旦望藏殿祝赞》云：“旦望，古来转藏祝寿。今则必先侵晨登殿，御座前祝赞，于礼为恭。”

### 注释

①**转读：**以抑扬顿挫的声调咏诵佛经。

②**大藏经：**佛教典籍丛书。以经、律、论为主，并

包括若干印度、中国等国其他佛教撰述在内。南北朝时称“一切经”，隋代以后才有此称。原指汉文佛教典籍，后泛指一切文种的佛典的丛书。

## 译文

无著道忠说：也就是转读大藏经。大概转藏与看藏意思不同。看，也就是每一行都读过去，从头至尾；而转，只需要读每一卷的开头、中间、结尾的几行就行了。（开头七行，中间五行，结尾三行。）

《敕修清规·旦望藏殿祝赞》中说：“每月的旦日、望日，自古以来就要转藏祝寿。现在则必定先要在早晨就登上藏殿，在御座前祝赞，这在礼仪上才算是恭敬的。”

# 圆觉会

## 原典

《北磵续集》云：“圆觉会首求颂，颂曰：‘大圆觉海[①]胜伽蓝，七佛[②]之师首发谭，引得上乘菩萨子，大光明藏作同参[③]。’”

## 注释

①**大圆觉海**：海，指佛陀开悟的境界，其境广大而难以度量，故以为喻。大圆觉海，即指如来所证的理性具足万德、圆满周备、灵明朗然的境界。

②**七佛**：部派佛教以后，认为过去有七佛。据《长阿含经》卷一载，释迦牟尼前有六佛：毗婆尸佛、尸弃佛、毗舍婆佛、拘楼孙佛、拘那含佛、迦叶佛，加上释迦牟尼佛，通称为“过去七佛”。

③**同参**：一般指同事一师共同参禅者。此为互相研究的意思。

## 译文

《北磵续集》中说：“圆觉会首求我作颂，我的颂说：‘阔大深广的圆觉海胜过了伽蓝，过去七佛的师家首先开讲，引来了大乘菩萨，以大光明藏做同参。’”

# 华严会

## 原典

《曹源生禅师录[①]·散华严会上堂》云：“一多[②]相入，理事圆融。一门[③]通贯一切门；一法[④]遍含一切法[⑤]。”

《大慧杲和尚年谱》[⑥]云:“孝宗[⑦]隆兴元年,师七十五岁。(时住径山)出衣盂,命阖山清众阅《华严经》七百余部,用祝两宫圣寿,保国康民。”

## 注释

①**《曹源生禅师录》:** 即《曹源道生禅师语录》,全称《曹源和尚住饶州妙果禅寺语录》,全一卷,宋代僧曹源道生撰,法嗣痴绝道冲编。辑录妙果寺上堂语、信州龟峰寺上堂语及小参、赞颂等。

②**一多:** 为华严宗十玄门之一。此门乃就“用”而言,就诸法相入的关系,以破众生执一切法不能互摄互入之疑。于许多事物中,随便举出一件事物作为一,那么除去这一件事物,其余的许多事物就是多了。如果一遍于多时,多能容一;多遍于一时,一能容多。

③**一门:** 即一个法门。

④**一法:** 意即一事、一物,乃相对于万法、一切法而言的。此“法”表示存在、事物的意思,并非“法则”。

⑤**一切法:** 乃泛指一切有为法、无为法及不可说法,即包含一切事物、物质、精神,以及所有现象的存在。

⑥**《大慧杲和尚年谱》:** 即宋代临济宗杨岐派僧人

大慧宗杲的年谱，又称《大慧普觉禅师年谱》。

⑦**孝宗：**即南宋孝宗赵昚。

## 译文

《曹源生禅师录·散华严会上堂》中说："明白了一与多互相摄容的道理，处理事情就会圆融了。一个法门实际上和一切法门都是相通的；一法实际上包含了整个一切诸法。"

《大慧杲和尚年谱》中说："南宋孝宗隆兴元年，宗杲禅师七十五岁。（当时住于径山）出示自己的衣、盂，命令全寺院的众僧阅读《华严经》七百余部，用来祝两宫太后长寿，保护国家社稷，安抚天下百姓。"

# 浴佛偈

## 原典

《敕修清规·佛降诞》云："维那宣疏毕，举唱浴佛偈云：'我今灌沐诸如来，净智[①]庄严功德[②]聚。五浊[③]众生令离垢，同证如来净法身。'行道浴佛。"

忠曰：偈出《浴像功德经》，唐宝思惟[④]译，有一卷。

《莹山清规·浴佛偈》云："稽首大圣薄伽梵[⑤]，天上天下两足尊。我等今以功德水，灌浴如来净法身。”未考出何典，洞家⑥诸刹唱此偈。

## 注释

①**净智**：即净智相。由真如内熏的法力与法熏的力量而如实修行的结果。

②**功德**：指念佛、诵经、布施等，佛教认为因此可得善的报应。

③**五浊**：又作五滓。指减劫（人类寿命依次减短的时代）中所起的五种滓浊。此指：（一）劫浊，（二）见浊，（三）烦恼浊，（四）众生浊，（五）命浊。

④**宝思惟**：唐代译经家。北印度迦湿弥罗国的刹帝利种，自幼出家，修习禅要，受具足戒后则专习律品。长寿二年（公元六九三年）至洛阳奉敕住天宫寺。不久，于天宫、佛授记、福先等寺译出《不空罥索陀罗尼经》等七部九卷。天册万岁元年（公元六九五年），参与《武周刊定众经目录》的编纂工作。其后不再译经，唯精勤礼诵，修诸福业。开元九年（公元七二一年）示寂，世寿一百余。

⑤**薄伽梵**：即世尊的梵文音译。原为婆罗门教对于长老的尊称。佛教用以尊称佛陀释迦牟尼。

⑥**洞家**：曹洞家的略称。即曹洞宗。

## 译文

《敕修清规·佛降诞》："维那宣读疏文完毕，举唱浴佛偈说：'我今天浇灌沐浴如来，净智相庄严聚集起大功德。能使身具五浊的众生永离污垢，一同来证悟如来清净法身。'接着行道浴佛。"

无著道忠说：此偈出自《浴像功德经》，唐代僧宝思惟译，全一卷。

《莹山清规·浴佛偈》中说："我向大圣人薄伽梵稽首行礼，您是天上、天下、人中最尊贵的了。我们今天用这功德水，来浇灌沐浴如来清净的法身。"我没考查出此偈出自哪部佛经，曹洞宗的各所寺庙都唱这个偈。

# 启请

## 原典

忠曰：凡讽经前，奉请佛菩萨，此为启请。

《敕修清规·楞严会》云："白佛宣疏毕，楞严头[1]喝楞严，众和。"

忠曰：喝楞严者，即启请也，谓楞严会上诸菩萨之梵音是也。《备用清规》作"佛菩萨"。

《备用清规·楞严会》云："楞严头喝楞严会上佛菩

萨三声，众和。”

《东渐清规·楞严会》云：“维那归位，向佛宣疏毕，行者鸣磬，楞严头举启请，众和。”

忠曰：《莹山清规》作“启唱”，讹矣。

## 注释

①**楞严头：**楞严会中举唱圣号、序引、《楞严咒》的职称，通常选择音声充足佳美者担任。

## 译文

无著道忠说：凡是在讽经前奉请佛菩萨，这就叫作启请。

《敕修清规·楞严会》中说：“对着佛像宣读疏文完毕，楞严头喝楞严，众僧齐声应和。”

无著道忠说：“喝楞严”，就是启请，指楞严会上各个菩萨的梵语读音。《备用清规》中作“佛菩萨”。

《备用清规·楞严会》中说：“楞严头喝唱楞严会上诸佛菩萨名三声，众僧应和。”

《东渐清规·楞严会》中说：“维那归其位置，对佛宣读疏文完毕，行者鸣敲磬，楞严头举唱启请，众僧应和。”

无著道忠说：《莹山清规》中作“启唱”，错了。

## 序引

### 原典

忠曰：楞严会启请后，咒前，念《楞严经》文。

《敕修清规·楞严会》云："楞严头喝楞严，众和毕，仍作梵音，唱念经首序引毕，方举咒。"

《备用清规·楞严会》云："楞严头喝楞严会上佛菩萨三声，众和了。起'尔时世尊'云，举咒讽毕。"

忠曰："尔时世尊"，即《楞严经》咒前文，所谓经首序引也。《莹山》《东渐》，并名为佛母，无义，如下辨：

序引文云："尔时世尊，从肉髻中，涌百宝光，光中涌出千叶宝莲。有化如来，坐宝华中，顶放十道百宝光明。一一光明，皆遍示现十恒河沙[①]。金刚密迹擎山持杵，遍虚空界[②]，大众仰观，畏爱兼抱，求佛哀祐，一心听佛，无见顶相[③]，放光[④]如来，宣说神咒。"

### 注释

①**恒河沙：**即恒河的沙子。又作恒边沙、恒水边流沙。

②**虚空界：**本指眼睛所看见的虚大空间，比喻理体

周遍的法界。为十二真如之一。

③**无见顶相**：指佛八十种相好的第六十六种。指佛顶高得看不见了的形相。

④**放光**：佛身上所发的光焰，恒常不灭，是非常之光，所以又叫神通光。

## 译文

无著道忠说：在楞严会启请之后，念诵《楞严咒》之前，念诵的《楞严经》文，就叫作序引。

《敕修清规·楞严会》中说："楞严头喝请楞严，众僧应和完后，仍用梵音唱念《楞严经》开头序引，结束后才举唱咒文。"

《备用清规·楞严会》中说："楞严头喝请楞严会上诸佛、菩萨三声，众僧应和了。起'尔时世尊'说一通，举唱咒文讽诵完毕。"

无著道忠说："尔时世尊"，也就是《楞严经》咒之前的经文，也就是常说的经首序引。《莹山清规》和《东渐清规》都称之为佛母，实际上没有什么意义，辨析如下：

序引文说："那时的世尊，从他的肉髻中涌出百宝光，光中又涌现出千叶宝莲。有的化成了如来，坐在宝莲华中，头顶上放射着十道百宝的光明。每一道光明，都完全显示出十堆恒河的流沙。金刚密迹高擎着大山、手持着金刚杵，在整个虚空界巡视着，众生仰观着，心中既敬畏又热爱，请求佛哀怜保佑，并专心听佛，观佛无见顶相，放光如来，并宣讲演说神咒。”

## 咒心

### 原典

忠曰：七月十三日，楞严会满散[①]，诵《楞严经》咒后文，此为结咒心。

忠曰：结咒心者，所谓咒尾末章也。《莹山》《东渐》并名为佛母，无义，如下辨：

咒心文云：“阿难，是《佛顶光聚悉怛多般怛罗》[②]，秘密[③]伽陀[④]，微妙章句，出生[⑤]十方一切诸佛[⑥]。十方如来，因此咒心，得成无上正遍知觉[⑦]。十方如来，执持咒心，降伏诸魔，制诸外道。十方如来，乘此咒心，坐宝莲华，应微尘[⑧]国。乃至十方如来，传此咒心，于灭度[⑨]后，付佛法事，究竟住持，严净戒律，悉得清净。”

## 注释

①**满散**：指法会圆满日。即法会期满，众人散去的意思。为“启建”的对称。

②**《佛顶光聚悉怛多般怛罗》**：《首楞严经》所说《大佛顶咒》的名称。“悉怛多般怛罗”，意译为“白伞盖”，以譬喻大悲的光明遍覆法界。

③**秘密**：“秘”，为秘奥的意思，言其法门的深奥；“密”为隐秘，言其不容易示人。佛说诸经各有秘密之法。

④**伽陀**：为九部教之一，十二部经之一，即偈、偈颂。此指教说段落或经文的末尾，以句联结而成的韵文。

⑤**出生**：禅林僧堂中，于进食之时，从应量器中取出“生饭”，施与大鹏金翅鸟、旷野鬼神众、诃利帝母等罗刹鬼子母诸鬼神，称为出生。此处“出生”为譬喻义，谓此咒能供养诸佛、菩萨，使之修成正果。

⑥**十方一切诸佛**：佛教将东、西、南、北、东南、西南、东北、西北、上、下十方无数世界及净土中的诸佛，称为十方诸佛；十方一切诸佛不但指布满一切空间中的诸佛，还包括存在于过去、现在、将来三世中的诸佛。

⑦**无上正遍知觉**：即佛的菩提。意为佛具有断绝世间烦恼而成就涅槃的无上智慧。

⑧**微尘**：即眼根所能摄取的最微小的色量。极微，

为《俱舍论》卷十、卷十二所说的色法存在的最小单位。以一极微为中心，四方上下聚集同一极微而成一团者，称为微尘。此处以微尘为一譬喻，义同《法华经》中所说。《法华经》卷五《如来寿量品》中，为表示如来成佛以来时间的长远，设了一个譬喻：譬如五百千万亿那由他阿僧祇国三千大世界，假使有人抹为微尘，过于东方五百五千万亿那由他阿僧祇国，乃下一尘。如是东行，尽是微尘。……是诸世界，若着微尘以及未着者，尽以之为尘，一尘算作一劫。如来成佛以来，又已经经过了此百千万亿那由他阿僧祇劫。由此可知，如来应了微尘国的劫数之多。

⑨**灭度：**谓命终证果，灭障度苦。即涅槃、圆寂、迁化的意思。

## 译文

无著道忠说：七月十三日，楞严会满散时，念诵《楞严经》咒语后的经文，这叫作结咒心。

无著道忠说：结咒心，也就是《楞严咒》后边的经文。《莹山清规》《东渐清规》都称之为佛母，没有什么意思，辨析如下：

咒心文说："阿难，是《佛顶光聚悉怛多般怛罗》，这段秘密深奥的伽陀，微妙的章句，使十方一切诸佛受供养、修成正果。十方世界的如来，因为这段咒心文，能修成无上正遍知觉。十方世界的如来，能执持此段咒心文，降伏各种妖魔，制伏各种外道。十方世界的如来，乘着这段咒心文，坐着宝莲华，应微尘国之劫数。乃至十方世界的如来，传授着这段咒心文，在灭度之后，能继承佛的慧命，住持佛的正法，并且严肃戒律，也就都能得清净身了。”

## 开启

### 原典

初开法事之场也。

《敕修清规·圣节》云：“预于某月某日，启建金刚无量寿道场。一月日，逐日轮僧上殿，披阅金文①，今辰开启。”

### 注释

①**金文**：用泥金所书写的文字。

### 译文

刚刚开始建法事道场。

《敕修清规·圣节》中说："预定在某月某日，开始建金刚无量寿道场。一个月的时间里，众僧逐日轮番上殿，披阅金色经文，今天开始启建道场。"

## 满散

### 原典

忠曰：凡建会行法事毕，临散场讽诵，曰满散。

### 译文

无著道忠说：凡是建立法会、行法事结束，临近道场散会时讽诵的经文，叫作满散。

## 散经

### 原典

忠曰：转大藏[1]或某经毕，修满散佛事也。

### 注释

①**大藏**：即大藏经。

## 译文

无著道忠说：转读大藏经或者某一部经文结束，修行满散佛事。

# 散忌

## 原典

修忌法事，满散也。

《敕修清规·达磨忌》云："堂司行者报众，挂讽经牌。当晚讽经并覆来日半斋，各具威仪，散忌讽经。"

## 译文

指举行忌日法事的满散。

《敕修清规·达磨忌》中说："堂司行者报告众僧，挂讽经牌。当天晚上讽诵经文，而且第二天半斋，众僧各人都要注意威仪端正，进行散忌讽经。"

# 普回向

## 原典

《敕修清规·楞严会》云："每日粥罢……集众讽咒

毕，楞严头举普回向偈，大家同声念。”

普回向偈，《敕修清规》载。《备用》云：“普回向偈，真歇和尚自制。”

## 译文

《敕修清规·楞严会》中说：“每天的粥罢……集合众僧讽诵咒文结束后，楞严头举唱普回向偈，大家同声念诵。”

普回向偈，《敕修清规》有记载。《备用清规》中说：“普回向偈，真歇和尚自己创制的。”

# 回向

## 原典

忠曰：讽诵之后愿文[①]，以所修善业，回向所愿事也。

《敕修清规·圣节》云：“维那举《楞严咒》，回向。”

《摩诃止观》[②]云：“回向者，回众善向菩提[③]、一切贤圣。”

## 注释

①**原文**：修善作福之际，告白发愿意趣的文辞。又作祈愿文、发愿文。

②**《摩诃止观》**："天台三大部"之一。天台宗创始人隋智顗讲述，弟子灌顶笔录，十卷（或作二十卷），阐述天台宗"止观学说"。《正观章》中一个重要内容是论一念三千的禅法（千差万别、包罗万象的三千世界，本来存在于一念的心中）。

③**菩提**：指对佛教"真理"的觉悟。广义地说，凡断绝世间烦恼而成就"涅槃"的"智慧"，通称为"菩提"，与佛教最高"智慧"含义相近。

## 译文

无著道忠说：讽诵之后的祈愿文，把自己所修行的善业，回向自己所祈愿的事。

《敕修清规·圣节》中说："维那举唱《楞严咒》，回向。"

《摩诃止观》中说："回向，也就是众人所修行的善业，回向菩提及一切贤圣。"

## 略三宝

### 原典

旧说曰：凡回向之尾，必有“十方三世[①]”等语，此名略三宝。谓十方三世一切诸佛是佛宝[②]；诸尊菩萨摩诃萨[③]是僧宝[④]；《摩诃般若波罗蜜》[⑤]是法宝[⑥]也。其鸣磬法，“十方”一下；“诸尊”一下；“摩诃般若”一下，分三宝也。如祝圣回向，金刚无量寿佛，乃佛宝；仁王菩萨摩诃萨，乃僧宝；《摩诃般若波罗蜜》，乃法宝也。鸣磬法，准前可知。

### 注释

①**三世：**也称为“三际”。“世”为迁移、流动的意思，用于因果轮回，指个体一生的存在时间。“三世”，即“过去”（前世、前生、前际）、现在（现世、现生、中际）、未来（来世、来生、后际）的总称。

②**佛宝：**三宝之一。本指佛教创始人释迦牟尼，此泛指一切佛。

③**摩诃萨：**“摩诃萨埵”的略称。是菩萨或大士的通称。意思是此大众系愿大、行大、度众生大，于世间诸众生中为最上，不退其大心，故称。

④**僧宝**：三宝之一。指继承、宣扬佛教教义的僧众。

⑤**《摩诃般若波罗蜜》**：即《摩诃般若波罗蜜经》，后秦鸠摩罗什译，二十七卷（或三十卷、四十卷），计九十品。旨在阐明般若波罗蜜法。为大乘佛教初期阐说般若空观的基础典籍。

⑥**法宝**：三宝之一。指佛所说的教义和教典，为构成佛教的三宝之一。

## 译文

传统说法：凡是回向结尾处，必有"十方三世"等语句，这叫作略三宝。意思是，十方三世的一切诸佛都是佛宝；诸尊贵的大菩萨是僧宝；《摩诃般若波罗蜜经》是法宝。当时鸣磬的方法是，"十方"句，敲一下；"诸尊"句，敲一下；"摩诃般若"句，敲一下，分别三宝。如果是祝圣回向，金刚无量寿佛是佛宝；仁王大菩萨是僧宝；《摩诃般若波罗蜜经》是法宝。鸣磬的方法，参照前面的就知道了。

## 声明

### 原典

忠曰：称号讽演，流畅其声，此曰声明。《瑜伽论[①]·说五明》曰："内明[②]处、医方明[③]处、因明[④]处、声明[⑤]处、工业明[⑥]处。"佛家声明，亦彼摄也。《传灯录》声明三藏[⑦]，善别音声。此辨五音，亦是五明学[⑧]流类。

### 注释

①**《瑜伽论》**：《瑜伽师地论》的略称。弥勒讲述，无著记。系瑜伽行学派的基本论书，也是法相宗最重要的典籍，更为中国佛教史上的重要论书。内容记述作者闻弥勒自兜率天降至中天竺阿瑜陀国的讲堂说法的经过。其中详述瑜伽行观法，主张客观对象乃人类根本心识的阿赖耶识所假现的现象。

②**内明**：五明之一。相对于"声明""工巧明"等学艺，而专心思索佛所说的五乘因果的妙理，即指形而上的学问。

③**医方明**：即医药学。

④**因明**：五明之一，乃印度的论理学（逻辑学）。

意指举出理由而行论证的逻辑学。

⑤**声明：**语言学、修辞学、音韵学。

⑥**工业明：**又作“工巧明”，为工艺、技术、算历等学问。

⑦**声明三藏：**讽咏偈颂、名号等的梵呗法。此法很早就传入中国了。《出三藏记集》卷十二《法苑杂缘原始集》目录中，揭举了陈思王（曹植）《感鱼山梵声制呗记》、支谦《制连句梵呗记》、康僧会《传泥洹呗记》等目，可见中国很早就能善辨音声。

⑧**五明学：**印度佛教教授学徒的五种学问。即声明、工巧明、医方明、因明、内明。

## 译文

无著道忠说：称诵佛号，讽唱演说，使声音优美流畅，就叫作声明。《瑜伽论·说五明》中说：“内明处、医方明处、因明处、声明处、工业明处。”佛家声明，也包容于这五明中。《传灯录》中《出三藏记集》所记载的声明资料，表明我国古人很早就善于辨别音声了。这里所说的辨明五音，也属于五明学一类。

## 平举

### 原典

《敕修清规·大夜念诵》云:“知客平举《楞严咒》。”

解者曰:送亡维那,不举启请,直举南无萨怛多①,曰平举。以不举启请,亦不举摩诃梵②,盖恐妨诸方人结缘讽经也。

《东渐清规·送亡式》云:“维那平举《楞严咒》,不启请,曰平举。”

### 注释

①**南无萨怛多:**“南无”,也称“南谟”,意为致敬、归敬、归命,是佛教信徒一心归顺于佛的用语,常用来加在佛、菩萨名或经典题名前,表示对佛、法的尊敬。此是加在真言名前。“萨怛多”为“萨怛多般怛罗”的略称。

②**摩诃梵:**即用梵呗诵唱含有“摩诃般若波罗蜜”文字的偈。禅林中,如于楞严会行道结束后,楞严头或维那举唱“十方三世一切佛,诸尊菩萨摩诃萨,摩诃般若波罗蜜”的文句,大众也和唱之,称为“摩诃梵”。

或经前诵唱普贤十大愿后，随即诵唱“十方三世一切佛，一切菩萨摩诃萨，摩诃般若波罗蜜”的文句。

## 译文

《敕修清规·大夜念诵》中说：“知客平举《楞严咒》。”

解释者说：送亡的维那，不举启请，直接举唱南无萨怛多，就叫作平举。因为它既不举启请，也不举唱摩诃梵，大概是怕妨碍各方的僧人结缘讽经。

《东渐清规·送亡式》中说：“维那平举《楞严咒》，不启请，就叫平举。”

# 表白

## 原典

忠曰：宣读咒愿[①]，凡表显事，以白告众，此谓表白。

慈受深禅师《慧林录·拈疏》云：“却请表白宣过。”

《僧史略》云：“唱导者，始则西域。上座凡赴请，咒愿曰‘二足[②]常安；四足[③]亦安，一切时中皆吉祥’

等，以悦可檀越之心也。舍利弗多辩才，曾作上座，赞导颇佳，白衣④大欢喜。此为表白之椎轮⑤也。”

## 注释

①**咒愿**：指沙门于受食等之际，以唱诵或叙述咒语的方式为众生祈愿。又作祝愿。

②**二足**：人有两足，故称人为二足。

③**四足**：指兽有四足类者。

④**白衣**：原指白色之衣，转指称着白衣者，即指在家人。印度人一般皆以鲜白之衣为贵，故僧侣以外者皆着白衣，从而指在家人为白衣。佛典中多以“白衣”为在家人的代用语。

⑤**椎轮**：原为原始的无辐车轮。此喻草创、发端。

## 译文

无著道忠说：宣读咒文、祈愿文，把所要表示、显现的事情，告诉大众，这就叫作表白。

慈受怀深禅师的《慧林录·拈疏》中说：“却在请表白宣读之后。”

《僧史略》中说：“唱导者，开始于西域。上座凡是赴请，都要咒愿说‘两足的人，常保安宁；四足的牲畜兽类，也能安乐，在一切时间中都吉祥’等等，用来取悦檀越的心。舍利弗具备很杰出的辩论才能，曾作为上座，他的赞导也很优秀，身着白衣的世俗信徒十分欢喜。这可以称为表白中的典范。”

## 白槌

### 原典

《碧岩录》云：“世尊一日升座，文殊白槌云：‘谛观法王法[①]，法王法如是。’世尊便下座。”

《广灯录·金沙禅师章》曰：“开堂[②]，有僧问：‘昔日梵王亲请佛，迦叶白槌，事若何？’师云：‘从古至今。’进云：‘恁么即遍天遍地也？’师云：‘收。’”

旧说曰：凡鸣椎白事，皆是白椎耳。然禅林，独于开堂称白椎。乃鸣椎一下，息静群喧，方白众，发法筵[③]云云语也。

忠曰：后说非也。

### 注释

①**法王法：** 法王，为对佛的尊称。佛为法门之主，能自在教化众生，故称法王。法王法，即佛法。

②**开堂：**原为古代译经院的仪式，此指新任命的住持，于入院之时，开法堂演说大法。此为禅刹的重要行事。

③**法筵：**即法席。

## 译文

《碧岩录》中说："一天，世尊升座，文殊白槌说：'聆听阅读佛法，佛法就是如此。'世尊就下了法座。"

《广灯录·金沙禅师章》中说："金沙禅师开法堂，有僧人问：'过去梵王亲自请佛，迦叶白槌，到底是怎么回事呢？'金沙禅师说：'从古至今。'僧人进一步问：'怎么就是遍天遍地呢？'禅师说：'收。'"

传统说法：大凡鸣槌宣说事情，都是白槌。然而禅林中，独独把新任住持的开堂称作白槌。也就是鸣槌一下，平息众人的喧闹声，才对众人宣说事项，开法席说一通等等。

无著道忠说：后一种说法不对。

# 17 祭供门

## 入门欢

### 原典

《大鉴清规》云："一代住持入祖堂[1]，新安位牌[2]，则前历代诸住持皆相迎接，问讯欢喜。住持之小师[3]，当为本师[4]修设历代供养，点心肴馔，作入门欢。若独设一位，新入住持自飧，令历代住持空坐，看别人受供，是何道理？两无面目。"

忠曰：或作劝勉之劝，非也。又有作款者。款，曲也。

### 注释

①**祖堂**：奉祀本寺"开山祖师"的殿堂，又称开山

堂。常设于佛殿前面的西方，与东方的伽蓝堂相对。宋时，以禅林尊崇开山，故祖堂中唯置开山像。然至后世也于堂中安置历代住持的牌位。

②**位牌：**为书写亡者姓名以便祭祀的长方形木牌。此风俗源自儒家，佛教加以沿用。

③**小师：**又作小僧、杂僧，一般指受具足戒未满十年的僧人。此指弟子，“住持之小师”，即住持的弟子。

④**本师：**指根本的教师，也即本缘导师、本从师的意思。此处为弟子对自己师父的尊称。

## 译文

《大鉴清规》中说：“一代住持进入祖堂，新安上牌位时，前任的历代住持们都要前来迎接，欢欢喜喜地互相问讯。住持的弟子，应当帮助自己的师父置办摆上点心菜肴果品，作为对历代住持的供养，这叫作入门欢。如果只独独准备一份供品，给新进祖堂的住持自己受用，让历代住持空坐着，看着别人受供，这算怎么回事呢？让双方的脸上都不好看。”

无著道忠说：“欢”，有作劝勉的“劝”，不对。又有作“款”的。“款”，曲的意思。

## 传供

### 原典

《大鉴清规·佛诞生》云："住持至，烧香一炷，大展三拜，不收坐具。侍者一班进卓排立，传供。"

《敕修清规·圣节》云："住持上茶汤，上首[①]知事递上。"

忠曰：递上，即传供也。

### 注释

①**上首**：即大众中位居最上者。于佛世时即有此称，上首一词散见于各汉译经典中。于后来禅林里，间以"首座"代称上首，而其推重之意不变。

### 译文

《大鉴清规·佛诞生》中说："住持到了，烧了一炷香，大展了三拜，没有收起坐具。侍者一班人进来靠着桌子排立，传供。"

《敕修清规·圣节》中说："住持上茶汤，上首的知事递上来了。"

无著道忠说：递上，就是传供。

# 斛食

## 原典

忠曰：施食法，方木函堆盛饭食，备三界万灵牌[①]前。此即斛食也。

《佛祖统纪》云："六道[②]斛，《净名经》[③]云：以一食施一切（言一切则全收六道），供养诸佛，及众贤圣，然后可食。南岳[④]'随自意三昧'[⑤]云：凡得食，应云：'此食色香味，上供十方佛，中奉诸贤圣，下及六道品[⑥]，等施无差别。'天台[⑦]《观心食法》[⑧]：鸣钟后，敛手，供养一体三宝[⑨]，次出生饭，称施六道。此皆等供十界[⑩]，即是今人施六道、修水陆供[⑪]之明证也。

"妙乐云：'世人设六道者，是梁武见江东多淫祀（杀生命，祭邪鬼），乃以相似佛法，权宜替之。'此盖荆溪[⑫]一往，以祭祀恶法，对佛法论之，将以止天下之杀，故未论十界等供之义。《焰口经》[⑬]令供养三宝，即是四圣[⑭]；供婆罗门仙[⑮]，即是人道[⑯]；供焰口众[⑰]，即是鬼道[⑱]。余四道虽不备，盖是当时赴机[⑲]未普，故经文隐略耳。

"若大乘行人[⑳]，圆观[㉑]法界，则当依《净名经》中义，若慈云[㉒]谓'鬼道得食，余五道不得者'。此等意，亦是用《婆沙论》[23]云：若因祭祀唯鬼神得之，余趣不可尽得。此是约人世祭祀言之耳。若依出世法[24]，用平等心[25]，修无碍供，则当仰观《净名》、南岳、天台三处之文，则理无不在。今有营小斛，曰散洒者。或一巨斛者，或至四十九斛者，皆所以等供[26]六道群品也。可不信哉？"

## 注释

①**三界万灵牌：**为使无缘的有情蒙受冥福，而安置禅刹佛殿的一种牌位。日本佛教界自镰仓时代初期即风行此风俗，文有"三界万灵、十方至圣、六亲眷属、七世父母""三界万灵、六道四生、七世父母、六亲眷属"等多种。此指于施饿鬼会时，书之于木牌，安置饿鬼棚，而以种种供物供养。

②**六道：**又作六趣，即众生各依其业而趣往的世界。即地狱道、饿鬼道、畜生道、修罗道、人间道、天道。这六道中，前三者称为三恶道，后三者称为三善道。

③**《净名经》：**《维摩诘经》的通称。维摩诘，意译净名。又玄奘将《维摩诘经》译为《说无垢称经》，玄奘之后则皆以《净名经》称之。

④**南岳：**指南朝陈代僧慧思，他曾于太建二年（公元五七〇年）入南岳讲般若经典、《中论》等，称为般

若道场，故慧思又称“南岳大师”。

⑤**随自意三昧**：为天台宗四种三昧中“非行非坐三昧”的异称。谓随意的生起即修禅定，而不局限于行、住、坐、卧四威仪。《大品般若经》称之为觉意三昧，南岳慧思则称之为“随自意三昧”。即于一切时中、一切事上，随意用观，念起即觉，意起即修三昧。

⑥**六道品**：即身处六道中的众生。

⑦**天台**：即天台大师智顗的别称。

⑧**《观心食法》**：又称《观食法》，一卷。隋代智顗述。本书教人以观法受食，成为般若食，显明空、假、中三观中道的旨趣，并引净名所言“非有烦恼，非离烦恼，非入定意，非起定意，是名食法”为旨趣。

⑨**一体三宝**：为三种三宝之一。又作同体三宝。三宝指佛、法、僧三者，名称虽异，于其本体实同为一，故云。

⑩**十界**：六凡四圣的简称。把佛和众生分为十大类的总称，即：地狱、饿鬼、畜生、阿修罗、人、天、声闻、缘觉、菩萨、佛。

⑪**水陆供**：即水陆道场。施饿鬼会之一。施斋食供养水陆有情，以救拔诸鬼的法会。

⑫**荆溪**：即唐代僧湛然。湛然为天台宗第九祖，常州荆溪（江苏宜兴）人。道号荆溪。以中兴天台宗为己

任。世称荆溪尊者或荆溪。

⑬**《焰口经》**:《佛说救焰口饿鬼陀罗尼经》的略称。唐代不空译。记载了施舍饿鬼法事的仪式、陀罗尼、诸功德等。

⑭**四圣**:指声闻、缘觉、菩萨、佛四圣。他们已经脱离烦恼,断轮回之苦。

⑮**婆罗门仙**:又称半天婆罗门,系鬼道之一。为施饿鬼会中施食对象之一。

⑯**人道**:即六道中的人间道。盖人欲真正为人者,必须与众人接触,谋众人的幸福,这也是大乘佛教菩萨精神的基础。此指人所住的区域。

⑰**焰口众**:即饿鬼道众生。生前贪不知足,死后就会堕入饿鬼道中,遍受诸苦。

⑱**鬼道**:即六道中的饿鬼道。前生造恶业、多贪欲者,死后生为饿鬼,常苦于饿渴。

⑲**赴机**:应众生的根机而说法。

⑳**大乘行人**:指大乘佛教的修行者。

㉑**圆观**:即天台宗中圆顿的观法。其主旨认为,修止观之法时,不渐次经历从浅至深的阶段,而由初时即直缘纯一的实相;实相之外,更无别法可资体达,称为"圆顿观"。

㉒**慈云**:宋代僧,名遵式。真宗赐号慈云,浙江宁

海人。曾于国清寺普贤像烧一指，誓传天台宗教学。明道元年示寂，后世称“慈云忏主”。著有《往生净土忏仪》等书。

㉓**《婆沙论》**：全称《阿毗达磨大毗婆沙论》，唐玄奘译，二百卷。本论乃注释印度迦多衍尼子的《阿毗达磨发智论》，广明法义，备列诸种异说，为部派佛教教理的集大成者。

㉔**出世法**：劝人成佛的教法。

㉕**平等心**：佛教认为对于众生，应等同视之，不应有高低、亲怨的区别，在值得怜悯和具有佛性上，平等无二。

㉖**等供**：又作等得。为众之食法，食前由上座至下末待食物分配平均，维那唱等供后，始能受食，以表示施主的平等布施。

## 译文

无著道忠说：施食的方法，用方木函堆盛着饭食，放在三界万灵牌前。这就是斛食。

《佛祖统纪》中说：“六道斛，《净名经》中说：把一块食物，施给一切（说一切，就把六道全包括了），供养诸佛及众多的贤圣，然后才能受食。南岳‘随自意三昧’中说：凡是得食了，应该说：‘这种食物的色、香、味俱佳，上则供养十方诸佛，中则供奉众多贤圣，下则供养到六道品中的众生，都一视同仁地施食，没有什么差别。’天台大师智顗的《观心食法》中说：鸣钟之后，收回手，供养一体三宝，接着摆上生饭，称为施六道。这都是平等地供养十界，正好是现在人们的施六道、修水陆供的明证。

“妙乐说：‘世人设六道，是因为梁武帝见江东一带多有淫祀的陋俗（滥杀生命，祭祀邪鬼），于是就以相类似的佛法，权且先代替那种淫祀的陋俗。’这大概因为荆溪一向，因为祭祀的坏习俗，就针对着佛法而讨论了它，将用来禁止天下人的杀生，所以没有讨论到十界平等供养这一层意思。《焰口经》中让供养三宝，就是四圣；供养婆罗门仙，就是人道；供养焰口众，就是鬼道。其余的四道虽然没有列举出来，大概因为当时赴机还没有普及，所以经文中隐去省略了。

“如果是大乘教的修行者，要想圆观法界，就应当依据《净名经》中的说法，就像慈云禅师所说‘鬼道得食后，其余的五道就得不到了’。这种意思，也是用《婆沙论》中的说法：如果因为祭祀只有鬼神得食了，其余的五趣就不能都得食了。这大概是为简约人世间的祭祀而说的。如果依持出世法，用平等之心，修无碍供，就应该向上看看《净名经》、南岳随自意三昧、智颉《观心食法》这三处有关的文字，就会处处在理了。现在有人营办小斛，叫作散洒。或者是一巨斛，或者多达四十九斛，都是用来平等地供养六道中众生。这难道还不可信吗？”

## 九味斋

### 原典

忠曰：或作鸠美菜，盖集美味也；或作供备菜。《大鉴清规》作九味斋，今依此为正，盖果糍[①]类有九味而已。如今时小器长脚者，金银装饰，高饾饤[②]馒头羊羹等，及诸珍果；或十二器（左右各六器），或十六器（左右各八器）。予曾观建仁千光祖师[③]五百年忌，其器银碗雕华形，横列四行，每行十器，凡有四十器。

《大鉴清规·末后事仪》云：“正大夜[④]时，念诵讽经，九味斋略之。”

忠曰：九味斋，本是宿忌[⑤]供物，可以之证焉。

云章和尚讲《敕修清规》到“达磨忌”曰：“儿孙者遇祖忌，则须尽如在之诚，以酬恩德。前晚备设供具鸠美菜等者，见殷勤之情也。本是前晚供物故，来早宜撤之；然犹留之，严饰灵筵耳。或曰：僧家[⑥]不可晚食，况祖师乎？是故宿忌回向，但举茶汤；到半斋回向，列举珍羞供物，及茶汤也。予谓：圣贤虽道高，世相[⑦]须同凡。若诸供一时进之，则匕箸难周，调摄违法。故宿夜进鸠美菜，来早献饭羹，于理得处。又当日供养，寻常也。若不以前晚供具，则无可以表丹悃[⑧]者。徒不可以晚食作难，而妨诚心矣。但茶汤礼，则以当日为本，学者须知之。"

## 注释

①**果糍**：水果、点心之类的供品。

②**高饾饤**：堆积在盘中祭祀的蔬果。

③**建仁千光祖师**：即日本临济宗开祖荣西禅师。他于京都开创建仁寺，作为台、密、禅三宗兼学的道场，并融合三宗而形成日本的临济宗。

④**大夜**：即"逮夜"。通宵达旦的意思。转指前夜。此特指荼毗（火葬）的前夜。

⑤**宿忌**：故人每年卒月的忌日，称为正忌日；正忌日的前一天称为宿忌日。

⑥**僧家**：即僧伽、僧侣。

⑦**世相**：于世间的形象。

⑧**丹悃**：赤诚的心。

## 译文

无著道忠说：或作鸠美菜，大概是集中了许多美味；或作供备菜。《大鉴清规》上作九味斋，现在以九味斋为正确的名称，大概点心、果品类的食物有九味而已。就好像现在高脚小器皿，装饰着金和银，上面高高地堆积着馒头，盛着羊羹等，以及许多珍贵的果品；有的是用十二件器皿（左右各六件器皿），有的是用十六件器皿（左右各八件器皿）。我曾经观看过建仁寺千光祖师的五百年忌，那些装供品的器皿、银碗上面都雕刻着花纹，横着排列着四行，每行十件器皿，总共有四十件器皿。

《大鉴清规·末后事仪》中说："正到了忌日的前后，念诵讽经，九味斋就省去了。"

无著道忠说：九味斋，本来是指宿忌日的供品，可以下面的材料来证明。

云章和尚讲解《敕修清规》，讲到"达磨忌"时，他说："儿孙们遇到祖宗的忌日，就必须尽自己所有的诚心，来酬报祖宗的大恩大德。在祖忌的前一天晚上准备供具、摆上珍美的菜肴等供品，表示自己的殷勤之情。本来是前一天晚上的供物，所以第二天早上应该撤掉；然而也有第二天还留着的，用来装饰灵筵。有人说：僧家晚上不能用食，何况祖师呢？因此宿忌的回向，只摆上茶汤；到半斋回向时，再排列上珍馐供品，以及茶汤。我认为，圣贤虽然道行高深，但他的世相也必定与凡夫俗子一样。如果诸多的供品同时全部摆上，则匕筷难全，烹调也容易乱套。所以一般地在前一天上供美味的菜蔬，第二天早上摆设饭食、汤类，也合乎情理。又，当天摆上供品，是很平常的事。如果不在前一天晚上就上供，就无法表达自己的赤诚之心了。万万不能因为晚上做饭困难、烧菜费事，而妨碍了表达自己的诚心。但是茶汤礼，却又以当日举行为正确，学僧们必须懂得这一点。”

## 生饭

### 原典

《敕修清规·日用轨范》云："钵刷[①]安第二鐼子[②]缝中，出半寸许。盛生饭，不得以匙箸出生饭，不过七粒，太少为悭食。凡受食[③]则用出生。或不受食，却不可就桶杓内撮饭出生。"

旧说曰：施鬼界众生之饭，故曰生饭。出饭不可过七粒，面不可过一寸，馒及饼可指甲许。生饭不可饤[④]请菜中，为受饭鬼与受菜鬼相争也。凡鬼中专受生饭者，旷野鬼也；专受施饿鬼食者，面然鬼[5]也。

或说曰：生饭者，人之生气在左掌，故先用右手拇指、中指而撮之，少点左掌。薰着生气于饭，然后置钵刷，唱偈，施与鬼子母，故曰生饭。

或曰：生字义，古德[6]未下解。有谓：生是熟之对，未下箸之新饭，是生义，以供鬼也。

忠曰：人生气在左掌，未得本据。谓生者，众生也，非生熟义。佛自言出众生食[7]，何不见经文，生曲说而为难解哉？《资持记》云："施生[8]，不必多也。"乃出于施众生之食也。

## 注释

①**钵刷：**僧众食后用以刷洗钵盂粘粒的薄板。宽约二公分，长约二十公分，一头圆形，加漆。

②**饙子：**蒸饭用的蒸笼。

③**受食：**禅林中的受食，指晨、午、夕等食事，即早晨时的粥、中午时的饭、傍晚时的药石。

④**饤：**掺杂。

⑤**面然鬼：**饿鬼名，即焰口鬼。

⑥**古德：**对古昔有德高僧的尊称。

⑦**出众生食：**出生的全称。

⑧**施生：**施生饭。

## 译文

《敕修清规·日用轨范》中说："钵刷安放在第二个鐼子的缝中，露出半寸多来。盛生饭时，不能用匙、筷盛出饭来，还不能超过七粒米，太少了也不行，就成了悭食了。凡是受食，都要用出生。有的不受食，就不能在桶杓内舀出饭来出生。"

传统说法：施给鬼界众生的饭食，所以叫生饭。出饭的时候不能超过七粒，面条不能超过一寸长，馒头和饼可用指甲大的。生饭也不能混在供菜中，如果这样的话，受饭的鬼就要和受菜的鬼相互争抢了。大凡鬼中专门受用生饭的，都是旷野鬼；专门受用施饿鬼食的，是面然鬼。

有人说：生饭，人的生气在左手掌上，所以先用右手的拇指、中指撮取饭粒，稍稍地点在左手掌。手掌上生气熏到饭上，然后放上钵刷，唱偈，施给鬼子母，所以叫生饭。

有人说：生字，古代的大德没有下什么解释。有人说：生是熟的反义词，没有下过筷的新鲜饭食，就是生的意思，用来供养鬼。

无著道忠说：人的生气在左手掌上，没有找到确切的根据。说生，就是众生，并不是生熟的意思。佛自己曾说过出众生饭，他们为什么就没看见这段经文，而是生出许多错误的说法，使得“生饭”更加难以解释通？《资持记》中说：“施生饭，量不必太多。”就是出于施众生之食。

## 出生

### 原典

忠曰：生饭亦言出生，出众生食之略言也。

《行事钞·计请设则篇》云：“明出众生食，或在食前，唱等得已，出之；或在食后，经论无文，随情安置。(《资持记》云：虽通前后，理合在前。准《宝云经》，乞食分四分：一与同梵行人，一与乞人，一与鬼神，一份自食。故知，前出，后方自食。)《涅槃》：因旷野鬼（云云）。《四分》：僧伽蓝中，立鬼神庙屋。传云：中国僧寺设鬼庙、伽蓝神①庙、宾头卢②庙，每至二食③，皆僧家送三处食，余比丘不出。《爱道尼经》④令出如指甲大。《智论》云：鬼神得人一口食，而千万倍出也。(《资持记》云：以鬼有通力，变少为多。此明施生不必多也。)”

《教诫律仪》⑤云：“凡欲出生粥，不得令净匙拄着净人出生器[⑥]中。若着处，即须更受匙。”又云：“凡所出生，饼当如一半钱大，饭不过其七粒，自余饭食，亦不得多。”又云：“凡所出生食，须事事如法。”又云：“出生食，不得将所弃恶食物致生中。”又云：“凡出生法，须安床边浅处，令净人掠取，不得自用手拈，意在护手。”

## 注释

①**伽蓝神：**又作伽蓝十八神，寺神。指伽蓝的守护神。

②**宾头卢：**全称宾头卢跋罗堕阇。为佛弟子，十六罗汉之一。永住于世间，现白头长眉之相。又称住世阿罗汉。

③**二食：**斋、粥二食。

④**《爱道尼经》：**二卷。译于北凉，译者不详。内容叙述比丘尼所应受持的戒律。

⑤**《教诫律仪》：**全称《教诫新学比丘行护律仪》，全一卷，唐代道宣撰。乃条录新学沙弥应遵奉的律仪。

⑥**出生器：**出生饭时所用的器皿。

## 译文

无著道忠说：生饭，又叫出生，是出众生之食的略称。

《行事钞·讣请设则篇》中说："要弄清楚，出众生食，或者是在吃饭前，等唱诵之事过了，就盛出施食；或者是在饭后，佛教经论中都无有关的规定，就根据当时的情况行事吧。(《资持记》中说：'虽然饭前、饭后都差不多，但依理应该在饭前施食。'根据《宝云经》，乞食时，要将食物分成四份：一份给同样修行佛法的行者，一份给鬼神，一份给行乞的人，一份自己吃了。因此，我们就知道了，出生饭应该在先，后来才能自己吃。)《涅槃经》中说：因为旷野鬼等等。《四分律》中说：佛教寺庙中建立有供鬼神的庙屋。传说中国的僧寺中设有鬼庙、伽蓝神庙、宾头卢庙，每当斋、粥两次饭食时，都由僧家送生饭到这三个地方施食，其他的比丘不再出生饭了。《爱道尼经》上说只能出指甲大的一块生饭。《智论》中说：鬼神得了人的一口饭食，就能变出千万倍多的饭食来。(《资持记》中说：因为鬼有神通，能变少为多。由此就能明白，施生饭时不必多。)"

《教诫律仪》中说："凡是要出生粥，不能让干净的匙插到净人的出生饭的器皿中。如果插着了，就要重新换一把匙。”又说：“凡是出生，饼应当如钱的一半大，饭不能超过七粒米，其余的饭食，量也不能多。”又说：“凡是施出的生饭，必须事事都要依佛法而行。”又说：“出生饭时，不能将自己嫌弃的、不好的食物放到生饭中。”又说：“出生的方法，都是放在床边浅的地方，让净人抓取，不能自己用手去拈，意思是保护手。”

## 茶汤

### 原典

忠曰：凡佛前、祖前、灵前，每日供茶汤，为恒礼。

宋刘敬叔《异苑》[①]云：“剡县[②]陈务妻，少与二子寡居，好饮茶茗。宅中先有古冢，每日作茗饮，先辄祀之。二子患之曰：‘古冢何知？徒以劳祀。’欲掘去之。母苦禁而止。及夜，母梦一人曰：‘吾止此冢二百余年，谬蒙惠泽。卿二子，恒欲见毁，赖相保护，又飨吾佳茗。虽泉坏朽骨，岂忘翳桑[③]之报？’遂觉。明日晨兴，乃于庭内获钱十万。似久埋者，而贯皆新。提还告其儿，儿并有惭色。从是祷酹[④]愈至。”

## 注释

①**《异苑》**：南朝刘敬叔撰。今本十卷。其志怪异，略如魏晋小说，所记陶侃、张华、温峤、谢灵运诸人异闻和一些古传说，多为唐人引用。

②**剡县**：县名，在今浙江省嵊县西南。

③**翳桑**：也就是桑荫。此转指荫庇、保护。

④**祷酹**：祈祷、祭奠。

## 译文

无著道忠说：凡是佛前、祖前、灵前，每天都要上供茶汤，这是固定的礼仪。

宋代刘敬叔的《异苑》上记载："剡县陈务的妻子，年纪轻轻就和两个儿子寡居了，她喜欢饮茶品茗。住宅中先前有一座古墓，她每日烧茶喝的时候，首先都要用茶祭祀一下古墓。两个儿子忧心忡忡地说：'古墓又怎么知道你在祭祀呢？白白地劳民伤财地祭他。'说完就要挖去古墓。母亲苦苦相劝，他们才停止了。到当天夜晚，母亲就梦见一个人告诉她：'我住在这座墓里已经二百多年了，谬承了您的许多恩泽。您的两个儿子，常常要毁我的墓，又幸赖您保护了，而且您还供给我上好的茶叶吃。我虽然已经是黄泉中的朽枯的骨头，又怎能忘掉您多有庇护、照顾的恩德，不报答您呢？’于是，她就醒了。第二天早晨起来后，她就在庭院内得到了十万钱。这些钱像是埋在地下很久了，但穿钱的贯却都是新的。她就提着钱回去告诉她的两个儿子，两个儿子一齐表现出惭愧的样子。从此以后，他们的祭祀、祈祷更加尽心尽力了。”

# 18　丧荐门

## 迁化

### 原典

《联灯会要[①]·百丈海禅师章·野狐因缘》云："师令维那白槌云：'食罢，送亡僧。'众皆怪讶云：'又无人迁化，何得送亡僧？'"

《释氏要览》云："释氏死，谓涅槃、圆寂、归真、归寂、灭度、迁化、顺世，皆一义也，随便称之。盖异俗也。"

忠曰：迁化者，谓迁移化灭也，其实可通在家，《要览》且从世之偏称而已。然或设义曰：尊宿[②]出世[③]，能事毕，迁化度事于他方世界也。如《涅槃经》

说：“如来见阎浮众生[4]受大苦，说甘露法[5]药疗治。已，复至他方有烦恼毒箭处，示现作佛疗其病。”又唐慧持临终曰：“吾欲往他方教化。”（《续高僧传》）又佛眼寂，圆悟上堂云：“此方缘尽，他方显化；此界身死，他界出现。”（《圆悟录》）明极[6]讣至，竺仙[7]上堂云：“前月二十七日，明极和尚与三世如来[8]把手共行，转化他国而去。”（《净智录》）是迁于化之义，余谓非也。亡僧已言迁化，固非出世尊宿，何化度[9]事之有？故可知迁化之目，通出世未出世，出家在家矣。

## 注释

①**《联灯会要》：** 南宋晦翁悟明作，三十卷。又称《禅宗联灯录》，列举过去七佛至天童正觉法嗣等禅宗五家的传灯法系，并依次集录其重要机缘问答。

②**尊宿：** “尊”指“德高”，“宿”指“年长”，合为对年长德高僧人的尊称。

③**出世：** 禅师于自身修持功成后，再度归返人间教化众生，称“出世”。

④**阎浮众生：** 阎浮，即阎浮洲、赡部洲，佛教四大部洲之一，本为古印度的一个地区，此处泛指人间世界；阎浮众生，也即身处世间的众生。

⑤**甘露法：** 如来的教法。即法味清净，长养众生的

身心，譬如甘露之德。

⑥**明极：**元代僧，名楚俊，浙江鄞县人，俗姓黄。曾于天童止泓鉴会下，掌藏钥，而于金陵奉圣寺出世，举僧录司，其后迁瑞岩、普慈两刹，又转双林寺。未久解印，历游径山、灵隐、天童、净慈诸山，皆居第一座。至顺元年（公元一三三〇年）东渡日本，醍醐天皇召参官中，奏对惬旨，赐“佛日焰慧禅师”的称号，乃开广严寺，以师为开山第一世。既而奉诏历住南禅、建仁两寺，僧、俗都望风而至。建武三年（公元一三三六年）示寂于建仁寺。

⑦**竺仙：**名梵仙，元代临济宗僧。明州（浙江）象山人，俗姓徐。天历二年（公元一三二九年），随径山的明极楚俊东渡日本，受到北条高时、足利尊氏的崇信。翌年，至镰仓，任建长寺的第一座，其后历住净妙寺、净智寺。建武二年（公元一三三五年），成为无量寺的开山第一祖。历应四年（公元一三四一年），住于京都的南禅寺，朝廷遂将该寺的寺格升为天下第一。正平三年（公元一三四八年）示寂。竺仙派法系为日本禅宗二十四流派之一。

⑧**三世如来：**又作三世佛。指弥陀、释迦、弥勒，配于过去、现在、未来等三世。释尊为历史上的佛，故称现在佛；弥陀如来乃往昔十劫之佛，故称为过去佛；

弥勒系五十六亿七千万年后将出现于此娑婆世界中的佛，故称为未来佛。

⑨**化度**：指教导众生，使其转化改变。即普通所说的教化、观化（观入正道）、化益（利益教化）等。

## 译文

《联灯会要·百丈海禅师章·野狐因缘》中说："百丈禅师命令维那白槌说：'吃完午食后，给亡僧送丧。'众僧都很奇怪、惊讶，说：'又没有人要迁化，怎么会给亡僧送丧？'"

《释氏要览》中说："佛僧死，称作涅槃、圆寂、归真、归寂、灭度、迁化、顺世，意思都一样，可以随便称呼，大概因为各地风俗、习惯不一样。"

无著道忠说：迁化，是迁移化灭的意思，其实在家的世俗之人死了也可用这个称呼，《释氏要览》只不过是用了世俗人不太用的叫法罢了。然而有人也假设一个"迁化"的词义：尊宿出世，将他能做的事都做完了，就得迁化转移到另一个世界中去。如《涅槃经》中说："如来看见众生在人间世界受苦，就演说甘露法，治疗众生之苦。治完后，他就又去了另外一个世界，在那些被烦恼的毒箭射伤的众生中，再现出佛身，为他们疗伤。"又，唐代慧持和尚临终时说："我要到他方世界教化去了。”（引自《续高僧传》）又，佛眼清远禅师圆寂时，圆悟克勤上堂说：“此方的因缘已经结束，到其他地方再显现教化；这个世界中身体是死了，到另一个世界就又活着出现了。”（引自《圆悟录》）明极禅师圆寂的消息传来后，竺仙上堂说：“前一个月的二十七日，明极和尚与三世如来手拉着手一起走着，转化到另一个国度里去了。”（引自《净智录》）因此，迁移、转化的词义，我认为是不对的。亡僧已经说是迁化，他本来就不是尊宿，又怎么会有迁化、度事于他方的事呢？所以，我们可以清楚了，迁化这个名目，是出世或没有出世的，是出家的或没有出家的人都可以通用的。

## 入龛

### 原典

《敕修清规·尊宿入龛》云：“维那领着小师，炷香，请首座。入龛佛事安排寝堂，置龛炉、烛、几、筵供养。”

《幻住庵清规·亡僧津送》云：“入龛之法，须预备麻骨①箯等类，置叠亡僧两腋之下；次用干柴，四面挨排定当，然后掩龛，用长条合缝，公界印押，封闭龛门。龛前立位牌一座，书云：‘新圆寂某上座觉灵[②]。’”

忠曰：麻骨、干柴等，拟便火化也。

## 注释

①**麻骨**：即干麻。

②**觉灵**：为了表示对死者的尊敬，民间称其灵为“觉灵”或“英灵”、“圣灵”、“淑灵”、“尊灵”。佛教并不认为有实体存在的灵魂，然受民俗影响，也于亡僧龛前的位牌上书写“觉灵”二字，以示尊敬。

## 译文

《敕修清规·尊宿入龛》中说：“维那领着小师，烧了一炷香，请首座。入龛的佛事安排在寝堂中进行，在龛前摆上香炉、蜡烛、桌几、筵席及供品。”

《幻住庵清规·亡僧津送》中说：“入龛的方法，必须先预备一些麻骨篾之类的东西，堆放在亡僧的两腋之下；接着再用干柴，在亡僧身体四周挨排好，然后就掩上龛盖，用长木条合缝，盖上公界的印记，封闭住龛门。在龛前立上一块位牌，上面写着：‘新圆寂某上座觉灵。’”

无著道忠说：麻骨、干柴等东西，是准备着便于火化的。

# 锁龛

## 原典

《敕修清规·尊宿移龛》云：“请移龛[①]佛事罢，移龛下法堂，请锁龛佛事。”又，《亡僧大夜念诵》云：“维那出烧香，请锁龛佛事。受请[②]人出班烧香[③]，退身问讯。次住持前问讯，转东序前问讯，巡至班末问讯。次西序前问讯，然后与大众普同问讯。从西序末过，若见职头首[④]，各依本位空处过，至龛右侧立。堂司行者以盘托锁，候举佛事毕。行者以锁锁龛毕，住持复位。”

## 注释

①**移龛：**尊宿迁化，遗骸入龛三日后，即移至法堂，称为“移龛”。

②**受请：**又称赴请。一般指僧人应施主的请求，而受其供养。此指受请做锁龛佛事。

③**出班烧香：**又作出班上香。禅宗寺院，于供养诸佛或祖师等的大法会中，依准出班的仪式，行至诸佛、祖师的图像前上香，用表虔诚礼敬之意。出班，即出于两班之行列。通常上香之后，即合掌归位。

④**职头首：**即指六班的头首，乃禅林中司掌修行教

育的六职。临济宗称首座、书记、藏主、知客、库头、浴主等为六头首，曹洞宗则以首座、书记、知藏、知客、知浴、知殿为六头首。其席位排于法堂的西序。

## 译文

《敕修清规·尊宿移龛》中说："请移龛的佛事结束后，就将龛移下法堂，就请锁龛的佛事。"又，《亡僧大夜念诵》中说："维那出来烧香，请举行锁龛的佛事。受请的人就出班烧香，再退身问讯。接着到住持前问讯，转到东序前问讯，巡走到班尾处问讯。然后，再到西序前问讯，最后再与大家普同问讯。从西序的末尾走过去，如果看见了职事的头首，就从自己的本位的空处走过，到龛的右侧站住。堂司行者用盘子托着锁，一直等到宣布佛事结束。行者用锁锁住龛后，住持才回到他原先的位置上。"

# 起龛

## 原典

《敕修清规·亡僧送亡》云："维那出烧香，请起龛佛事。举毕，行者鸣钹，抬龛出山门首。若奠茶汤，转龛[①]，龛则向里，安排香几。首座领众，两行排立。维那炷香，请佛事。候举佛事而行。”

## 注释

①**转龛：**禅林丧葬仪式之一。送亡者至山门时，转龛向里，以茶汤供养亡者。

## 译文

《敕修清规·亡僧送亡》中说：“维那出来烧香，请举行起龛佛事。结束后，行者鸣着钹，抬着龛出山门口。如果要祭奠茶汤，就转龛，龛身向着里，安排上香案。首座领着众僧，分两行排立着。维那炷香，请佛事。等佛事举行完毕后再行进。”

# 转骨

## 原典

《敕修清规·尊宿迁化佛事》云：“如衣钵丰厚，每日奠茶汤，添转龛、转骨等佛事。”

忠曰：转骨者，在入塔时，即自寝堂起骨，向塔所时，中路转回骨，向里税下，行转骨佛事。此局唯荼毗[①]者。

## 注释

①**荼毗：**火葬。

## 译文

《敕修清规·尊宿迁化佛事》中说："如果经济宽裕的话，就每天祭奠茶汤，增加转龛、转骨等佛事。"

无著道忠说：转骨，就是指在入塔时，即从寝堂里起骨向塔所在地方去的时候，在途中回转一下骨的位置，使它朝里脱下，举行转骨的佛事。这种做法只限于火葬。

# 秉炬

## 原典

《敕修清规·尊宿荼毗》云："丧至涅槃台[①]，丧司[②]维那俟都寺上香茶了，进前烧香，引小师，拜请秉炬佛事。"

旧说曰：秉炬与下火[③]同，然《因师集贤录》分为二。

或曰：秉炬语长；下火语短。又，下火一人行之；

秉炬数人递为之。凡立地佛事[④]，忌语繁；唯秉炬有及数句者。秉炬佛事，语长，而复数人行之，若用真火，移刻易烬，故刻木炬涂朱，拟火状；或红绵缯造花，着炬首而不点火，备更把焉。是故其语落句[⑤]，可言火处，或言花而已。

## 注释

①**涅槃台：** 又称化坛，火葬的时候放置遗骸的地方。

②**丧司：** 即丧司行者。在禅林丧葬仪式做杂务供役的行者。

③**下火：** 又称下炬。葬仪时，导师秉炬，表示火葬亡者的意思。下火与秉炬有细微差别，参看本条原文。

④**立地佛事：** 指简略的佛事。即教中行事，如开光、安座、拈香、入牌等，所需时间极短，立地而成，故称。

⑤**落句：** 一般话结尾处的文句。

## 译文

《敕修清规·尊宿荼毗》中说："尊宿丧亡后，就到涅槃台。丧司维那等都寺上香上茶结束后，就到前面去烧香，领着小师拜请举行秉炬佛事。”

传统说法：秉炬与下火意思相同，然而《因师集贤录》中是分成两回事的。

有人说：秉炬时，话说的时间长；下火的时候，话语较短促。又，下火是一个人进行的；秉炬是几个人轮流着进行的。大凡立地就行的、简略的佛事，忌讳语句烦冗；只有秉炬有说到好几句的。秉炬佛事，话说得多，而且又是几个人进行的，如果用真火，到不了多长时间就容易燃烧完，所以就刻成木头火炬，涂上朱红的颜色，做成火苗的形状；或者用红棉布做成火花，放在火炬的上面，但不点着它，准备着第二次再用它。因此，秉炬时话语的结束处，可以称作火处，也可以称作花。

## 荼毗

### 原典

《释氏要览》云:“阇维，或云荼毗，或耶维、阇毗。正梵云阇鼻多，此云焚烧。”

## 译文

《释氏要览》中说："阇维，或称之为荼毗，或叫耶维、阇毗。标准梵语为阇鼻多，这儿称作焚烧。"

# 水陆会

## 原典

《释门正统》云："水陆者，取诸仙致食于流水，鬼致食于净地[①]之义。亦因武帝梦一神僧，告曰：'六道四生[②]，受苦无量。何不作水陆、普济群灵？诸功德中最为第一。'帝问沙门[③]，咸无知者，唯志公[④]劝帝广寻经论，必有因缘。于是搜寻贝叶[⑤]，置法云殿，早夜披览。及详阿难遇面然鬼王[⑥]，建立平等斛食之意，用制仪文，三年乃成。遂于润之金山寺[⑦]修设，帝躬临地席，诏祐律师[⑧]宣文。世涉周隋，兹文不传。至唐咸亨中，西京[⑨]法海寺英禅师[⑩]，因异人之告，得其科仪，遂再兴焉。我朝苏文忠公[⑪]（轼），重述《水陆法像赞》，今谓之眉山水陆。供养上下八位者，是也。熙宁中，东川杨锷，祖述旧规，又制仪文三卷，行于蜀中，最为近古。然江淮京浙所用像，设一百二十位者，皆后人踵事增华，以崇其法，至于津济一也。"

《事物纪原》云："今释氏教中，有水陆斋仪。按：其事始出于梁武帝萧衍。初帝居法云殿，一夕，梦僧教设水陆斋。觉而求其仪，而世无其说，因自撰集铨次。既成设之于金山，实天监七年也。大抵取《救焰口经》[12]事云尔。"

## 注释

①**净地**：为比丘可居住的而不犯戒的清净地。

②**六道四生**：六道指地狱、饿鬼、畜生、阿修罗、人间、天上六种世界。又依六道众生出生的形态，可分胎生、卵生、湿生、化生四类，并称为六道四生。其中人趣与畜生趣各具四生，鬼趣通胎、化二生，一切地狱、诸天及中有，唯为化生。

③**沙门**：为出家者的总称，于内、外二道。也指剃除须发，上息诸恶，善调身心，勤行诸善，期以行趣涅槃的出家修行者。

④**志公**：即南朝僧宝志。金城（陕西南郑）人，俗姓朱。刘宋泰始年间，往来于都邑，居无定所，时或赋诗，其言每似谶记，四方老百姓遂争就问祸福。齐武帝因为他惑众，投之于狱。然日日见其行于市里，如果到狱中检视，却见他还在狱中。齐武帝听说后，就把他迎到华林园中供养，禁止他出入。而他不为所拘，常游

访龙光、罽宾、兴皇、净名等等。至梁武帝建国后乃解除禁制。师于天监十三年（公元五一四年）示寂，世寿九十六。谥号“广济大师”。

⑤**贝叶：**全称贝多罗叶，乃供书写资料、经文的树叶。此指在多罗树叶上书写的经文，也即贝叶经。

⑥**面然鬼王：**即焰口鬼王。

⑦**金山寺：**位于江苏镇江（南朝时称润州）郊外的金山寺，相传为东晋元帝（或说是明帝）时创建。前临长江，与焦山、北固山相对，为江南文人雅好游历之处所，自宋代以后才为世人所熟知。梁武帝天监四年（公元五〇五年），曾于此寺启建水陆忏法。

⑧**祐律师：**律师，指专门研究、解释、读诵戒律的僧人。僧祐，为南朝齐、梁时僧人。俗姓俞，彭城下邳（今江苏睢宁西北），父时居建康（江苏南京）。他大精律部，齐竟陵文宣王每请师讲律，听众常多达七八百人。晚年有僧俗门徒一万一千余人。

⑨**西京：**唐代有东京、西京。东京指洛阳，西京指长安（今陕西西安）。

⑩**法海寺英禅师：**唐代僧道英禅师。籍贯不详。戒德俱全，名震京师。咸亨中住京师法海寺，相传秦庄襄王使鬼使请师排食并受徒三百人，多感鬼物下趣，不知所终。法敏早年曾从其受学。

⑪**苏文忠公：** 即宋代文学家苏轼，谥号“文忠公”。宋元祐八年（公元一〇九三年），苏轼作《水陆法像赞》十六篇，供养上下各八位，称“眉山水陆”。

⑫**《救焰口经》：** 印度佛经名。全称《救拔焰口饿鬼陀罗尼经》。由唐代译经家不空法师译出。本经记载阿难遇焰口饿鬼的传说以及有关施食焰口饿鬼、使之超度的仪文。其后超度亡灵的仪式多据此经。

## 译文

《释门正统》中说：“水陆会，取的是各位神仙在流水边受食，各个鬼怪在净地中受食这个意思。也是因为梁武帝曾经梦见一位神僧告诉他：‘六道四生中的众生们，正在受着无数的苦难。你为什么不做水陆会，普遍地拯救一下众生呢？这可是在各种功德中最为第一的事啊！’梁武帝问沙门水陆是怎么回事，他们中没有一个人知道，只有宝志和尚劝梁武帝去多翻翻佛教经论，必然能查出个究竟来。于是，梁武帝就搜罗了天下的贝叶经，放在法云殿上，不分昼夜地披阅翻检。等到他详细弄清楚了阿难遇到面然鬼王，做平等斛食的事后，就着手制仪文，三年才制成。于是梁武帝就在润州的金山寺修建设置水陆道场，而且常常亲临现场，诏请祐律师宣读仪文。经过北周、隋朝的兵火战争，这篇仪文已经失传了。到唐代咸亨年中，长安法海寺英禅师，因为有神异之人相告，得到了那篇科仪，于是水陆道场就再次兴盛起来了。我朝（指宋朝）的苏文忠公（苏轼），重新述作了《水陆法像赞》，现在称之为眉山水陆。也就是需要供养上下八位的那种。熙宁年间，东川的杨锷，继承了以前旧有的规仪，又制成了一篇仪文，三卷，在蜀中很流行，这篇仪文最接近古时的水陆法会的规仪。然而，在江淮、杭州、浙江一带所用的设置一百二十位像的做法，都是后人崇尚虚华、变本加厉，以炫耀他们的做法，乃至于与龙舟竞渡差不多了。”

《事物纪原》中说：“现如今，佛教中有水陆斋的仪式。按：这个事情最初是起源于梁武帝萧衍。当初梁武帝居住在法云殿，一天晚上，他做了个梦，有僧人教他设置水陆斋。睡醒之后，他就求找具体修设水陆斋的科仪，但当时世上还没有这种科仪，于是他就自己撰写成文，并分别卷次。制成之后，梁武帝就在金山寺修建了水陆道场。具体时间实际上是梁武帝天监七年。大抵是吸取了《救焰口经》中的有关记载而已。”

## 物故

### 原典

刘熙[1]《释名》云："汉以来，谓死为物故。言其诸物皆就朽故也。"

《前汉书[2]·苏武传》"物故"注云："师古[3]曰：谓死也。言其同于鬼物而故也。一说不欲斥言，但云其所服用之物皆已故耳。而说者妄欲改物为勿，非也。"

### 注释

①**刘熙：**汉代北海人，字成国，著《释名》二十七篇，考证文字古音，推求古人制度。

②**《前汉书》：**即班固所著的《汉书》。

③**师古：**即唐颜师古。他少博览群书，精通训诂学。尝受诏于秘书省考订五经文字，多所厘正。为太子承乾注《汉书》，时人称他为"班孟坚忠臣"。

### 译文

刘熙的《释名》中说："从汉代以来，都把人死了叫作物故。意思是说任何物质都会变枯腐朽。"

《前汉书·苏武传》中"物故"一词的注解："师

古说：指死。意思是他同鬼神一样了，而且已成为故旧了。一种说法，也不想驳斥师古的说法，只是说，人死后他所用过的衣物就都变旧了。而有些解释者妄自将物字改成了勿，是不对的。”

# 19 言语门

## 尊候

### 原典

《敕修清规·告香》云："参头[①]云：'即日时令谨时，共惟堂头和尚尊候，起居[②]，万福[③]。'"又《谢挂搭》云："参头云：'移刻，恭惟堂头和尚尊候，起居，多福。'"

旧说曰：候者，脉之证候也。又曰：八刻[④]为一辰，十二辰为一日夜。五日为一候，三候为一气，六气为一时，四时为一岁。每候人脉变换，故问人起居曰："尊候如何？"言："无有病恼也否也？"

## 注释

①**参头**：此指“四来参头”。即于告香、普说等仪式时，在新近归堂的大众中，推选曾经于此参习而熟谙礼乐仪规的人，以率领大众行礼进退。

②**起居**：仅以膝部略加弯曲以为礼式，称为起居礼。

③**万福**：一般祝人健康称万福。

④**八刻**：古代的一种计时方式。十二时为一日，八刻为一时。

## 译文

《敕修清规·告香》中说：“参头说：‘今日时令到了某某节气，恭维堂头和尚尊候，向堂头和尚行起居礼，并口祝健康幸福。’”又，《谢挂搭》中说：“参头说：‘时光流逝，恭维堂头和尚尊候，向堂头和尚行起居礼，并祝堂头和尚健康多福。’”

传统说法：候，也就是气脉的症候。又说：八刻为一辰，十二辰为一昼夜。五天为一候，三候为一气，六气为一时，四时为一年。每一候，人的气脉都会有所变换，所以问候别人的生活起居情况总是说：“尊候如何？”说：“您有没有生病及烦恼啊？”

# 不审

## 原典

忠曰：不审，礼话也，其义见《僧史略》，须与“珍重”交看。

《困学纪闻》[①]云：“不审，出《韩诗外传》[②]。”此但原语本据，不必拘礼话。

《敕修清规·训童行》云：“参头入方丈，请住持出就坐。参头进前插香，退身归位，缓声喝云：‘参[③]。’众低声同云：‘不审。’齐礼三拜。”又，《寮元》云：“每日粥罢……茶头[④]喝云：‘不审。’大众和南。”

《僧史略》云：“如比丘相见，曲躬合掌，口曰‘不审’者何？此三业归仰[⑤]也，（曲躬合掌身也；发言不审口也。心若不生崇重，岂能动身口乎？）谓之问讯。其或卑问尊，则‘不审，少病少恼，起居轻利不？’上慰下，则‘不审，无病恼，乞食易得，住处无恶伴，水陆无细虫不？’后人省其辞，止曰‘不审’也，大如歇后语乎。”

旧说曰：单言“不审”，犹是歇语。日本禅林，但合掌低头，而“不审”二字亦不唱，毋乃太简乎？

## 注释

①**《困学纪闻》**：宋王应麟撰，二十卷，多为札记考证文字，内容有说经、天道、历数、地理、诸子、考史、诗文评、杂识等。

②**《韩诗外传》**：汉韩婴撰。汉初传诗者有齐、鲁、韩、毛四家。韩婴撰《内传》四卷，《外传》六卷。南宋后仅存《外传》。此书援引历史故事以解释诗义，与经义不相比附，所述多与周、秦诸子相出入。

③**参**：禅林住持集一山的僧众以开示说教。

④**茶头**：禅林中司掌茶役的职称。举凡佛前献茶、众中供茶，或客来飨茶，都是他的任务。

⑤**归仰**：表示归命敬仰的意思。也即对诸佛菩萨的皈依礼敬。

## 译文

无著道忠说：不审，礼貌用语，它的词义见于《僧史略》，必须与"珍重"条参照着看。

《困学纪闻》中说："不审，出自《韩诗外传》。"这只是就原文、最初的依据而言的，不必拘泥于礼貌用语。

《敕修清规·训童行》中说："参头进入方丈，请住持出来就其座位。参头走上前去，插上香，又退身回到他的座位，缓声喝叫道：‘参。’众僧一齐低声说：‘不审。’一齐行了三拜。”又，《寮元》中说：“每日吃粥之后……茶头喝叫道：‘不审。’众僧和南。”

《僧史略》中说：“像比丘们相见时，弯身鞠躬，合掌，说‘不审’，是什么意思呢？这意味着三业归于其中、崇仰对方，（弯身合掌，是身体的动作；说出‘不审’，是口的动作。如果心中不生出崇仰、敬重之心，又怎么能使身体、口做出如此的动作呢？）称之为问讯。如果是地位卑微的问候尊长的，就说：‘不审，愿您少病少恼，您生活起居还轻捷利索不？’上级慰问下级，就说：‘不审，你这一向来，无病无恼，乞食也很容易，住宿的地方也没有坏伙伴，水中陆上都没有碰到虫蛇，对不？’后来，人们就省去了其他话语，只剩下了‘不审’，太像歇后语了。”

传统说法：单独说“不审”，还是歇后语。日本的禅林中，只是合掌、低头，连“不审”二字也不说了，这是不是太简约了呢？

## 珍重

### 原典

《敕修清规·训童行》云："屏息拱听[①]规诲，毕，又三拜[②]。参头喝云：'珍重。'众齐低声和，问讯而退。"

《僧史略》云："临去，辞曰'珍重'何？此则相见既毕，情意已通，嘱曰'珍重'，犹言'善加保重，请加自爱，好将息，宜保惜'同也。"

《释氏要览》云："释氏相见，将退，即口云'珍重'，如此方俗云'安置'也。言'珍重'，即是嘱云'善加保重'也。若卑至于尊所，尊长命坐。及受经[③]，后去，即不云'珍重'，但合掌俯首，示敬也。"

忠曰：或问："已言早起不审，却晚参道不审，何也？"答曰："凡上来，见师主[④]，则不拘早晚，言不审；下去，则言珍重。若常随者，早起见时，可言不审。夜间退时，可言珍重而已。"

### 注释

①**拱听：**即恭听，毕恭毕敬地听讲。

②**三拜：**无言三礼的略称。即沉默不语而对佛、菩

萨、师长行三次礼。

③**受经**：受持佛经经文。

④**师主**：犹言师家、师父等。师为弟子之主，故称为师主。

## 译文

《敕修清规·训童行》中说："童行们屏住呼吸，拱身聆听规训，结束后，童行们又行了三拜。参头喝道：'珍重。'众僧们低声应和，边问讯边退出。"

《僧史略》中说："临离开，辞行道'珍重'，这是什么意思呢？这就是双方相见已经结束，情意已经沟通了，嘱咐说'珍重'，就好比说：'善加保重，请加自爱，好自为之，应爱惜保护身体。'意思完全一样。"

《释氏要览》中说："佛僧们相见，将要退出时，随口说道'珍重'，就像此地世俗所说的'安置'。说'珍重'，也就是嘱咐对方'善加保重'。如果地位卑下的僧人到地位崇重的那里去，尊长命令坐下。等到受经结束后离开时，就不说'珍重'，只是合掌俯首，表示尊敬。"

无著道忠说：有人问："早晨起来时已经说过不审了，为什么晚参时还要说不审呢？"回答说："凡是上来参见师主，则不管早晚，都说不审；下去，则说珍重。如果是经常跟随在师主身边，早晨起来参见时，可说不审。夜间退身时，可说珍重，如此而已。”

## 降重

### 原典

《敕修清规·迎待尊宿》云：“请客侍者，具状诣客位，禀云：‘方丈拜请和尚，今晚就寝堂，特为献汤，伏望慈悲①降重。’”

旧说曰：请和尚，则言“降重”；请首座，则言“光降”，盖分尊卑也。

忠曰：按：《库司头首特为新挂搭茶》云：“众慈同垂降重。”（《敕修》）故降重语，不局请和尚也。

### 注释

①**慈悲：**慈爱众生并给予快乐，称为慈；同感其苦，怜悯众生，并拔除其苦，称为悲。二者合称为慈悲。

### 译文

《敕修清规·迎待尊宿》中说：“请客侍者，拿着状纸到客僧的座位，禀告说：‘方丈拜请和尚今天晚上到寝堂中，特地为您献汤，伏望您发大慈悲降重。’”

传统说法：请和尚，就说“降重”；请首座，就说“光降”，大概有尊卑之分。

无著道忠说：按：《库司头首特为新挂搭茶》中说：“众僧同发慈悲，一齐垂顾降重。”（引自《敕修清规》）所以“降重”一语，并不局限于请和尚。

## 光降

### 原典

《敕修清规·库司四节特为首座大众汤》云：“都寺令客头行者，备盘、袱[①]、炉、烛，诣前堂首座前，禀云：‘今晚就云堂[②]，特为首座大众点汤，伏望慈悲，特垂光降。’”

### 注释

①**盘、袱：**指盘与袱二物，又作柈袱。即于盘上铺小袱，盛疏、印等物。

②**云堂：**即僧堂。僧众用餐的场所。

## 译文

《敕修清规·库司四节特为首座大众汤》中说："都寺命令客头行者备好盘子、布袱、香炉、蜡烛，来到前堂的首座面前，禀告说：'请您今天晚上到云堂中去，特地为首座您以及众僧点汤，伏望您发大慈悲，特来光降。'"

# 拜覆

## 原典

《敕修清规·谢挂搭回礼榜》云："堂司行者某拜覆。"

《禅居附录》[①]云："希陵[②]顿首，拜覆淀山[③]堂上和尚[④]月江禅师[⑤]席前。"

忠曰：覆，申覆也。俗讹为反覆酬答之义，非也。

## 注释

①**《禅居附录》**："禅居"为宋末禅僧正澄隐居日本建仁寺的庵名。其渡日本后的作品为一篇，附于其作品集《禅居集》的卷末，称为《禅居附录》。

②**希陵：**元代临济宗杨岐派破庵派僧。浙江义乌人。俗姓何，号西白。嗣雪岩祖钦的法，得其密印，并继其法席。延祐三年（公元一三一六年）住持径山，世祖召入大内，赐号“佛鉴”，加赠“大圆”“慧照大辩”等号。至治二年（公元一三二二年）示寂，世寿七十六。

③**淀山：**即淀山禅寺。

④**堂上和尚：**即堂头和尚。也就是禅林的住持。

⑤**月江禅师：**即元代临济宗僧月江正印禅师。

## 译文

《敕修清规·谢挂搭回礼榜》中说：“堂司行者某某拜复。”

《禅居附录》中说：“希陵顿首，拜复淀山堂上和尚月江禅师席前。”

无著道忠说：复，申说、复白的意思。平时人们讹为反复、酬答的意思，不对。

## 承准

### 原典

《敕修清规·谢挂搭回礼榜[①]》云："客头行者某承准。"

忠曰：承受堂头命，而依准其所命也。

《居家必用》云："承，受纳其事也。"又云："准，法则也。"

### 注释

①**回礼榜**：在接受他人的礼遇时，也给予对方同等的对待，称为回礼；用以张贴回礼通告的榜，称为回礼榜。

### 译文

《敕修清规·谢挂搭回礼榜》中说："客头行者某某承准。"

无著道忠说：是承受堂头的命令，而又依照他所命令的，并以之为标准的意思。

《居家必用》中说："承，接受、容纳某件事。"又说："准，法则。"

## 眼同

### 原典

旧说曰：众眼一同观，而为事也。忠曰：盖元朝俗语。

或谓：眼同者，如两眼不可阙一，凡一具一双之物，若阙一不全，则令之完备，此云眼同。

忠曰：此解可笑，固不足取。

《敕修清规·寮主副寮》云：“或有遗忘什物者，眼同收拾，付还。”

《幻住清规·摄养》云：“或抱病之人，药饵不灵，势将顺寂①，须宛转与首座乡人②，眼同抄札③行李。”

### 注释

①**顺寂**：又作顺化、顺世，指僧人的丧亡。取其顺世道而死化、示灭的意思。

②**乡人**：即将亡者的乡邻、乡亲。

③**抄札**：一般是查抄、没收的意思。此处疑为收拾、打点的意思。

## 译文

传统说法：众人的眼睛一同观看着，而做某件事。无著道忠说：大概是元朝的俗语。

有人说：眼同，就好像两只眼睛，不可缺一一样，凡是成对成双的东西，如果缺少了其中之一，就一定要让它重新完备起来，这就叫作眼同。

无著道忠说：这种解释十分可笑，很明显就不足取。《敕修清规·寮主副寮》中说："或者有遗忘了物件的人，就眼同收拾了交还给他。"

《幻住清规·摄养》中说："或者有人生病了，用药物也治不好，就要顺寂了，必须委婉地和首座及其乡人一道眼同收拾病人的行李。"

# 差拨

## 原典

忠曰：又作差发，差役人发命令也。

《品字笺》云："差，初皆切，差遣役使也。"

《敕修清规·直岁》云："差拨使令，赏罚惟当。"又《亡僧送亡》云："库司，预分付监作行者[1]辨柴化亡、差拨行仆。"

## 注释

①**监作行者：**寺院行者之一。在丧葬仪式中监管行者、仆役干活，安排各种事务。

## 译文

无著道忠说：又作差发，差遣、役使别人，并发布命令的意思。

《品字笺》："差，初皆切，差遣役使的意思。"

《敕修清规·直岁》中说："差拨使令，赏罚一定要公正合理。"又，《亡僧送亡》中说："库司预先吩咐监作行者，营办柴火、火化亡者，并负责差遣、役使那些做仆役的行者们。"

# 合用

## 原典

忠曰：所欲用之物也。

《敕修清规·副寺[①]》云："病僧合用供给之物，即时应付。"

## 注释

①**副寺**：也称库头、知库。禅林东序六知事之一。掌管钱财进出。

## 译文

无著道忠说：指所要使用的东西。

《敕修清规·副寺》中说："病僧合用供给的东西，要随时立即供应。"

# 合行

## 原典

忠曰：合行者，宜作为之之事也。

《敕修清规·副寺》云："常住财物，如非寺门外护，官员檀越，宾客迎送，庆吊合行人事①，并不可假名，支破②侵渔。"

## 注释

①**人事**：作为馈赠的礼物。

②**支破**：支用，瓜分。

## 译文

无著道忠说：合行，也就是适宜于去做的事。

《敕修清规·副寺》中说："寺院里的常住物等财产，如果不是需要在寺门外面守护，迎送官员、施主、宾客中使用，以及在庆贺、吊唁等宜于使用的事情中，就不能假借名义，支用、拿走，乃至于侵吞为己所有。"

# 合干

## 原典

忠曰：干，关也，可关系其事之人也。

《敕修清规·尊宿唱衣[①]》云："丧司合干人，贵在公心[②]主行。"又云："与丧司合干人封定。"

## 注释

①**唱衣：**又作估衣、估唱。僧尼死后，轻物如衣物分配给僧众。分不均则集众僧竞卖，平分其价。称竞卖为唱衣。

②**公心：**公正、平等之心。

## 译文

无著道忠说：干，相关的意思，与某事件相关的人。

《敕修清规·尊宿唱衣》中说："丧司行者以及与之相关的人，贵在以公平之心主持行事。"又说："与丧司行者以及有关的人封定。"

# 生疏

## 原典

忠曰：生者，未熟也。疏，荒疏也。生疏，谓居动[①]粗糙[②]也。

《敕修清规·两序进退》云："受职新知事云：'某等乍入丛林，诸事生疏，过蒙使令，下情[③]不胜恐惧之至。'"

又《日用轨范》云："邻单[④]生疏，当以善言诱喻，不得生嫌恶心。"

## 注释

①**居动：**起居、行动。

②**粗糙**：此为不熟练的意思。

③**下情**：此为谦辞，指自己的心情。

④**邻单**：在僧堂与众寮中，与自己比邻的左右单位。又称邻位、连单。

## 译文

无著道忠说：生，也就是不熟。疏，荒疏。生疏，指人的起居行动十分粗糙、不熟练。

《敕修清规·两序进退》中说："接受了职位的新知事说：'某等刚刚进入此座丛林，各种事情很生疏，承蒙您使唤、命令，自己心中不胜惶恐、惧怕之至。'"

又，《日用轨范》中说："邻近单位上的僧人如果诸事生疏、不熟练，应当用好言好语引导启发他，不能生嫌恶之心。"

# 20 经录门

## 大藏经

### 原典

宋景濂《护法录·宝积三昧集序》云："释氏之书，有三法藏[①]焉，曰经、曰律、曰论。经则佛与菩萨等所说；论则诸贤圣僧所著；唯律必佛口亲宣，而非诸大弟子之得与闻也。然而三藏之间，总为十二部，分为大、小、中三乘，广大[②]殊胜[③]，无所不摄。其文久流中国，至秦而绝。汉遣郎中[④]蔡愔及秦景，往使天竺，受其书以归。自是译师叠至，代有所增。以卷计者，梁则五千四百，隋则六千一百九十八。唐承隋乱之后，稍有废逸。开元[⑤]之目，则五千四十八；至贞元[⑥]

中，则又增二百七十五。宋太平兴国[⑦]以来，或翻译，或编纂，或收贞元未附藏者，又增七百七十五。逮元有国，又增二百八十六，其中颇不能尽知。今以《千文》[⑧]纪之，自‘天’至‘遵’为号者，五百八十六，通为六千二百二十九卷。噫嘻，其广矣哉！”

旧说曰：大藏以《千字文》命函，未知始于何人。智昇[⑨]《开元目录》[⑩]犹未言“天地玄黄”等。忠按，唐智昇撰《开元释教录略出》四卷，自《大般若经》[⑪]六百卷已下，以《千字文》“天”等字，命函帙，直到“群”字，都四百七十九字。旧说云：“智昇未命之。”盖不核及《略出》也。

《释氏通鉴·唐开元十八年纪》云：“沙门智昇撰《开元释教录》二十卷，铨次大藏经、律、论，凡五千四十八卷。（自‘天地玄黄’字号，止‘笙’字函。后数十函、系传录、及唐宋新译经。）”

## 注释

①**三法藏：** 即三藏。

②**广大：** 即广说诸法的意思。

③**殊胜：** 事物中的超绝而稀有者，称为殊胜。

④**郎中：** 秦汉时官名。汉世与侍郎并选为尚书郎。

⑤**开元：** 唐玄宗李隆基的年号（公元七一三—

七四一年）。

⑥**贞元：**唐德宗李适的年号（公元七八五—八〇五年）。

⑦**太平兴国：**宋太宗赵光义的年号（公元九七六—九八四年）。

⑧**《千文》：**即《千字文》。南朝梁武帝为教诸王学晋王羲之书，命周兴嗣集王书一千字成文。四字一句，对偶押韵，便于记诵。

⑨**智昇：**唐代僧。籍贯不详。师兼学大小二乘，尤善毗尼（“律”的旧音译），又博通古今史实。唐开元十八年（公元七三〇年），于长安西崇福寺撰《开元释教录》二十卷。

⑩**《开元目录》：**即《开元释教录》，佛教经录，二十卷。前十卷为总录，以译人为主，记载东汉至唐十九个朝代所译经典目录及译者传记，最后附著作目录，共计一百七十六人。后十卷为别录，以经为主，分七类记载，最后两卷是大、小乘入藏目录，总计入藏经典一〇七六部，五〇四八卷。后智昇又把该书入藏目录以《千字文》编号，编订《开元释教录略出》四卷，为北宋以后雕印大藏经所本。

⑪**《大般若经》：**即《大般若波罗蜜多经》，全六百卷。唐代玄奘译。“般若波罗蜜”，意即“通过智慧到达

彼岸”。本经旨在说明世俗认识及其面对的一切对象，均属因缘和合，假而不实，唯有通过“般若”，对世俗真相进行认识，方能把握绝对真理、到达觉悟解脱的境界。此为大乘佛教的基础理论，也是诸部《般若经》的集大成者。

## 译文

宋景濂《护法录·宝积三昧集序》中说：“佛教书籍，有三法藏，称作经、律、论。经，就是佛与菩萨等所宣说的而于后世结集而成的经典；论，就是各位贤圣的僧人所撰著的经典；只有律必须要佛亲口宣说，并非诸大弟子能够听闻的。这样，三藏之间总共为十二部，分为大、小、中三乘，内容广大，世之罕见，简直无所不包。佛经流传到中国已经很久，到秦朝时就毁绝了。汉代派遣郎中蔡愔和秦景，作为使节去天竺国，接受了佛教经典回国。从此以后，译经师纷至沓来，佛经代代有所增加。以卷数计，梁代有五千四百卷佛经，隋代则增加到六千一百九十八卷。唐代由于隋末之乱的影响，佛经有所毁坏、散佚。开元时的目录上，只有五千零四十八卷；到贞元年间，则又增加了二百七十五卷。宋朝太平兴国以来，或是翻译，或是编纂，或是新近收录了一些唐贞元时没有收藏的佛经，又增加了七百七十五卷。到元代建国时，又增加了二百八十六卷，其中有许多经典并不十分为人所熟知。现在用《千字文》的次序编排起来，从‘天’字一直到‘遵’字作为号码，五百八十六号，通共有六千二百二十九卷。啊呀，内容多么广啊！”

传统说法：大藏经用《千字文》的字号命名每一函这种方法，不知道是从什么人开始的。智昇的《开元目录》还没有说“天地玄黄”等。无著道忠按，唐代的智昇撰《开元释教录略出》，有四卷，从《大般若经》六百卷以下，以《千字文》的“天”等字来命名函帙，直到“群”字，总共四百七十九卷。传统说法说唐智昇没有用《千字文》命名大藏经的函帙，大概是没有顾及《略出》。

《释氏通鉴·唐开元十八年纪》中说：“沙门智昇撰著了《开元释教录》二十卷，铨次大藏中经、律、论三藏，共计五千零四十八卷。（从‘天地玄黄’字号开始，到‘笙’字函结束。后面的几十函，是传、录以及唐宋时新译出的佛经。）”

## 五部大乘经

### 原典

《法华玄义》[①]云："究竟大乘，无过《华严》《大集》[②]《大品》[③]《法华》《涅槃》。"

忠曰：大乘经，拣出五部，正从智者大师[④]说。

又曰：相传此五部，《华严》则取六十经（盖智者时，无八十经），《大集》六十卷，(《大集》三十卷，《日藏》《月藏》《地藏十轮》各十卷。)《大品》三十卷，《法华》八卷，《涅槃》则取四十经（是亦智者时经），总一百九十八卷。（若以《法华》为七卷，则一百九十七卷。）

《云栖正讹集》[⑤]云："世人相传诵五大部，谓是《华严》《涅槃》《心地观》[⑥]《报恩》[⑦]《金光明》[⑧]五经，此讹也。五大部者，一大藏之总名。所谓般若部、华严部、宝积部[⑨]、大集部、涅槃部，部统所属诸经，如六曹[⑩]为总，而统所属诸职也。若云五部中，各取其一，则般若部一经不取，何名五部？"

忠曰：五大部，可谓五部大乘也。《云栖》正世传之讹，则可尚矣。惜乎不原智者之说，私择五名，以为大藏总名焉。又惟《云栖》不取阿含部[⑪]，岂可为大藏总名哉？若如此，则更重一讹，何能正讹？

## 注释

①**《法华玄义》：**十卷（或二十卷）。天台大师智顗在隋开皇十三年（公元五九三年）于荆州玉泉寺讲述，灌顶笔记。全称《妙法莲华经玄义》。为法华三大部之一。本书详释《妙法莲华经》的经题，并说明《法华经》幽玄的意趣。

②**《大集》：**《大集经》，六十卷，北凉昙无谶等译，全称《大方等大集经》，乃大集部诸经的汇编。系佛陀于成道后第十六年，集合十方佛刹诸菩萨及天龙鬼神等，为他们宣说十六大悲、三十二业等甚深法藏；以大乘六波罗蜜法与诸法空为主要内容，兼含密教说法及陀罗尼与梵天等诸天护法之事。

③**《大品》：**即《大品般若经》，二十七卷（或三十、四十卷），九十品。又称《二万五千颂般若》。乃鸠摩罗什于后秦弘始四年至十四年（公元四〇二—四一二年）所译。又作《摩诃般若波罗蜜经》，系大乘佛教初期说般若空观的经典。

④**智者大师：**即隋代天台智顗大师。隋开皇十一年（公元五九一年），晋王杨广从智顗受菩萨戒，赐“智者”之号。著有《法华经玄义》，后人及无著道忠此处所说“五部大乘经”即是沿袭智顗说法。

⑤**《云栖正讹集》:** 为明代高僧云栖袾宏所著的一部纠正佛教规仪讹错的专门著作。

⑥**《心地观》:** 即《大乘本生心地观经》，全八卷。唐代般若译。略称《本生心地观经》《心地观经》。乃释迦如来于耆阇崛山，为文殊师利、弥勒等诸大菩萨叙述出家住阿兰若者，如何观心地、灭妄想，而成佛道。

⑦**《报恩》:** 即《盂兰盆经》的同本异译，《报恩奉盆经》。译者不详。又称《报缘功德经》。

⑧**《金光明》:** 即《金光明经》，与《法华经》《仁王经》同为镇护国家的三部经。北凉昙无谶译，四卷。据说若诵读流布此经，国家将获得四天王诸神的保护。

⑨**宝积部:** 大乘五大部之二。系集《大宝积经》四十九会一百二十卷，及其别出异译的《大方广三戒经》以下三十三部四十九卷，合计八十二部一百六十九卷。又《大正新修大藏经》则广收《宝积经》的异译及相关经典，集成六十四部三百零二卷。

⑩**六曹:** 东汉时尚书分为三公曹、吏曹、二千石曹、民曹、主客曹，三公曹二人，故称为六曹。隋唐时尚书省分为六部：吏、户、礼、兵、刑、工，分管各职，是对六曹的发展。

⑪**阿含部:** 为对于大藏经中所收小乘部经典的总称。原为佛陀所说教法的总称。关于阿含部的内容，南

传佛教于四阿含外，称杂部为屈陀迦阿含，是为五阿含；北传佛教仅称长、中、杂、增一为四阿含，总称阿含部。

## 译文

《法华玄义》中说："就全部大乘经而言，不过是《华严经》《大集经》《大品经》《法华经》《涅槃经》五部。"

无著道忠说：大乘经，挑拣出五部来，依从的正是智者大师的说法。

又说：相传这五部中，《华严经》只取了六十卷本经（大概智者的那个时代，还没有八十卷本《华严经》），《大集经》六十卷（《大集》三十卷，《日藏》《月藏》《地藏十轮》各十卷），《大品经》三十卷，《法华经》八卷，《涅槃经》则取了四十卷本的经文（这也是智者那个时代有的此经的版本），总计一百九十八卷。（如果以《法华经》的七卷本计算，则一百九十七卷。）

《云栖正讹集》中说："世人相传念诵五大部，指的是《华严经》《涅槃经》《心地观经》《报恩经》《金光明经》五部经，这就错了。五大部，是一大藏的总名。所谓般若部、华严部、宝积部、大集部、涅槃部，每一部都统领所属的许多经，就好比六曹是朝廷总领机构，而统领着所属的许多官职。如果说是五部中各选取了其中的一经，那么般若部一经都没有选取，又怎么能称作五部呢？”

无著道忠说：五大部，可称之为五部大乘。《云栖正讹集》纠正了世俗流传说法的错误，精神可嘉。可惜的是，它没有追本溯源，依据智者的说法，而是私自选择了五个名称，作为大藏的总名。又，《云栖正讹集》中没有取阿含部，又怎么能成为大藏的总名称呢？如果这样的话，就又多了一重错误，又怎么能纠正别人的错误呢？

## 四大部经

### 原典

《敕修清规·祈祷》云："或看藏经，或四大部经。或三日、五日、七日，随时而行。"

《佛祖统纪》云："冯楫[①]问道于杲佛日[②]，顿悟[③]心旨。南渡之后，所在经藏残阙，楫以奉资，造大藏经四十八所，小藏[④]四大部者，亦如其数。"注云："世以《华严》《涅槃》《宝积》《珠林》，为四大部。"

忠曰："珠林"二字讹，当作"般若"。见《物初剩语》[⑤]及《北礀文集》[⑥]。

## 注释

①**冯楫：**宋代四川遂宁人。壮年时参学于佛眼清远门下，并嗣其法。复参谒大慧宗杲，得其心印。晚年勤修净土，以往生西方为愿，并自费补修大藏经，于绍兴二十三年（公元一一五三年）示寂。

②**杲佛日：**即宋代临济宗杨岐派僧人宗杲。靖康元年（公元一一二六年）受赐紫衣及“佛日”之号。

③**顿悟：**也称“顿了”，与渐悟相对。指无须长期修习，一旦把握佛教“真理”，即可突然觉悟。首倡于东晋、南北朝时的竺道生。在隋唐时各个佛教宗派中，禅宗主顿悟说；禅宗内部，北宗神秀侧重渐修，南宗惠能则提倡顿悟。

④**小藏：**禅林中以《华严经》《宝积经》《般若经》《涅槃经》等四部八四一卷为四大部经；若对一切经称大藏，则以此四大部经称“小藏”。

⑤**《物初剩语》：**宋代僧物初大观的诗文集，二十五卷。

⑥**《北磵文集》：**宋代僧北磵居简禅师的诗文集，物初大观集。

## 译文

《敕修清规·祈祷》中说："或是看藏经，或是看四大部经。时间，或是三日，或是五日，或是七日，依当时的情况而定。"

《佛祖统纪》中说："冯楫向宗杲和尚问道的时候，顿悟了佛法。宋室南渡至临安之后，所藏的佛经多有残阙，冯楫就拿出自己的钱来，造了大藏经四十八所，小藏的四大部经，数量也和它相同。"注释说："世人称《华严经》《涅槃经》《宝积经》《珠林经》为四大部。"

无著道忠说："珠林"二字有误，应当写作"般若"。参看《物初剩语》及《北磵文集》。

# 金刚经

## 原典

忠曰：禅家专诵此经，弘忍①、惠能②二大师有劝奖语。又，依惠能初闻诵此经，心即开悟。又忍大师为说此经，至"应无所住，而生其心"，惠能言下大悟一切万法③不离自性④，如《坛经》⑤说。

《法宝坛经⑥·六祖自说行由》云："见一客诵经，惠能一闻经语，心即开悟。遂问：'客诵何经？'客曰：‘《金刚经》。’复问：‘从何所来持此经典？’客云：‘我从蕲州黄梅县东禅寺[7]来。其寺是五祖忍大师在彼主化[8]，门人一千有余。我到彼中礼拜[9]，听受此经。大师常劝僧俗，但持《金刚经》，即自见性，直了成佛。’”又，《般若品》云：“善知识，若欲入甚深法界及般若三昧[10]者，须修般若行，持诵《金刚般若经》[11]，即得见性。当知此经功德无量无边，经中分明赞叹，莫能具说。”

## 注释

①**弘忍：**唐代僧。为我国禅宗第五祖。浔阳（江西九江）人，或说蕲州（湖北蕲春）黄梅人，俗姓周。我国禅宗自初祖菩提达磨至唐代弘忍的传承，为后世禅宗各派所承认，弘忍继承此传承，发扬禅风，形成“东山法门”。

②**惠能：**又作慧能。唐代僧。中国禅宗第六祖，禅宗南宗创始人。俗姓卢，原籍范阳（郡治在今北京城西南），生于南海新兴（今属广东），龙朔元年（公元六六一年）赴黄梅参见弘忍。后因作偈得到弘忍赞许，密授法衣。因惧人争夺法衣，回到岭南，混迹市廛十六年。仪凤二年（公元六七七年）回到韶州（今广东韶关）曹溪宝林寺，弘扬“直指人心，见性成佛”的顿悟

法门。

③**一切万法**：即包含一切事物、物质、精神，以及所有现象的存在。

④**自性**：指自体的本性。法相家多称为自相。即诸法各具有真实不变、清纯无杂的个性。

⑤**《坛经》**：《六祖大师法宝坛经》的略称。为禅宗六祖惠能于韶州大梵寺坛上所说之法，由门人法海记录而成。是中国撰述的佛典唯一称“经”者。本书为中国禅宗最主要的思想依据，书中所强调的“顿悟”“见性”“无相无念”等观念，于中国佛教史与思想史上皆为扭转乾坤的关键。

⑥**《法宝坛经》**：即《六祖坛经》。

⑦**东禅寺**：位于湖北黄梅县西南，为禅宗五祖弘忍大师的道场，当时门下僧众达七百余人。

⑧**主化**：主持教化事宜。

⑨**礼拜**：合掌叩头表示恭敬。原为对佛的五正行，此指对弘忍大师用礼拜表达尊敬。

⑩**般若三昧**：般若即智慧，即修习八正道、诸波罗蜜等，而显现的真实智慧。菩萨为达彼岸，必修六种行，也即修六波罗蜜。其中的般若波罗蜜（智慧波罗蜜），即称为“诸佛之母”，成为其他五波罗蜜的根据，而居于最重要的地位。三昧，原指将心定于一处（或一

境）的一种安定状态，此处指般若的妙处、极致、蕴奥等境界。

⑪**《金刚般若经》**：即《金刚般若波罗蜜经》，全一卷，后秦鸠摩罗什译。内容阐释一切法无我的道理。

## 译文

无著道忠说：禅宗专门念诵这部经，弘忍、惠能两位大师有劝奖的话在。又，惠能当初刚一听到有人念诵此经，心就开悟了。又，弘忍大师为惠能演说此经，演说到“应无所住，而生其心”时，惠能于言下大悟一切万法不离自性，就跟《坛经》上说的一样。

《法宝坛经·六祖自说行由》中说：“惠能看到一个客人在念诵佛经，他一听到经语，心就开悟了。于是问道：‘客人念诵的是什么经啊？’客人回答：‘《金刚经》。’惠能又问：‘您从什么地方得到这部经典的？’客人说：‘我从蕲州黄梅县东禅寺来。那座寺院是五祖弘忍大师主持教化，门徒、学人有一千多人。我到那里礼拜时，听他传授的这部《金刚经》。大师常劝僧俗，只要常常持诵《金刚经》，就能自见佛性，直截了当地成佛了。’”又，《般若品》中说：“善知识中，如果有人要进入更高深的法界以及般若三昧，就必须修习般若行，持诵《金刚般若经》，就能立即看见自己的佛性。

应当知道，这部经文具有无量无边的功德，经文中那些写得很明白的赞叹的话语，简直多得都说不过来。”

## 观音聪明咒

### 原典

《村寺清规》云：“童行方入寺……宜教《观音聪明咒》，久而渐渐聪明。”

忠曰：《陀罗尼集经》[①]有观世音说咒，药服得一《闻持陀罗尼》[②]，又有《观音闻持不忘陀罗尼》[③]。又，《续观音感应集》[④]有《观音智慧咒》，所谓聪明咒是乎？

《续观音感应集》云：“赵炳[⑤]师事观音大士甚虔，行徽严道中，壁间有大士所说智慧咒语。且云：‘若人受持[⑥]满二百万遍，智慧不与我等，我誓不成正觉[⑦]。’咒曰：‘唵婆啰婆啰　三婆啰三婆啰　印涅唎野　弥输陀尼　唵噜唵噜　折唎曳锁诃。’”

### 注释

①**《陀罗尼集经》：** 撰者不详，十二卷。本书集录诸经中的陀罗尼，并载其受持功德。

②**《闻持陀罗尼》：** 又作《法陀罗尼》《法总持》。得此陀罗尼者，耳闻之事不忘。

③**《观音闻持不忘陀罗尼》：** 即《闻持陀罗尼》。

④**《续观音感应集》：** 疑为《系观世音应验记》的异称，系萧齐的陆杲复承南朝张演撰《续光世音应验记》（全一卷）而作，为中国研究古观音信仰的珍贵史料。

⑤**赵炳：** 后汉时名医。字公阿，东阳（今安徽天长）人。善禁咒，通方术，多神异之事。

⑥**受持：** 指领受于心，忆而不忘。

⑦**正觉：** 真正的觉悟。指证悟一切诸法的真正觉智，即如来的实智，故成佛又称"成正觉"。

## 译文

《村寺清规》中说："童行刚刚入寺的时候……适宜于教他学诵《观音聪明咒》，久而久之，他就渐渐变聪明了。"

无著道忠说：《陀罗尼集经》中有观世音演说的咒语，药服得到了一个《闻持陀罗尼》，又有《观音闻持不忘陀罗尼》。又，《续观音感应集》中有《观音智慧咒》，不知道是不是所谓的聪明咒？

《续观音感应集》中说："赵炳师事观音大士特别

虔诚，他在徽严一带路上走的时候，看见墙壁上有观音大士所说的智慧咒语，而且写着：‘如果有人受持此咒，念诵满了二百万遍，他的智慧不和我相等，我就发誓不成正觉了。’咒语说：‘唵婆啰婆啰　三婆啰三婆啰　印涅唎野　弥输陀尼　唵噜唵噜　折唎曳锁诃。’”

## 经马

### 原典

忠曰：日本禅刹祈祷，或盂兰盆会等，印造《心经》[①]及马图[②]，加之纸钱，先挂殿柱，经罢而焚化。未知何时起，必是宋国[③]禅林之法，此方传习而已。盖人鬼道异，若火化之，则得他受用。详《钱财门·纸钱》处。今绘马，火化之，则鬼得取而乘，亦如此。

丰后州大分郡[④]真萱村松冈，有松冈山长兴寺，东福门派要翁纲禅师为开基祖[⑤]。其扁额，宁一山[⑥]书。寺有马经之印板，是要翁时物。经则《心经》，马图亦如今所绘也。要翁即圆尔[⑦]之第四世。

### 注释

①**《心经》：**即《般若波罗蜜多心经》。

②**马图：**传说中龙马背负的图，也即后来的八卦图。

③**宋国：**宋朝时的中国。为日本叫法。因为日本禅宗是宋时从中国传入的。

④**丰后州大分郡：**位于日本大分县中部。管辖有野津原町、挟间町、庄内町、汤布院町等。

⑤**开基祖：**即寺院的开山祖师。

⑥**宁一山：**即宋代临济宗杨岐派僧一山一宁。元成宗大德三年（公元一二九九年）时东入日本，颇具影响。

⑦**圆尔：**日本临济宗僧。骏河（静冈县）人，俗姓平。于奈良、京都学各宗教义与儒学，又于镰仓寿福寺退耕行勇处参禅。嘉祯元年（公元一二三五年，南宋理宗端平二年）至宋，师事径山无准师范，六年后受其心印而返日。于九州诸寺说法，道俗皈依者很多，广为宣扬禅风。历住东福寺等各处名刹。示寂后敕谥“圣一国师”，为日本最早受敕国师之号者。其门派称为东福寺派，又称圣一派。

## 译文

无著道忠说：日本的禅宗寺院里祈祷时，或举行盂兰盆会时，印制《心经》及马图，外加一些纸钱，把它们先挂在大殿的柱子上，念经结束后就焚化掉。这种做法不知起源于什么时候，必定是宋朝时中国禅林中的做法，流传到日本后被当地的禅僧学习了而已。大概人和鬼是处于不同的世界，如果把它们火化掉，鬼就能够受用了。详见《钱财门·纸钱》条。现在人们绘制一些马图，再火化掉，鬼就能得到并能骑上它们，也是同样的道理。

丰后州大分郡真萱村松冈上，有座松冈山长兴寺，东福门派的要翁纲禅师是此寺的开山祖师。寺院的匾额上有一山一宁的书法，寺里有马图、经的印版，这些都是要翁时的物件。经就是《心经》，马图也和现在绘制的图案一样。要翁也就是圆尔禅师的第四世传人。

## 语录

### 原典

忠曰：禅祖语要[①]，不事华藻，以常谈直说，侍者小师，随而笔录，此名语录。

### 注释

①**语要**：禅宗语录中，仅将祖师的法语的重要部分做了记录，就叫语要。

## 译文

无著道忠说：禅宗祖师的语要，不崇尚华丽的辞藻，都是用平常的话语、直截了当的口气说出来的，侍奉在身边的小师随时记录下来，这就叫作语录。

# 话则

## 原典

《丹铅总录》[1]云："佛书以一条为一则。"

《品字笺》云："则，法则，凡制度、品式之有法者，皆曰则。"

《祖庭事苑》云："宗门[2]因缘[3]，不言一节、一段，而言一则者。盖则以制字，从贝从刀。贝，人所宝也；刀，人所利也。所发之语，若刀之制物，以有则也，故人皆宝之，以为终身之利焉。是知谓一则者，不无深意也。"

忠曰：佛祖说话，可为学者法则，故言"话则"，又言"话几则"。不必用《事苑》凿说矣。

## 注释

①**《丹铅总录》**：明杨慎作，弟子梁佐编。为其考证诸书同异之作。所涉范围既广，不免芜杂；然取材丰

富，时有新见解。

②**宗门**：宗，为所崇尚的教旨；门，为通入的意思。宗门一词，在宋以后成为禅宗的自赞，其余宗派则称为教门。

③**因缘**：又称缘起。乃十二部经之一。即经典中佛陀说法及制定戒律的由来缘起者。

## 译文

《丹铅总录》中说："佛教书籍把一条叫作一则。"

《品字笺》中说："则，就是法则，凡是制度、品式中有法的，都叫作则。"

《祖庭事苑》中说："宗门的因缘，不叫一节、一段，而叫作一则。大概'则'字的构成，是从贝从刀。贝，是人当作宝的东西；刀，是人所认为锋利的东西。祖师所说出来的话语，就好比利刃在截东西，因为它有法则，所以人人都把它当成宝贝，作为终身受用的有利的东西。所以我们就知道了，所谓的一则，不是没有深意的。"

无著道忠说：佛祖说出来的话，可以作为学人的法则，所以叫作"话则"，又常说"话几则"。不必采用《事苑》中那种穿凿附会的说法。

# 公案

## 原典

《中峰[1]山房夜话[2]》云："或问：'佛祖机缘[3]，世称公案者，何耶？'幻[4]曰：'公案，乃喻乎公府之案牍也。法之所在，而王道[5]之治乱，实系焉。公者，乃圣贤一其辙，天下同其途之至理也；案者，乃记圣贤为理之正文也。凡有天下者，未尝无公府；有公府者，未尝无案牍。盖欲取以为法，而断天下之不正者也。公案行，则理法用；理法用，则天下正；天下正，则王道治矣。夫佛祖机缘，目之曰公案，亦尔。盖非一人之臆见，乃会灵源[6]、契妙旨、破生死[7]、越情量[8]，与三世十方、百千开士[9]，同禀之至理也。'"

《碧岩录·三教老人序》云："尝谓，祖教之书，谓之公案者，倡于唐，而盛于宋，其来尚矣。二字，乃世间法中吏牍语。其用有三：面壁[10]功成，行脚事了[11]，定槃之星[12]难明，野狐之趣[13]易堕。具眼[14]为之勘辨，一呵一喝，要见实诣。如老吏据狱谳罪，底里悉见，情款不遗，一也。

"其次，则岭南初来[15]，西江未吸[16]，亡羊之岐易泣[17]，指海之针必南[18]。悲心[19]为之接引[20]，一棒[21]一痕，要令证悟[22]。如廷尉[23]执法，平反[24]出人于死。二也。

“又其次，则犯稼忧深；系驴事重；学奕之志须专；染丝之色易悲[25]。大善知识[26]，为之付嘱，俾之心死蒲团[27]。一动一参，如官府颁示条令，令人读律知法，恶念才生，旋即寝灭。三也。具方册，作案底，陈机境[28]，为格令，与世间所谓《金科玉条》[29]，《清明对越》[30]诸书，初何以异？祖师所以立为公案，留示丛林者，意或取此。”

## 注释

①**中峰：**即元代临济宗僧中峰明本。杭州钱塘（今属浙江杭州市）人，俗姓孙。又称智觉禅师、普应国师。二十四岁从高峰原妙出家，其后并嗣其法。自此居无定所，或泊船中，或止庵室，自称幻住道人，僧俗瞻礼敬重他，称之为江南古佛。仁宗朝受敕赐金襕袈裟及“佛慈圆照广慧禅师”之号。至治三年（公元一三二三年）示寂，世寿六十一。

②**《山房夜话》：**为中峰明本的语录，存于其《中峰和尚广录》中。

③**机缘：**机，根机；缘，因缘。众生的根机具有接收佛、菩萨教化的因缘，就称为机缘。

④**幻：**即中峰明本。

⑤**王道**：中国古代政治哲学中指君主以“仁义”治天下的政策。

⑥**灵源**：意思是一切法的根源，指绝对平等的佛心、佛性、真如等。

⑦**生死**：又作轮回。指依业因而在天、人、阿修罗、饿鬼、畜生、地狱等六道迷界中生死相续、永无穷尽的意思。与“涅槃”相对。

⑧**情量**：情，佛教认为它是是非之主、利害的根源，也即七情；量，指认识事物的标准、根据。

⑨**开士**：指开正道、引导众生者；特指菩萨。大概菩萨能透彻地理解一切真理，能开导众生悟入佛的知见，故有此尊称。

⑩**面壁**：此喻坐参修禅。

⑪**行脚事了**：禅僧完成了参学大事。

⑫**定槃之星**：定槃，即秤；星，即秤上的刻度，刻度的基点称为定槃星。一般以之比喻一事物的准则。在禅宗中，转指执着于有心或无心等任何一方，并以之为一定标准，而不得自在的情况。

⑬**野狐之趣**：野狐，即野狐禅，比喻似是而非的禅学。指其所为不契合禅的真义，然而自许为契合。

⑭**具眼**：指对事物具有特殊的见识，此指具有特殊见识的人。禅林中，对能通透宇宙的原则及一切现象的

实相的人，称为具眼者。

⑮**岭南初来**：指禅宗六祖惠能大师刚从岭南到湖北。

⑯**西江未吸**：禅林公案故事。《传灯录》记载：庞居士向江西马祖参学，说："你不教给我当禅僧的万法，还算个什么人？"马祖说："等你一口吸尽了西江中的水，就给你说法。""岭南初来""西江未吸"，都指尚未参学透彻。

⑰**亡羊之岐易泣**：《列子·说符》："杨子之邻人亡羊，既率其党，又请杨子之竖追之。杨子曰：'嘻！亡一羊，何追者之众？'邻人曰：'多歧路。'"此则比喻学人在修道时遇到模棱两可的问题而不能痛下决断，终无所获的情状。

⑱**指海之针必南**：古代在罗盘中装置一针，用以指定南北方向，多用于航海中，故称指南针或指海针。此则比喻学人若有高僧指导，必会修得佛法，证得正果。

⑲**悲心**：悲悯他人痛苦之心。

⑳**接引**：佛教谓佛引导众生入西天净土，此指高僧、师家接引学人。

㉑**棒**：即棒喝。中国禅宗某些派别接待参禅初学者，对于所问往往不做正面答复，或以棒打，或大喝一声，用以暗示和启悟对方。相传棒的运用，始于唐代德

山宣鉴与黄檗希运；喝的施用始于临济义玄。

㉒**证悟：**即以正智如实证得真理。

㉓**廷尉：**官名。秦始置，汉景帝时改称大理，武帝时复称廷尉。掌刑狱，为九卿之一。属官有正、监及平，皆司法官。东汉以后或称廷尉、大理和大理卿。

㉔**平反：**把判错的案件或做错的政治结论改正过来。

㉕**染丝之色易悲：**比喻人容易受习俗所影响，如素丝易受染色一样。《淮南子·说林》中说："墨子见练丝而泣之，为其可以黄，可以黑。"

㉖**大善知识：**指有大德的善知识，即教人远离诸恶、奉行诸善的善友。

㉗**心死蒲团：**指专心致志地参学佛道，以证得涅槃为人生目标。

㉘**机境：**机缘应合的境界。

㉙**《金科玉条》：**又称《金科玉律》。为中国古代刑法书。作者不详。《宋史·艺文志》三录有《金科玉律》一卷。此借指佛教戒律。

㉚**《清明对越》：**中国古代刑法书名。作者、卷数不可考。

## 译文

《中峰山房夜话》中说："有人问：'佛祖机缘，世人称之为公案，为什么？’幻回答说：‘公案，是用官府里的案牍做比喻。官府的案牍，是国家法律所在，国家的治、乱都和它紧密联系着。公，也就是圣贤们统一好了的轨道，天下所有人都遵从的最好的道理；案，就是记载着圣贤们处理事情的真正文字。凡是有天下，就不可能没有公府；有公府，就不可能没有案牍。大概因为人们要取它们作为法律，而处断天下的不公正的事。公案发行了，就能使理、法发挥作用；理、法一发挥作用，天下万事就公正了；天下的事一公正，国家也就治理得好了。把佛祖的机缘看成是公案，实际上也是这个道理。大概公案并不是一个人凭空想出来的东西，它是人直切佛心、契合妙旨、破除生死、超越情量，与三世十方百千个的开士一同秉承于佛而得来的至理。’”

《碧岩录·三教老人序》中说：“我曾经说过，祖师教诲的书称之为公案，它源于唐代，炽盛于宋代，它的来源很有讲究。‘公案’这两个字，是取用的世俗间法律的官府文书中的词语。它的作用有三个：禅僧面壁静修的功夫修成了，四处游方行脚的过程也结束了，但是定槃星还没有十分明显，也很容易堕入野狐禅中去。这时，有一个具眼者来帮他勘查、辨析一下，在每一呵责、每一喝断之中，他就能一下子领悟到真正的佛理和禅趣了。这就好比深沉老练的官吏根据案情定犯人的罪行，细枝末节他心中都有数，连一丁点的情境都不会放过，这是第一个作用。

“其次，当六祖惠能刚刚从岭南北来的时候，当庞居士尚未吸尽西江水的时候，人在亡羊后的歧路上容易哭泣，但指引航海的罗盘针必定会指向南方。这时如果有人发慈悲之心帮助接引一下，在一阵棒喝、一道伤痕之中，就能使学人证得正果、悟得妙旨。这就好比是廷尉执法、给人平反，就能使人从死里逃脱出来。这是公案的第二个作用。

“再其次，人一不小心践踏了庄稼，心里会很难受；若偷了别人的一头驴子，事情可就闹大了；学习下棋一定要专心致志；人看到染丝的颜色心中也容易产生悲哀。这时，善知识来嘱咐他几句，让他心死蒲团。学人的每一举动都要参请师家。这就好比官府颁布了法律条令，让人读律知法，使坏的念头刚刚在心中产生，随即就熄灭了。这是公案的第三个作用。禅宗公案具备方册子，也做了案底，陈述了机境，作为禅林遵奉的格式和条令，它和世间所谓的《金科玉律》《清明对越》等书，刚开始又有什么差别呢？祖师们之所以立作公案，留下来示诸丛林，其用意或许就在于此。”

# 偈颂

## 原典

《翻译名义集》云：“伽陀，此云孤起[①]。《妙玄》[②]云：‘不重颂者，名孤起，亦曰讽颂。’《西域记》[③]云：‘旧曰偈，梵本略也。或曰偈他。梵音讹也，今从正音，宜云伽陀，唐言颂。’”又云：“祇夜，此云重颂[④]。《妙玄》云：‘重颂，上直说，修多罗也，亦曰应颂。颂，长行[⑤]也。’”

忠曰：禅宗偈颂，寻源二十八祖[⑥]有传法偈[⑦]。惠能、神秀[⑧]呈偈，见己所解。尔降，倡于赵宋，而炽于胡元。汾阳[⑨]作《广智歌》，雪窦[⑩]圆悟铿訇[⑪]垂模范矣。

《山庵杂录》[⑫]云：“竺元先师[⑬]谓：做颂，须事理俱到，譬如打索，两股紧缓不同，则不堪矣。大川和尚[⑭]作《蜘蛛颂》固好，但其中三字于理固无害，于事则不然。其颂云：‘一丝挂得虚空住，百亿丝头杀气生。上下四围罗织了，待无漏网话方行。’末后三字，于蜘蛛却无交涉。又，《题出山相》云：‘龙姿凤质出王宫，垢面灰头下雪峰。誓愿欲穷诸有海[⑮]，不知诸有几时穷。’以雪峰易雪山拘韵耳，而此地有雪峰，其名既显，似觉有妨，所以不纯也。”

《竺仙疑问》[16]云:“宗门偈颂，唯是发明佛祖大事，非达佛祖之知见[17]，孰能为之?颂者，诵也，称述也，美盛德之形容，歌诵盛德也。谓以偈言，称颂其事，以美其德也。所谓游扬德业，褒赞成功，是矣。”

## 注释

①**孤起**：即孤起偈，为九分教之一，十二部经之一。偈前无散文（长行），而直接以韵文记录的教说，称为孤起。

②**《妙玄》**:《妙法莲华经》的略称。

③**《西域记》**：即《大唐西域记》，凡十二卷。唐代玄奘述，门人辩机奉唐太宗敕令编集而成。为玄奘在十六年中，游历印度、西域等一百十余国与传闻中二十八国的见闻录。

④**重颂**：大乘九部经之一，指在经典前以散文体叙说之后，再以韵文附于后段。因为其内容与经文相同，所以称重颂。

⑤**颂长行**：佛经体裁之一，指不限制字数而连续缀辑的文章，就是现在所说的散文。

⑥**二十八祖**：禅宗所传的二十八位祖师，又称西天二十八祖，从摩诃迦叶直到菩提达磨，见宋代契嵩的《传法正宗记》。

⑦**传法偈：**禅宗传付正法时祖师或法嗣所作的偈。

⑧**神秀：**唐代禅僧。汴州尉氏（河南开封南）人，俗姓李。曾至蕲州双峰东山寺参谒五祖弘忍，苦求其道。弘忍也深深器重他，命他为教授师，居五祖门下第一位。弘忍示寂后，神秀入江陵当阳山传法，道誉大扬，即被武则天召入道场，后中宗也厚重他。同时，惠能在岭南传法，不入北，故有“南能北秀”的称号。

⑨**汾阳：**即宋代临济宗僧善昭。太原（山西）人，俗姓俞。因长期住持西河汾阳太子院广说宗要，道俗敬重他，不敢直呼其名，故称“汾阳”。

⑩**雪窦：**即宋代云门宗僧雪窦重显。四川人，俗姓李。智门光祚的嗣法弟子，住于雪窦山资圣寺时，大振云门宗风，为中兴之祖。

⑪**铿訇：**又作铿鍧。钟鼓相杂的声音。

⑫**《山庵杂录》：**明朝初年临济宗僧无愠禅师所著的有关丛林行事规仪的杂著，全二卷。

⑬**竺元先师：**元代临济宗僧。台州宁海人（今位于浙江），依六和寺正严禅师出家，参谒育王山横川如珙而嗣其法。入居台州慈源寺，后住台州紫箨山，又奉仁宗的敕命，居黄岩的鸿福寺，帝并赐以“定慧圆明禅师”之号。最后归隐紫箨山，居十四年自称东海暮翁。至正五年（公元一三四五年）示寂，世寿八十九。

⑭**大川和尚：**指宋代普济和尚，他号大川，曾主管经藏，佛学造诣极高。著《五灯会元》二十卷。(《续传灯录》三十五卷,《五灯严统》二十二卷)

⑮**诸有海：**一切万有因存在的状态不同，而有诸种分类，此总称为“诸有”；而“诸有”广大无边犹如大海，故也称“诸有海”。

⑯**《竺仙疑问》：**元代临济宗僧竺仙梵仙与学僧的问答体语录。

⑰**知见：**指依自己的思虑分别而立的见解。与智慧有别，智慧乃是般若的无分别智，为离思虑分别的心识。

## 译文

《翻译名义集》中说：“伽陀，这里叫作孤起。《妙玄》说：‘不重颂，名叫孤起，也说讽颂。’《西域记》中说：‘过去叫偈，是梵文的略称。或称之为偈他。梵音错了，现在我们根据正确的发音，应该称作伽陀，唐朝人称之为颂。’”又说：“祇夜，这里叫重颂。《妙玄》中说：‘重颂上面的文字是散体直接叙说的，也就是修多罗，也叫作应颂。颂，即长行散文。’”

无著道忠说：禅宗偈颂，追本溯源，二十八祖都有传法偈。惠能、神秀当时呈上自己的偈，显示了自己对禅法的理解。从那之后，偈又兴起于赵宋，而盛行于元朝。汾阳作《广智歌》，雪窦圆悟铿鍧垂典范啊！

《山庵杂录》中说："竺元先师说过：作颂，必须事情、道理都要讲到，就好比打绳索，如果两股紧慢不一样，就不能承受拉力了。大川和尚作的《蜘蛛颂》固然好，只是其中有三个字，于理固然没有妨碍，但于事就不然了。他的颂这样写道：'一丝挂得虚空住，百亿丝头杀气生。上下四围罗织了，待无漏网话方行。'末尾的三个字和蜘蛛却没有什么关系。又，《题出山相》说：'龙姿凤质出王宫，垢面灰头下雪峰。誓愿欲穷诸有海，不知诸有几时穷。'用'雪峰'换了'雪山'，是因为押韵的限制，但是此地又有位禅师名雪峰，而且名声很显赫，似乎觉得有点妨碍，所以这首颂就不纯美了。"

《竺仙疑问》中说："宗门偈颂，就是发挥、阐明佛祖的大事，如果没有通透地理解佛祖的思想，谁又能作它呢？颂，即诵，也就是称述，赞美很高的德行并加以形象化的叙述，也就是歌颂别人高尚的德行。指用偈这种语言形式，来称颂他的事迹，赞美他的德行。所谓的游扬德业，褒赞成功，也就是这个意思。"

# 法语

## 原典

《东明日禅师录[①]·示嗣芳侍者语》云：“法语之作，为进道勉励之助。先辈是皆不得已，而出一言半句，示一机[②]一境[③]，如穿杨之箭，不发而已，发则必中。近习师法不严，以法语为称己长，发越胸中不平，何益于本分事[④]？况复发越己长不平之者，其亦鲜矣。”

《痴绝冲禅师录[⑤]·示巽升维那语》云：“所谓法语者，盖前辈有道之士，提持[⑥]佛祖不传之妙，警悟学者。余之不敏，乌足以能之？”

《寂室光禅师录[⑦]·示真源禅者语》云：“法语者，道眼[⑧]明白底本色宗匠[⑨]事业。以其宗说俱通[⑩]，意句圆活，而衲子取为参禅之标式而已。是故得之者，如袖隋珠[⑪]卞璧[⑫]，而归家也。实非单见浅识之流，容易所议。纵使勉强而作，非唯无益于他，恐招谤乎己之必矣。”

《大集经》云：“佛言法语者，凡所演说，依法而语。观法念法，奉行于法；行至处法。求法欲法，乐法修法。法幢[⑬]法仗，庄严法器[⑭]法灯。法明法念[⑮]，法意法有[⑯]。法所庄严璎珞[⑰]，法床法仪，法护法财[⑱]。法无穷尽，广大无边。法事法身[⑲]，法口法意。菩萨具足成就如是等法，是名法语。法语者，真实之语，守护法语。”又云：“法者，则不可获，无有文字，而无言说；亦无辞，无色无见；亦无所趣，无言诲；亦无所教，无心意识；无有尘垢，无明无暗。”

## 注释

①**《东明日禅师录》：**全三卷。元代曹洞宗僧东明慧日禅师的语录。东明为其号。

②**机：**根机、机缘。即具有遇机缘而发动的可能性，也就是具有能受佛陀教法的素质、能力。

③**境：**即“根”与“识”的对象，也就是心与感官所感觉或思维的对象。此指胜妙智慧的对象，即是佛理（真如、实相等）。

④**本分事：**又作本来面目，乃人人本来就具有的、不迷不悟的面目，也就是身心自然脱落而呈现出来的人人天生具有的心性。

⑤**《痴绝冲禅师录》：**即宋代临济宗僧道冲禅师的语录。“痴绝”为其字。

⑥**提持：**为禅林中师家引导学人的方法。即师家接化学人时，破除学人原有的见解，而示予向上的契机，以“把住”的手法，否定学人的我见。

⑦**《寂室光禅师录》：**又作《永源寂室和尚语录》，

凡二卷，日本临济宗僧寂室元光撰。

⑧**道眼**：修道而得的眼通力。

⑨**宗匠**：专指传佛心宗（禅宗）的师家，而体悟证得禅宗宗旨，能善巧方便接化弟子，正确导入悟境的高僧。

⑩**宗说俱通**：于禅宗，通达堂奥的宗旨者称宗通；能面对大众自在说法教化者称说通。“宗说俱通”与“自觉觉他”“向上向下”“行解相应”等同义。

⑪**隋珠**：古代传说中的一种明珠，大概是夜明珠一类能发光的宝珠。为隋侯得之于大蛇的口中，故名。

⑫**卞璧**：也即“和氏璧”。卞和，春秋时楚国人。相传他觅得玉璞，两次献给楚王，都被认为是假的，先后被砍去双脚。楚文王即位，他抱璞哭于荆山下，王使人雕琢其璞，果得宝玉，称为“卞璧”。

⑬**法幢**：为说法道场的标帜。宣扬大法之际，将幢幡建于道场门前，此称为法幢。

⑭**法器**：僧道斋醮所用的乐器，如铙钹之类。

⑮**法念**：即法念处，又作法念住。四念处之一。意思是一切法都是因缘所生而没有自性，然而众生颠倒，常于善念法中，妄计有我，说我能行善行恶。但善恶法中，本即无我，如果善法是我，则恶法应该无我；如果恶法是我，则善法应无我。佛为了让他们知道因缘性空的道理，所以就命令他们观法无我。

⑯**法有**：佛教认为，由因缘而产生的法，虽然没有自性，然而也并非如兔角龟毛等一样有名无实，故称法有。

⑰**璎珞**：又作缨络。由珠玉或花等编缀而成的装饰品。可挂在头、颈、胸或手脚等部位。

⑱**法财**：法能利润如财，故称为法财。

⑲**法身**：戒、定、慧等功德为法身。

## 译文

《东明日禅师录·示嗣芳侍者语》中说："作法语，是为了帮助学僧能进一步研习禅理，勉励学人上进。前辈禅师都是在不得不发的情况下，而出一言半句，示一机一境，如同穿杨之箭，不发还罢，一发就必然命中目标。现在的常见现象是师法不严，禅师们用法语称颂自己的长处，发泄胸中的不平之气，对他们的本分事又有什么益处？更何况，就是连用法语发泄心中不平、称颂自己长处的人也寥寥无几啊！"

《痴绝冲禅师录·示巽升维那语》中说："所谓的法语，大概是前辈中有道之士，提持着佛祖未传的妙旨，来警悟学人。我是如此的不聪慧，又怎能作它呢？"

《寂室光禅师录·示真源禅者语》中说："法语，是具有洞察万物的眼通力的真正的宗匠们所做得的事业。因为他们宗、说俱通，表词达意、遣词用句都很圆融灵活，就被禅僧们拿来作为参禅的标式。因此，能得到它的人，都视为隋珠、卞璧而拿回家珍藏着。这实在不是那些单见浅识之辈们容易作出的。纵使他们勉强着作出来，不但对别人无益，恐怕还会招来别人对他们的讥讽和责骂。”

《大集经》中说：“佛说的法语，也即大凡他所演说的，都是依据佛法而说的。观法念法，奉行着法；行到某一个地方也有法。求法想要得到法，喜欢法，修习法。法幢法仗，装饰得华美的法器、法灯。法明法念，法意法有。法所装饰着璎珞，法床法仪，法护法财。法没有穷尽，广大无边。法事，法身，法口，法意。菩萨具足成就如此规模的佛法，因此叫作法语。法语，是真实的话语，是守护佛法的话语。”又说：“法，是不能得到的，没有文字，也没有言说；既无词句，又没有颜色，没有形状；也没有能够走进去的方向，没有教诲；也没有所教的东西，没有心所意识的东西；没有尘垢，没有明亮，没有昏暗。”

# 21 文疏门

## 敕黄

### 原典

《敕修清规·书记》云："古之名宿，多奉朝廷征召；及名山大刹，凡奉圣旨敕黄住持者，具谢表[①]，示寂有遗表[②]；或所赐所问，俱奉表进。而住持专柄大法，无事文字，特请书记，以职之。"

《山堂肆考》[③]云："唐太宗用黄麻纸，写诏敕文，故杜诗[④]：'紫诏[⑤]仍兼绾，黄麻似六经[⑥]。'唐玄宗别置学士院[⑦]掌内命，凡拜、免将相，皆用白麻。注云：'黄麻，诏纸用黄檗染成，取其辟蠹也。似六经者，谓诏诰之词，浑厚如六经之文也。'"

## 注释

①**谢表**：唐宋外任官到任并升除或内廷有所宣赐，例有四六句谢表。此指高僧被朝廷任命为某寺住持或被赐法号、法物时所作的谢皇恩的表文。

②**遗表**：汉唐以来，大臣临卒，多有奏章，卒后上奏，称为遗表。此为敕命住持所作，例同朝臣。

③**《山堂肆考》**：明彭大翼撰，其孙婿张幼学增订。四十五门，二百二十八卷，补遗十二卷。大抵荟萃各类书而成。搜罗颇富，尚有条理。

④**杜诗**：此诗诗题为《赠翰林张四学士》。《九家集注杜诗》卷十八。

⑤**紫诏**：又作"紫诰"。古人书函用泥封，诏书以锦囊盛，紫泥封口，加印章，后因称皇帝诏令为紫诰、紫诏。

⑥**六经**：《诗》《书》《礼》《乐》《易》《春秋》，被称为"六经"，也即"六艺"。

⑦**学士院**：唐玄宗初年，置翰林待诏，掌章奏报答等。既而因中书事情繁多，文书多有积压，乃选用文学之士，号翰林供奉，与集贤院学士分掌制诏书敕。开元二十六年（公元七三八年），又改翰林供奉为学士，别置学士院，专掌内命。

## 译文

《敕修清规·书记》中说："古时著名的宿老，往往奉朝廷的征召；以及名山大刹中凡是奉了圣旨、敕黄的住持，都要呈上谢恩表，示寂时有遗表；或者皇上有所赐赏、有所慰问，都要作表呈进。而住持是专门执掌佛法的，不能在文字上分心，就特地请书记担任作表的职务。"

《山堂肆考》中说："唐太宗用黄麻纸书写诏告敕文，所以杜甫诗：'紫诏仍兼绾，黄麻似六经。'唐玄宗另外设置了学士院掌管皇帝的命令，凡是拜、免将相，都用白麻纸书写。注释说：'黄麻，诏书的纸用黄檗染成的，目的在于用黄檗来防止虫蠹。似六经，指诏诰所用的文辞浑厚如六经上的语句。'"

# 路疏

## 原典

忠曰：某州、路[①]官府请住持疏也。

《古林茂禅师永福录》[②]有"拈路疏"语。

## 注释

①**州、路：**州，地方行政单位。宋分境内为诸府、州、军、监，上属各路，下辖诸县。元、明、清皆有州，分直隶州和散州两类。路，宋、元行政区域名。宋分天下为路，像今天的省一样；元的路属于行中书省，下领州、县。

②**《古林茂禅师永福录》：**元代禅僧清茂著。清茂，温州乐清人，俗姓林。字古林。一般称为“茂古林”。本书为古林清茂禅师住于饶州（江西鄱阳县）永福寺说法教化的语录，存于其《古林清茂禅寺语录》五卷中。

## 译文

无著道忠说：某一州、某一路的官府请住持所用的疏文。

《古林茂禅师永福录》中有“拈路疏”这样的语句。

# 府僚疏

## 原典

忠曰：僚，官僚也。府中官僚，荐住持疏也。

《居顶圆庵集》[1]有《青远禅师[2]住昌国普慈[3]府僚疏》，盖居顶代府僚制也。

## 注释

①**《居顶圆庵集》**：居顶，明初临济宗僧。台州（浙江临海）人，俗姓陈。号圆极，别号圆庵。本书为其诗文集，全称《灵谷圆极居顶禅师圆庵集》，十卷。

②**青远禅师**：即宋代僧佛眼清远。

③**昌国普慈**：即昌国县（宋熙宁时置，属明州，即今浙江宁波定海区）普慈禅寺。

## 译文

无著道忠说：僚，也就是官僚。府中的官僚推荐住持所作的疏文。

《居顶圆庵集》中有《青远禅师住昌国普慈府僚疏》，大概是居顶代替府中官僚所作。

# 江湖疏

## 原典

忠曰：江湖上禅刹人，制新命入寺[1]疏也。

有东江湖、西江湖二疏②。《南禅规式·入院》云："首座宣山门疏③，行者两人扛疏，住持在椅。其余疏，以次头首宣读：道旧疏④，书记；诸山疏⑤，后堂⑥；东江湖、西江湖疏，东、西藏主⑦宣之。但道旧、同门⑧等疏，头首出众向法座立定，读之，盖无可宣扬⑨位也。"

忠曰：江湖者，江外湖边蕞刹也。凡禅刹名山大刹之外者，称江湖矣。然旧说援"江西马祖、湖南石头，学者憧憧往来"之说，实无交涉。如今此方江湖疏，题名衔曰"平沙某甲""远浦某乙"等，是足粗知"江湖"义。

## 注释

①**入寺**：指入寺院任住持，与入院、晋山意思一样。

②**东江湖、西江湖二疏**：庆贺晋山入寺的疏文，称为江湖疏。此疏若由东藏主宣读，就称为东江湖疏；若由西藏主宣读，就称为西江湖疏。

③**山门疏**：即禅宗劝请新住持时，由书记所作的文书。

④**道旧疏**：新住持晋山时，旧识道友为他制作的入寺的疏文。

⑤**诸山疏：**延请新住持时，劝请邻近诸山住持贺临的疏文。

⑥**后堂：**后堂首座的略称。即管理后堂的修行僧的僧职。

⑦**东、西藏主：**于禅林中主管经藏的职称。又称知藏、藏司。为六头首之一。主事者须通义学。藏主为藏殿的主管，掌管禅院大众的阅藏看经。禅林多置经于东、西两边。分管两边者为东、西藏主。

⑧**同门：**即同门疏。为同门上呈新任住持的贺表。

⑨**宣扬：**宣读、赞扬。

## 译文

无著道忠说：江湖禅寺中的僧人为新命住持入寺所作的疏文。

有东江湖疏、西江湖疏两种。《南禅规式·入院》中说："首座宣读山门疏，行者两人扛着疏文，住持坐在椅子上。其余的疏按次序由头首宣读：道旧疏，由书记宣读；诸山疏，由后堂宣读；东江湖疏、西江湖疏，由东、西藏主宣读。只有道旧疏、同门疏等，头首宣读时要从众僧中走出来，面向法座站稳后宣读，大概因为没有可以宣读它们的位置吧。"

无著道忠说：江湖，指江外湖边的丛林寺院。大凡名山大刹之外的禅寺，都称作江湖。然而，过去的解释援引“江西马祖、湖南石头，学者憧憧往来”这种说法，实在和“江湖”没有关系。如今此地的江湖疏，题写的名衔都是“平沙某甲”“远浦某乙”等等，由此足可以知道“江湖”的词义了。

## 方外疏

### 原典

在家士大夫为新住持制疏也。

《居顶圆庵集》有《方外交①疏》，其柄语②云："窃闻，今浙东天童木庵③禅师，请退已久，一旦虚席，其徒失依。遂劝师以轻车熟路，复镇其虚。人谓师之此举，足以崇重天童，而师固无加损也。凡吾荐绅④，所尚在道，道由人兴，故疏以贺。"

### 注释

①**方外交**：又称方外友。方外，世外之意，此指僧人。士子俗人与沙门交游往来，乃世俗以外的朋友，称方外友。

②**柄语**：劝请新命住持入寺的山门疏或同门诸师

庆贺新命住持的同门疏前的冒头小序，因为它如器之有柄，故称为柄语。

③**木庵：**疑即宋代僧安永。安永字木庵。闽县（福州闽侯县）人，俗姓吴。二十岁左右入道，参谒懒庵于云门寺，得其密印，回住鼓山涌泉寺。

④**荐绅：**指士大夫有官位的人。同“缙绅”。

## 译文

在家的士大夫为新上任的住持所作的疏。

《居顶圆庵集》中有《方外交疏》，此疏的柄语说：“鄙人听说，浙东天童寺的木庵禅师现在想退位已经很久了，如果天童寺一旦没有住持，他的僧徒们也就失去依靠了。因此，我劝请禅师凭您的轻车熟路，再去坐镇即将空缺的法席。人们都说禅师您的这一行动，足以使天童寺的地位更加崇重，而这对您又不会有什么损害。大凡我们这些推荐的官绅，所崇尚的都是佛道，而佛道又是由人兴起的，所以作疏以示祝贺。”

# 目子

## 原典

忠曰：凡人名，或事条等，其数多，而不可谙记者，列写其品目于片纸，以备遗忘，此名目子。

忠曰：又，丛林请入牌祖堂等语于住持人，其孝子[①]详录其入牌祖师屋里缘语[②]等，呈之住持，以充造语之用，此亦云目子矣。又，请禅师号等，于朝廷时，列书其祖师行状[③]、缘语等，呈之内记，以备造文之资，此亦云目子矣。故目子之名，广焉。

## 注释

①**孝子**：此指为示寂的住持、祖师戴孝的弟子。禅林中，凡遇住持等德高的老僧入寂，其小师（弟子）必须各随身份，穿着定制的丧服。

②**屋里缘语**：指祖师于学僧入室参学时所宣说的机缘语。

③**行状**：乃记述人一生行谊及其籍贯、生卒年月的文字。佛家行状的撰述始于唐代。

## 译文

无著道忠说：大凡是人的名字或者事情的项目等，因为它们的数量多，而人不可能熟记在心，就把它们一项一项地按品种排列在一张纸片上，以防备忘记，这就叫目子。

无著道忠说：又，丛林中向住持说请入牌祖堂等话语时，孝子就要详细抄录所要入牌位的祖师曾在屋里说的缘语等，将它呈给住持，预备着写入牌祖堂语时用，这也叫作目子。又，向朝廷请禅师的号时，也要一一书写上祖师的行状、缘语等等，呈给内记，以做造文的材料，这也叫目子。所以目子这一名称使用的范围很广。

# 检子

## 原典

《校定清规·侍者职事》云："凡上堂，及法语，当随即编录，预呈检子，臻志书写。"

《正字通》[①]云："检，程式。今俗谓文书藁，为检子。"

## 注释

①**《正字通》**：明张自烈撰，十二卷。此书体例，因袭明梅膺祚《字汇》，对《字汇》的漏误，做了补充和修订，当时流传甚广。

## 译文

《校定清规·侍者职事》中说："大凡是住持上堂时说及法语，应当随时记录下来编好，预先呈上检子，以便书写得很好。"

《正字通》中说："检，也就是程式。现在通常把文书的稿子，称作检子。"

# 日子

## 原典

《敕修清规·入院》云："行者进卓笔砚，知事具状，备盘袱，捧呈寺印，新命看封，付知事开封。新命视篆讫，就状上，先佥押，次题日子，使印于上。知事收状，衣钵侍者收印退卓。"

忠曰："日子"，"子"非助词，乃十二支之"子"也。（"题日子"者，书"朔日子""二日子"等也。）

## 译文

《敕修清规·入院》中说："行者将笔、砚放在桌上，知事预备好书状，铺开盘袱，捧着寺印呈上，新任住持查看封记，交付给知事拆开封记。新任住持查看印篆完毕，在状上先佥押，接着再题写日子，在日子上盖上寺印。知事收起状子，衣钵侍者收好寺印从桌边退下。"

无著道忠说："日子"的"子"字，不是助词，是十二地支中的"子"。（"题日子"，也就是写上"朔日子""二日子"等等。）

# 22　图牌门

## 小参牌

### 原典

旧说曰：小参牌，入院，则小片纸，书“今晚”两字，贴牌左肩；四节，则书“昏钟鸣”三字，贴之。

《敕修清规·入院当晚小参》云：“侍者令客头报众，挂小参牌。”

### 译文

传统说法：小参牌，入院时，就用小片纸，上面写上“今晚”两个字，贴在牌子的左上角；逢四节时，就写上“昏钟鸣”三个字，贴在牌子上。

《敕修清规·入院当晚小参》中说："侍者命令客头行者报众，挂小参牌。"

## 普说牌

### 原典

《敕修清规·普说》云："侍者令客头行者，挂普说牌，报众。"

若告香普说[1]，牌左肩贴"告香"两字。

### 注释

①**告香普说：**在禅刹中，普集大众说法，即师家为一般学人开示宗乘，称为普说。在特别说法时，则学人烧香请求普说，此称为告香普说。

### 译文

《敕修清规·普说》中说："侍者命令客头行者，挂普说牌，报众。"

如果是告香普说，就在普说牌的左肩贴上"告香"两个字。

## 入室牌

### 原典

《敕修清规·入室》云："遇开室[①]时，粥前，侍者令客头行者，僧堂前、诸寮挂入室牌。"

### 注释

①**开室：** 与入室同义。即师家开室允许大众入室参问的意思。入室乃从修行者方面说的；开室则是从师家方面说的。

### 译文

《敕修清规·入室》中说："遇到开室的时候，粥前，侍者命令客头行者在僧堂前以及众僧寮舍前挂入室牌。"

## 秉拂牌

### 原典

《敕修清规·四节秉拂》云："秉拂人[①]令行者僧堂前挂秉拂牌。"

## 注释

①**秉拂人：**持拂子代住持上法座向大众开示说法者。

## 译文

《敕修清规·四节秉拂》中说："秉拂人命令行者在僧堂前挂秉拂牌。"

# 坐禅牌

## 原典

《永平清规[①]·辨道法》云："早晨坐禅，挂坐禅牌。余时坐禅，不挂坐禅牌。"

忠曰：余时者，晡时、黄昏、后夜[②]三时也。

## 注释

①**《永平清规》：**凡二卷。又作《永平元禅师清规》，与玄透即中的《永平小清规》三卷相对，故也称《永平大清规》。为日本曹洞宗初祖道元，以曹洞教团应守的规则和理想为根本而记述的清规。

②**后夜**：即后分之夜，乃昼夜六时之一。印度的夜间区分为初、中、后三时，此为其后分。相当于寅时，近于日出的时候。原始佛教在后夜也有坐禅活动，至后世则略去了。

## 译文

《永平清规·辨道法》中说："早晨坐禅，挂坐禅牌。其余时间坐禅，不挂坐禅牌。"

无著道忠说：其余时间，指晡时、黄昏、后夜这三个时间。

# 静牌

## 原典

坐禅牌，又言静牌。静者，静虑也。

《诸祖偈颂①·慈受深禅师示众》云："静牌才挂，宜客默然。纵不挂时，岂可谈笑？"

## 注释

①**《诸祖偈颂》**：又作《禅门诸祖师偈颂》。宋子昇、如佑录，共四卷。本书为历代宗师偈颂的汇集。中

有佛祖传法偈、三祖信心铭、永嘉证道歌、天台坐禅铭、禅月大师山居诗、石头和尚参同契、傅大士心王铭、牧牛诗等著名偈颂。

## 译文

坐禅牌，又叫静牌。静，也就是静息思虑的意思。《诸祖偈颂·慈受深禅师示众》中说："静牌刚刚挂上，就应该各自保持沉默。纵使没挂牌时，又怎能谈笑？"

# 照牌

## 原典

《敕修清规·赴茶汤》云："先看照牌，明记位次，免致临时仓遑[①]。"

忠曰："看照牌，明记位次"，"照"义解得过半矣。凡"照"者，二物相照而鉴识也。如"照牌"，座间早有座牌，贴各位了，然着座人不得入席预见之，故于外面，别设牌，造座间样式，小片纸书众名，贴各位。着位人，审视之，记己所着位毕，然后入座间，照看外牌位而坐。贵免致仓遑败阙[②]矣。

## 注释

①**仓遑：**匆忙，慌张。

②**败阙：**失败，遗漏。

## 译文

《敕修清规·赴茶汤》中说。“先看照牌，铭记位次，免得到时太仓皇。”

无著道忠说：“看照牌，明记位次”，这句话已经把“照”的字义解释了一大半。大凡“照”，指两个物体相互对照而能鉴别认识。如“照牌”，座位间早已有座牌贴在各个座位上了，但是贴在座位的牌子，就座人不预先去看，所以就在外面另外设了一块牌子，造成座位间的样式，然后用小片纸写上众僧的名字，贴在各个座位上。就座的人，仔细看看它，记住自己所要坐的座位后，然后进入座位中间，依照外面牌子上所指的座位坐下。它的好处是能免得大家仓促慌张，以及坐错座位、缺少座位。

# 23 饮啖门

## 粥

### 原典

《释氏要览》云："读五部律[①]文，粥之缘起有三：初《僧祇律》云：佛住舍卫国[②]，难陀母[③]，令作釜饭，逼上汁自饮，觉身中风除食消，便作念：阇梨是一食人，应当食粥。乃取多水少米，煎去二分，然后入胡椒、荜拨[④]末，盛满罂[⑤]，持诣佛所，白言：'唯愿世尊，听诸比丘食粥。'佛许，仍为说偈云：'持戒清净人[⑥]所奉，恭敬随时以粥施。十利饶益于行者，色力寿乐辞清辩。宿食风除饥渴消，是名良药佛所说。欲得人天长受乐，应当以粥施众僧。'次《四分律》云：佛在那频头国⑦，因鲞沙施粥，佛许之。后《十诵律》云：婆罗门王阿耆达⑧，施八般粥，谓乳、酪、胡麻、豆、摩沙⑨、荏苏⑩等，佛许之。”又云：“粥，不正食摄。《僧祇律》⑪云：粥出釜，划不成字，始名不正食。”

忠曰：依《寄归传》⑫《四分律》等，五啖食，谓饭、麦豆饭、麨、肉、饼，此为正食。五嚼食，谓根、茎、叶、华、果，此为不正食。若已食前五，必不合餐后五；先食后五，则随意啖前五。

又，《释氏要览》云：“今析粥十利者，一色；二力；三寿；四乐；五词清，《俱舍》⑬云：‘词，谓训释言词也。’六辨，《俱舍》云：‘辩，谓展转言，无滞碍也。’七宿食消；八风除；九消饥；十消渴。”

## 注释

①**五部律**：佛陀于入灭后百年顷，付法藏第五祖优婆毱多之下有昙无德等五弟子，同时于律藏衍出五部的派别，统称五部律。他们所持的律典均属小乘律。即：（一）昙无德部，《四分律》；（二）萨婆多部，《十诵律》；（三）弥沙塞部，《五分律》；（四）迦叶遗部，《解脱律》；（五）摩诃僧祇部，《僧祇律》。

②**舍卫国**：为中印度古王国名。意译闻物、闻者、无物不有。又因为此城多出名人，多产胜物，故称闻物

国。佛陀在世时，波斯匿王统治此国。佛陀于舍卫国前后居住二十五年，较住于其他诸国长久。

③**难陀母：**疑即佛弟子难陀的母亲。难陀，为西印度嗢逝尼城大商主难陀的儿子。长大后，得到父亲的允许，与五百商贾至舍卫城，被淫女迷惑，荡尽财货，且被遗弃街头。佛陀对之垂施教诲，难陀乃深自忏悔。

④**荜拨：**草名。即荜茇。早春抽苗，茎高三四尺，春天开白花，果实类似桑葚。自古波斯传入，供药用。

⑤**罂：**小口大腹的容器。

⑥**清净人：**诸佛的通称。诸佛远离烦恼的垢染，三业清净，故称清净人。

⑦**那频头国：**古印度国名。

⑧**阿耆达：**即阿耆达王。佛尝受阿耆达王的邀请，到他的国家结夏安居。

⑨**摩沙：**疑即大豆。

⑩**荏苏：**即荏菽，大豆。

⑪**《僧祇律》：**全称《摩诃僧祇律》，全四十卷。为部派佛教大众部所传的律藏。

⑫**《寄归传》：**全称《大唐南海寄归内法传》，全四卷。唐朝义净于咸亨二年（公元六七一年）自广州至印度留学，学成归国途中于南海室利佛逝国撰写本书，并录《大唐西域求法高僧传》二卷及杂经论等十卷，托大

律禅师赍送回国。本书记述了印度和南海诸国所行律仪。

⑬**《俱舍》**：即《俱舍论》。全称《阿毗达磨俱舍论》。乃部派佛教教理的集大成，《大毗婆沙论》的纲要书。公元四五〇年世亲菩萨造。汉译本有二：（一）真谛所译《旧俱舍》，二十二卷；（二）玄奘所译《新俱舍》，三十卷。

## 译文

《释氏要览》中说："读五部律文，知道粥的缘起有三个：刚开始，《僧祇律》中说：佛住在舍卫国时，难陀母命令别人用锅做饭，将饭上面米汁舀出自己喝下去了，觉得身体中胀气没有了，食物也消化了，便想道：阇梨也是吃饭的人，应当吃粥嘛。于是她就取了许多水，放了少量的米，煎熬去二份水，然后又放入胡椒、荜拨末，盛了满满一罂，拿到佛的住所，对佛说：'我只希望世尊能听任、允许各位比丘吃粥。'佛允许了，还为此作了一偈说：'持戒清净，人人敬奉你，随时恭敬地施粥给你吃。吃粥的十种利益对你实在好，使你面容好看，力气大，长寿快乐又善言辩；隔宿的胃气消失食消化，解除饥饿又消除口渴，这就是佛所言说的良药。想要使人天都长寿又快乐，就应当施粥给众僧。'接着，《四分律》中说：佛在那频头国，因为耄沙施粥，佛允许了。最后，《十诵律》中说：婆罗门王阿耆达施舍了八般粥，指乳、酪、胡麻、豆、摩沙、荏菽等，佛允许了。”又说：“粥，包含在不正食中。《僧祇律》中说：粥出锅后，划不成字，就叫不正食。”

无著道忠说：依据《寄归传》《四分律》等，五啖食，指饭、麦豆饭、麨、肉、饼，这是正食。五嚼食，指根、茎、叶、花、果，这是不正食。如果已经吃了前五种，一定不能再吃后五种；如果先吃了后五种，则可以随意吃前五种食物。

又，《释氏要览》中说：“现在分析粥的十种好处：一、肤色好；二、力气足；三、使人长寿；四、使人快乐；五、言辞清晰，《俱舍论》中说：‘词，指训释词语。’六、善于辩论，《俱舍论》中说：‘辩，指一层接一层、一段接一段地说，没有任何停顿。’七、隔夜的食物消化了；八、腹中的胀气没有了；九、解除饥饿；十、消除口渴。”

## 小食

### 原典

《释氏要览》云：“《增辉记》[①]云：‘小食者，粥是。’”

《野客丛书》[②]云："《漫录》谓世俗例以早晨小食，为点心。或谓小食，亦罕知出处。仆谓，见《昭明太子传》。曰：'京师谷贵，改常馔为小食。'小食之名，本此。"

忠曰："小食"，本出佛经律文。盖昭明时，王公好佛学，故用其目。王儒考出，未尽原。

## 注释

①**《增辉记》：**即《南山增辉记》。唐代僧南山大师道宣作，已佚。

②**《野客丛书》：**宋王楙编，三十卷。此书考辨文献，精审详明，品评诗文，颇有见地。唯卷帙既多，不免舛误。

## 译文

《释氏要览》中说："《增辉记》中说：'小食，也就是粥。'"

《野客丛书》中说："《漫录》上说，世俗之人把早晨的小食，称作点心。也有人叫作小食，但很少有人知道这种说法的出处。我认为，这种说法见于《昭明太子传》。《昭明太子传》上说：'京师的谷子贵，就改常馔为小食。’‘小食’这一名称，就起源于此。”

无著道忠说：“小食”，本来出自佛经的律文中。大概昭明时，王公贵族都喜好佛学，所以就用了这一名称。王楙这个儒生考出了它的出处，但并没有考出它最原初的出处。

## 缨络粥

### 原典

永觉贤禅师《禅余外集·山中有感诗》说：“春垦半亩畦，秋收一担粟。每挑野菜根，和𠈌缨络粥。”

忠曰：《粥糜品》不载缨络粥，盖糁野菜，加米造。菜牵连，如缨络也。

### 译文

永觉贤禅师《禅余外集·山中有感诗》说：“在春天开垦上半亩地，到秋天就能收获一担粟。每每挖出野菜根，和成那缨络粥。”

无著道忠说：《粥糜品》上没有缨络粥的记载，大概是把糁和进野菜，加上米煮，粥里的菜相互牵连着，就像缨络一样。

# 斋

## 原典

《佛祖统纪》云："《毗婆沙论》[①]：斋者，以过中不食，为体。"又云："《请观音疏》[②]：斋者，齐也，齐身、口业也。齐者，只是中道[③]，后不得食者，表中法界外，更无别法也。"

《释氏要览》云："《起世因本经》[④]云：'乌脯沙陁，隋言增长[⑤]，谓受持斋法，增长善根故。佛教以过中不食名斋。'"

## 注释

①**《毗婆沙论》：**即《阿毗达磨大毗婆沙论》。

②**《请观音疏》：**即隋代智顗所作的《请观音经疏》，一卷。

③**中道：**又作中路，或单作中。即离开二边的极端、邪执，为一种不偏于任何一方的中正之道。佛教各宗皆以此为其教理的核心。

④**《起世因本经》：**《起世经》的一种译本。十卷十二品，隋代达摩笈多译。其内容叙述世界的组织、状态、起源、成坏等过程。

⑤**增长**：也即斋，或称说戒。即同住在一起的比丘每半月集会到一处，或齐集布萨堂，请精熟律法的比丘说《波罗提木叉戒本》，以反省过去半月内的行为是否合乎戒本，使比丘均能常住于净戒中，长养善法，增长功德。在家信徒于六斋日受持八斋戒，也称增长，也能增长善法。

## 译文

《佛祖统纪》中说："《毗婆沙论》：斋，以过中午后就不再食为根本。"又说："《请观音疏》：斋，也就是齐的意思，使身业、口业相齐、一致。齐，只是中道，过中后就不再食，表示中法界外，再没有其他别的法了。"

《释氏要览》中说："《起世因本经》中说：'乌脯沙陁，隋代叫作增长，指受持斋法，能增长善根。所以佛教把过中午后不再食叫作斋。'"

# 草饭

## 原典

忠曰：草饭者，粗饭也。

## 译文

无著道忠说：草饭，也就是粗饭。

# 水饭

## 原典

忠曰：水飰，以水浇饭，如日本汤食。然旧说曰“饭味淡如水也，盖谦词者”，讹甚。

## 译文

无著道忠说：水飰，用水浇在饭里，就好像日本的汤食。然而过去的说法，是饭的味道淡如水，大概是谦辞，大错特错。

# 药石

## 原典

《敕修清规·达磨忌》曰：“念诵毕，或请就坐药石。”又《告香》云：“当晚，方丈请参头、维那、侍者药石。”

旧说曰：药石谓晚间之粥，盖隐语也。

## 译文

《敕修清规·达磨忌》中说："念诵完毕，或是请众僧就座药石。"又,《告香》中说："当天晚上，方丈请参头、维那、侍者药石。"

传统说法认为：药石，指晚间吃的粥，大概是一种隐语。

# 煎点

## 原典

《敕修清规·受嗣法人煎点》云："若法嗣到寺煎点，令带行知事[1]，到库司，会计[2]营辨合用钱物，送纳。"又《游方参请》云："参头云：'某等重承煎点，特此拜谢。'"

忠曰：煎点者，谓煎熬煎熟食物，以点于心也。

旧说曰：煎点者，但是谓点煎茶也。然日本以点心为煎点，非也。纵有点心，亦以茶为本。谓若请人进唯茶，则太简，故先进点心，次进茶矣。点心本为茶，故称点心，为煎点，失辞。

## 注释

①**带行知事**：带行，即伴随宾客、尊宿而行的意思。带行的知事僧，称为带行知事。

②**会计**：管理财物及其出纳等事。

## 译文

《敕修清规·受嗣法人煎点》中说："如果法嗣到寺院中煎点，就命令带行知事到库司，核计出所要用的钱、物，送交过来。"又，《游方参请》中说："参头说：'某等承贵寺隆重的煎点，特此拜谢。'"

无著道忠说：煎点，指煎熬、煎熟的食物，用它们点在心里。

传统说法认为：煎点，只是指点煎的茶水。但是日本把点心叫作煎点，不对。纵使有点心，也是以茶为根本的。意思是说，如果请人，只是进茶，就未免太简陋了，所以就先进点心，接着再进茶。点心本来是为了喝茶，所以叫作点心，说成煎点，就不对了。

## 淫汤

### 原典

旧说曰：或谓“淫汤”，饮之则能折薄[1]淫心，故名。此义非也，“淫”当作“饮”，僧堂鸣开钵槌[2]时，唱饮汤而行之。

忠曰：盖米粉点汤，混浊滞留，故言“淫汤”，即米汤也。

### 注释

①**折薄：**折损、减少。

②**开钵槌：**即僧人开始进入僧堂用食时所鸣的槌。

### 译文

传统说法认为：有人说“淫汤”，喝了它就能让人的淫逸之心减少，所以这么叫。这种解释是错的，“淫”字应当是“饮”字，僧堂中鸣敲开钵槌时，唱叫“饮汤”，也就是饮它了。

无著道忠说：大概是米粉点到汤水里，汤就混浊滞留了，所以称“淫汤”，也就是米汤。

# 24 服章门

## 袈裟

### 原典

《释氏要览》云："袈裟者，盖从色彰称也。梵音具云迦罗沙曳，此云不正色。《四分律》云：'一切上色衣①，不得畜，当坏作迦沙色②。今略梵语也。又名坏色。'《业疏》③云：'本作迦沙，至梁葛洪④撰《字苑》⑤，下方添衣，言道服⑥也。'"

### 注释

①**上色衣：**上色，为品级高贵的服色。上色衣，指颜色鲜艳品级高贵的衣服。

②**迦沙色**：又作袈裟色。袈裟的颜色不正，大抵为三种：青、泥（皂、黑）、茜（木兰色），或说是若青、若黑、若木兰色。

③**《业疏》**：全称《四分律删补随机羯磨疏》，全八卷，唐代道宣撰。本疏乃作者广释其自著的《四分律删补随机羯磨》二卷，辨释持戒的要谛，内容细分为十篇。

④**葛洪**：晋句容（今属江苏）人，字稚川，号抱朴子。始以儒术知名，后好神仙导养之法。著有《抱朴子》。又精医学，著有《金匮药方》一百卷，《肘后备急方》四卷。

⑤**《字苑》**：《旧唐书·经籍志上》录葛洪《要用字苑》一卷，失传。后出各字书，多引用葛氏训诂，为古时通行的字书。

⑥**道服**：指经过中国改革过的法衣，即直裰。

## 译文

《释氏要览》中说："袈裟，大概是因为它的颜色鲜明，所以才这么称呼的。梵语都说成'迦罗沙曳'，此地称作'不正色'。《四分律》中说：'一切具有品级高贵的颜色的衣服，僧人都不能保存、拥有，应当把它们染成迦沙色。今天称之为袈裟，是将梵语这个词的发音缩略了。又叫作坏色。'《四分律删补随机羯磨疏》中说：'本来是写作迦沙的，到南朝梁代葛洪撰写《字苑》时，才在它们的下方都添了衣，用来称僧人的服装。'"

## 法衣

### 原典

忠曰：禅林所谓"法衣"者，金襕衣[①]，而以表传法之信也。但说法时，披此衣，故言"法衣"也。须是大衣[②]，自九条至二十五条矣。

旧说曰：凡法衣，上堂升座可披之。如小参、五参上堂、立地佛事、拈香，皆不可披之。达磨忌、百丈忌、开山忌拈香，犹不可披也，况在家拈香耶?

《翻译名义集》云："《西域记》云：'僧迦胝，旧讹云僧伽梨，此云合，又云重，谓割之合成。'义净云：'僧迦胝，唐言重复衣。'《灵感传》[③]云：'每转法轮，披僧伽梨。'南山[④]云：'此三衣名，诸部无正翻。今以义译，大衣名杂碎衣，以条数多故。若从用为名，则曰入王宫聚落时衣，乞食说法时着。'"

忠曰：禅林金襕大衣，独说法时着之。今《灵感传》及南山所言，少通之。但我局金襕，又金襕不用于乞食耳。

又曰：凡释“法衣”，作可通“三衣”之义者，非禅林所谓法衣义，故今不取之。但暂录之，令识者择焉。

《祖庭事苑》云：“法衣者，如法之衣也。”

忠曰：三衣皆如法裁之。睦庵以此释禅宗传法之衣，恐失辞。

## 注释

①**金襕衣：**即以金缕织成的袈裟，又作金襕袈裟。

②**大衣：**即僧伽梨、入王宫聚落衣，是到王宫时或上街时穿着的衣服，系用九条乃至二十五条布所缝制。因布的条数有九种类，故又称九品大衣。

③**《灵感传》：**即《南山灵感传》，一卷，道宣撰，又称《律相感通传》。

④**南山：**即唐代僧南山律师道宣。

## 译文

无著道忠说：禅林中所说的“法衣”，就是金襕衣，是用来表示传法的信物的。只是在说法的时候，才披着这种衣服，所以就叫它“法衣”。但它必须是大衣一类的，条数从九条到二十五条都可以。

传统说法说：大凡是法衣，在上堂升座说法时可以披它。如小参、五参上堂、立地佛事、拈香等场合，都不能披着它。逢到达磨忌日、百丈忌日、开山祖师忌日拈香时，都不能披着法衣，更何况在家拈香？

《翻译名义集》中说："《大唐西域记》：'僧迦胝，过去讹说成僧伽梨，此地叫作合，又说成重，意思是把它分割开后再重新合成。'义净说：'僧迦胝，唐人称之为重复衣。'《灵感传》中说：'每逢转法轮，都要披上僧伽梨。'南山律师说：'这三种衣服的名称，各部的佛经都没有恰当的翻译。现在根据它们的意思来翻译，大衣就命名为杂碎衣，因为它的条数多的缘故。如果从它的用途来命名，就可以叫作入王宫聚落时衣，在乞食、说法时穿它。'"

无著道忠说：禅林中的金襕大衣，只是在说法时才穿着它。现在《灵感传》和南山律师所说的，都解释得有点通。只是我仅局限于指金襕衣，而且，金襕大衣也不能用于乞食啊。

又说：凡是解释"法衣"的，把它说成与"三衣"的意思相通的，都不是禅林中所说的"法衣"的意思，所以，我们现在都不取它。只是暂时抄录在这里，让有识之士自己选择。

《祖庭事苑》中说："法衣，即符合佛法的衣服。"

无著道忠说：三衣都是依据佛法裁制成的。睦庵用“符合佛法的衣服”来解释禅宗传法的衣服，这说法恐怕有失偏颇。

## 金襕袈裟

### 原典

《传灯录·释迦牟尼佛章》云："世尊告迦叶：'吾将金缕僧伽梨衣传付于汝，转授补处[①]，至慈氏佛[②]出世，勿令朽坏。'"又，《摩诃迦叶章》云："迦叶持僧伽梨衣，入鸡足山[③]，俟慈氏下生。"

《联灯会要·二祖阿难尊者章》云："祖问迦叶云：'师兄，世尊传金襕袈裟外，别传个什么？'迦叶召阿难，祖应诺。迦叶云：'倒却门前刹竿[④]着。'"

忠曰：今禅宗传衣，必用金襕，原于此。

《中阿含经》[⑤]云："佛游释羇瘦，在迦鞞罗卫[⑥]尼拘类树园[⑦]。尔时，摩诃波阇波提瞿昙弥[⑧]持新金缕黄色衣，往诣佛所。稽首[⑨]佛足，却住一面白曰：'世尊，此新金缕黄色衣，我自为。世尊作慈愍我故，愿垂纳受。'世尊告曰：'瞿昙弥，持此衣施比丘众。施比丘众已，便供养我，亦供养大众。'大生主瞿昙弥[⑩]至再三白：'……

愿垂纳受。’世尊亦至再三告曰：‘瞿昙弥，持此衣施比丘众。施比丘众已，便供养我，亦供养众。’”

## 注释

①**补处：**又称“一生补处”。意思是经过此生，来生定可在世间成佛。此指弥勒，因为弥勒为一生补处的菩萨。

②**慈氏佛：**即弥勒佛。弥勒出生于婆罗门家庭，后为佛弟子，先佛入灭，以菩萨身为天人说法，住于兜率天。据传此菩萨欲成熟诸众生，由初发心即不食肉，以此因缘而名为慈氏。

③**鸡足山：**位于中印度摩揭陀国，乃摩诃迦叶入寂的地方。其位置相当于今伽耶北北东二十五余公里处，佛陀伽耶的东北三十二公里处。

④**刹竿：**又作刹柱。指禅宗寺院为示说法或法会所揭的旗杆。

⑤**《中阿含经》：**六十卷。东晋瞿昙僧伽提婆译。为北传四阿含之一。《中阿含》，即不长不短经典的总典。全经共有五诵、十八品、二二二经。

⑥**迦鞞罗卫：**意译黄赤城。即今尼泊尔塔拉伊的提罗拉冠特地方。为佛陀出生之处，也即释迦族的国土。

⑦**尼拘类树园：**又称尼拘律树园。意译为无节园、

纵广园。位于中印度迦毗罗卫城南的园林。乃释尊成道后，回故国为父王说法的地方。

⑧**摩诃波阇波提瞿昙弥**：又称波提夫人。译作大爱道瞿昙弥。意为释迦族瞿昙姓的女儿。摩诃波阇波提为古印度天臂城善觉王的女儿，即佛母摩诃摩耶的妹妹，释迦牟尼佛的姨母。

⑨**稽首**：佛教礼法之一。弯背曲躬，头面着地，以两掌伸向被礼拜者（此为佛）的双足，故又称接足礼。

⑩**大生主瞿昙弥**：摩诃波阇波提又译成大生主。故摩诃波阇波提瞿昙弥又译作大生主瞿昙弥。

## 译文

《传灯录·释迦牟尼佛章》中说："世尊告诉迦叶：'我将金缕僧伽梨衣传授交付给你，你再转授给一生补处的弥勒佛，一直等到慈氏佛出世了，你都不能让它朽坏掉。'"又，同书《摩诃迦叶章》中说："迦叶手持着僧伽梨衣，进入鸡足山，等着慈氏佛下生人间。"

《联灯会要·二祖阿难尊者章》中说："二祖问迦叶道：'师兄，世尊除了传下金襕袈裟外，其他还传下个什么东西吗？'迦叶招呼阿难，二祖阿难就应声了。迦叶说：'你把门前的刹竿弄倒了。'"

无著道忠说：现今禅宗传法的衣服，都用金襕袈裟，就来源于此处。

《中阿含经》中说："佛到释羁瘦地方游历，在迦鞞罗卫城的尼拘类树园。那时，摩诃波阇波提瞿昙弥手持着新做的金缕做的黄色的衣服，就来到佛的住所。她稽首了佛足后，就站在一边对佛说：'世尊，这件新做的金缕黄色的衣服，是我自己做的。世尊你就慈悯我吧，愿你能垂青收纳下它。'世尊告诉她：'瞿昙弥，你拿着这件衣服施舍给比丘众吧。你施舍给了比丘众，也就是供养了我，也就是供养了天下众生。'大生主瞿昙弥一直再三表白：'……愿你能垂青收纳下它。'世尊也是一直再三说道：'瞿昙弥，你拿着这件衣服施舍给比丘众吧。你施舍给了比丘众，也就是供养了我，也就是供养了天下众生。'"

## 屈眴衣

### 原典

《祖庭事苑》云："按，《宝林传》[①]达磨所传屈眴衣，此云第一布，正青黑色。"

《义楚六帖》云："屈眴，《宝林传》云：'唐言第一布，纺木绵华心为之，即达磨所传之衣，七条也，碧里，自师子尊者[②]传与。'”

《释门正统》亦作“第一布”，独《名义集》云：“屈眴，音舜，此云大细布。”

忠曰：虎关[③]作《屈眴辨》，以达磨屈眴为佛衣。引刘昫《旧唐书》云：“达磨自释迦相传有衣钵。”刘禹锡[④]《曹溪第二碑》云：“达磨与佛衣来。”以为证焉。又立总衣、别衣说，谓：“总衣，屈眴，正传表信。别衣，自衣，师子付斯多[⑤]，斯多不传密多[⑥]。”噫，世尊所传迦叶，国师所谓总衣者，金襕白矣，非屈眴布衣。抑专于成辩，偶遗之乎？又凡外俗之叙佛家，多取乎传闻，而言其大略。虽云通书，间有讹谬矣，不足以为凭据。余今于二刘言亦云。

## 注释

①**《宝林传》：**佛教禅宗史书。唐释智炬著，十卷。“宝林”即禅宗实际创始人惠能（“六祖”）曾住的韶州曹溪宝林寺。撰于宋代的《景德传灯录》《传法正宗记》等皆取材于此书，久佚，近年发现一些刻板和写本。

②**师子尊者：**为禅宗谱系西天第二十四祖。

③**虎关：**即日本临济宗僧虎关师炼，京都人，俗姓藤原，法名师炼。正和三年（公元一三一四年）、文保元年（公元一三一七年），相继为白河济北庵与伊势本

觉庵的开山祖。嘉历元年（公元一三二六年），初于三圣寺弘法，后移住于东福寺、南禅寺等地。生平著述甚多，敕号虎关国师。

④**刘禹锡：**唐代文学家、思想家。彭城人，字梦得。永贞元年（公元八〇五年），他和柳宗元等积极参加以王叔文为首的政治革新运动，不久失败，被贬为朗州司马。作了哲学名著《天论》。散文自成一家，诗与白居易唱和，时称“刘、白”，有《刘梦得文集》传世。

⑤**斯多：**即禅宗西天二十五祖婆舍斯多，罽宾国人。师子尊者密授其心印。

⑥**密多：**即禅宗西天第二十六祖不如密多，为南印度得胜王的太子，得法于婆舍斯多。

## 译文

《祖庭事苑》中说：“按，《宝林传》中达磨所传的屈眴衣，此地称作第一布，服色呈正青黑色。”

《义楚六帖》中说：“屈眴衣，《宝林传》中说：‘唐人称作第一布，是将木棉花的花心纺成布制成的，也就是当年达磨所传的那一种，条数为七条，里子为碧色，是从师子尊者那里传下来的。’”

《释门正统》中也写作“第一布”，独独只有《翻译名义集》说：“屈眴，发音读成‘舜’，此地称作大细布。”

无著道忠说：虎关师炼撰写的《屈眴辨》把达磨传下来的屈眴衣认为是佛衣。他援引刘昫《旧唐书》说：“达磨从释迦牟尼佛那里就传下衣钵。”以及刘禹锡的《曹溪第二碑》所说：“达磨从佛那里传下了佛衣来。”作为他的证据。虎关师炼又设立了总衣、别衣的说法，他认为：“总衣，也就是屈眴衣，正是表示传佛法的凭证、信物。别衣，也就是自衣，师子尊者交付给斯多，但斯多没有传予密多。”啊，世尊传给迦叶的，虎关国师所说的“总衣”，很显明，指的都是金襴袈裟，不是屈眴布衣。难道是虎关师炼太专注于过去人的辨析，偶尔遗漏掉真实词义吗？又，大凡居家的世俗之人叙述佛家的事物，多是取自传闻，而且也只是说出了大概意思。即使是有识之士著述的书籍，也间或有谬误、讹错，不足以为立论的凭据。我现在对二刘的这些话语也是这么看的。

## 大衣

### 原典

《释氏要览》云：“大衣，有三品九种。《萨婆多论》[①]云：‘僧伽梨有三品。自九条、十一条、十三条，名下品衣，皆两长一短作；十五条、十七条、十九条，名中品衣，皆三长一短作；二十一条、二十三条、二十五条，名上品衣，皆四长一短作。'"

## 注释

①**《萨婆多论》**：九卷，译者不详，本名《萨婆多毗尼毗婆沙》，系解释《十诵律》的论书。

## 译文

《释氏要览》中说："大衣，有三品九种。《萨婆多论》中说：'僧伽梨有三品。九条、十一条、十三条，名为下品衣，都是用两长一短的布条间隔着缝制成的；十五条衣、十七条衣、十九条衣，都名为中品衣，都是用三长一短的布条间隔着缝制成的；二十一条衣、二十三条衣、二十五条衣，都名为上品衣，都是用四长一短的布条缝制成的。'"

# 裙子

## 原典

《释氏要览》云："裙，此方之名，周文王[①]制也。《西域记》云：'泥缚些那，唐言裙。'《根本百一羯磨》[②]云：‘梵语泥伐散那，唐言裙。诸律旧译，或云涅槃僧，或云泥洹僧，或译为内衣，或云圌衣。’”

《行事钞·二衣总别篇》云：“十诵[③]作时，着小泥洹僧。《三千》[④]云：‘泥洹着法：一、不持下着上，二、使四边等，三、襞头近左面，四、结带于右面，五、当三绕不垂两头。’”

《南海寄归传》云：“准如律说，尼有五衣：一是僧伽知[⑤]，二嗢呾罗僧伽[⑥]，三安呾婆娑[⑦]，四僧脚崎[⑧]，五裙。四衣仪轨与大僧不殊。唯裙，片有别处。梵云俱苏洛迦，译为篅衣，以其两头缝合，形如小篅[⑨]也。长四肘[⑩]，宽二肘，上可盖脐，下至踝上四指。着时入内，抬使过脐，各蹙两边，双排擪脊。系绦之法，量与僧同。胸腋之间，迥无系抹。”

## 注释

①**周文王：**姓姬名昌，周武王的父亲。殷时诸侯，居于岐山下，受到诸侯的拥护，曾被纣王囚于羑里。后获释，为西方诸侯之长，称西伯。其子武王灭殷，建立周朝。

②**《根本百一羯磨》：**全称《根本说一切有部百一羯磨》。内容叙述一百零一种羯磨法，分为单白、白二、白四三种。

③**十诵：**即“十诵比丘尼大戒”及“十诵比丘波罗提木叉戒”。指《十诵律》所记载的各种比丘戒法、比丘尼戒法。

④**《三千》：**即《大比丘三千威仪经》，后汉安世高译。揭示舍离烦恼、处于闲静的大比丘，日常生活中应守的威仪规矩。“三千”只是言其多，实则总数不过一千三百八十余条。

⑤**僧伽知：**又作僧伽梨，即大衣。

⑥**嗢呾罗僧伽：**又作郁多罗僧。三衣之一,六物之一。即七条衣，为常服中最上者。于斋、讲、礼、诵等诸羯磨事，必着此衣。

⑦**安呾婆娑：**又作安多婆裟、安陀衣。意译为内衣、里衣、作衣。此衣系由五条布做成，故又称五条衣。

⑧**僧脚崎：**唐代义净认为尼五衣中二衣覆肩衣与祇支衣，一为梵语意译，一为音译，实为一物。正音名僧脚崎，又作僧祇支，为印度僧团所规定的比丘尼在三衣里面穿着的，覆盖两腋、胸部及左肩，长至腰下的长方形内衣。

⑨**小篅：**贮藏谷物的小圆囤。

⑩**肘：**长度单位。古印度分一拘卢舍为五百弓，分一弓为四肘，分一肘为二十四指。有人说一肘大约等于十八吋；又有说一尺八寸，乃至一尺四寸。

## 译文

《释氏要览》中说：“裙，是此地的叫法，相传为周文王所制。《西域记》中说：‘泥缚些那，唐人称作裙。’《根本说一切有部百一羯磨》说：‘梵语泥伐散那，唐人称作裙。诸部律书过去的翻译，或说是涅槃僧，或称作泥洹僧，或者翻译成内衣，或说成圌衣。’”

《行事钞·二衣总别篇》中说：“作十诵时，穿着小泥洹僧。《大比丘三千威仪经》中说：‘泥洹僧的穿着方法：一、不把下边的衣服穿到上边，二、使泥洹僧的四边齐等，三、使衣服的褶子头靠近左面，四、把衣服的带子系在右面，五、应当绕三圈不使两头垂下来。’”

《南海寄归传》中说：“按照佛教戒律的说法，比丘尼有五种衣服：一是僧伽知，二是嗢呾罗僧伽，三是安呾婆娑，四是僧脚崎，五是裙子。其他四种衣服的穿法、规矩与大僧没有什么不同。唯有裙子的衣片有与之不同的地方。梵语说俱苏洛迦，翻译成篅衣，因为它的两头缝合着，形状就像小篅。它长四肘，宽二肘，上面能遮盖到肚脐，下面一直可以拖到脚踝上边四指处。穿的时候，人先钻到衣服里，再把它抬起来超过肚脐，使两边收紧打褶，成双排压在背后。系绦的方法，恐怕应该与僧人相同。胸脯和两腋之间，都没有什么带子系着。”

# 直裰

## 原典

忠曰：以偏衫[1]与裙子直缀合，故曰直裰。

《敕修清规》云："直裰，相传前辈见僧有偏衫而无裙，有裙而无偏衫，遂合二衣，为直裰。然普化[2]索本[3]直裰，大阳[4]传革履[5]布裰，古亦有矣。"

忠曰：《敕修清规·尊宿迁化孝服》云："方丈行者，麻布巾、裰。"巾、裰二物，头巾、直裰也。余谓，行者虽亦着直裰，其相须与僧直裰有异焉。何以知之？《沙弥得度章》云："圣僧案前，置袈裟、直裰、度牒于上。"又云："拜父母，即更僧衣。"此时未及披袈裟，故知僧衣，僧之直裰。而初置案上者，今脱行者裰，而更僧裰也。故余谓，行者裰相，须异僧裰焉。

## 注释

①**偏衫：** 袈裟类的法衣，为僧尼的上服。即缝合僧祇支与覆肩衣，另加襟而成为一种具有两袖、前后面皆开，而于背后交叉的上衣，交叉处以纽扣扣合。

②**普化：** 即唐代禅僧普化和尚，日本禅宗支派普化宗之祖。行为狂简，出言佯狂，居处不定，凡见人无分

高下，皆振铎一声，而唱一偈："明头来明头打，暗头来暗头打，四面八方来旋风打，虚空来连架打。"

③**索本**：为"索木"之误。指普化和尚身系草索，手持木铎。

④**大阳**：指宋代梁山缘观禅师的法嗣大阳警玄。湖北江夏人，俗姓张，继湖北大阳山慧坚的法席。谥号"明安大师"。

⑤**革履**：一为"草履"，当以"草履"近是，即草鞋。

## 译文

无著道忠说：把偏衫和裙子直接连缀缝合在一起，所以叫作直裰。

《敕修清规》中说："直裰，相传前辈看见僧人有偏衫的没有裙子，有裙子的却没有偏衫，于是就缝合这两种衣服，成为直裰。然而普化和尚身系草索，手持木铎，穿的直裰，以及大阳禅师穿的草履、布裰，是自古就有的。"

无著道忠说：《敕修清规·尊宿迁化孝服》中说："方丈的行者，头戴麻布巾，身穿裰。"巾、裰二物，是头巾、直裰。我认为，行者虽然也穿直裰，但它的形状必定与僧人的直裰有所不同。何以知道是如此的呢？同书《沙弥得度章》中说："圣僧的案桌前，有袈裟、直裰、度牒放置在上面。”又说：“拜父母后，随即更换上僧衣。”此时未来得及披上袈裟，所以就知道僧衣，即僧人的直裰。而开头放置在案桌上的，也就是行者现在脱下行者裰，所要更换上的僧裰。所以我说，行者裰的形相肯定与僧人直裰有所不同。

## 腰帛

### 原典

忠曰：尊宿迁化孝服者，白带围腰，言腰帛，或作腰白。

### 译文

无著道忠说：尊宿迁化时所穿的孝服，用白带围腰，就称作腰帛，或作腰白。

# 25 呗器门

## 诸法器

### 原典

《敕修清规·入院》云："至时鸣大钟、诸法器，大众门迎。"

又《法器章》云："新住持入院，诸法器一齐俱鸣。"

忠曰：旧说以之为大开静，非也。大开静，但鸣厨前诸堂版而已，不鸣钟、鼓。如今入院，接住持，则钟、板、鼓一同鸣，故云诸法器也。

### 译文

《敕修清规·入院》中说："到时候就鸣敲大钟及诸

法器，大众在寺门口迎接新住持入院。”

又，同书《法器章》中说：“新住持入院，诸法器一齐鸣响起来。”

无著道忠说：传统说法把诸法器当成了大开静，不对。大开静，只是鸣敲诸堂前的木板而已，不鸣敲钟、鼓。像现在新住持入院，众人到门口迎接新住持时，则钟、板、鼓一同鸣响，所以称作诸法器。

## 犍椎

### 原典

《敕修清规·维那》云：“《十诵律》云：‘以僧坊[①]无人知时，打犍椎……众乱时，无人弹压[②]等，佛令立维那。’”

忠曰：须知，丛林鸣器，维那掌之。

《玄应经音义》[③]云：“犍椎，直追切，经中或作‘犍迟’。案，梵本‘臂吒犍椎’，‘臂吒’，此云‘打’；‘犍椎’，此云‘所打之木’，或檀，或桐，此无正翻，以彼无钟磬故也。但‘椎’‘稚’相滥，所以为误已久也。”

《释氏要览》云：“《五分律》云：随有瓦、木、铜、铁鸣者，皆名犍稚。《经音疏》云：犍，虔音。稚，直利切。此云‘击木声’。《五分》，比丘问：‘以何木作犍椎？’佛言：‘除漆树，余木鸣者，听作。’《智论》云：迦叶于须弥山顶，挝铜犍稚。《增一经》[④]云：阿难升讲堂，击犍稚者，此名如来信鼓也。今详律，但是钟、磬、石板、木板、木鱼、砧[⑤]、槌，有声能集众者，皆名犍稚也。”

## 注释

①**僧坊：**又作僧房，即僧众经常止住起卧的房舍。中国、日本的诸大寺，于讲堂的东、西、北三方设立僧房，称为三面僧房。

②**弹压：**制服，镇压。

③**《玄应经音义》：**即唐代僧玄应所撰的《一切经音义》。本书录四五八部经论，而就其中难解的字句、名相及音译，加以注释。

④**《增一经》：**即《增一阿含经》，凡五十一卷，东晋瞿昙僧伽提婆译。为北传四阿含之一。全经分五十二品，四七二经。带有浓厚的大乘思想的色彩，成立时间为四阿含中最晚的一部。

⑤**砧：**本为铁工所用冶炼铜铁的铁台，于禅林中，则为师家上堂开示时或维那白椎时椎砧使用，然材料

多为木制。其形状为八角形，直径约十五公分，高约一百二十公分。

## 译文

《敕修清规·维那》中说："《十诵律》说：'因为僧坊中没有人知道时间，就有了打楗椎报时……僧众混乱时，没有人来弹压，佛就命令设立维那。'"

无著道忠说：须知，丛林中鸣敲诸法器，是由维那职掌的。

《玄应经音义》："犍椎，反切读法是直追切，佛经中或写作'犍迟'。按，梵文本来读作'臂吒犍椎'，'臂吒'，此地说成'打'；'犍椎'，此地说是'所敲打的木头'，或者是檀木，或者是桐木，此地语言没有恰当的翻译，因为古印度敲犍椎时没有敲钟、磬的缘故。只是'椎''稚'两字相互混用，所以写错已有很久时间了。"

《释氏要览》中说："《五分律》中说：'随着有瓦、木、铜、铁一齐鸣响的，都叫作犍稚。'《经音疏》中说：犍，读成虔音。稚，反切读法为直利切。此地说成'击木声'。《五分律》，比丘问：'用什么木材做犍椎？'佛说：'除了漆树，其他木材能鸣敲的，都可以做。'《智论》中说：迦叶在须弥山顶，挝铜犍稚。《增一阿含经》中说：阿难升上讲堂，敲击的犍稚，这叫作如来信鼓。现在详见佛律，只是钟、磬、石板、木板、木鱼、砧、槌，有声能集合众僧的，都叫作犍稚。”

## 百八钟

### 原典

忠曰：大钟一百八下，昏晓鸣之。

《敕修清规》云："大钟，晓击，则破长夜，警睡眠；暮击，则觉昏衢，疏冥昧[①]。引杵宜缓，扬声欲长，凡三通，各三十六下，总一百八下，起止三下稍紧。"

《禅苑清规》云："打大钟之法：先轻手拟[②]钟三下，慢十八声，紧十八声，三紧三慢，共一百八声。"

《群谈采余》云："钟声，晨昏叩一百八声者，一岁之义也。盖年有十二月，有二十四气，又有七十二候，正得此数。浙《杭州歌》曰：'前发三十六，后发三十六，中发三十六声急，通共一百八。'《越州歌》曰：'紧十八，缓十八，六遍凑成一百八。'《台州歌》曰：'前击七，后击七，中间十八徐徐发，更兼临后击三声，三通凑成一百八。'"

忠曰：俗说，佛寺朝暮百八钟，醒百八烦恼睡，非也。天竺作相，本一百二十下（见《事钞》及《资持记》），未闻百八下。其百八数，出中华世典。所谓，十二月，二十四气，七十二候，合成百八。乃应知，觉百八烦恼眠者，举烛燕说也。

## 注释

①**冥昧：**黑暗，昏昧。

②**拟：**轻轻地敲打。

## 译文

无著道忠说：大钟一百零八下，在黄昏、拂晓时鸣敲它。

《敕修清规》中说："大钟，在拂晓时敲击，则表示划破长夜，警醒睡眠的意思；在黄昏时敲击，则使黄昏时道路上的行人警觉，驱散冥暗和昏昧。敲击引杵宜缓，扬声要长，都是三通，每通各三十六下，总共一百零八下，开始和收尾时的三下，都要敲得稍微紧促些。

《禅苑清规》中说："打大钟的方法：先轻手拟钟三下，慢慢地敲十八声，再紧促地敲十八声，三紧三慢，加起来总共一百零八声。"

《群谈采余》中说："钟声，在清晨、黄昏敲一百零八声，代表着一年的意思。大概一年有十二个月，有二十四个节气，又有七十二候，正好合成这个数目。浙江的《杭州歌》说：'前发三十六，后发三十六，中发三十六声急，通共一百八。'《越州歌》中说：'紧十八，缓十八，六遍凑成一百八。'《台州歌》中说：'前击七，后击七，中间十八徐徐发，更兼临后击三声，三通凑成一百八。'"

无著道忠说：俗话说，佛寺朝暮敲一百零八声钟，警醒一百零八烦恼睡眠，不对。天竺的做法，本是一百二十下（见《行事钞》以及《资持记》），没有听说过一百零八下。那一百零八的数字，出自中华世俗的典籍。所谓十二个月，二十四个节气，七十二候，合成一百零八数。于是，我们应该知道，惊觉一百零八烦恼睡眠，是举烛燕说。

## 粥罢钟

### 原典

旧说曰：粥了后，打钟三下，此名粥罢钟。或曰，此是展单钟也，非为粥罢。

忠曰：此三下，但是下堂钟也。

## 译文

传统说法：早晨吃完粥后，打钟三下，这就叫作粥罢钟。有人说，这是展单钟，并非是因为粥吃完了。

无著道忠说：敲这三下钟，只是下堂钟而已。

# 放早参钟

## 原典

《校定清规·五参上堂》云："粥后，更不鸣下堂，放早参钟。"

旧说曰：粥罢三下钟，谓之放早参钟。若旦望、五参上堂日，不鸣。

忠曰：放早参钟，即罢参钟也。古法每日粥后，有早参。早参，住持说法也，今亡之。故粥罢鸣钟三下，此报无早参，犹如晚间放参钟也。然今有上堂，故不鸣早放参钟也。

## 译文

《校定清规·五参上堂》中说："早上吃完粥之后，不再鸣敲下堂钟，也不鸣敲放早参钟。"

传统说法：早晨吃完粥后敲三下钟，称之为放早参钟。如果是逢到每月的旦日、望日和五参上堂日，就不再敲了。

无著道忠说：放早参钟就是罢参钟。以往每天早粥后有早参。早参即住持说法，现今已亡失了。因此，用过早粥后就会鸣钟三下，告诉大众没有举行早参，就如同晚上鸣敲放参钟。然而现在有上堂，所以就不鸣放早参钟。

## 小开静

### 原典

或曰：开，犹放也；静，静虑也。开静，谓大众自四更一点入堂坐禅，到此放禅[①]，故曰开静矣。忠谨按，鸣库前版，为小开静，行者齐起，固不关堂僧[②]坐禅者。到大开静，库前板、诸堂板一齐鸣，亦起阖寺大众也，固不局堂僧坐禅者。故余谓，开静者，开觉静睡也。开，言发觉；静，是睡眠之婉辞也。

《莹山清规》云：“五更四点后，库前版鸣三会，名小开静，行者齐起也。卯时将终，五更五点后，鼓版击动，长打三会也，名大开静，大众折被。”（《禅苑》大开静，但一会。）

## 注释

①**放禅：**停止坐禅。

②**堂僧：**指挂锡于僧堂的修行者，又称堂众。

## 译文

有人说：开，就好比“放”；静，就是凝思静虑。开静，意思是大众从早晨四更一点进入禅堂坐禅，到这时候放禅了，所以称作开静。道忠谨按，鸣敲库前的板，是小开静，此时行者都要一齐起身，但全然和坐禅的堂僧没有关系。到敲大开静时，库前的板、各座堂前的板就都一齐鸣响了，这时就是让全寺院里的僧众都要起身了，固然也就不再局限于堂僧坐禅者了。所以我说，开静，也就是停止坐禅、觉醒睡眠的意思。开，是说觉醒睡眠；静，就显然是睡眠的婉转的一种说法。

《莹山清规》中说：“五更四点之后，库前的板鸣敲三会，这叫作小开静，行者都要一齐起身。卯时将要终了的时候，也就是五更五点之后，鼓、板就一齐敲击、鸣响，长长地打三下，这叫作大开静，大众们都折被子。”（《禅苑清规》大开静，只鸣敲一会。）

# 法鼓

## 原典

旧说曰：法堂设二鼓，其东北角者，为法鼓；西北角者，为茶鼓①。

《敕修清规·法器章》云：“法鼓，凡住持上堂、小参、普说、入室，并击之。击鼓之法：上堂时，三通，先轻敲鼓磉②三下，然后重手，徐徐击之，使其紧慢相参，轻重相应，音声和畅，起复连环，隐隐轰轰，若春雷之震蛰。第一通，延声长击，少歇，转第二通。连声稍促，更不歇声，就转第三通。一向缠声击之，候住持登座毕，方歇声。双椎连打三下。小参一通；普说五下；入室三下，皆当缓击。”

## 注释

①**茶鼓**：禅宗于祖忌献茶汤时，或于茶礼、汤礼之前所鸣之鼓。

②**鼓磉**：即石制的鼓架、鼓台。

## 译文

传统说法：法堂中设置了两只大鼓，在法堂东北角的那一只，为法鼓；在法堂西北角的那一只，为茶鼓。

《敕修清规·法器章》中说："法鼓，大凡是住持上堂、小参、普说、入室等时候，都要敲打它。敲击法鼓的方法：住持上堂时，总共敲三通，先轻轻地敲打鼓磉三下，然后再手重些，慢慢地敲击它，使鼓声紧慢相互掺杂着，轻重相互回应着，使得音调和声律和悦流畅，有起有落，首尾连环成扣，听起来隐隐作响，轰轰隆隆，就好像春雷在震冬惊蛰。敲第一通时，要拖延着声儿，长长地敲击，稍微歇一下，转敲第二通。第二通呢，使声音连续不断并敲击得稍急促些，而且再不使鼓声停歇下来，紧接着就转敲第三通了。第三通，就一直紧声密点地敲，使声音缠绵不绝，一直等到住持登上法座之后，方才能歇下鼓声来。歇声时，用双椎连打三下。小参时，就只敲一通；普说时，敲五下；入室时，敲三下，这些都应当缓着声音敲击。"

## 戒尺

### 原典

《敕修清规·沙弥得度》云："设戒师座几，与住持分手[①]，几上安香、烛、手炉[②]、戒尺。"

《教苑清规·剃发仪》云："几上安香、烛、花瓶、戒尺。"

忠曰：两小木，一仰一俯。仰者在下稍大；把上者拟下者，击而鸣之，受戒专用之，故得戒尺之称。余得古德受戒之具，其戒尺在下者，长七寸六分，厚六分，阔一寸一分余，下面四边，有缕面；在上者，长七寸四分，厚五分余，阔一寸，上面四边，有缕面。上木正中，竖安木钮，钮长二寸五分，高七分，把钮击之。

## 注释

①**分手**：即分手位。指禅堂内的西南床。

②**手炉**：带有长柄的一种香炉。

## 译文

《敕修清规·沙弥得度》中说："设一个戒师座几，与住持分开，几上安放香、烛、手炉、戒尺。"

《教苑清规·剃发仪》中说："几上安放香、烛、花瓶、戒尺。"

无著道忠说：两块小木板，一块仰着，一块俯着。仰着的在下面，稍大些；把上面的那块拟下面的那块，敲击着使它们发出声响，受戒时专用，所以得了戒尺这种名称。我得到了古德受戒所用的器具，那副戒尺中在下面的那块长七寸六分，厚六分，阔一寸一分多，下面的四边，都有雕刻的缕面；在上面的那块，长七寸四分，厚五分多，阔一寸，上面的四边也有雕刻的缕面。上面木尺的正中，竖着安了一只木钮，钮长二寸五分，高七分，敲击时抓着那只木钮。

## 磬

### 原典

《敕修清规·沙弥得度》云："作梵阇梨[①]鸣大磬，作梵[②]。"

又《法器章》云："磬，大殿早暮，住持、知事行香[③]时，大众看诵经咒时，直殿者鸣之；唱衣时，维那鸣之；行者披剃时，作梵阇梨鸣之。"

《祇园图经》[④]云："佛衣服院，阿难所止，常护佛衣。有一铜磬，可受五升。磬子四边，悉黄金，缕作过去佛弟子。又鼻上，以紫磨金[⑤]，为九龙形。背上立天人像，执玉槌，用击磬。闻三千世界，音中。亦说诸佛教诫弟子法，磬是梵王造之，及佛灭度，娑竭罗龙王[⑥]收入海宫。"

忠曰：僧磬与乐器磬，其形全别。乐器磬，板样曲折，《考工记》[⑦]所谓“倨勾[⑧]，一矩有半”者。僧磬，如钵形。《祇园图经》云：“可受五升。”可知天竺磬亦如钵器矣。又，《梅谱》[⑨]以梅花半含比僧磬，支那僧磬之制可知焉。

## 注释

①**作梵阇梨：**即在禅宗沙弥受戒时，专门负责诵梵呗的僧人。

②**作梵：**即唱诵梵呗。据《禅苑清规》卷六记载，于宣说、念诵藏经之前，先由念佛阇梨作梵，止息喧乱，收摄心神。

③**行香：**指禅宗住持于朝、暮二时，烧香巡库堂、东司、山门、浴室、僧堂等。

④**《祇园图经》：**一卷。唐代僧南山律师道宣著。

⑤**紫磨金：**又称紫磨黄金。金子中最上乘的一种，呈紫色。

⑥**娑竭罗龙王：**娑竭罗，意译为海。八大龙王之一，因其所住之海而得名。此龙为千手观音眷属，为观音菩萨二十八部众之一。

⑦**《考工记》：**一卷。即《周礼》的第六篇，述百工之事。清江永认为此书为战国时齐人所作。

⑧**倨勾：**器具曲折的形状。钝角形的叫倨，锐角形

的叫勾。

⑨**《梅谱》**：即《石湖梅谱》，一卷，宋范成大撰。范成大居石湖，自号石湖居士，因以“石湖”名其所著。

## 译文

《敕修清规·沙弥得度》中说：“作梵阇梨鸣敲大磬，然后作梵。”

又，同书《法器章》中说：“磬，在大殿的早晨和傍晚，在住持和知事行香时，在大众看诵经咒时，都由值殿的僧人敲打它；在唱衣时，则是由维那鸣敲它；在行者披剃时，则由作梵阇梨鸣敲它。”

《祇园图经》中说：“佛衣服院，是阿难止住的地方，他经常在那里守护着佛衣。那里有一块铜制的磬，可以容纳五升的东西。在磬子的四边，都是黄金，上面雕刻着过去佛的弟子。又，在它的鼻子上，用紫磨金，刻成了九条龙的图案。在龙的背上站立着天人的图像，天人手里执着玉槌，并用这玉槌敲击着磬。磬的声音一直充满了三千世界中，声音还特别好听。也有人说，诸佛教诫弟子们佛法，磬是梵王造的，等到佛灭度后，这磬就被娑竭罗龙王收入海宫中了。”

无著道忠说：僧人所用的磬和作为乐器演奏的磬，

形状全然不一样。乐器中的磬，板的样子是曲折着的，也就是《考工记》中所说的“倨勾，一矩的一半”的形状。僧人所用的磬，和钵的形状一样。《祇园图经》中说：“可以容纳五升的东西。”由此可知，天竺的磬，形状和钵器也是一样的喽。又，《石湖梅谱》用梅花半含着花蕾来比方僧人所用的磬，那么，中国的磬形状也就可想而知了。

# 26　器物门

## 常住物

### 原典

忠曰：常住物，谓四方僧物也。

《释氏要览》云："《律》有'四方僧物'，《钞》言'十方常住'。有师释云：'四则摄彼方隅，十则该乎凡圣。谓此一住处所有之物，虽局一界，而体属十方一切僧伽。'"又云："《钞》云：'僧物有四种，一者常住常住，谓众僧舍宇什物、树木、田园、仆畜、米麦等物，以礼[①]局当处，不通余界。但得受用，不通分卖，故重言常住也。二者十方常住，谓如一寺中供僧成熟饮食等，以体通十方，唯局本处。《善见律》[②]云：不打钟食，犯盗罪。(今诸寺同食。食既成熟，乃打钟鼓者。此盖召十方僧故，以此物十方有分故。)三现前[③]常住。此有二种，一物现前，二人现前。但此物，唯施此处现前僧故。四者十方现前常住，谓亡僧轻物[④]。施体通十方，唯局本处现前僧得分故。'"

《大宝积经·宝梁聚会》云："佛言：'若所用物，所谓常住僧物，及与佛物[⑤]，若招提僧物[⑥]，彼营事比丘[⑦]应当分别。常住僧物，不应与招提僧[⑧]；招提僧物，不应与常住僧；常住僧物，不应与招提僧物共杂；招提僧物，不应与常住僧物共杂；常住僧物、招提僧物，不与佛物共杂；佛物，不与常住僧物、招提僧物共杂。'"

## 注释

①**礼**：当为"体"之误。

②**《善见律》**：即《善见律毗婆沙》，又称《善见论》，十八卷，南齐僧伽跋陀罗译。本书为小乘律部五论之一，注释锡兰上座部所传的律藏。

③**现前**：即显现于眼前或于目前存在的意思。对四方僧伽而言，常住僧伽为现前僧伽，其所用物质称为现前僧物。

④**轻物**：为"重物"的对称，二种僧物之一。房舍、田园等为重物，钵、锡杖、三衣等十八资具为轻

物。此轻、重之别，在于明了死者遗产相续之法。重物不可分卖，轻物可为现前僧分掉。

⑤**佛物**：属于佛的物资。与法物、僧物同为三宝物之一。《行事钞》卷中之一载佛物有四种：（一）佛受用物，指佛受用的殿堂、衣服、床帐等。（二）施属佛物，指施与佛的钱宝、田园、人畜等。（三）供养佛物，指供养物的香灯、华幡、供具等。（四）献佛物，指供献于佛的医药、饮食等。

⑥**招提僧物**：招提，意译四方、四方僧。为僧团所共有之物，可供大众共同使用者，即称招提僧物或四方僧物。

⑦**营事比丘**：即知事、维那、悦众，乃掌管诸僧杂事与庶务的僧职。

⑧**招提僧**：与“常住僧”相对，指四方僧。

## 译文

无著道忠说：常住物，也就是四方僧物。

《释氏要览》中说：“《四分律》中有‘四方僧物’一词，《行事钞》中说‘十方常住’。有位法师解释说：‘四，就包含、统摄了每块地方、每个角落；十，则包括、总领了所有的凡夫俗子和圣哲大德。意思是这一住处所有的物件，虽然局处于一块地方，但它们从本体上讲，却是属于十方一切僧伽所有的。’” 同书又说：“《行事钞》中说：‘僧人的物资有四种：第一种，常住常住物，意思是众僧寮舍、房屋里的生活用品、树木、田园、供驱使的仆役、牲畜、米麦等物质，因为它们本身就固定在当地，和其他地方不能流通。他们只能够享受、使用，不能瓜分和买卖，所以就重复着称之为“常住常住”。第二种，十方常住物，指像一座寺院中供僧人们煮熟、做成饭食等的物件，因为它们本来就是和十方世界相通的，只不过局限放置在本地罢了。《善见律》说：没有打钟时就吃饭、用食，就是犯了偷盗罪。（现在各座寺院中，都是众僧同时受食。饭食已经做成、煮熟后，于是就打钟鼓。这大概是在召唤十方众僧，因为此物十方众僧都有份儿。）第三种，是现前常住物。此物又有两种，一为物现前，二为人现前。只是此物只能施给在此地、在面前的僧人。第四种，是十方现前常住物，指圆寂的僧人留下的物件。此物施舍时虽然从本身上和十方世界相通，但只有局处于本地的，且在面前的僧人才能分到它们。’”

《大宝积经·宝梁聚会》中说：“佛说：‘像日常生活、事务中所要用到的物件，也就是所谓的常住僧物，以及给予、属于佛的物资，像招提僧物等，那些营事比丘都应当将它们予以分别开来。常住僧物，不应该给予招提僧；招提僧物，也不应该给予常住僧；常住僧物，不应该与招提僧物共同混杂在一起；招提僧物，也不应该与常住僧物共同混杂在一起；常住僧物、招提僧物，不能与佛物共同混杂在一起；佛物，不能与常住僧物、招提僧物共同混杂在一起。'”

## 什物

### 原典

玄应《一切经音义》云："什物，时立切。《三苍》[①]：'什，十也。'什，聚也，杂也，亦会数[②]之名也。又谓资生之物也。今人言家产器物，犹云什物。物，即器也。江南名什物，北土名五行。《史记》[③]：'舜[④]作什器于寿丘[⑤]。'《汉书》：'贫人赐田宅什器。'并是也。"

### 注释

①**《三苍》**：也作《三仓》。汉初，有人将当时流传的字书《仓颉篇》《爰历篇》《博学篇》合为一书，统称《仓颉篇》，又称《三仓》。魏晋时，又以《仓颉篇》与汉代扬雄《训纂篇》、贾鲂《滂喜篇》三篇字书分为上、

中、下三卷，合为一部，也称《三仓》，此为后者。

②**会数：**总数。

③**《史记》：**汉代司马迁著，一百三十篇。原名《太史公书》，记事自黄帝起，止于汉武帝，首尾共约三千年。采用本纪、表、书、世家、列传体裁，是中国第一部纪传体通史。

④**舜：**传说中的上古帝名，为五帝之一。

⑤**寿丘：**古地名。故地在今山东曲阜市东。

## 译文

玄应《一切经音义》中说："什物的'什'，反切读法为时立切。《三苍》：'什，也就是十。'什，是聚集，是混杂，也是总数的名称。意思又指资生的物资。现在人们称家中的资产、器物，也还说'什物'。物，也就是器物。江南人称之为'什物'，北方人则取名叫'五行'。《史记》：'舜做生活日常用品在寿丘这块地方。'《汉书》：'贫民就赐给田产、宅屋和生活日常用品。'说的都是'什物'。"

## 调度

### 原典

《传灯录·苏溪和尚牧护歌》云："一条百衲瓶盂，便是生涯调度。"

《永平清规·典座教训》云："盘桶，并什物调度，精诚净洁洗灌。"

《行事钞·钵器制听篇》注云："房舍众具，五行调度。"

《资持记》云："谓调养具度，即众物之通名。"

### 译文

《传灯录·苏溪和尚牧护歌》说："一条百衲衣和钵盂，便是我一生的调度。"

《永平清规·典座教训》中说："盘桶，和什物调度一起，都要精心诚意地洗灌干净。"

《行事钞·钵器制听篇》中的注文说："房舍中的众多器具，五行调度。"

《资持记》中说："意思是调整、保养器具的用度，也就是众多物件的通用名称。"

# 道具

## 原典

忠曰：凡三衣什物，一切资助进道之身物具，名为道具。则此目，齐于“僧家[①]”。然和俗通称度世[②]器物为道具，失义远矣。丛林谚语亦名罗纱直裰为道具衣。道具名，岂独在兹哉？

《敕修清规·办道具》云：“将入丛林，先办道具。”

《清规》所列：三衣、坐具、偏衫、裙、直裰、钵、锡杖[③]、拄杖[④]、拂子[⑤]、数珠、净瓶[⑥]、滤水囊[⑦]、戒刀。

《释氏要览》云：“道具，《中阿含经》云：所蓄物，可资身进道者，即是增长善法之具。《菩萨戒经》[⑧]云：资生顺道之具。”

《摩诃僧祇律》云：“随物者，三衣、尼师坛[⑨]、覆疮衣、雨浴衣、钵、大犍镃、小犍镃、钵囊、浴囊、漉水囊、二种腰带、刀子、铜匙、钵支[⑩]、针筒[⑪]、军持、澡罐、盛油皮瓶、锡杖、革屣、伞盖、扇，及余种种所应畜物，是名随物。”

## 注释

①**僧家**：即道具。

②**度世**：指度脱三世迷界之事。度即渡、出。犹言出世、出世间、离世间。

③**锡杖**：又作声杖、德杖、智杖。比丘十八物之一。即比丘行于道路时，应随身携带的道具，原用于驱赶毒蛇、害虫等，或乞食之时，振动锡杖，使人远闻即知。后来成为法器之一。

④**拄杖**：又作拄杖子。禅宗所用的拄杖，多于杖下方约六十公分处绑一小枝，作为渡川测量水深时的工具，所以又称之为探水。

⑤**拂子**：将兽毛、麻等扎成一束，再加一长柄，用以拂除蚊虫者，称为拂子。中国禅家尤喜欢以拂子作为庄严具，住持或代理者手持拂子上堂说法，即所谓"秉拂"。

⑥**净瓶**：又作水瓶、军持等。此乃梵天、千手观音等手持的物件，也是大乘比丘常持的十八物之一。为盛水以便携带的容器。

⑦**滤水囊**：又称漉水囊。指用以滤水去虫的布袋，为比丘十八物之一。比丘受具足戒后常携带此具。当澡盥时，恐水中有虫，故以滤水囊滤除掉。

⑧**《菩萨戒经》：**即《菩萨戒本》，指《梵网经》卷下偈颂之后所说的戒文。后秦鸠摩罗什译，二卷。于天台宗中，此戒本乃是其大乘圆戒所依准的戒本。

⑨**尼师坛：**十三资具衣之一。意译为坐具、坐衣。即坐卧时铺于地上或卧具上的长方形布。

⑩**钵支：**为防止钵盂倾倒的钵台，称为钵支。

⑪**针筒：**用来盛放治病的石针的筒子。

## 译文

无著道忠说：凡是三衣等什物，以及一切资助僧人使之精进佛道的器物、用具，名叫道具。这么说，这个名称和“僧家”一词意思相同，但是所有的世俗之人都通称度世的器物为道具，离它真正的词义差得太远了。丛林谚语中也把“罗纱直裰”称为“道具衣”。道具这个名称，又怎能说单独指度世器呢？

《敕修清规·办道具》中说：“将要入丛林，必须先办道具。”

《清规》中所列的道具：三衣、坐具、偏衫、裙、直裰、钵、锡杖、拄杖、拂子、数珠、净瓶、滤水囊、戒刀。

《释氏要览》中说：“道具，《中阿含经》中说：身边保存的物资，凡是可以资助自己于道业上有所精进的，也就是增长善法的器具。《菩萨戒经》中说：资助生计，使修道过程顺利的器具。”

《摩诃僧祇律》中说：“僧人随身携带的物件，有三衣、尼师坛，覆疮衣、雨浴衣、钵、大犍镃、小犍镃、钵囊、浴囊、漉水囊、两种腰带、刀子、铜匙、钵支、针筒、军持、澡罐、盛油皮瓶、锡杖、草鞋、伞盖、扇，以及种种所应该保存的物件，这些都叫作随物。”

## 公用

### 原典

忠曰：公界器具，不得私用者，曰公用也。非器别名。

《敕修清规·亡僧估衣》云：“不许以公用为名，分去物件。”

### 译文

无著道忠说：公界中的器具，不能私自使用，就叫公用。它不是哪一种器具的别名。

《敕修清规·亡僧估衣》中说：“不允许以公用为名，瓜分掉物件。”

# 斗帐

## 原典

忠曰：帐形如覆斗，故名。其以组[①]成饰，即是同心结也。

汉代刘熙《逸雅》云：“帐，张也，张施于床上也。小帐曰斗，形如覆斗也。”

《三才图会·衣服部·结帛式》云：“用白绢一匹，结如世俗所谓‘同心结[②]’者。朱子[③]所谓‘结绢’，盖如此云。”

## 注释

①**组：**系帐的丝带。

②**同心结：**用丝带制成的菱形连环回文结，表示恩爱之意。

③**朱子：**即宋代大理学家朱熹。徽州婺源人，生于延平，字元晦，号晦庵、遁翁。为程颐三传弟子李侗的学生，阐发儒家思想中的“仁”和《大学》《中庸》的哲学思想，继承和发展了二程理气关系的学说，集理学之大成。后世并称为“程朱”。

## 译文

无著道忠说：帐的形状如覆盖着的斗，所以这么称呼。它用带子打结所成的装饰，也就是同心结。

汉代刘熙《逸雅》中说："帐，也就是张，把它张挂于床上的意思。小帐子叫斗，形状如覆盖着的斗。"

《三才图会·衣服部·结帛式》中说："用白绢一匹，结成世俗所说的'同心结'。朱子所说的'结绢'，大概就是如此吧。"

# 卓围

## 原典

忠曰：斗彩[1]金襕等，周围卓四面，到地者，言卓围也，与卓袱不同。《大鉴》已言袱子，并卓围，二物可知也。

《水浒传》云："香车龙亭，抬放忠义堂上，中间设着三个几案，都用黄罗龙凤卓围围着，正中设万岁龙牌，将御书丹诏放在中间。"

## 注释

①**斗彩**：上等的花纹美丽的丝织品。

## 译文

无著道忠说认为：用斗彩金襕等把桌子四周围住，一直垂到地上，这就叫桌围，与桌袱不同。《大鉴清规》已经说到过袱子，并桌围，可知这是两样东西。

《水浒传》中说："香车龙亭，抬放忠义堂上，中间设着三个几案，都用黄罗龙凤桌围围着，正中设万岁龙牌，将御书丹诏放在中间。"

# 卓袱

## 原典

忠曰：斗彩锦绣之类，缝合令方，而覆卓上。或覆时其角在正中，与左右垂下，此言卓袱。此物正在卓围之上面。

## 译文

无著道忠说：斗彩锦绣之类的布，把它们缝合起来，使它们变成方形，然后把它们覆盖在桌子上。也有的覆盖时，使它们的角在桌子正中，让布的左边、右边垂下去，这就叫作桌袱。这个物件正放在桌围的上面。

## 座头屏风

### 原典

忠曰：或单呼“座头”，小屏高可三尺，设户口左右座首。

太岳清和尚曰：“座头小屏，又是名隔板。”

旧说曰：座有四出、六出、八出等，如中华丛林，虽诸寮舍，制亦如僧堂众寮。此方镰仓丛林，随处设座头屏风，此日本样也。其座头，则唯特为人[1]得坐之。其余位，则纵但一人，亦只用曲盆、行盏，盖为异于特为也。

### 注释

①**特为人：**禅林中指住持、首座、知事等特定之人。

### 译文

无著道忠说：或者单叫“座头”，小屏风高有三尺，设在门口左右座位首上。

太岳清和尚说："座头小屏，又名为隔板。"

传统说法：座位有四出、六出、八出等多种，像中国的丛林中，哪怕是众僧的各座寮舍，座位的规模也和僧堂、众寮一样。此地镰仓的丛林，则是随着各个地点的实际需要而设置座头屏风，这是日本寺院的模式。其中的座头，则只有特定的人才能坐在那里。其余的位置，则纵使只有一个人坐着，也只用曲盆、行盏，大概是为了和特定的人有所差别吧。

## 盘袱

### 原典

忠曰：盘与袱二物也。盘上铺小袱，盛疏印等物。

《敕修清规·圣节》云："维那书疏，带行仆[1]，捧盘、袱、炉、烛、香合，上方丈请住持佥疏。"又，《受法衣》云："以盘、袱托呈法衣信物。"又，《山门特为新命茶汤》云："库司仍具请状，备盘、袱、炉、烛，诣方丈，插香拜请。"又，《大挂搭归堂》云："堂司行者用盘袱托度牒。"

## 注释

① **行仆：**行，行者，乃为寺院服杂役的人。仆，仆役。

## 译文

无著道忠说：指的是盘与袱两种物件。盘上铺有小袱，盛放着文疏、寺印等等物件。

《敕修清规·圣节》中说："维那侍者书写了疏文，带着行者仆役，捧着盘、袱、炉、烛、香盒，上到方丈中，请住持在疏文上签字、盖印。"又，同书《受法衣》中说："用盘、袱托着、呈上法衣信物。"又，同书《山门特为新命茶汤》中说："库司仍然带着请状，准备上盘、袱等物件，来到方丈诣见新命住持，插上香拜请他。"又，同书《大挂搭归堂》中说："堂司行者用盘、袱托着度牒。"

# 衣裓

## 原典

忠曰：僧家散花器，名衣裓。其器小竹笼，以贮花而散之，盖袭大通佛[1]故事也。

《法华经·化城喻品》云："大通智胜佛，得阿耨菩提[②]大光普照。尔时，东方五百万亿国土中，诸梵天王，与宫殿俱各以衣祴，盛诸天华，共诣西方。推寻是相，东南方、南方、西南方，乃至下方，亦复如是。"

慧琳《法华音义》云："衣祴，《说文》：'宗庙奏祴衣。从衣，戒声。'《玉篇[③]·衣部》：'古来反，戒也。'相传，从衣戒，孤得反，襟也，今时女人衣前祴是也。天衣类同，未详字所出也。"

《小补韵会》云："祴，讫得切，衣裾也。梵典有衣祴。"

忠曰：《韵会》之"梵典"，指《法华》也。所谓"衣祴"者，诸天聚众华，盛衣裾，以拟散佛上。今人摘果芽亦为之。故范希文《斗茶歌》云："终朝采掇未盈襜，唯求精粹不敢贪。""襜"，《篇海》[④]："音觇，韨[⑤]也，衣蔽前。"

## 注释

①**大通佛：**即大通智胜佛。又作大通众慧如来。即出现于过去三千尘点劫以前，演说《法华经》的佛名。

②**阿耨菩提：**全称"阿耨多罗三藐三菩提"。意译无上正等正觉、无上正等觉、无上正遍知。乃佛陀所觉悟的智慧；含有平等、圆满之意。

③**《玉篇》：**南朝梁顾野王撰。今本三十卷，

五百四十二部。《说文》用篆文，《玉篇》用南北朝通行的楷书，释字以音义为主，于《说文》多有增补。

④**《篇海》**：字书名。金韩孝彦撰，共十五卷。以《玉篇》五百四十二部，依三十六字母编排。更排《类篇》及《龙龛手鉴》等书增杂部三十七，共五百七十九部。

⑤**韨**：古代祭服的蔽膝。

## 译文

无著道忠说：僧家散花的器具，名为衣裓。那种器具是一只小竹笼，用来贮花而散花，大概是沿袭大通智胜佛的故事而来的。

《法华经·化城喻品》中说："大通智胜佛得到了阿耨菩提的大光普照。当时东方五百万亿个国家的国土中，诸位梵天王给他们的宫殿中都用衣裓盛满了许多天花，一起到了西方。推寻这种景象，东南方、南方、西南方，乃至下方，也都有了这样的景象。"

慧琳《法华经音义》："衣裓，《说文解字》：'宗庙上演奏裓乐穿的衣服。裓，从衣，读戒声。'《玉篇·衣部》：'裓，反切读法古来反，是戒的意思。'相传此字从衣，从戒，反切读法孤得反，是衣襟，也就是现在女人衣服前面的衣襟。天神的衣服，也和人的衣服类似甚至相同，但是这个字的出处不得详知了。”

《小补韵会》中说：“裓，反切读法讫得切，也就是衣裙。梵文佛教典籍中有‘衣裓’一词。”

无著道忠说：《小补韵会》中所说的“梵典”，指的就是《妙法莲华经》。所谓的“衣裓”，也就是诸位天神聚集了众多的天华，盛放在衣裙上，用来准备散到佛的身上。现在人们采摘果芽，也都用衣裙盛放。所以，范希文的《斗茶歌》中说：“我整天采掇着，都没有放满衣襜；只是因为选茶精细，不敢贪多的缘故啊。”“襜”字，《篇海》中说：“发音读觇，也就是韨，指衣服遮蔽前面的部分。”

## 倚版

### 原典

《释氏要览》云：“倚版，今呼禅版。《毗奈耶摄颂》曰：‘倚版为除劳，僧私皆许畜。’”

忠曰：倚版，坐绳床时，倚之所以安背也。余曾获之于古寺，其制：斫版厚三分半，长一尺八寸，横三寸九分，上下穿小窍，用时以纽，缚定床之横绳，而其斜之急不急，随意而已。

## 译文

《释氏要览》中说：“倚版，现在人们都叫它为禅版。《毗奈耶摄颂》中说：‘倚版，是为了解除疲劳，众僧和个人都允许拥有。’”

无著道忠说：倚版，坐在绳床上的时候，斜倚着它，用来使背部安逸、舒适些。我曾经在一座古寺中得到了一块倚版，它的规格、形制：版的横截面厚三分半，长度有一尺八寸，宽度为三寸九分，版的上下面穿有小孔洞，使用的时候用一根纽带，将它绑牢固定在绳床的横绳上。而它倾斜程度的多少，急与不急，可以根据自己的需要随意调整。

# 数珠

## 原典

《释氏要览》云："《牟梨曼陀罗咒经》[①]云：梵语‘钵塞莫’，梁云‘数珠’。此乃是引接[②]下根[③]牵课修业之具也。《木槵子经》[④]云：昔有国王，名波流黎，白佛言：‘我国边小，频年寇疫，谷贵民困，我常不安。法藏[⑤]深广，不得遍行，惟愿垂示法要[⑥]。’佛言：‘大王，若欲灭烦恼，当贯木槵子一百八个，常自随身，志心称

“南无佛陀”“南无达磨”“南无僧伽”名，乃过一子。如是渐次，乃至千万。能满二十万遍，身心不乱，除谄曲，舍命得生炎摩天⑦。若满百万遍，当除百八结业⑧，获常乐果。’王言：‘我当奉行。’”

“百八结”者，《要览》云：“小乘，见《修合论》。烦恼共有一百八数。且明‘见惑⑨，三界四谛下烦恼，共有八十八’，谓苦⑩下具一切，即十使⑪：贪⑫、嗔⑬、痴⑭、慢⑮、疑⑯、身⑰、边见⑱、邪见⑲、见取⑳、戒禁取㉑也。‘集㉒、灭㉓离三见’，谓集、灭二谛下，各除身、边、邪三见也。‘道㉔除于二见’，谓道谛除身、边二见也。‘上界㉕不行恚’，谓上界四谛下，各除嗔一。已上三界四谛，共有八十八也。‘修道所断惑㉖，欲界㉗有四’，谓贪、嗔、痴、慢。上二界，各除嗔，共有六。已上成十，计九十八也。‘更加十缠㉘’，谓无惭㉙、无愧㉚、昏沉㉛、恶作㉜、恼㉝、嫉㉞、掉举㉟、睡眠㊱、忿㊲、覆㊳，合前都有一百八也。”

## 注释

①**《牟梨曼陀罗咒经》**：即《宝楼阁经》的异译本，二卷，梁代人译，译者佚名。不分品数，且无序品。全经旨在说明大摩尼广博楼阁善住秘密陀罗尼的威德力、功德、成就法、修行仪轨、曼荼罗建立法、护摩法等。

②**引接**：引导接取。此指教诫示导众生，引众生归于正法。

③**下根**：也即钝根。指根机迟钝者。这一类人，从来性多迟钝，自己不披阅教文，只信他人言说而得悟道，随信起行。

④**《木槵子经》**：一卷，东晋人译，译者佚名。记录了波流黎国王遣使求佛法的要旨，佛让他用木槵子（一种木材，种子坚黑，可做念珠用）一百零八个，称佛陀、达磨、僧伽之名，并分别功德的深浅。保存在大藏经小乘部中。

⑤**法藏**：指佛陀所说的教法；因为教法含藏多，故称法藏。

⑥**法要**：指教法中的要义。又作要文、主眼。

⑦**炎摩天**：又作焰摩天、时分天。为欲界六天之一。其主称须夜摩天。身量为四分之三俱卢舍，以人间二百岁为一昼夜，定寿二千岁。

⑧**百八结业**：又称百八烦恼。意思是说众生的烦恼有一百零八种，又因为烦恼能生种种恶业，所以称百八结业。

⑨**见惑**：见道所断惑的略称。又作见烦恼、见障。指在见道时所断灭的烦恼。

⑩**苦**：泛指逼迫身心苦恼的状态。

⑪**十使：**又称十烦恼。根本烦恼分为贪、嗔、痴（无明）、慢、疑、见（恶见）六烦恼；其中，见又可分为有身见、边执见、邪见、见取见、戒禁取见五种，合称为十烦恼。因为它们能驱使行者的心神，使其流转于三界，故称为“十使”。

⑫**贪：**指于欲界、色界、无色界等一切顺情之境中，耽染取着的心理。

⑬**嗔：**指于一切违情之境中，以愤怒心，损坏其他有情，及至他人所爱，起不饶益；于他人所不爱，而做饶益。

⑭**痴：**即无明。指于真实理地，无所明了，执着邪见。

⑮**慢：**指心生骄慢，计已为胜，视他人为劣。

⑯**疑：**指于诸谛之理，心怀犹豫，无决定性。

⑰**身：**即身见，又称萨迦耶见。指于五蕴法中妄生执取，计我（于五蕴法中，强立主宰，妄计为我），我所（即五蕴色身等）。

⑱**边见：**即边执见。指外道之人，于五蕴身见中，执断执常，随执一边，我见增长。

⑲**邪见：**指外道之人不了解四谛因果（苦谛与集谛为世间因果，灭谛与道谛为出世间因果）之法，邪心推度，说没有此理，而断灭了出世善根。

⑳**见取**：即见取见。指外道之人于六十二见一一分别、衡量，哪一种为最上，为胜为妙，坚固取执，随即就说："只有此谛真实，其余的都是虚妄。"自己又认为，由此见能得清净解脱，而得出离。

㉑**戒禁取**：即戒禁取见。指外道之人，于所受持若戒若禁，妄计为最上，为胜为妙，随起言说："只有此谛真实，其余的都是虚妄。"自己又认为，由此戒禁，能得出离。

㉒**集**：即集谛。审察一切烦恼惑业，即知其于未来实能招集三界生死苦果，故称集谛。即关于世间人生诸苦的生起及其根源的真谛。

㉓**灭**：即灭谛。指人类若能灭息苦的根本（欲爱），即可从相续不断的苦中获得解脱与自由；如实审察、了解到这一真谛而无丝毫虚谬，就称为灭谛。

㉔**道**：即道谛。为佛教基本教义"四圣谛"之一。即指欲达到苦灭之境而依之修行的八正道。

㉕**上界**：指色界、无色界等上界天。与"欲界"对称。

㉖**修道所断惑**：即修惑。与"见惑"对称。即于修道时所断贪等迷事的烦恼。

㉗**欲界**：指有情生存状态的一种，又指此有情所住的世界，包括地狱、饿鬼、畜生、阿修罗、人、六

欲天。

⑱**十缠**：指十种缠缚众生的烦恼。乃附着贪等根本烦恼而起，与染污心相应而造种种恶行，因其缠缚有情，令其不得出离生死，故称之为缠。

㉙**无惭**：对于诸功德以及有德者无崇敬之心，却嫉妒为难他们，而自己不知道羞耻。

㉚**无愧**：对于自己的罪业被别人看见了而不感到羞耻。

㉛**昏沉**：神志昏钝，于善法身心无力堪住。

㉜**恶作**：即悔。于做恶事后生有追悔之心。

㉝**恼**：追想过去的行事或现在不悦之事物，而心生懊恼的精神状态。

㉞**嫉**：于他人的各种兴盛事而心生不喜。

㉟**掉举**：使心不寂静、无法成就诸禅观。

㊱**睡眠**：使心昏蒙而无力省察。

㊲**忿**：于违己意的情境中，则发恚怒而忘记失去了正念。

㊳**覆**：即覆盖、掩藏自己的罪业。

## 译文

《释氏要览》中说："《牟梨曼陀罗咒经》中说：梵语'钵塞莫'，梁代人称之为'数珠'。此物乃是引接世间钝根之人修习功课精进佛道的一种工具。《木槵子经》中记载：过去有位国王，名叫波流黎，他对佛说：‘我们国家边疆狭小，却连年遭受外寇的侵扰和瘟疫，谷物价格昂贵，人民贫困不堪，我心里经常感到不安、难受。佛法含藏众多，深奥广博，我不能都一一修行遍，只祈愿佛能垂示法要。’佛回答说：‘大王，你如果想要消除烦恼，应当穿上木槵子一百零八个，自己经常携带在身边，专心致志地称诵“南无佛陀”“南无达磨”“南无僧伽”这些名号，于是就数过一个木槵子。如此这般地一个接一个地念诵、数将下去，一直数到千万遍。能够数满二十万遍的话，就会变得身心不乱，消除别人对你的造谣攻击、肆意中伤，舍命后能往生炎摩天。如果数满一百万遍的话，就应当能够除去一百零八种烦恼，获得常乐果。’国王说：‘我应当奉行此法。’”

“百八结”，《释氏要览》中说：“小乘的解释，见《修合论》。此论认为，烦恼共有一百零八种，而且说明了‘见惑，三界四谛下烦恼，共有八十八’，意思是说在苦的下面具有一切烦恼，也就是十使：贪、嗔、痴、慢、疑、身见、边执见、邪见、见取见、戒禁取见。‘集、灭离三见’，意思是说集谛、灭谛二谛下，各各除去身见、边执见、邪见等三见。‘道除于二见’，意思是道谛下除去身见、边执见。‘上界不行恚’，意思是说上界四谛下，各除去一个嗔。以上三界四谛，共有八十八种烦恼。‘修道所断惑，欲界有四’，指贪、嗔、痴、慢。上二界，各除去嗔，共有六种烦恼。以上数字变成了十，共计已有九十八种烦恼。‘更加十缠’，指无惭、无愧、昏沉、恶作、恼、嫉、掉举、睡眠、忿、覆，与前面列举的种种烦恼加起来，总共有一百零八种烦恼了。”

## 如意

### 原典

《释氏要览》云："梵云‘阿那律’，秦言‘如意’。《指归》[①]云：‘古之爪杖[②]也。或骨、角、竹、木，刻作人手指爪，柄可长三尺许。或脊有痒，手所不到，用以搔抓，如人之意，故曰如意。诚尝问译经三藏[③]通梵大师清沼[④]、字学通慧大师云胜[⑤]，皆云：如意之制，盖心之表也。故菩萨皆执之，状如云叶，又如此方篆书心字，故若局爪杖者，只如文殊亦执之，岂欲搔痒也？’又云：‘今讲僧[⑥]尚执之，多私记节文祝辞于柄，备于忽忘。要时手执目对，如人之意，故名如意。若俗官之手版，备于忽忘，名笏也。若齐高祖[⑦]，赐隐士明僧绍[8]竹根如意，梁武帝赐昭明太子木犀[9]如意，石季伦[10]、王敦[11]皆执铁如意[12]，此必爪杖也。因斯而论，则有二如意，盖名同而用异焉。'”

忠曰：如意之制，心之表也，如此方篆书“心”字。此义不通印度焉。又曰：文殊岂欲搔痒也？是亦不然，世尊尚示有圊便[13]疾病。既同凡，受五蕴[14]色身[15]，何无复背痒耶？余窃谓，凡佛菩萨所执器物，动有所表。盖说法到人疑处，令彼能通晓，犹如爪杖搔痒处痛快，故执此表其相。若复依此义，则文殊虽执，亦何妨焉？

《义楚六帖》云：“《净名经义抄》云：‘牛呞罗汉[16]说法时，以有口病，恐大众生轻，龙现爪以遮口。因作如意，犹象龙爪。'”

## 注释

①**《指归》**：即《音义指归》，已佚。

②**爪杖**：用以搔痒的短杖。

③**译经三藏**：略称三藏或三藏法师。指精通梵汉语言，从事译经的法师。

④**通梵大师清沼**：生平不详，无考。

⑤**字学通慧大师云胜**：生平不详，无考。

⑥**讲僧**：又称讲师。对讲经说法者的称呼。

⑦**齐高祖**：即南齐太祖萧道成。

⑧**僧绍**：南朝齐梁时僧。僧柔的弟子。生卒年不详，尝住安乐寺。梁武帝天监十四年（公元五一五年）奉敕编集《华林佛殿众经目录》四卷，系依僧祐的《出三藏记集》略做增减而成。

⑨**木犀**：桂花的别称。以木材纹理如犀而名。

⑩**石季伦**：即晋人石崇，字季伦，南皮（今河北沧州）人，生于青州（今山东境内）。历任散骑常侍、荆州刺史等职。于河阳置金谷园，奢靡成风，与贵戚王恺、羊琇等以豪侈相尚。

⑪**王敦**：晋临沂人，字处仲，娶晋武帝女襄城公主，拜驸马都尉。元帝渡江，敦与从弟王导，同心翼戴，授镇东大将军兼都督六州诸军事，领江州刺史，寻领荆州刺史。永昌元年（公元三二二年），东下反，攻入石头，入朝自为丞相。明帝太宁二年（公元三二四年）再反，兵入江宁，途中病死。

⑫**铁如意**：手擿，铁制的骨朵子。

⑬**圊便**：即粪便。

⑭**五蕴**：三科之一。即类聚一切有为法的五种类别：（一）色蕴，（二）受蕴，（三）想蕴，（四）行蕴，（五）识蕴。

⑮**色身**：指有形质的身躯，即肉身。具足三十二相

的佛，系为有形的生身。

⑯**牛呵罗汉：**佛弟子之一。曾受舍利弗指导。因于过去世，摘一茎禾苗，有数颗谷粒堕地，遂于五百世中受生牛身，故尚遗有牛的习性，食后常如牛反刍，故称牛呵罗汉。

## 译文

《释氏要览》中说：“梵文说‘阿那律’，秦国人称之为‘如意’。《指归》中说：‘也就是古代的爪杖。或是用骨、角、竹、木，雕刻成人手的指爪形状，爪杖的柄长可达到三尺多。有时人的脊背上痒，手又抓不到，就用它搔抓，遂人心意，所以就叫作如意。我曾经问过译经三藏通梵大师清沼、字学通慧大师云胜，他们都说，如意的形状，大概是心的象征，所以菩萨们手上都拿着它，形状就像天上的云朵，又像中国篆书中的心字，所以如果只局限于认为它是爪杖，那么，文殊菩萨手里拿着它，难道也是为了搔痒吗？’《指归》中又说：‘现在的讲僧也该都拿着它，他们大多悄悄地把一些节文、祝词记在如意的柄上，以防备有时忽然遗忘。在必要时，就手持着它，让柄上所记的文字正对着自己的眼睛，使人称心如意，所以叫作如意。这就好比世间官员的手版，也是防备有时忽然遗忘，所以名叫笏。像齐高祖赏赐隐士、明僧僧绍的竹根如意，梁武帝赐给昭明太子萧统的木犀如意，石季伦、王敦手上都拿着铁如意，这些肯定也都是爪杖。根据这些材料，我们可以得出结论，世上本来有两种如意，大概是名称相同而用途各异吧。'”

无著道忠说：如意的形状，就是心的象征，就好像此地篆书中的“心”字。这个词义与印度如意的本义是不相通的。有人又说：文殊菩萨难道也要搔痒吗？我认为这也不一定，就连世尊也表现出有大小便、生病之类的事。既然世尊与凡人一样，受五蕴色身，又怎么会背上不会有痒呢？我个人认为，凡是佛、菩萨手中所执的器物，动辄都有象征意义。大概佛、菩萨讲说佛法到了人们疑难的地方，使听众能够听懂弄明白，也就好像用爪杖搔着了痒处一样痛快，所以佛和菩萨都手执如意象征这种情境。如果我们再按照这种解释看，则即使是文殊菩萨手拿着它，又有何妨呢？

《义楚六帖》中说：“《净名经义抄》中说：‘牛呞罗汉演说佛法的时候，因为他口中有毛病，恐怕大众心生轻视之意，龙就现出爪子以遮住牛呞罗汉的口。因此牛呞罗汉就制作了如意，形状就好像龙爪。'”

# 椸架

## 原典

《毗奈耶杂事》[①]云：“缘[②]在室罗伐城[③]，苾刍[④]随处而安衣服，便多垢腻，被虫蚁穿。佛言：‘不应随处而置衣服，当作衣架。’苾刍即便穿壁安衣，令壁损坏。佛言：‘不得穿壁。初造寺时应出木坎，上置衣竿。’时诸苾刍房内置竿，檐前不作。佛言：‘檐前亦作，勿令阙事。’”

《正字通》云：“椸，音移，衣架。《曲礼》[⑤]：‘男女不同椸架。’又，《方言》[⑥]：‘榻前几，赵、魏[⑦]间谓之椸。凡直植曰椸，横架曰桁。’”

## 注释

①**《毗奈耶杂事》：**全称《根本说一切有部毗奈耶杂事》，全四十卷，唐代义净译，内容记述制律的起源等。

②**缘：**指引起结果的直接原因外的间接原因。

③**室罗伐城：**意译为闻者城。又译成舍卫城。佛在世时，波斯匿王居于此城，城内有祇园精舍。

④**苾刍：**也作“蒭刍”。佛教僧人的总称，意即佛的弟子，或说为比丘的异译。

⑤**《曲礼》**:《仪礼》的别名。为春秋、战国时代一部分礼制的汇编。

⑥**《方言》**:汉代扬雄撰,全名《輶轩使者代语释别国方言》。原为十五卷,《隋书·经籍志》以后定为十三卷。该书仿《尔雅》体例,汇集古今各地同义词语,分别注明通行范围。

⑦**赵、魏**:战国时二诸侯国名。地域在今河北南部,山西中部、北部一带。

## 译文

《毗奈耶杂事》中说:"事情的缘起是在室罗伐城,苾刍随处乱放置衣服,衣服上便多是污垢和油腻,也还被虫蚁蛀穿了。佛说:'不应该随处乱放置衣服,应当制作衣架。'于是,苾刍就穿凿墙壁安放衣服,使墙壁损坏。佛说:'不能穿凿墙壁。在当初建造寺院的时候,应该伸出一些木坎,再在木坎上安置衣杆。'当时诸位苾刍房内安置衣杆,在屋檐下没有安衣杆。佛说:'屋檐前也可以安置衣杆,不要让事情有所缺漏。'"

《正字通》中说:"椸,发音读移,也就是衣架。《曲礼》:'男女不合用同一个椸架。'又,《方言》:'坐榻前面的桌儿,赵、魏间人称之为椸。凡是直着安置的就叫作椸,横者架的就叫作桁。'"

# 绳床

## 原典

《联灯会要·百丈海禅师章》云："师再参马大师[①]，侍立次。大师目顾绳床角拂子。师云：'即此用，离此用。'祖云：'汝向后开两片皮[②]，将何为人？'师取拂子竖起。祖云：'即此用，离此用。'师挂拂子旧处。祖震威一喝，师直得三日耳聋。"

《事文类聚》[③]云："今之交床，制本自虏来，始名胡床。'桓伊[④]下马，踞胡床，取笛三弄[⑤]'，是也。隋以谶有胡，改名交床，胡瓜亦改黄瓜。唐柴绍[⑥]击西戎[⑦]，据胡床，使两女子舞。则唐史臣，追本语以书也。唐穆宗长庆二年，十二月，见群臣礼，紫宸殿御大绳床。则又名绳床矣。"

## 注释

①**马大师：**即马祖道一，百丈怀海出家后师事马祖道一。

②**两片皮：**唐代俗语，指嘴。

③**《事文类聚》：**宋代人祝穆撰。一百七十卷，分前、后、别、续四集。其书仿《艺文类聚》《初学记》

等类书，搜集古今纪事及诗文，合编成书，供查阅典故用。

④**桓伊**：晋代谯国铚县（今安徽宿县西南）人。字叔夏，小字野王，历任淮南太守、豫州刺史等职。前秦苻坚率军南下攻晋，伊与谢玄大破秦军于淝水，东晋得以安定。桓伊善于吹笛，藏有汉末蔡邕的柯亭笛，时称江左第一。

⑤**三弄**：吹了三支曲子。

⑥**柴绍**：唐代临汾人，字嗣昌，幼矫捷有勇力，以任侠闻。李渊太原起兵时，绍为马军总管。绍累官右骁卫大将军。贞观中为华州刺史，卒追赠荆州都督。

⑦**西戎**：古时中国西北部少数民族总称西戎。

## 译文

《联灯会要·百丈海禅师章》中说："百丈禅师再次参谒马祖大师，侍立在旁边。马祖大师眼睛盯着绳床角落的拂子。百丈禅师说：'靠着它能使用它，离开它也能使用它。'马祖大师说：'你朝后开了两片皮，你将成为个什么人？'百丈禅师取了拂子竖了起来。马祖大师说：'靠着它能使用它，离开它也能使用它。'百丈禅师又将拂子挂在原处。马祖大师猛地振威大喝一声，直震得百丈禅师耳聋了三天。"

《事文类聚》中说："现在的交床，其制作方法本来是从外族来的，当初叫作胡床。'桓伊从马背上下来后，踞坐在胡床上，取过笛子吹了三支曲子'，说的正是。隋代因为谶书中有'胡'字，就改了名，称之为交床，胡瓜也因此改名为黄瓜。唐代的柴绍攻击西戎时，就靠坐在胡床上，让两位女子为他跳舞。由此可知，唐代史臣是在追述当时的语言并将它记载下来的。唐穆宗长庆二年，十二月，见群臣行礼，紫宸殿上设有御座大绳床。这里则又称之为绳床了。"

## 杨枝

### 原典

忠曰：十八物之一也。

《梵网经》云："若佛子，常应二时头陀[1]，冬夏坐禅。结夏安居，常用杨枝、澡豆、三衣、瓶、钵、坐具、锡杖、香炉、漉水囊、手巾、刀子、火燧、镊子、绳床、经律、佛像、菩萨形像。而菩萨行[2]头陀时，及游方时，行来百里千里，此十八种物常随其身。头陀者，从正月十五日，至三月十五日；八月十五日，至十月十五日。是二时中，此十八种物常随其身，如鸟二翼。"

《华严经·普贤行愿品·甘露火（唐经作“无厌足”）章》云：“嚼杨枝具功德者，一销宿食，二除痰癊，三解众毒，四去齿垢，五发口香，六能明目，七泽润咽喉，八唇无皴裂，九增益声气，十食不爽味。晨朝食后，皆嚼杨枝。诸苦辛物，以为齿木。细心用之，具如是德。”

《十诵律》云：“佛听啮木三种枝，上、中、下。上者尺二寸，下者六寸，余者是中，是名齿木枝法。擿齿法者，不应用利物擿齿，不应强擿，不应破断，是名擿齿法。刮舌法者，不应用利物刮，令伤舌，是名刮舌法。”

## 注释

①**二时头陀：**也即于冬季、夏季坐禅修头陀行。

②**菩萨行：**指修行者为成佛道而修六度之行。如释迦牟尼佛于成道前曾就诸仙修种种苦行，于前世现种种身，修布施、忍辱等行，即是。

## 译文

无著道忠说：是十八物之一。

《梵网经》中说：“如果是佛子，就应该经常修行二时头陀，在冬、夏两季坐禅。结夏安居时，佛子经常使用杨枝、澡豆、三衣、瓶、钵、坐具、锡杖、香炉、漉水囊、手巾、刀子、火燧、镊子、绳床、经律、佛像、菩萨像。而修行菩萨行头陀以及游方时，无论行走百里还是千里，这十八种物件，都应该常常携带在身边。修行头陀者，从正月十五日，到三月十五日；从八月十五日，到十月十五日。在这两段时间内，这十八种物件，经常随带在他们身边，就好比鸟的两只翅膀一样。”

《华严经·普贤行愿品·甘露火（唐时本经译本作“无厌足”）章》：“口嚼杨枝所具有的功德：一、消除宿食，二、去除痰液，三、化解众毒，四、去除牙垢，五、口中生香，六、能使目明，七、滋润咽喉，八、嘴唇不皱裂，九、增益声气，十、吃饭津津有味。早晨用餐后，都要嚼杨枝。各种苦辛之物，可用来作为剔牙齿的木签。如果你仔细使用它，就会得到如上的功德。”

《十诵律》中说：“佛允许嚼三种木枝，也即上枝、中枝、下枝。上枝长一尺二寸，下枝长六寸，其他的木枝为中枝，这就叫作齿木枝法。擿齿法，不应该用锐利的东西擿齿，不能强行擿齿，也不应该把擿齿的木枝弄破弄断，这就叫作擿齿法。刮舌法，不应该用锐利的东西刮舌头，使舌头受伤，这就叫作刮舌法。”

## 脚布

### 原典

旧说曰：浴室之阶铺布，而防滑，此云脚布。（与服章门脚布不同。）

《备用清规·知浴》云：“出面盆、拖鞋，铺脚布。”

### 译文

传统说法：浴室的台阶上铺着的布，用来防止脚下打滑，这叫作脚布。（与服章门的脚布不同。）

《备用清规·知浴》中说：“拿出面盆、拖鞋，铺好脚布。”

## 香亭

### 原典

忠曰：器形如亭，四傍纱笼，前扁“香亭”两字。大同真亭[①]制，内安大香炉。尊宿之丧，赴化坛时，香亭在真亭前，舁[②]而进前。

## 注释

①**真亭：**禅宗所用丧具之一。丛林中，德高的老僧圆寂后，悬挂其画像的小亭。

②**舁：**方言，共同抬东西。

## 译文

无著道忠说：此器物的形状就像一座亭子，它的四边挂有纱笼，前面有一块匾额，上面书写着“香亭”两个字。它的大小就和真亭子的规模一样，香亭内安放有大香炉。禅林尊宿丧亡了，前赴化坛时，香亭被安排在真亭前面，被人抬着一同向前走。

# 雪柳

## 原典

旧说曰：“雪柳”者，凡生人相别，折柳绾作环，而送其行，盖寓期再还之意。如今送亡者以雪柳，亦惜别之义也。因唱圣号[①]，投之棺上，只丧礼事素，故虽有“柳”名而不做青，乃截白纸，象枝叶，故云“雪柳”。

《敕修清规·亡僧》云："堂司行者预造雪柳幡花[②]。"又《送亡》云："大众两两，次第合掌而出，各执雪柳。"

## 注释

①**圣号：**即佛号。

②**幡花：**禅宗所用丧具之一。用白纸做成的花，用于亡僧下丧时众僧手执。

## 译文

传统说法："雪柳"，大凡活人相互离别时都要攀折柳枝绾作一个环，而为行人送别，大概寓含有期待行人再回还的意思。如今人们送亡者用雪柳，也含有惜别之意。因此诵唱圣号，把它投到棺木上，只是因为丧礼崇尚素净，所以虽然有"柳"的名称但不做成青色，于是就裁取了白纸，使它的形状像柳树枝叶一样，所以叫作"雪柳"。

《敕修清规·亡僧》中说："堂司行者预先制作雪柳幡花。"又，同书《送亡》中说："大众两个两个地，依次第地合掌而出，各人手中都拿着雪柳。"

## 娑罗华

### 原典

《释氏要览》云:“若应之大师[①]《五杉集》颇合礼式。或堂有三间，即置龛于西间，面向南，前设一灯一香而已。中一间，用白幕自南达北，金城柱而东，洎南，三面帏之。于中设绳床，挂真影[②]，香华供养，以时设食。用白纸作娑罗华八树[③]，以簇绳床，表双林[④]之相。床西别设一仪床[⑤]，置平生道具之属。绳床后正北幕内，名子位，即是弟子受吊之位也。”

### 注释

①**应之大师：**唐代著名诗僧之一。为唐洪州开元寺栖隐禅师的诗弟子，有《五杉集》一卷。

②**真影：**祭祀时张挂的亡故的尊宿的画像。

③**娑罗华八树：**即八棵娑罗华树。娑罗华树属龙脑香料之类的乔木，产于印度等热带地方，传为过去七佛中第三佛毗舍婆佛的道场树。中印度拘尸那城外娑罗树林也是因为是释尊涅槃的圣地而知名的。

④**双林：**佛入灭时于拘尸那国阿利罗跋提河边娑罗双树间。

⑤**仪床**：也即灵床。人死后虚设的坐卧床具，上面一般放有遗物。

## 译文

《释氏要览》中说："像应之大师的《五杉集》比较符合礼式。如果房屋有三间，就把龛安放在西间，面向南，前面设置一灯一香而已。中间的一间，用白幕布从南到北，从金城柱再向东，向南，三面围住。于堂中设置绳床，挂上真影，用香花供养，按时设置祭食。用白纸制作八棵娑罗华树，用来簇拥在绳床边，象征佛入灭时的双林的样子。绳床西边另设了一张仪床，上面放置了亡者生平道具之类的东西。绳床后的正北面的幕内，名叫子位，也就是弟子受吊的位置。"

# 油单

## 原典

《敕修清规·装包》云："顶包、装包之法，用青布袱二条，先以一条收拾衣被之属，仍用油单裹于外，复用一条，重包于外，四角结定，用小锁锁之。"

忠曰：日本云水僧称袱子为油单。其实，油单，以桐油涂纸造之，如油衣之材，以防雨露浸犯。盖油单包袱子，故呼袱子为油单耳。

## 译文

《敕修清规·装包》中说："顶包、装包的方法，用青布包袱二条，先用一条收拾衣服、被子等物品，然后仍然要用一块油单裹在包袱的外边，再用一条青布袱子，重复着包在油单的外边，四个角都打上结，最后用小锁头锁好它。"

无著道忠说：日本的云水僧们都称袱子为油单。其实，油单是用桐油涂在纸上做成的，就好像做油衣的材料，是用来防止雨水、露珠打湿、浸透衣物的。大概是因为多用油单包袱子，所以就称袱子为油单了。

# 27 钱财门

## 衣钵

### 原典

《敕修清规·尊宿迁化》云："示疾觉沉重①，预请两序勤旧，点对②、封收衣钵行李，就留方丈，差公谨行仆看守，以俟估唱③。"

忠曰：僧钱帛，总言"衣钵"，盖钱财元非僧可蓄者，故婉词言之"衣钵"耳。

解《清规》"衣钵侍者"者曰："衣钵者，住持三衣、一钵也，又谓私财，此侍者司之。"

## 注释

①**沉重**：指病情很严重，难以救治了。

②**点对**：查点、核对。

③**估唱**：圆寂比丘的遗物分与现前众僧时，必须预先估算它们的价钱，称为估衣；然后在大众面前提示竞卖，用来偿还该僧生前负债或疗养送丧等费用，则称为唱衣。合而称之，就是估唱。

## 译文

《敕修清规·尊宿迁化》中说："尊宿表现出的病情，人们感觉很严重，就预先请东、西两序的勤旧查点、核对、封存、收拾起尊宿的衣钵行李，拿过去放在方丈室中，差公界的行者仆役谨加看守，等着以后估算作价。"

无著道忠说：僧人的钱，总称为"衣钵"，大概钱财原本并非僧人所能积蓄、保存的，所以就婉转地称之为"衣钵"。

解释《敕修清规》中"衣钵侍者"的人说："衣钵，指的也就是三衣、一钵，又称之为私财，由这个侍者掌管着它们。"

## 暖席钱

### 原典

忠曰：凡借他寺院房舍，或修法会，或辨斋供[①]，则纳暖席钱[②]于本院。“暖席”字，出于《文子》[③]。

《文子》云：“墨子[④]无黔突[⑤]，孔子无暖席[⑥]。”

### 注释

①**斋供：** 又作斋会。指设斋食供养佛、法、僧三宝的法会。

②**暖席钱：** 举行法会时，借用他人寺院的房屋，所缴纳的房屋钱。

③**《文子》：** 相传为老子的弟子辛钘所作。辛钘，字文子，号计然。蔡丘濮上人，是范蠡的老师。著有《文子》九篇。《汉书·艺文志》著录《文子》九篇，为汉人依托之作。其书截取儒、墨、名、法诸家语，以解《道德经》。

④**墨子：** 即春秋战国时思想家、墨家学派的创始人墨翟。鲁国人，做过宋国大夫，死于楚国。他主张兼爱、非攻，崇贤、尚同，及对儒家的厚葬繁礼，提倡薄葬、非乐。

⑤**黔突**：黔，黑；突，灶突。墨子无黔突，是说墨子热心世事，忙碌地各处奔走，灶突未黑即已他去。

⑥**孔子无暖席**：孔子，春秋末思想家、政治家、教育家，儒家的创始人。名丘，字仲尼。鲁国陬邑（今山东曲阜东南）人。大力宣传"仁"的学说，晚年致力教育，相传弟子三千。自汉以后，孔子的学说一直是中国两千年封建文化的正统，影响极大。孔子无暖席，意思是说尚未将座席坐温，就已离去，以形容孔子忙于奔波、热心世事。

## 译文

无著道忠说：大凡是借其他寺院的房舍，或者修设法会，或者是办理斋供，则需要交纳暖席钱给那座寺院。"暖席"这两字，出自《文子》中。

《文子》中说："墨子忙碌得烧饭时等不及灶突发黑，就又出发；孔子忙碌得休息时等不及将座席坐暖，就已起身。"

## 抽分钱

### 原典

《敕修清规·亡僧板帐》云："估唱得钱，必照板帐[①]支用外，其钱作三七抽分，归常住（百贯抽参拾贯，不满百贯则不抽分），余则均俵[②]僧资。"

忠曰：亡僧估唱所得钱，除板帐支行外，拆作十分，十分中抽三分，以归常住，此名抽分钱。但不满百贯，则不复抽分矣。余七分，俵秉炬等䞋[③]。

《居家必用》云："抽分，即解取其物也。"

### 注释

①**板帐**：即版帐，户籍账簿。此指按照名单给予参加丧葬仪式的供役僧人的工钱。

②**俵**：分给，分散。

③**䞋**：施舍、赠予。此指分给、赠予秉炬等人的䞋钱。

### 译文

《敕修清规·亡僧板帐》："估唱亡僧物后所得的钱，除了必须照板帐上的花销开支使用外，其余的钱分作三、七开抽取，抽出三分归到寺院的常住财中（一百贯钱，抽取参拾贯；如果不满一百贯，就不再抽分了），其他的钱就都分给僧人作为他们的酬金。”

无著道忠说：亡僧遗留衣物估唱所得的钱，除了按板帐开支、使用外，拆解成十分，再从十分中抽取出三分，以归到寺院的常住财中，这就叫作抽分钱。但是如果总钱数不满一百贯，就不再抽分了。其他的七分，分给参加丧葬仪式的秉炬等人，作为他们的酬劳。

《居家必用》中说：“抽分，也就是拆解、抽取那些物资。”

## 众财

### 原典

《人天宝鉴》[①]云：“灵源清禅师[②]门榜，其略曰：‘清名曰住持，实同客寄。但以领徒弘法，仰助教风为职事尔。若其常住所管财物，既非己有，理不得专，一委知事，僧徒分局主执，明依公私合用、支破。惟清止同众僧斋衬[③]，随身瓶钵任缘去住而已。伏想四方君子来有所须顾寝食只接之，余别难供应。盖以彼所管者，世法则属官物，佛教则为众财。偷众财，盗官物，以买悦人情，而取安己有，实非素志④之所敢当。预具白闻，冀垂恕察。’（石刻在天章⑤。）”

## 注释

①**《人天宝鉴》**：全一卷，南宋昙秀撰。乃依内典及儒、老之外籍等，编集学道须知、修行龟鉴等佳言秀句数百条，于理宗绍定年间（公元一二二八—一二三三年）上梓刻板。

②**灵源清禅师**：即宋代临济宗黄龙派僧灵源惟清禅师。师俗姓陈，隆兴府人，字觉天，号灵源叟。十七岁受具足戒，谒黄龙心禅师得法。初住舒州太平。祖心以耆辞位，众迎师以继其席，衲子争赴，盛绝一时。师志识卓绝，能文善咏，徐德占、黄鲁直皆师事之。后迁泐潭，谥佛寿大师。

③**斋衬**：又作斋䞋。斋，即斋食；䞋，即布施，或指所布施之物，或谓僧为回报施财物而说法。斋衬，乃斋、衬二字并举，即供养斋食，并布施金钱、财物等。此为斋食及所布施的金钱、财物等。

④**素志**：平生之志。

⑤**天章**：疑指宋代宫殿天章阁。宋真宗天禧四年（公元一〇二〇年）兴建，次年竣工，坐落在会庆殿西，

龙图阁北，以藏皇帝的著作。此则为南渡后于临安大内后万松岭上所建的天章阁。

## 译文

《人天宝鉴》中说：“灵源惟清禅师的门榜，榜文大略是说：‘惟清名义上叫作住持，实际上就如同客人寄居在本寺院。只是以率领僧徒弘扬佛法、仰助教风为职事罢了。像那些由常住所掌管的财物，既然不属于我自己所有，依理不能由我专管，就全部委托给知事，由僧徒们分别加以管理，再账目清楚、明了地按照适合公用还是私用的标准进行支取、使用。我惟清只和僧众一起接受施主的布施之物，随身携带的瓶钵之类的物件也是任它随缘而来、随缘而去。我衷心愿望，四面八方的君子如果来到本寺止住，需要我们帮助、照顾，我们应该尽心尽力，但也只能接待他们的睡觉、吃饭，其余的则难以供应。大概因为知事们所管理的财物，如果拿到世间论说，就是属于官府的公物；在我们佛教禅林中就是众财了。偷盗众人的财产，窃取官府的公物，用来买人情、取悦人心，或者拿来归入自己的财产中，这些实在不是我平生的志愿所敢于承当的。现预先都告诉大家，让大家知道，也希望大家勤加督察。’（此文的石刻在天章阁。）”

## 率财

## 原典

《敕修清规·佛降诞》云："先期堂司率众财。"又，《月分须知》云："七月预率众财，办斛食[①]供养。"

《居家必用》云："制众建议，谓之率。假如势要之人，独建计谋，妄托名目，敛众人之物，或馈与人，或自入己之类，是名'制众建议'。率，敛也。"

《小补韵会》云："率，朔律切。《广韵》[②]：'募也。'"

《正字通》云："率，山律切，音蟀。约数也。《周礼》[③]'太宰'注：'赋，口率出钱。'徐、刘音类，焦氏[④]云：'督率之率，音朔；算法约数之率，音类。并非。'"

旧说曰：令大众均出钱财，言率财也。或曰：二祖、三佛会[⑤]，率比丘众财，每人五百钱，以辨香、华、灯、烛供物。

## 注释

①**斛食：**斛，本为量器名，古称之为十斗，现在只能容纳五斗。以四角形大木盘盛大量饭食以供养三界万

灵，称为斛食。

②**《广韵》**：宋代陈彭年、邱雍等人根据《切韵》系统的韵书增订而成，全名《大宋重修广韵》。分五卷，平声两卷，上、去、入各一卷。分韵二〇六，共二万六千一百九十四字。字下注反切、义训。

③**《周礼》**：原名为《周官》，也称《周官经》。西汉末列为经而属于礼，故称为《周礼》。分天官、地官、春官、夏官、秋官、冬官六篇。西汉时，河间献王得《周官》，缺《冬官》，补以《考工记》。但《周官》与周时制度多不合，今文家以为王莽时刘歆所伪作。

④**焦氏**：疑指明代焦竑。焦竑，明江陵人，字弱侯，号漪园，又号澹园。万历十七年（公元一五八九年）以殿试第一授翰林院修撰。其所著《焦氏笔乘》，正集六卷，续集八卷。杂论经史艺文，间记琐事，皆有可采。

⑤**二祖、三佛会**：又称“二祖三佛忌”。二祖忌指达磨忌、百丈忌，三佛忌指释尊的涅槃忌、降诞会、成道会等。

## 译文

《敕修清规·佛降诞》中说：“在预定日期之前，由堂司行者率办众财。”又，同书《月分须知》中说：“七月份预先率众财，办理斛食供养。”

《居家必用》中说：“把持、控制着众人的建议，叫作率。假如有权有势的重要人物，独自一人盘算、筹划出一些点子，再假借一些名目，聚敛起众人的钱物，或是馈赠亲朋好友，或是落入他自己的腰包，这类事叫作‘制众建议’。率，也就是聚敛的意思。”

《小补韵会》中说：“率，反切读法为朔律切。《广韵》：‘也就是募集的意思。’”

《正字通》中说：“率，反切读法为山律切，正音读蟀。也就是约数。《周礼》的‘太宰’注：‘赋，按人口数必须交纳的钱财。’徐、刘二字读音类似，焦氏说：‘督率的率字，读成朔音；算法中约数的率字，读成类音。都不是“率财”的“率”。’”

传统说法：命令大家都拿出钱财来，就叫作率财。有人说：举行二祖、三佛会，要众比丘都从自己的私财中拿出钱财来，每人出五百钱，用来置办香、花、灯、烛等供物。

## 无尽财

### 原典

忠曰：无尽财者，以金财假贷，逐利焉。本生息，息复为本，故云无尽。

《释氏要览》云："寺院长生钱[①]，律云'无尽财'。盖子母展转无尽故。《两京记》[②]云：'寺中有无尽藏。'又，则天《经序》[③]云：'将二亲[④]之所蓄，用两京之旧邸。莫不总结招提之宇，咸充无尽之藏。'《十诵律》云：'以佛塔物出息，佛听之。'《僧祇》云：'供养佛华多，听转卖买。香油犹多者，转卖，入佛无尽财中。'"

### 注释

①**长生钱：** 又称祠堂银、无尽财。于寺院内，檀越为亲友亡灵，请僧读经供养之资。又纳钱财于佛寺，佛寺以之为常住而保存之，或为寺宇修缮之用。

②**《两京记》：** 五卷，唐代韦述撰。为记载唐代长安、洛阳两京城坊、舆地、寺院等的地理书。

③**则天《经序》：** 即唐武则天所撰《方广大庄严经序》。武则天，名曌。十四岁被选入宫，为太宗才人，

以黠慧获宠。帝崩，依制削发为尼。高宗即位后，召入宫为昭仪，未久立为后。于高宗晚年，专决政事。天授元年（公元六九〇年）改国号为周，自称则天金轮皇帝，为中国历史上唯一的女皇帝，执政达四十余年。与比丘昙慈造《大云经》，以为符谶。然师事高僧神秀、法藏、义净等，颇能屈己尽礼。又度僧、造寺、写经，历年为之，从不厌倦。

④**二亲**：指父母双亲。

## 译文

无著道忠说：无尽财，也就是把金钱财物借贷给别人，以便从中获取利息。本钱生出利息，再把利息归入本钱中，所以就称之为无尽。

《释氏要览》中说："寺院里的长生钱，佛教戒律书上都叫作'无尽财'。大概是本钱和利钱辗转不停，以至无穷无尽的缘故。《两京记》中说：'寺院中有无尽的库藏。'又，武则天所撰的《方广大庄严经序》中说：'将父母双亲平日中积蓄的钱物，用在东、西两京的旧宅第上。而且无不充作建招提僧止住的寮舍、屋宇，无不充入了寺院里无尽的库藏之中。'《十诵律》中说：'用佛塔中的物产生出利息，佛是允许这样做的。'《僧祇律》中说：'如果供养佛的香花有多的话，就允许转入买卖。香油犹多的话，可转手卖出去，卖得的钱归入佛的无尽财中。’”

## 库质钱

### 原典

《老学庵笔记》[①]云：“今僧寺辄作库质钱，取利，谓之长生库[②]，至为鄙恶。予按，梁甄彬[③]尝以束苎，就长沙寺[④]库质钱。后赎苎还，于苎束中，得金五两，送还之。则此事亦已久矣。庸僧所为，古今一揆。可设法严绝之也。”

忠曰：陆游言，虽出于护法意，然不多读经律，而致此臆断。律有无尽财，事稍相类，未可概为庸僧之作，但防其鄙猥而可也。《敕修清规》首载圣旨，所谓“解典库”，亦是取典物贷财，而逐利以赈寺用也。

### 注释

①**《老学庵笔记》**：南宋陆游撰，十卷，所记多佚文旧典及当代史实、典章制度。“老学庵”为陆游斋名，取师旷老而学犹秉烛夜行之意。

②**长生库**：指贮存长生钱的库藏，为寺院经营的贷

款机关，其收入为唐宋时寺院经济的主要来源之一。唐代称无尽藏，宋代称长生库。

③**甄彬**：梁中山人，为宋江陵令甄法崇孙。有器业，乡党称善。尝以苎就人质钱，后赎苎。于束中得五两金，又送还给人。梁武帝为布衣时听说了这件事。等到他登位称帝后，就任命甄彬为益州录事参军，带郫县令。

④**长沙寺**：位于荆州（今湖北长江北岸）。《梁高僧传》说："晋永和（公元三四五—三五六年）中，长沙太守滕某舍宅改建，安公高足昙翼为之经始。"

## 译文

《老学庵笔记》中说："现在的僧寺中动不动就做库藏以物押钱，牟取利润，还称之为长生库，这最为卑鄙、可恶。我谨按，梁代的甄彬曾经把一捆苎麻拿到长沙寺的库中典当换钱。后来他又把苎麻赎回家了，回到家后，他在苎麻捆中发现了五两金子，又送还到寺中。由此看来，则寺院设库质钱的事也历史很久了。庸僧们所做的恶事，无论是在古代还是在现代，都如出一辙。现在可想些办法严加禁绝此事的发生了。"

无著道忠说：陆游的这些话，虽然是出于他护持佛法的好意，然而因为他不经常阅读佛教经律，而导致出他产生了这样的主观臆断。佛律中有关于无尽财的记载，事情和现在差不多，也不能都说成是那些庸僧的所作所为，但是说要防止庸僧们的卑鄙、猥劣还是可以实行的。《敕修清规》的开头载有一道圣旨，其中所说的“解典库”，也是取典当之物贷借钱财，而追求、获取利润，以赈助寺院中的支用的意思。

## 寓钱

### 原典

忠曰：纸钱言寓钱，谓镂纸寓钱义也。

### 译文

无著道忠说：纸钱被称为寓钱，意思是说镂刻纸片以代表钱的意思。

## 寄库钱

### 原典

忠曰：盖汉魏瘗钱[①]也。寄者，犹如托人寄物于他方。即托新亡人寄钱于冥库，请免亡者之罪也。

《佛祖统纪》云："世有用纸镪寄库者。"

《龙舒净土文》[②]云："予遍览藏经，即无阴府寄库之说。奉劝世人，以寄库所费请僧，为西方之供。一心西方，则必得往生[③]。若不为此，而为阴府寄库，则是志在阴府，死必入阴府矣。譬如有人不为君子之行，以交结贤人君子，乃寄钱于司理院[④]狱子处，待其下狱，则用钱免罪。岂不谬哉？"

《横川育王录[⑤]·施主寄库上堂》云："坚牢库藏各各有，珍宝且非金与银。今日婆婆须认取，将来免得问他人。"

## 注释

①**瘗钱**：殉葬的钱币。自汉代以后，葬丧都有瘗钱。

②**《龙舒净土文》**：全称为《龙舒增广净土文》。宋代王日休撰，十二卷，记载修持净土宗的感应事迹、修持法门，并作劝谕。

③**往生**：佛教称去娑婆世界，往弥陀如来的极乐净土，谓之往；化生于彼土七宝莲花中，谓之生。

④**司理院**：宋元时官署名。司理，宋置，初称司寇参军，设于诸州，以新进士及选人为之，后改司理，掌狱讼。元代废，明时俗称推官为司理。

⑤**《横川育王录》**：即元代临济宗僧横川如珙住于育王山时的语录。

## 译文

无著道忠说：大概指的就是汉魏时期的瘗钱。寄，就好比托人寄东西到其他地方去。也就是托新近亡故的人寄钱到冥府的钱库中，请求阴间冥府免去亡者的罪孽。

《佛祖统纪》中说："世间有用纸钱寄到冥库的人。"

《龙舒净土文》中说："我把大藏经阅读了一整遍，也没有看到有关于寄钱于冥库的说法。我奉劝世间之人，把你们寄给冥库所花费的钱用来请佛僧，作为施给西方的供养。如果你们一心想往西方净土，就一定能够往生到西方极乐世界中去。如果不这样做，仍然将钱寄到阴府的冥府中，则说明你们的志愿是想去阴府地狱，你们死后也一定下到阴府地狱。这就好比有的人不愿表现出君子的品德、做出君子般的行为，交结世上的贤人君子，而是预先把钱寄到司理院的监狱看守那儿，等他以后犯法下狱了，就用这些钱免去自己的罪过。这难道不是很荒唐的事情吗？"

《横川育王录·施主寄库上堂》中说："坚实牢固的库藏，各座寺院中都设有，库中所藏的珍宝，并非金子和银子。今日里老婆婆们必须先认识好，免得以后不认识，还要请教其他人。”

## 香钱

### 原典

《敕修清规·知殿[①]》云："施主香钱，不得互用。"

忠曰：此即佛前资助香费之钱也，余谓，与香奠[②]义不同。

### 注释

①**知殿：**又作殿主、殿司。禅林西序六头首之一，司掌佛殿花、烛及洒扫等诸事。

②**香奠：**又作香钱、香资。于佛前或亡者的灵前供奉的香物称香奠，以金钱代替它称香钱。

### 译文

《敕修清规·知殿》中说："施主们的香钱，不能够互相混着用。"

无著道忠说：这香钱也就是供在佛像前的，施主们资助香费的钱，与"香奠"的意思不一样。

# 回祭

## 原典

《敕修清规·亡僧大夜念诵》云："预报库司造祭食①，差人铺排祭筵。乡人法眷作祭文②，纳库司钱，回祭。"

解者曰：先报库司造祭食，后还其费用，此名回祭。

## 注释

①**祭食**：也即祭祀亡灵、施给饿鬼的饭食，又称施食、祭祀。

②**祭文**：为斋供冥众、吊祭亡者所读诵的文章。在禅林，祭文由丧司书记撰写。

## 译文

《敕修清规·亡僧大夜念诵》中说："预先通知库司造设祭食，差遣仆役铺排好祭奠的筵席。由乡人和法眷撰写祭文，再交纳给库司一些钱，作为回祭。"

解释者说：预先报请库司造设祭食，以后来偿还造设祭食的费用，这就叫作回祭。

## 回财

### 原典

旧说曰：施主就寺修荐[①]，或未纳支费见钱[②]，且借常住财[③]营辨。后时施主，如数偿之，此言回财。

忠曰：但是回祭，讹言回财耳。

### 注释

①**修荐：** 指施主到寺院供斋食，做法事。荐，也是修功德的意思。

②**见钱：** 现有的钱，即现钱。

③**常住财：** 即常住僧物中的钱财。

### 译文

传统说法：施主来到寺院中修荐，有时没有交纳开支和费用的现金，而且是借的寺院的常住财营办的。以后施主再如数交纳现金偿还先前的借款，这就叫作回财。

无著道忠说：这里所说的只是回祭，被讹说成是回财了。

# 源流

《禅林象器笺》是一部体例颇为完善的禅宗辞典。如果按照佛教经藏的传统分类法，此书可以归入“事汇部”，但是它经典上的源头又不是只有“事汇部”诸典籍一系，而是具有大、小四个源头。因为它是唐代僧百丈怀海所撰《百丈清规》以下中、日各丛林清规所用术语的解释，所以这些被《禅林象器笺》所笺注的诸“清规”就自然成为别于“事汇部”诸典籍的另一系大的源头。又由于《禅林象器笺》一书在解说名物、事相时，还多注明读音，从字义上给予训诂，所以佛典“音义”类著作也就成为《禅林象器笺》不可或缺的一个经典源头。另外，在佛教经典源流中，还有一类著作也给《禅林象器笺》以很直接的影响，即传统的经、律、论“疏注类”著作。下面，我们就分别梳理《禅林象器笺》这四个经典上的学术渊源，并尽可能阐明它们对《禅林象器笺》的影响。

## 有关清规类的引用典籍

无著道忠禅师作《禅林象器笺》的首要意图就是要给《百丈清规》以下各清规中的用语进行笺注。禅师在《禅林象器笺序》中说：“五叶结果之后，禀承祖胤者，多附居律寺而已矣。百丈和尚创意而设禅居，震耀仪表规矩，以谋令法久住。乃睹有师徒焉，有堂舍焉，有礼则焉，有器服焉。以义定名。”而无著道忠禅师则有志于“细绎其义，而发明其名”，使因为年代久远而湮没隐晦的典故、名物重新义显名彰。所以，我们在这里首先介绍与《禅林象器笺》关系最为紧密的“清规类”著作。

清规，指的是禅宗寺院（丛林）组织规程及寺众（清众）日常生活的规则，也即禅家僧堂关于大众行、住、坐、卧等威仪所定的僧制，为丛林众僧所必须遵守的仪则。禅宗自达磨东来后三百年中，禅僧多依住律院或岩穴、树下，尚未营建禅刹。至唐代，洪州百丈山的怀海禅师为使禅僧的说法住持得以合法，始营建禅刹，并参照大、小乘经律，制定丛林规矩，撰《清规》二卷，广为流行，世称《古清规》《百丈清规》。此为禅林清规之始。可惜的是，百丈手定的《古清规》原作已佚，或保留部分于元代《敕修百丈清规》中，但原式实难寻绎。现根据杨亿《古清规序》、赞宁《宋高僧传·百丈禅师传》、《景德传灯录》卷六附《禅门规式》，约略可勾勒出《百丈清规》的主要内容：第一，怀海折中大、小乘戒律，以方便禅僧修习为宜，创意别立禅居，从此禅僧有了自己独立的寺院。第二，在禅居内树长老，设法堂，安长连床，施椸架，挂搭道具。大众朝参夕聚，依法而住，形成一整套禅院规制。第三，行"普请法"，上下均力，要求僧众做到"一日不作，一日不食"。第四，规定对违犯禅院生活准则者予以惩治。

禅居的建立，使得禅僧脱离对其他宗派的依附，从而使禅宗的自由发展不再受任何形式的束缚。不立佛殿，唯树法堂，意在"表法超言象也"。这就从制度上规定了禅宗所具备超佛越祖、否定经教言说的特点。设置长连床，入室请益，朝参夕聚，则是力图完善禅宗独特的宗教生活方式，除入室请益（听禅师上堂说法），听任学僧勤怠，不拘常准；朝参夕聚时，长老升座，主事、徒众雁立侧聆，宾主问难，激扬宗要。凡此种种，既显得尊卑秩序不失，而又不妨个性自由发挥；既表现日常行事条理清晰，而又不碍禅众杂居寮舍。普请法的实行，一在显示上下平等，二在保证禅居独立后禅僧的生活来源。将假号窃形混于清众者从禅院摒弃，表明了宗教生活的严肃性。怀海认为，禅门清规的制定，有四种益处："生恭信""循佛制""省狱讼""护宗纲"。凡此种种，遂成为丛林新例，而与律法不同。（见《僧史略》卷上"传禅规法"条）世人即称为《百丈清规》。此后天下丛林皆依准此清规为寺院生活的仪则。

《百丈清规》一书历经唐末、五代逐渐散佚，禅林规则日益紊乱。到北宋时，宋代禅僧长芦宗赜为了再兴《百丈清规》之精神，遂搜集残存于诸山的行法偈颂等，于崇宁二年（公元一一〇三年）编辑成《禅苑清规》十卷，也称《崇宁清规》，百丈之作乃被称作《古清规》。后至南宋咸淳十年（公元一二七四年），金华后湖惟勉编成《丛林校定清规总要》二卷。本书系将百丈《古清规》以降的禅门诸种清规，参校其异同，去芜存菁而重编者，又称《咸淳清规》。再后到元代至大四年（公元一三一一年），东林泽山弌咸又参考诸方规则，改订门类编制，并详叙职事位次高下等，编成《禅林备用清规》十卷，又称《至大清规》。这些清规虽然都是当时比较通行之本，但不能使诸方统一而毫无增损。因为，自唐至元丛林的规模建制、职事设置以及仪礼规范发生了很大的变化后，各寺因时制宜，自立职事，所行清规也有损有益。

为了统一天下丛林制度，元顺帝至元二年（公元一三三六年），更由朝廷命江西百丈山住持德辉重辑定本，并由金陵大龙翔集庆寺住持大欣等校正。德辉乃取《崇宁清规》《咸淳清规》《至大清规》三书荟萃参同，重新诠次，又删繁补缺、正讹，分成九章，厘为二卷。此书即名《敕修百丈清规》，颁行全国，共同遵守。其名虽仍为《百丈清规》，然与《百丈清规》的原貌，无论在精神还是在内容上都相距甚远。但从学术渊源上说，无论是哪一部丛林清规，都是从《百丈清规》这个源头汩汩流出来的。

《敕修百丈清规》，在《禅林象器笺》中一般被称为《敕修清规》，是无著道忠禅师引用、笺注得最多的一部清规。因此，我们有必要对其进行较详细的介绍。《敕修清规》初本分为上、下两卷，上卷收《祝禧》《报恩》《报本》《尊祖》《住持》五章，下卷收《两序》《大众》《节腊》《法器》四章。今本分为八卷，虽然每卷收录的章节略有变化，但内容依旧。书中对禅寺的僧职设置、管理制度、日常行事、礼仪规范、节斋活动，以及各种应用文书，如牍状牌示、疏文口词等做出了细致的规定。每章之首有小序，叙说本章义旨；卷文中夹有小注，对佛事活动中回禀、白众、陈事、回向、念诵、祝香、进拜、展礼、答谢、颂赞等时的用语，以及若干礼仪规范的细节，做了补充性的说明；一些章节的末尾间附作者的按识，对叙及的人和事加以阐述与评论。在此书的九章中，以《住持章》《两序章》和《大众章》为最重要，因为禅宗丛林制度的主要内容就是在这三章中得到充分揭示的。

尽管《敕修清规》是元代丛林普遍遵依的规制，但《禅林象器笺》所笺注的中国丛林清规，尚有元代中峰明本禅师作《幻住庵清规》、继洪所作《村寺清规》等。《禅林象器笺》并未援引中国明代的禅林清规，因为明代后，教门的规制混乱，丛林的行法也随之废弛了。

日本的禅宗是由荣西禅师从南宋传入的。荣西禅师于日本后鸟羽天皇建久二年（公元一一九一年）从南宋归日，首次倡导临济禅，独立于南北诸宗之间，驳难辩说，主张圆、密、禅并立。然而，荣西禅师的禅宗，还不能完全摆脱以往佛教的习尚，兼传圆、密二教，其所受持的戒律也并非中国唐代百丈怀海禅师的《百丈清规》，而是南山律，及日本律宗所遵依的《四分律》。真正作为纯粹禅宗进行传布的，是从道元禅师开始的。

后堀河天皇贞应二年（公元一二二三年），道元禅师入宋，随天童山如净禅师学习曹洞禅宗奥义。安贞元年（公元一二二七年），道元禅师回日本，住荣西禅师的建仁寺。后于深草开创兴圣寺。由于道元禅师不愿受比叡山的压迫，后迁往越前，并在越前建立了曹洞宗寺永平寺，道元禅师也就成了日本曹洞宗的始祖。为了推广纯粹的禅宗，道元禅师以曹洞教团应守的规则和理想为根本而编成《永平清规》二卷。此书为日本第一本禅林清规。内分六部，即：《典座教训》《辨道法》《赴粥饭法》（食事作法）、《吉祥山永平寺众寮箴规》《对大己五夏阇梨法》《日本国越前永平寺知事清规》等。使日本禅林初步具备了独立的规制。人们为了把它与后来玄透即中的《永平小清规》三卷区别开来，又称道元的清规为《永平大清规》。

在日本禅宗史上，另一本影响深远的禅林清规是元代大鉴清拙正澄撰的《大鉴清规》。清拙正澄在元国时，本来就对怀海的《百丈清规》最为精通，甚至亲自著述了《同略清规》等书。清拙正澄因受日本国当时执政北条高时的热情邀请，于嘉历元年（公元一三二六年）来到日本。在清拙正澄禅师入日时，元代的文宗皇帝也正敕令百丈山住持东阳德辉，编辑《敕修百丈清规》，但正澄入日时，此书尚未脱稿，故未能携之入日。

因此，清拙正澄禅师专用《百丈清规》，对日本禅宗寺院的清规进行大规模的修改，撰成《大鉴清规》一卷。此书略述了临济宗的规矩，计收两班出班拈香之法、坐具礼拜之法、维那须知法、月中每日粥时念文、施食、僧堂众僧须知、侍者寮榜、相看求挂搭礼、四节日巡堂礼、四节僧堂茶礼、藏主寮榜、秉拂提纲法、精进劝等十余条。

从此，日本禅宗寺院的礼乐变得更为兴盛，他还首次纪念百丈忌（正月十五日）。寂前遗命，施舍衣钵，买田地，永充南禅寺住僧供奉百丈忌的用项。据说，正澄禅师所修订的清规，“不仅对寺庙丛林的礼法，而且对日本一般武家，并进而广泛地对一般社会的礼法也给了很大影响”（日·道端良秀《日中佛教友好二千年史》，徐明、何燕生译，商务印书馆，一九九二年六月版，第八十九页）。

在清拙正澄的《大鉴清规》之后，日本禅林还陆续撰述了一些清规，如曹洞宗依用的绍瑾禅师的《莹山清规》（二卷，系参酌古来各种清规而作，为集曹洞宗丛林清规的集大成者），即中玄透作的《永平小清规》，临济宗则有东渐易公作的《东渐清规》以及无著道忠禅师本人所作的《小丛林清规》等。

日本禅宗最为兴隆的时代，是在北条氏和足利氏统治的时代，而且临济宗正是那一时期佛教的中心。但是足利幕府中叶以后，各地战乱不止，诸大寺也往往遭受其祸，京都的五山十刹，也难免罹受其灾，丛林清规也大都散佚废弛了。紧接着江户幕府建立后，德川氏又在全国实施寺家制度。“因此在德川幕府时期，小至一寺一山，大到一派一宗，其所遵循的法规、修行的阶段、僧阶的晋级、法衣的等差，都有一定的规则，十分整齐，而其所据，都是古例、古程式”。（日·村上专精《日本佛教史纲》，杨曾文译，商务印书馆，一九八一年十一月版，第二三四页）在这种时代背景下，无著道忠禅师参酌古来中、日各种丛林清规，先于贞享元年（公元一六八四年）撰成《小丛林清规》三卷，后于元禄十三年（公元一七〇〇年）写成《左觿》（《敕修清规注解》的初稿），最后于正德五年（公元一七一五年）撰成《禅林象器笺》，都无不是为了适应禅林仪轨、规矩废弛，而幕府又严加管制的历史要求，为促使日本临济宗的中兴，重振临济宗的宗风做出了卓著的贡献。

## 有关事汇类的引用典籍

和“清规类”佛典给予了《禅林象器笺》笺注、解说禅林各种名物、器具、丛轨、礼制的依据和材料不同，佛经“事汇部”诸著作则在撰写体例上给予了《禅林象器笺》以极大的启示。因为《禅林象器笺》笺注的并不仅仅是教义术语，也涉及禅门诸种名物、丛轨、行事的典故和历史沿革，故我们在此，将“事汇”一词稍加延伸，使传统的“事理类”“掌故类”“习梵类”诸佛典都归入此“事汇部”线索下，按时代发展的先后，将其体例上的因革关系勾勒出来。

佛教“事汇部”现存最古的著述，要数梁代释宝唱等集的《经律异相》五十卷。这是一部采录汉译经、律、论中的佛教故事，分类排纂，以供研读的大型佛教类书，也是一部重要的佛教故事总集。全书以天、地、佛、菩萨、僧、国王、国王夫人、太子、国王女、长者、优婆塞、优婆夷、外道仙人、梵志、婆罗门、居士、贾客、庶人、鬼神、畜生、地狱为序，分为二十二部。每部下面又分子目和细项。共收佛教“四圣”“六凡”和“境”“行”“果”等方面的故事七百八十二则。《经律异相》的特点主要是：一般不采录名相（名词术语）纷繁、内容艰涩的纯理论的论述，只采录有一定故事情节的叙事性的佛典原文。作者以经、律中各类事相（即事例）之意，题作书名，原因也在此。此书除了开汉土撰述佛教类书的先河，在佛教经籍史上具有重大意义外，还直接为无著道忠禅师撰写《禅林象器笺》提供了编集事相的成功经验。

产生在《经律异相》之后，更大的一部佛教事理类书是唐代释道世撰的《法苑珠林》一百卷。这是一部总括大藏经典，旁摭世间坟籍，卷帙繁多而事理淹博的大型类书。全书约一百多万字，始自《劫量篇》，终于《传记篇》，共分为一百篇。其内容基本上涵盖了《经律异相》，并有较大幅度的增广。它不仅分门别类地介绍了佛教的各项教理和一般知识，如佛教的时空观念、宇宙图式、善恶说教、圣凡分类、戒律禅观、神通咒语、史迹经典、法数名相（即名词术语）、寺塔器物、音乐图像、仪礼行止、卫生保健等等，而且根据大乘佛教“世间与出世间不二”“住世证得涅槃”的精神，广泛讨论了人世间的各种社会现象和伦理是非，集出世与入世于一书。由于此书内容广博，名相、事相兼收，与《禅林象器笺》体例较《经律异相》更为接近，对《禅林象器笺》的影响自然就更大了。

“习梵”类著作是和梵语汉译习学有关的佛教辞书。这类著作的撰述始于梁宝唱的《翻梵语》。此书不是一部介绍梵文佛经的翻译技巧书，而是一部摘录汉译经、律、论（约二百四十余部）及撰述（凡四部）中的梵语翻译名词（绝大多数是音译名词，少数是意译或音义合译名词），分类排纂，下注它的正确音译（或不同的音译）、意译、出典及卷次的佛教辞典。全书收词约四千七百条，分为七十三篇。此书在唐朝就流传到了日本，见载于日本天台宗第三代座主圆仁于承和十四年（公元八四七年）编撰的《入唐新求圣教目录》。

无著道忠禅师在《禅林象器笺》中援引得较多的“习梵”类著作是南宋平江景德寺释法云撰的《翻译名义集》七卷。此书共分六十四篇，收词目二千余条。每篇之首均有序言，对篇名、义旨以及有关的事理加以叙释。有些序言很短，只有数十字，如《通别三身篇》《宗释论主篇》《畜生篇》等；有些序言很长，有至一千多字的，如《宗翻译主篇》《三德秘藏篇》《心意识法篇》等。由于篇序以及词目的释文中又提到了许多梵语音译名词、意译名词、音义合译名词，故《翻译名义集》实际诠释的佛教名词术语约有四千八百条。

《翻译名义集》对所收的词目的解释，通常包括列举异译、说明意译、引证、阐释诸项内容。就引证而言，既有引书的，也有引言。在引书方面，虽然有不少是汉译的经、律、论，但数量更多的当首推汉地僧人撰作的疏论、记传、音义等，如《辅行》《光明玄》《观经疏》《金刚经疏》《垂裕记》《法华疏》《净名疏》《四教仪》《西域记》《寄归传》《刊正记》《止观》《俱舍音义》《音义指归》等。此外，也引用了一些世俗典籍和道教著作，如《声类》《释名》《韩诗外传》《风俗通》《神仙传》《抱朴子》等。总计约四百种。在引言方面，有引“应（玄应）法师云”“肇（僧肇）师云”“什（鸠摩罗什）云”“妙乐（也指湛然）云”等。由于作者是天台宗人，故书中征引的天台宗教典和人物的言语也特别多。

《翻译名义集》的释文总的来说，不满足于某一音译名词的意译的说明，而着眼于词目意蕴的阐发。因此，虽然它与《翻梵语》是同一类型的著作，所收的词目也有许多相同，但其释文之详尽，内容之丰富，远非《翻梵语》所能比拟。由于《翻译名义集》的作者广征博引，条解论辩，故不少词目的释文有一千多字，有的达到二三千字。释文最长的数《心意识法篇》中的“阿陀耶”条，将近五千字，俨然是一篇专题论文。而《翻译名义集》所有的这些释义上的优点几乎都被后来的《禅林象器笺》所吸收。（参见本书《题解》第三部分）

“掌故”类内典也是《禅林象器笺》参考、援引得颇多的一类佛教著述。下面按成书年代的先后，择其要者简介如下：

（一）唐义净《南海寄归内法传》。此书简称《南海寄归传》《寄归传》，四卷。武则天天授二年（公元六九一年），沙门义净于西行求法归国途中在南海室利佛逝（今苏门答腊）停留时撰，并托人送归。此书着重记载公元六七世纪印度和南海诸国佛教寺院施行的、从源流上来说属于小乘说一切有部的律仪规式的著作。其撰述用意是要以印度和南海一带佛教的律仪规式，来匡正汉地寺院沿袭已久的一些不同做法，改变一些人所持的“佛生西国，彼出家者依西国之形仪；我住东川，离俗者习东川之轨则”的观点，这在当时并没有产生多大的效果。但书中介绍的许多历史知识却大大开阔了世人的视野，也为后来无著道忠禅师笺注丛林戒律、丛轨提供了大量的历史依据，因为禅林清规中的一部分就是来自小乘佛教的戒律。

（二）五代义楚《释氏六帖》。又称《义楚六帖》，二十四卷。后周显德元年（公元九五四年），齐州开元寺沙门义楚集。这是一部依仿唐代白居易《白氏六帖》的体例而编集的、以采录佛教典故为主的类书。全书分为五十部，始《法王利见部》，终《师子兽类部》。每部之下又分若干门，总计四百四十门。每一门收有多寡不等的词目，少的只有一二条，多的达几十条，甚至上百条。内容不仅有大量的佛教掌故和术语，而且有各种各样的人文掌故和自然知识。

此书除了为《禅林象器笺》提供了大量解说佛教器具、名物、行事方面的材料外，在分部分门收录词目方面亦对《禅林象器笺》有所启发，如《师徒教诫部》《威仪礼乐部》《酒食助味部》《随根诸事部》《寺舍塔殿部》《助道资身部》等部的收录标准和所收词目就与

《禅林象器笺》的“垂说门”“丛轨门”“礼则门”“饮啖门”“身肢门”“殿堂门”“器物门”极其相似，只不过《义楚六帖》收录更广、部门更细，而《禅林象器笺》仅限于收录禅宗类的词目。

（三）北宋赞宁《大宋僧史略》。此书略称《僧史略》，三卷。它虽名为“史略”，实为一部采用典志体编撰的佛教典故、名物类书。全书分为六十门，以事为题，类聚条分，详尽地记叙并考证了自东汉初年佛教东传以来，迄北宋初年为止，中国佛教史上六十多项重要的事件和制度的起源和沿革。这种体例给《禅林象器笺》注重考释禅林一些名物、规制的起源和历史演变提供了很好的写作经验。

（四）北宋道诚《释氏要览》，三卷。这也是一部分门别类地介绍佛教名物制度和修行生活方面的名词术语及事项的辞典。作者认为，《华严经》上说“菩萨有十种知”，“所谓知诸安立，知诸语言，知诸谈议，知诸轨则，知诸称谓，知诸制令，知其假名，知其无尽，知其寂灭，知一切空”（《大正藏》第五十册，《释氏要览》篇目小序，第二五八页上）。而初出家的人，对这些佛教事理又未必了悉，遂编撰了这部类似“出家须知”“佛教大百科全书”的著作。全书共分二十七篇，总计收条目六百七十九条。卷上：九篇，（1）姓名，（2）称谓，（3）住处，（4）出家，（5）师资，（6）剃发，（7）法衣，（8）戒法，（9）中食。卷中：九篇，（1）礼数，（2）道具，（3）制听，（4）畏慎，（5）勤懈，（6）三宝，（7）恩孝，（8）界趣，（9）习学。卷下：九篇，（1）听说，（2）躁静，（3）诤忍，（4）入众，（5）择友，（6）住持，（7）杂记，（8）瞻病，（9）送终。《释氏要览》对这些出家者应知应学的佛教基本知识的介绍，主要是通过三种方式来表述的：（1）摘抄型，即摘抄大小乘经、律、论（尤其是小乘经和小乘律）和史传章疏上的有关文句；（2）糅述型，即根据作者自己的理解，串讲、改述或补充经籍上的有关论述；（3）著录型，即作者对见闻所获的事物加以载录和考证。《释氏要览》这三种释文方式，与我们在《题解》中所归纳的《禅林象器笺》解说词目的“立论型”“驳论型”“因袭型”三种行文类型显然存在着某种传承关系。

通过以上对“事汇部”诸佛教类书的考察，我们可以看到，《禅林象器笺》这样一部体例颇为接近现代的辞典并非是佛教经籍史上异军突起的奇作，而是有如此众多佛典在前面给它逐步积累了可贵的写作经验。

## 有关音义类的引用典籍

虽然佛经“音义”类著作以及经、律、论的“疏注”类的著作与《禅林象器笺》在整体体例上并没有太直接的传承关系，但是后者在笺注佛教戒律中出现的名词、术语时，也向前者借鉴了许多东西，如吸收了“音义”类著作注音、释义兼顾的撰写方法，采用了“疏注类”许多学术成果，尤其“律疏部”诸著作相关的研究成果，而且，无著道忠禅师在释文中所加的许多按语（即“忠曰”“忠按”）都是承继了佛典“疏注”类的行文方式。因此，我们说它们也是《禅林象器笺》在典籍上的两个不可或缺的学术渊源。

无著道忠禅师在《禅林象器笺》中援引得比较多的“音义”类著作有这样三部：

（一）唐玄应《一切经音义》，二十五卷。此书在《禅林象器笺》中又被称为《玄应众经音义》或《玄应音义》。它是现存最早的一部以训释佛典中有一定难度的语词的读音、含义，兼及字形辨析为内容的佛教语词类辞典。《玄应音义》采用了唐陆德明《经典释文》的体例，依照经典及其卷次摘录词汇并注音义。全书共训释四百五十六部汉译佛典（不收汉地佛教撰作）的音义，按大乘经、大乘律、大乘论、小乘经、小乘律、小乘论、西方贤圣集传以及唐玄奘部分新译的次序编排，收词近一万条。

《玄应音义》对所收词目的解释，总的来说，有如下诸项内容：（1）辨字形，即列举所释词汇构成字的古字、异体字或通假字；（2）注读音，大多采用反切注音，即选取两个字为所释单字注音，前一个字的声母与后一个字的韵母、声调相拼，即是所释单字的读音，也有的用同音字注音；（3）释词义，一般以引经据典的方式进行，也有少数不引典据，直接用作者的话予以解释的；（4）定正讹，对经文中刊用的错别字加以辨正。由于各条词目的难易程度不同，作者对词汇的读音和含义的理解也有浅有深，有广有狭，故在实际解释时，存在着种种差异。

（二）唐慧琳《一切经音义》，一百卷。此书在《禅林象器笺》中被称为《慧琳众经音义》。此书是唐代佛经音义集大成者。全书共收录佛典一千三百部五千七百余卷，以《开元释教录·入藏录》收载的藏经为主，兼收《开元录》以外和以后的其他典籍，如《释门系录》《利涉论衡》、《道氤定三教论衡》、《崇正录》、《荆州沙门无行从中天附书于唐国诸大德》、稠禅师《宗法义论》、神秀《观心论》（以上著作均已佚）等。始自唐玄奘译的《大般若波罗蜜多经》，终于唐义净撰的《护命放生法》。

在慧琳《一切经音义》训释的一千一百六十余部佛典的音义中，《放光般若经》（见卷九）等三百三十余部的音义，是从《玄应音义》上转录的；《楞伽阿跋多罗宝经》（见卷三十一）、《大灌顶经》（同卷）、《法华经论》（见卷四十七）、《佛本行赞传》（见卷七十四）等四部的音义，是慧琳根据《玄应音义》重订的；《新译大方广佛华严经》的音义（见卷二十一至卷二十六），是根据开元二十一年（公元七三三年）终南山智炬寺沙门云公撰的《大般涅槃经音义》删补的（保留了云公自序）；《妙法莲华经》的音义（见卷二十七）是根据玄奘的大弟子窥基的《法华音训》增订的；其余的佛典音义为慧琳所撰。

《慧琳音义》作释的对象，既包括经文中难读难解或难识的语词，也包括一些有名的经序中的语词（此与《玄应音义》同例），如唐太宗制的《大唐三藏圣教序》（见卷一）、睿宗制的《大宝积经序》（见卷十一）、武则天制的《大乘入楞伽经序》（见卷三十一）、德宗制的《大乘理趣六波罗蜜多经序》（见卷四十一）等。

《慧琳音义》的释文，大体上包括以下层次：（1）注音，大多用两个字的反切来表示，也有的用同音字来表示，间注“秦音”（指北方音）和“吴楚之音”“吴音”的差异；（2）释义，以引证众书的方式进行；（3）析字，分析所释单字的偏旁结构（如“从×作×”）及性质（如“象形字”“会意字”“假借字”“形声字”“转注字”“指事字”）；（4）辨体，指出所释单字是“正体”，还是“俗字”，间辨“草书”与“隶书”的不同写法；（5）正讹，勘正佛典中对此一词或字的误写。

（三）唐慧苑《新译大方广佛华严经音义》，二卷。此书在《禅林象器笺》中又被称为《慧苑华严音义》。它和前两部众经音义不同，是单经音义，即一部专门训释新译《华严经》中难懂或难读的字、词的发音和含义，兼及字形辨析的佛教辞典。《华严经》凡有新、旧两译。“旧译”指的是东晋佛驮跋陀罗于义熙十四年（公元四一八年）译出的六十卷本《华严经》；“新译”指的是唐实叉难陀于证圣元年（公元六九五年）至圣历二年（公元六九九年）译出的八十卷本的《华严经》。《玄应音义》卷一所释的乃是《华严经》的旧译，而《慧苑音义》所释的则是新译。

《慧苑音义》所收的词目与《玄应音义》略有不同：（1）在《玄应音义》中，古汉语词汇约占总词目的三分之二以上，梵文翻译名词不到三分之一；而《慧苑音义》则大概是受法藏《华严梵语及音义》一书的影响，所收的梵文翻译名词有明显的增加，其数量已接近古汉语词汇。(2)《玄应音义》所收的古汉语词汇全都是由两个汉字组成的复合词；而《慧苑音义》既收由两个汉字组成的复合词，也收单字、词组和短句。

在释文方面，《慧苑音义》一般是将词目中所要解释的字摘出，然后用反切或同音字注音；援引群典以释义；间叙偏旁、通假、异体以辨字形；或附作者的阐释和考证。至于对梵文翻译名词的解释，则着重于不同译名的列举和意思的说明。

## 有关疏注类的引用典籍

前文曾经说过，禅林清规的始祖《百丈清规》就是参酌大、小乘戒律，加以折中而成。而且日本的禅宗在很大程度上受了律宗的影响，日本的禅林清规中自然也糅进了不少律宗的戒律。所以《禅林象器笺》虽然是以中、日历代的丛林清规为笺注对象，但却不可避免地援引了许多大、小乘的经、律、论，以资考证名物、仪规之起源及含义。而于经、律、论的“疏注”类著作，无著道忠禅师则尤其重视。事实上，传统的“疏注”类著作，也给予了《禅林象器笺》以其他种类的佛典所无法替代的帮助。

《禅林象器笺》经常援引的经疏著作主要有以下

几种：

（一）《梵网经》及其诸疏注著作。《梵网经》虽名为经，实为佛教戒律书。全称《梵网经卢舍那佛说菩萨心地戒品第十》，二卷，《大藏经》将之收于“律部”中。系说明菩萨修道的阶位及应受持的十重四十八轻戒相。此书被视为大乘律的第一经典，颇为中国、日本佛教界所重视。尤以日僧最澄（唐时入中国学天台宗）以本经为依据，处断当时有关戒律问题。此经无出家、在家之区别，而主张众生依照共通之戒，并以佛性的自觉为其特色。无著道忠禅师除了多次征引本经外，尚援引了本经的疏注著作，如《梵网经法藏疏》《梵网经疏》《梵网经传奥疏》《梵网经善圆钞》《梵网经明旷疏》《梵网经古迹记》《梵网经私记》《梵网经补忘钞》等。而且，无著道忠禅师本人还撰述了一部《梵网古迹讲述》（见录于《无著和尚自撰书目》），可见禅师对本经及其疏注著作的重视程度。

（二）《首楞严经》及其疏注著作。《首楞严经》，全称《首楞严三昧经》，凡二卷。后秦鸠摩罗什译。此书为大乘禅观的著作，称首楞严三昧是达到“勇者”（菩萨）的禅定。《禅林象器笺》，也援引了本经疏注类著作多种，如《首楞严经长水疏》《首楞严经义疏释要钞》《首楞严经圆通疏》等。无著道忠禅师自撰有《楞严经长水疏决通》十卷。

（三）《请观世音消伏毒害陀罗尼咒经》及其疏注著作。《请观世音消伏毒害陀罗尼咒经》，又称《请观音经》，全一卷。东晋竺难提译。本经记述了观世音菩萨为毗舍离国人民解除疾病困厄，教其念三宝及观音菩萨本身名号，并说十方诸佛救护众生神咒、破恶业障消伏毒害陀罗尼等。本经向为天台宗所重视，而请观世音菩萨，及忏悔时所行观音忏法，亦皆依用本经。《禅林象器笺》除了多次援引本经外，尚援引了《请观音经智者疏》《请观音经疏阐义钞》等疏注著作。

（四）《法华经》及其疏注类著作。《法华经》，又称《妙法莲华经》，凡七卷。后秦鸠摩罗什译。为大乘佛教要典之一，主要认为小乘佛教各派过分重视形式，远离教义真旨，故为把握佛陀的真精神，乃采用诗、譬喻、象征等文学手段，以赞叹永恒的佛陀，重点在弘扬“三乘归一”的思想。《禅林象器笺》征引本经甚多，征引其疏注类著作亦不少，如《法华经玄义》《法华经文句记》《法华经文句补注》《法华经嘉祥疏》《法华经要解》等。至于无著道忠禅师本人则著有《法华要解事考》一书。

（五）还有一些著作虽名为“经”，实为佛教戒律、仪轨类著作，如《三千威仪经》《优婆塞戒经》《毗尼母经》等，都是《禅林象器笺》笺注、解说丛林清规时用得比较多的佛经。

《禅林象器笺》经常征引的律部、律疏部佛典主要有：

（一）《十诵律》及其相关佛律书。《十诵律》，又称《萨婆多部十诵律》。姚秦弗若多罗、鸠摩罗什合译，凡六十一卷。本书将戒律分为十项（十诵）叙述，首举比丘戒法共二百五十七条；其次为七法、八法、杂诵二法等十七法，系说明僧伽的组织与管理，约为他律的犍度部；其次说明比丘尼戒，计三百五十五条。《禅林象器笺》除征引本律外，尚援引与本律相关的戒律著作，如《萨婆多毗尼毗婆沙》《百一羯磨》等。

（二）《四分律》及其疏注类著作。《四分律》，凡六十卷。姚秦佛陀耶舍与竺佛念共译于长安。原为印度上座部系统法藏部所传之戒律。其中规定比丘戒二百五十条，比丘尼戒三百四十八条，从行动（身）、言论（口）、思想（意）三方面对出家比丘、比丘尼的修行和衣、食、坐、卧规定详细而烦琐的戒条，并规定对违犯者应采取的惩罚方式。本书不仅为唐代律宗所依据的根本典籍，也为中国、日本佛教史上流传最广、影响最大的佛教戒律，几乎凡言律者莫不指此。故《禅林象器笺》不仅大量援引此书，且亦多次征引本律的疏书，如

《四分律删繁补阙行事钞》(略称为《行事钞》)、《四分律行事钞资持记》(略称为《资持记》)。

《禅林象器笺》经常征引的论部及论疏部著作主要有:《大庄严经论》《大智度论》《瑜伽师地论》《观心论疏》《马鸣遗教论》《阿毗达磨集异门足论》《遗教经论住法记》《百论吉藏疏》《俱舍论》《俱舍论颂疏》《俱舍颂疏遁麟记》《大毗婆沙论》等。

通过以上不惮其烦的梳理、排比和勾勒，我们不但较清楚地看到条条佛教经典流成的小溪是如何东流入海，汇成《禅林象器笺》这样博大精深的禅宗巨著的，而且再次体悟到佛教三藏的深广殊胜，佛法的奥妙无穷。

# 解说

《禅林象器笺》虽然是一部禅宗辞典，但是，它的现实价值和意义又绝不仅仅是一本佛学工具书，不仅仅限于供佛教初学者翻检、查阅禅宗各类术语之用，也不仅仅能让我们重温一下禅宗昔日的辉煌的旧梦，它对我们正在推展的“人间佛教”事业还具有不可低估的宗教价值和文化意义。

“人间佛教”是自释迦牟尼起为历代高僧大德一直坚持的正统思想，它为近代名僧太虚法师特别倡导，也为现当代中国佛教界所普遍推行。赵朴初居士在《中国佛教协会三十年》的报告中，曾将“人间佛教”的思想概括为“一种思想”和“三个传统”，也即“五戒、十善、四摄、六度等自利利他的广大利愿”，“农禅并重的传统”“注重学术研究的传统”“国际友好交流的传统”。

对照赵朴初居士的这些概括，我们再回过头来看看倾注了无著道忠禅师毕生心血的这部《禅林象器笺》，就会发现此书中所体现的宗教精神与“人间佛教”的思想是何等的契合！

诚如赵朴初居士所说，“农禅并重”的传统确是中国佛教的优良传统之一，而这个优良传统恰恰是从唐代禅僧百丈怀海大师制定禅林清规时开始的。《百丈清规》的内容之一，就是“行普请法，上下均力”，开荒耕作自给，要求禅众做到“一日不作，一日不食”。这是清规中最重要的，也对禅门繁荣最具决定意义。而在现在社会，“农禅并重”的思想则具备了新的意义。我们可以把“农”广义地理解为有益于社会的生产和服务性的劳动，而不仅仅局限于过去的农业耕作。“农禅并重”新的内涵可以用“庄严国土，利乐有情”来概括。佛教徒无论是出家僧尼还是在家居士，都必须投身到社会生活中去，士农工商随时、随机之宜，都应该积极去做。学佛并不是逃避现实，不事生产，坐食消耗，而是需要透视现世，在各人的本位上从事正当有益的事业，助益世间，增进人类的福利。无著道忠禅师可以说是继承了百丈禅师“一日不作，一日不食”的精神，其一生之勤勉如一（参见本书《题解》第一部分），其在此书中所述及的大沩开田、黄檗栽松、仰山采药，以及大隋法真在堋口山为行人供茶多年，都给我们做出了榜样。可是，现代社会中却不乏有人借学佛为名而邪命自活，既玷辱了佛教，又危害国家利益，对这类挂名的佛教徒，百丈禅师在定清规之初就制定了办法，就是“摈令出院”，请其退出教团，以减少佛门的粗垢。

《禅林象器笺》解说的对象是历代的清规、戒律，解说的重点也是关于丛林业轨、规则、威仪、行事等方面的术语，这充分体现了戒、定、慧三学，戒为修行基础的精神，而这也正符合了“人间佛教”以“五戒、十善、四摄、六度等自利利他的广大利愿”为基本内容的思想。因为戒是修定的基础，不持戒的人，绝不能得定，无定故，智慧不生。所谓非禅不智，无智是痴禅，不能简择诸法性相。学佛之人，在皈依三宝以后，其具体的实践，即为受持不杀生、不偷盗、不邪淫、不妄语、不饮酒五种戒法。这五条戒，为人天善趣的根本，也是修行圣道、成就无上菩提的基础。

如何是戒杀呢？也即上至诸佛圣人，下至蜎飞蠕动，微细昆虫，凡是有生命的动物，都不能有意杀、教他杀、随喜赞叹杀，要常护生，常放生，不打人，不骂人。如何是戒盗呢？我们大至公共财物、私人财物、寺院常住，小至一针一草，不得不与而取，或窃取，或诈取，乃至偷税漏税、无票乘车、冒名顶替、贪污舞弊等，都不应为。对于戒淫，在家居士，除正常夫妻之外，则不能乱搞男女关系。如何是戒妄语呢？也即不口是心非、不花言巧语、不恶语伤人、不挑拨是非、不说空话假话，而要说老实话、质直语、调解语、柔和语。如何是戒酒呢？学佛人一切酒皆不能饮。从现代医学的角度讲，酒精能使人中毒。贪饮酒者，迷了心窍，失了智慧，易出事故，犯法丧生。“十善”是“五戒”的开展，从思想、语言、行为三方面止十恶而行十善。佛教的五戒十善，以社会公德为依据，体现了人类社会道德的普遍意义。人们能做到五戒十善，即能达到思想美、语言美、行为美，人与人的关系就会和睦，我们就会拥有一个和谐、康乐的社会。

四摄和六度是指佛教徒对社会应尽的义务。四摄是团结大众、开展工作的方法，六度则是舍己为人、一心为了公众利益的精神。对此，正果法师在《人间佛教寄语》中写道：“因为人类的社会，是互助互赖的，衣、食、住、行，事事都必须依赖他人的帮助借给，才能生存，没有任何一个人不依赖他人的帮助而能单独生存的。自己的一切既需要靠他人的协助，自己也就有义务为他人提供方便。人类社会的互助互赖，形成了彼此互依的人类社会之网。每个人都是这个网中的一环，每一环都不能脱离整体的网而独立。离开了整体的网，个体的那一环便不存在了。我们知道了人类社会互助互赖而共存的原理，就应该尽到自己作为整体之一环的责任，以酬报他人给予自己的助力。这是每个人的义务，也是每个人应该具备的基本道德观念。对自己，应洁身自爱，不苟且，不偷生，不自私以损人。对社会，应积极工作，自强不息，见义勇为，以热情坦白的心情助成他人有益的事业。这是每个人在自、他两个方面应具备的私德和公德。完成公、私二德，亦即人格的完成。学佛应该从这里下手，充分做到完成人格的修养，学佛的基础也就奠定了。”（见《法音》一九八四年第五期）而现在有些学佛的人，总想捡便宜，初入佛门就想找到一种捷径马上成佛，根本不想去从佛典中学习佛法，更不愿受持诸多戒法，奉行诸多业轨，认为它们平淡无奇、拘束麻烦，视为无足轻重。殊不知舍此他求，直如磨砖作镜，难成正果。

在《禅林象器笺》中还反映了中日佛教史上、中印佛教史上友好交流的传统。不用说无著道忠禅师这部书是在兼采中、印、日三国佛教撰述而编成的，就是在此书的释文中亦多涉及中日佛教文化交流的事迹。无著道忠禅师对入日东传佛法的鉴真、道隆、普宁、祖元、一宁、正澄、楚俊、梵仙等人无不充满了崇敬之情，对于日本入唐、入宋、入元、入明的高僧们也是景仰有加。

在当时，中国高僧们东渡岛国是为了弘扬佛法，普济众生，日本僧人来中国学佛也是为了使佛的光明朗照岛国。现在我们就不仅局限于在中印、中日间进行佛教友好交流，而应该推而广之，在全世界范围内进行佛教友好交流，将“人间佛教”推展到全球，建立一个普天同乐的庄严世界。

至于注重学术的传统，《禅林象器笺》本身就是无著道忠禅师毕生心血的结晶。他于此书中能努力做到撰写体例的科学性、征引材料的可信性、解说态度的严谨性，都是其优秀学风的体现。我们已经知道禅师为写这部书做了大量的准备工作，我们也知道禅师此书共援引了内、外典七百七十部之多，而且，禅师一生自撰书籍亦多达一百八十一种，六百六十一卷。这是多么可贵的学术精神。须知，只要我们虔诚敬信了，思想端正了，烧香、礼拜、诵经，都是住持正法，乃至起心动念为三宝做些有益之事，进行学术研究也是住持正法。著书立说，开宗立派，弘扬佛法妙旨，实际上也是符合菩萨精神的。

# 出版后记

星云大师说：“我童年出家的栖霞寺里面，有一座庄严的藏经楼，楼上收藏佛经，楼下是法堂，平常如同圣地一般，戒备森严，不准亲近一步。后来好不容易有机缘进到藏经楼，见到那些经书，大都是木刻本，既没有分段也没有标点，有如天书，当然我是看不懂的。”大师忧心《大藏经》卷帙浩繁，又藏于深山宝刹，平常百姓只能望藏兴叹；藏海无边，文辞古朴，亦让人望文却步。在大师倡导主持下，集合两岸近百位学者，经五年之努力，终于编修了这部多层次、多角度、全面反映佛教文化的白话精华大藏经——《中国佛教经典宝藏》，将佛教深睿的奥义妙法通俗地再现今世，为现代人提供学佛求法的方便途径。

完整地引进《中国佛教经典宝藏》是我们的夙愿，

三年来，我们组织了简体字版的编审委员会，编订了详细精当的《编辑手册》，吸收了近二十年来佛学研究的新成果，对整套丛书重新编审编校。需要说明的是此次出版将丛书名更改为《中国佛学经典宝藏》。

佛曰：一旦起心动念，也就有了因果。三年的不懈努力，终于功德圆满。一百三十二册，精校精勘，美轮美奂。翰墨书香，融入经藏智慧；典雅庄严，褒沁着玄妙法门。我们相信，大师与经藏的智慧一定能普应于世，济助众生。

东方出版社

图书在版编目（CIP）数据

禅林象器笺 / 杜晓勤 释译 . —北京：东方出版社，2019.10
（中国佛学经典宝藏）
ISBN 978-7-5060-8612-7

Ⅰ. ①禅… Ⅱ. ①杜… Ⅲ. ①禅宗—词典②《禅林象器笺》—注释③《禅林象器笺》—译文 Ⅳ. ① B946.5-61

中国版本图书馆 CIP 数据核字（2015）第 289520 号



禅林象器笺
（CHANLIN XIANGQI JIAN）

释 译 者：杜晓勤
责任编辑：王梦楠 杨 灿
出　　版：东方出版社
发　　行：人民东方出版传媒有限公司
地　　址：北京市朝阳区西坝河北里 51 号
邮　　编：100028
印　　刷：北京市大兴县新魏印刷厂
版　　次：2019 年 10 月第 1 版
印　　次：2019 年 10 月第 1 次印刷
开　　本：880 毫米 ×1230 毫米 1/32
印　　张：22.5
字　　数：360 千字
书　　号：ISBN 978-7-5060-8612-7
定　　价：128.00 元
发行电话：（010）85924663 85924644 85924641